壹卷
YE BOOK

让 思 想 流 动 起 来

论世衡史
- 丛书 -

多元视域中的明清理学

吕妙芬 著

四川人民出版社

自　序

本书所收的论文是我在过去近二十年间因参与读书会、研究群、学术会议，或因为研究过程中发现的问题，或是在图书馆中偶遇一部罕见的文本所引发的研究成果。它们之前都曾以期刊论文或论文集论文的形式出版过，此次特别感谢谭徐锋先生与四川人民出版社，让这些关于明清理学研究的论文得以结集成书，以简体字版的形式和读者见面。

我在重新阅读这些论文时，过往研究的历程与心情也点滴地浮现。我想起刚进入"中研院"近史所工作时，参加记忆研究群读书会的情形，当时所内学术思想组的同人认真地阅读许多西洋名著，讨论集体记忆、个人记忆等新颖而有趣的议题；我也想起2001年所里举办的"近代中国的妇女、国家与社会（1600—1950）"国际学术研讨会，那真是一个盛大的学术飨宴，中外名家齐聚，论文多元精彩。不知是否因为记忆的筛选留下的多是美好的回忆，感觉上近年已少见那么盛大而精彩的会议了。记忆中1990年代后期至2000年代初，我们以年轻学者的身份加入台湾史学研究的行列，当时真是认真而战战兢兢，对学术充满热忱与愿景，周遭就是一股向上奋进的氛围。曾几何时，那种兴奋的感觉好像停留在记忆的深处，现在大家烦心的都是高教人文学的人才断层危机和流浪博士的无奈。

本书中一些论文属于地域学术史的领域，我想起自己曾构想着要从不同地域学派的角度来研究明末清初的学术思想史，但最终没能成功，因为史料不足或前人已有很好的研究。不过，在摸索与改变研究主题的过程中我学到很多，也更深刻感受到研究者和史料之间的互动关系。虽然我没能走到预期的终点，也曾感挫折，但阅读的史料往往带领我走到另一个世界。回头看，这一切都是好的。

书中一些论文的主角是少为人知的人物和文本，研读这些文本让我对明清儒学有一些新的想象。我很庆幸自己克服了担心所研究的人物代表性或重要性不足的心理压力，虽然我还是会努力去找支持值得研究的理由，不过我知道真正引发我研究的动机就是我遇见了一本精彩的书。处在今天信息爆炸、数据库搜索频繁的时代中，要遇到一本默默无闻又能抓住人心眼的书，其实并不容易，这些稀见文本带给我的更多是惊喜的感觉。另一些论文是我在其他主题研究过程中的"副产品"，它们无法被收入专书的内容，如今与其他主题的论文结集出版，或许会有另一种彼此观照与激荡的效果。

本书各篇的主题虽不一致，但都属于明清理学的范围，我用"多元视域"含括它们，其实它们更多反映了我的研究历程。书中我也尝试为每一篇论文写一小段说明，希望读者更清楚知道当时研究的背景。最后，我再次感谢四川人民出版社，让这些论文有机会接触到更多的读者。

目 录

理学与地方

第一章　明清之际的关学与张载思想的复兴
——地域与跨地域因素的省思 / 006

一、前言 / 006

二、张载与明清之际的关学 / 007

三、张载之学再现明清思想论域 / 030

四、结语 / 049

第二章　清初河南的理学复兴与孝弟礼法教育 / 053

一、前言 / 053

二、孙奇逢的学术成就 / 055

三、四所书院的兴建 / 065

四、以《孝经》《小学》为主的教育理念 / 075

五、孝弟礼法的行为教育 / 087

六、结语 / 095

理学与家庭

第三章　颜元生命思想中的家礼实践与"家庭"的意涵 / 101
- 一、前言 / 101
- 二、家礼实践 / 104
- 三、家礼与家庭的意涵 / 111
- 四、家庭生活 / 137
- 五、学术脉络 / 142
- 六、结语 / 151

第四章　施闰章的家族记忆与自我认同 / 155
- 一、前言 / 155
- 二、成长与功名 / 156
- 三、家学与家风 / 160
- 四、认同家学 / 172
- 五、文人本色 / 179
- 六、家学与自我之间 / 183
- 七、结语 / 192

理学与妇女

第五章　妇女与明代理学的性命追求 / 199
- 一、前言 / 199
- 二、理学家心目中的女德 / 203
- 三、理学家观点下的女圣女贤 / 224

四、女人与理学的性命追求 / 232

五、结论 / 249

第六章 女子与小人可谈道
——杨甲仁性命之学的日用场景 / 253

一、前言 / 253

二、著作、生平与思想 / 255

三、四民为师友 / 278

四、夫妻是道侣 / 285

五、主仆共谈道 / 294

六、结语 / 300

理学与宗教

第七章 以天为本的经世之学
——安世凤《尊孔录》与几个清儒个案 / 307

一、前言 / 307

二、《尊孔录》思想要旨 / 310

三、呼应的声音：清儒类似的敬天尊孔论 / 335

四、结语 / 357

第八章 杜文焕会宗三教 / 359

一、前言 / 359

二、函三逸史杜文焕 / 360

三、隆砂子涂宗浚 / 388

四、一些观察：代结语 / 404

《西铭》诠释史

第九章　《西铭》为《孝经》之正传
　　　　——论晚明仁孝关系的新意涵 / 413

一、前言 / 413

二、宋到晚明的《西铭》诠释史 / 414

三、晚明的"仁孝"论述 / 431

四、结语 / 451

第十章　清初至民国《西铭》的多元诠释 / 455

一、前言 / 455

二、清代再起异端之辨 / 459

三、民国时期诠释的变异 / 481

四、结语 / 498

征引书目 / 500

一、史料 / 500

二、今人论著 / 520

理学与地方

《明清之际的关学与张载思想的复兴：地域与跨地域因素的省思》是我于2008年参加新加坡国立大学举办的"Transregional and Translocal Dynamics in Chinese History，960—1911"国际研讨会发表的文章，该会由王昌伟、许齐雄两位教授主办。会议的主旨是针对1970年代以降在中国史领域盛行的"地方"研究视角进行反思，探问何谓地方，以及不同地方或地域之间如何联结等问题。

　　1980年代中国学术思想史研究有一股结合社会文化史的风潮，除了思想内涵和学派师承以外，思想产生的社会文化脉络及其与地方社会、政治的关系也深受重视。配合着宋史与明清史中关于地方主义、地域社会、地方认同等讨论，以及丰富的地方志、地域学术史著作、族谱与士人文集等史料，这个研究取径吸引许多人投入。我们都深受包弼德（Peter Bol）教授著作的启发，他的学生中也有许多人选择研究某地域的社会文化与学术思想，并都参与了那次的研讨会。

　　我当时主要思考的问题是：儒学既是跨地域性、全国士人都修习的学问，以"地方"作为框架来研究儒学思想合宜吗？在什么意义下"地方"是个有效的分析框架？什么时候不是？这篇文章尝试回答这个问题。我先从地域学术史的角度，说明从冯从吾开始，以关中地区的儒学传统来定义"关学"逐渐成为一个普遍被接受的概念。伴随此具地域认同的关学概念之出现，地域学术史的整理与出版、学派建构等工作也同时进行，张载及其家族与关中地方的关系也在这波关学重建历史中获得加强，而这些面向都与关中地方密切相关。但另一方面，就思想观念的传承而言，以"地方"作为分析视角则有其局限。张载作为北宋五子之一的大儒，其学说与著作早已汇入儒学的大传统，具有跨地域的普遍影响力，明清时期关中后学对于张载思想的发扬并不比其他地区更出色。

这篇论文原刊于《中国哲学与文化》（2010），英文版发表于Paolo Santangelo教授主编的*Ming Qing Studies*（2010），发表后我收到谢和耐（Jacques Gernet）教授来信鼓励，他说这是一篇重要的论文。后来我有机会访拜陕西师范大学，与林乐昌、韩星等教授，以及许多研究生座谈，林教授细读本文又写了一篇评论文章发表在《中国哲学与文化》，这篇关学的论文能够引起陕西学者的重视，我感到格外高兴。

《清初河南的理学复兴与孝弟礼法教育》是我在执行中国近世《孝经》研究时衍生的研究成果。晚明河南新安的讲学领袖吕维祺非常重视《孝经》，他所著的《孝经大全》是明清之际公认最具分量的《孝经》注释之一，吕维祺本人不仅平日有焚香诵念《孝经》的实践，他更在地方讲会——伊洛会、芝泉会中提倡《孝经》学。当时我一方面搜集晚明河南的理学讲会活动史料，一方面希望找到更多在讲会中提倡《孝经》的例子，但是收获不多。吕维祺的门人和后裔并没有留下太多关于提倡《孝经》的史料，反而是清初耿介、窦克勤、冉觐祖等人复兴程朱理学、建设书院、提倡《孝经》的作为很醒目，而且史料丰富，于是促成我撰写此文。此文先发表于台湾大学东亚文明研究中心所举办的研讨会，后收入高明士教授主编的《东亚传统教育与学礼学规》（2005）。

这篇文章中也论及清初河南士人除了在地方上兴建书院、提倡程朱理学，他们还重视《孝经》与《小学》的行为教育，这样的教育理念既与清帝国文教政治相一致，也随着河南士人出仕外地而有跨地域的影响力。这个关于"地方"与"跨地方"的讨论也呼应上文的主题。

这个研究后来也引导我进一步比较清初不同地域的《孝经》学，特别是河南与浙江的比较。清初河南理学复兴及其重视《孝经》的风潮，不仅让该地生产了不少《孝经》文本，河南士人的程朱理学立场也影响其对《孝经》的诠释观点，他们大量删改了晚明以阳明学为基调的诠释观，这些表现都与浙江学者不尽相同。我关于这方面的讨论主要呈现于《孝治天下：〈孝经〉与近世中国的政治与文化》（2011）书中。

第一章
明清之际的关学与张载思想的复兴
——地域与跨地域因素的省思

一、前言

本文主要从地方学术史与思想观念史两种视角，来探讨明清之际张载（1020—1077）学术地位提升、思想重获重视的情形。全文主要分为两部分：（1）从地方学术史的视角，将主要讨论明中叶以后关学的发展及学术系谱的建构活动，特别着力说明冯从吾（1556—1627）对关学建构的贡献，并说明张载的地位如何在这波建构地域学术传统的同时，获得进一步的提升。在这部分，我也将讨论晚明关中士人对张载文献的保存及出版、张载祠祀的兴建，以及如何透过具体行动提升张载个人及其家族的政治地位，强化张载家族与关中故里地域性纽带的关联性。（2）从思想观念史的视角，将分别从"明代气论思想"与"礼学复兴"两方面，讨论张载的思想在沉寂多时之后，再度涌现于明清之际的学术论域中。除了试图提供明清之际张载思想复兴的思想史脉络外,也将进一步讨论明清气论学者与张载气论的异同。这篇论文的主旨也呼应陈来对儒学普遍性与地域性问题的省思①,强调不同研究视角确实能开出独特的见解与学术脉络,地方社会史与学术思想史两种研究视角具有不可偏废的重要性。

二、张载与明清之际的关学

（一）冯从吾与"关学"的建构

北宋以张载为核心的关中理学,曾经盛行一时。张载其弟张戬,门人吕大忠、吕大钧（1031—1082）、吕大临（1040—1092）、苏昞、范育、游师雄、李复（1052—1128）、张舜民等所形成的学派②,曾达到与周敦颐（1017—1073）、邵雍（1011—1077）、二程之学并称的实力,故有"关学之盛,不下洛学"之说③。不过,张载之后,随着北宋衰亡、弟子"三吕"与苏昞转入程门,关学一度

---

① 陈来,《儒学的普遍性与地域性》,《天津社会科学》,2005年第3期,页4—10。
② 陈俊民,《张载哲学与关学学派》（台北：学生书局,1990）,页15—17、42；龚杰,《张载评传》（南京：南京大学出版社,1996）,页198。张载之弟张戬的女儿嫁吕大临,故张、吕二家有联姻关系,蓝田吕氏是当地大族。张世敏指出,当时关学的领袖和思想支柱虽是张载,但关学的政治支柱是蓝田诸吕,此为当时关学得以形成发展,并与洛学、新学构成鼎立的重大政治因素。参见张世敏,《张载学说及其影响》,第三章第一节"关学的形成与发展",https://special.zhexuezj.cn/mobile/mooc/tocard/127366306?courseId=201754448&name=一、关学的形成与发展（2020年10月13日检索）。
③ 黄宗羲著,全祖望补定,《增补宋元学案》（台北：台湾中华书局,1984）,卷31,页1a。

式微，遂进入南宋"百年不闻学统"的命运①。

后代学者根据现存史料所整理的关中理学发展史②，可简述如下：关中学术在元代相当衰微，虽仍有杨奂（1186—1255）、杨君美（1218进士）、杨恭懿（1225—1294）、萧㪺（1241—1318）、同恕（1254—1331）等学者，但影响力有限③。明代早期主要受到河东薛瑄（1389—1464）的影响，栽培了张杰（1421—1472）、张鼎（1431—1495）、王盛、段坚（1419—1484）、周蕙等后学。明代中叶以降，关中儒学有再度复兴的迹象。先有三原的王恕（1416—1508）、王承裕（1465—1538）父子致力地方学术的发展，形成三原学派；再有吕柟（1479—1542）、马理（1474—1556）把关中讲学带到一个高峰，甚至可与当时兴盛的阳明学相抗衡④。明末到清初之际，则以冯从吾和李颙（1627—1705）的讲学最为著名，二人均以关中书院为讲学基地。目前学界研究关学思想，也常以张载、吕柟、冯从吾、李颙的次第发展来理解关学思想内容的变化⑤。

上述学术思想发展的脉络与变化虽然有一定的历史根据，譬

---

① 全祖望："关洛陷于完颜，百年不闻学统。"黄宗羲著，全祖望补定，《增补宋元学案》，卷100，页1a；陈俊民，《张载哲学与关学学派》，页15—19。
② 所谓后代学者整理的关中理学史，即本文所强调的明代中期以后的学者对关中学术史的整理，冯从吾的《关学编》具有开创性的地位，其影响甚至及于今日，见下文讨论。
③ 冯从吾著，陈俊民、徐兴海点校，《关学编》（北京：中华书局，1987），卷2，页17—25；黄宗羲著，全祖望补定，《增补宋元学案》，卷95，页1a—4a。方光华等著，《关学及其著述》（西安：西安出版社，2003），第2章。
④ 冯从吾，《关学编》；亦参见黄宗羲著，沈芝盈点校，《明儒学案》（台北：华世出版社，1987）的《河东学案》《三原学案》。关于关中讲学历史，见陈时龙，《明代关中地区的讲学活动》，《政大历史学报》，期27（2007年5月），页215—253；期28（2007年11月），页93—130。
⑤ 陈俊民，《张载哲学与关学学派》，页63。

如薛敬之（1435—1508）之于周蕙、吕柟之于薛敬之，确有师承渊源①，吕柟在关中的讲学也的确对提振关学有贡献，并不断为后人所纪念、颂扬②。然而，这种系谱式的地方学术传统的呈现，其实更多仰赖学者们对地方历史文献的搜集、整理与反思的工作，才能真正彰显。换言之，清晰的学术传统与脉络往往相当程度是后代人为建构的结果。对于关中理学史的整理，晚明的冯从吾无疑是最重要的贡献者，虽然稍早的吕柟已经开始了一些努力③。

冯从吾是西安府长安人，受业许孚远（1535—1604）门下，举万历十七年（1589）进士，曾任左副都御史、工部尚书等职。万历二十年（1592）因上疏指责皇帝，罢官回籍，潜修著述，并在地方上与张舜典、周传诵等学者共同讲学，吸引许多人参与④。万历三十七年（1609），在陕西布政使汪可受（1620殁）等地方官员的支持下，城南小悉园别业被改建为关中书院，仍由冯从吾、周传诵二人主盟，作为关中人士讲学之所，此也创造了晚明关中讲学的高峰⑤。据称负笈求学者从四方来到关中书院，盛况可与当时的东林

---

① 冯从吾，《关学编》，卷3，页32；卷4，页41。
② 例如冯从吾："论者谓关中之学自横渠张子后，惟先生（即吕柟）为集大成云。"见氏著，《关学编》，卷4，页46。
③ 关于元、明关中学者对张载文化资产的运用，以及冯从吾建构关学的意义，参见Chang Woei Ong, "Zhang Zai's Legacy and the Construction of Guanxue in Ming China," *Ming Studies*, 51—52（2006）, pp. 58—93; Chang Woei Ong, *Men of Letters within the Passes: Guanzhong Literati in Chinese History, 907—1911*（Cambridge and London: Harvard University Asia Center, 2008）, Ch.3.
④ 冯从吾初于长安城南宝庆寺讲学。张舜典和周传诵的传，见冯从吾，《关学编》，页74—77。
⑤ 何载图，《关中书院志》（明万历年间刊本，台北故宫博物院制缩影资料），卷1，页1a—10a。亦见冯从吾，《关中书院记》，《少墟集》，卷15，页1a—5b，收入纪昀等总纂，《景印文渊阁四库全书》（台北：台湾商务印书馆，1985），册1293。

书院,以及江右、徽州的书院相媲美①。

冯从吾在关中除了讲学培育后进外,也从事整理关中理学史的工作。冯从吾对关中的学术传统有很深的敬意,万历三十九年(1611)冬天,他到池阳讲学,曾率领数十门人一同拜谒关中先贤王恕、王承裕、马理、张原(1474—1524)、温纯(1539—1607)的祠墓,并说:

> 吾关中如王端毅(王恕)之事功,杨斛山(杨爵)之节义,吕泾野(吕柟)之理学,李空同(李梦阳)之文章,足称国朝关中四绝。然事功、节义系于所遇,文章系乎天资,三者俱不可必。所可必者,惟理学耳。吾辈惟从事于理学,则事功、节义、文章随其所遇,当自有可观处,不必逐件去学而后谓之学四先生也。②

冯从吾在这个充分显示尊崇乡贤的礼仪动作中,表达了他对理学的崇高信念,认为关乎道德修养的理学是人人必修习的功课,也是其他学问的基础,故也最足以代表关中精神。由此可说明他何以致力于编纂关中理学史的工作,其成果则是《关学编》一书。

---

① 当时东林、关中书院,及江右、徽州等地书院的主盟人主要为高攀龙、冯从吾、邹元标、余懋衡,他们曾经一起在北京讲学,又都是魏忠贤打压的对象。天启四年(1624)张讷上疏奏请拆毁全国书院时,也特别指明这些书院和主讲学者,故其间政治意涵不可忽视。张讷奏疏,见温体仁等著,《明熹宗实录》(台北:"中研院"历史语言研究所,1966),卷62,页2911。关于天启年间冯从吾等人讲学涉入的政治斗争,见黄森茂,《论天启年间首善书院讲学之兴废始末》,《中国文学研究》,期20(2005年6月),页211—244。
② 冯从吾,《少墟集》,卷11,页1a—b。

《关学编》的编纂目的,除了保存历史、建立关中理学的道脉系谱,更有欲透过整理先贤事迹言行,激发当代士人延续张载所开创的关学学风之意。该书编纂的原则是:专门辑录关中理学者,历代名臣并不泛入①。《关学编》虽列了四位上古学者为前传,但主要断自张载始,下讫王之士(1528—1590),总共收有关中理学家四十四人,并在明清多次刊行②。根据我以"中研院"汉籍数据库搜寻的结果,"关学"一词确实在《关学编》之后才被使用。虽然明初学者已普遍使用"濂洛关闽"的词汇③,不过这主要用以标识周敦颐、二程、张载、朱熹(1130—1200)的个人之学,亦即虽以地域为名,实指涉个别学者之学问,并不具有标志整体地域学术传统的意义。类似的用法今日仍为某些学者所使用,例如龚杰即以"关学"为张载建立于北宋的一个理学派别,上无师承,下无继承,在南宋初年即告终结,他对关学的判准主要根据张载之学的特色,而非地域性的关中④。不过大体而言,自从冯从吾借着《关学编》明确将"关学"定义为"关中理学",即以地域性的理学传统作为关学的范畴之后,这个用法与意涵广为后学接受,此也是今日学界普遍理解"关学"的意义。

我们可以透过比较地方志的史料,进一步说明《关学编》对关

---

① 冯从吾,《凡例》,收入氏著,《关学编》,卷首。
② 包括附传,共四十四人。《关学编》在晚明有万历三十六年朝邑世德堂刻本,清代又有多次重刊。见吴有能,《冯从吾理学思想研究:一个意义结构的展现》(新竹:台湾清华大学历史学系硕士学位论文,1991),页46—49。
③ 例见宋濂,《元史》,(北京:中华书局,1976),卷171,页4013。黄训编,《杨士奇传录》,《名臣经济录》,卷12,页1b,收入《景印文渊阁四库全书》(台北:台湾商务印书馆,1984),册443;丘浚,《设学校以立教三》;杨士奇,《吴文正公祀议》,收入黄训编,《名臣经济录》,卷26,页3b;卷30,页11a。
④ 例如龚杰,《张载评传》,页206。

学建构的意义。元代的《类编长安志》并没有关中理学的史料①。嘉靖年间由吕柟、马理纂修的《陕西通志》中有乡贤传，主要是依照各府、按年代编排，在文史子集各类文献中虽包括了张载等理学家的作品，但也是依照年代编纂。"理学"并没有成为一个特定范畴②。同样地，冯从吾参与编修的万历版《陕西通志》也没有为"理学"特辟一类，虽然《关学编》所收录的学者大部分均在此方志中有传，吕大防、王恕、韩邦奇（1479—1555）分别置于"名相"和"名卿"，段坚在"循吏"，其他理学家多置于"儒林"。特别值得说明的是，张载的传也在"儒林"项下，但却被放在元、明诸儒之后，这种安排与《关学编》有意强调张载作为关中理学开创者和奠基者的形象，相差颇远③。

再者，如果我们比较冯从吾与稍早的关中学者在保存与表彰张载所代表地方学术传统方面的表现，也可以看出冯从吾的突出之处。我们检视王恕、马理的文集，发现他们很少言及张载。相对地，吕柟较常提到张载，也很推崇张载的成就，例如他说："横渠子厚精思力践，执礼不回，发为《西铭》《正蒙》诸书，开示后学，故殿中丞（案：指张载父亲张迪）之寿赖以至今数百载常存也。"④吕柟称赞张载之书"皆言简意实，出于精思力行之后，至论仁孝、

---

① 骆天骧纂修，《类编长安志》，收入中华书局编辑部编，《宋元方志丛刊》（北京：中华书局，1990），册1。
② 赵廷瑞修，马理、吕柟纂，董健桥等校注，《陕西通志》（西安：三秦出版社，2006）。
③ 汪道亨修，《陕西通志》（万历年间刊本，"中研院"傅斯年图书馆藏），卷24，页38a—42b。
④ 吕柟，《徐氏双寿序》，《泾野先生文集》，卷2，页25b—26b，收入四库全书存目丛书编纂委员会编，《四库全书存目丛书》（台南：庄严文化事业公司，1997），集部，册60。

神化、政教、礼乐，自孔孟后未有能如是切者也"①。又有感于其书散失甚多，文集收录不全，且因未适当编辑而散漫无统纪，故曾将张载的遗著粹抄成书，加以注释，成《横渠张子抄释》一书，由解梁书院出版②。另外，吕柟在讲学中也曾向门人谈论关中先儒周蕙、薛敬之之事，显示其对关中先贤学问的认识与肯定，并有传承之功③。

尽管如此，吕柟并不像冯从吾，明确地把张载和宋元以降关中地区的理学传统做紧密的联系，也没有像冯从吾以致力于整理、发挥关中理学传统为职志。相对而言，吕柟对于理学学术更具有一种超越地域限制的看法。举例而言，他最景仰的理学家是程颢（1032—1085），他在十七八岁时，曾梦见程颢、吕祖谦（1137—1181）二人在泾野草堂之上，吕柟升阶质疑，聆听教导。即使在梦中，他也受到极大的启发④。他对张载的评价是介在程颢与朱熹之间："方伯淳则不足，方元晦则有余。伯淳已近于化，元晦亦几于大，张子之化十三，其大十九。"⑤

吕柟除了抄释张载之文，也抄释周敦颐、二程之文，同样由

---

① 吕柟，《横渠张子抄释序》，《泾野先生文集》，卷4，页17b—18a。
② 此书成于嘉靖五年（1526）。
③ 吕柟著，赵瑞民点校，《泾野子内篇》（北京：中华书局，1992），页49。
④ 吕柟，《二程子抄释序》，《泾野先生文集》，卷4，页18b—19a。
⑤ 吕柟，《泾野子内篇》，页11。当然，人可以同时具有强烈的地域意识与超地域意识，对于"道"无南北差异的看法，也相当普遍存在士人心中，例如极力提倡北学的孙奇逢，也有如此的表述。见汤斌，《孙夏峰先生年谱》（台北：广文书局，1971），卷下，页13a。此处主要欲说明以提倡关中地域性学术传统而言，吕柟不及冯从吾。

解梁书院印行①。后又条释《朱子抄释》出版②。可见他对文献的抄释，更多是在宋明理学大传统下的考虑，并没有明显地域因素。另外，我们从几次外地学者拜访吕柟的对话，看见当外地学者先提起、并称赞"横渠以礼教人"的关学特色时，吕柟的回答都没有把张载的礼学和关中地域联系起来，反而总联系到更古老的儒学传统③。最明显表达吕柟不受狭义地域限制来看待理学传统的是他以下这段话：

> 问："宋时贤人辈出，多有方所。"先生曰："一地方怎能得？如周子，湖广人；二程，洛阳人；张子，陕西人；朱子，新安人。四五百年，生得数人而已。孔子曰：才难。不其然乎？然今不可为地方限量，当以圣贤为必可至。"④

由此可见，虽然吕柟对于保存张载文献、致力地方学术工作有极大的贡献，但他更多是从传承整个儒学传统的角度思量，并不特意宣扬关中地方性的儒学传统⑤。相对地，虽然冯从吾也是举国闻名的大儒，他与邹元标（1551—1624）等人在北京首善书院讲学造

---

① 吕柟，《宋四子抄释序》，《泾野先生文集》，卷11，页12b—13a。此书亦成于嘉靖五年（1526）。
② 吕柟，《朱子抄释序》，《泾野先生文集》，卷11，页13b。此书成于嘉靖十五年（1536）。
③ 江西有五人来见，先生谓之曰："若等为实，学动静当以礼。"一人对曰："是横渠以礼教人也。"先生曰："不特张子也，曾子亦然。虽孔子克己复礼，为国以礼，亦何尝不是。"见吕柟，《泾野子内篇》，页58、91、126。
④ 吕柟，《泾野子内篇》，页66。
⑤ 参见钟彩钧，《吕泾野〈宋四子抄释〉研究》，收入龙宇纯先生七秩晋五寿庆论文集编辑委员会编，《龙宇纯先生七秩晋五寿庆论文集》（台北：学生书局，2002），页459—484。

成极大轰动,故不论是实际交友网络或对学术的关怀,冯从吾都有超越关中地域的向度,但是他同时也具有强烈的地域认同,并致力于整理地方理学史的工作,因此也是在他手中,关学以及张载与地域传统的联系,获得进一步的确定。

冯从吾编纂《关学编》的工作得到其他关中学者的高度肯定,张舜典赞其用心宏远,使得关学不致湮没无闻[1];李元春(1769—1854)嘉此为振兴关学的壮举[2];李因笃(1631—1692)也特别表扬其为关学追溯原委、厘清道脉之功[3]。《关学编》的编纂及其对讲学的提倡,也使得冯从吾成为晚明关学集大成者。崔应麒(1571进士)曾说:

> 然横渠氏,学足以名世而不得一遇世主。泾野能致其身于兰台虎观之上,以为大行之兆,而从游者遂寥寥无几。乃先生(案指冯从吾)出则以直声动天下,居则以斯道裁吾党,斯又两君子交际其穷,先生有以独集其大也。[4]

李颙也说:"关学一脉,张子开先,泾野接武,至先生(案指

---

[1] 张舜典,《关学编后序》,收入冯从吾,《关学编》,页62。从冯从吾,《答李翼轩老师》一文可窥见他如何在文献中搜集撰写先正传记的情形,见《少墟集》,卷15,页41a—42a。
[2] 李元春,《关学续编序》,收入冯从吾,《关学编》,页66。
[3] 见达灵阿、周方炯纂,《重修凤翔府志》(台北:成文出版社,1970),卷10中卷,页26b—27a。
[4] 崔应麒,《关中书院志序》,《关中书院志》,卷首。

冯从吾）而集其成宗风赖以大振。"①

冯从吾所整理、勾画出的关学传承脉络，也成为后世学者理解关中理学最重要的文献。黄宗羲（1610—1695）《明儒学案》所收录的关学学者及内容，并不出《关学编》的范围；后代对关学史增修时，也主要在冯从吾《关学编》的基础上进行。王心敬的《关学续编》②、王维戊的《关学续编本传》③、李元春的《关中道脉》④、李元春和贺瑞麟（1824—1893）编的《关中两朝文钞》⑤、张骥的《关学宗传》，均有明显的延续性⑥。另外，《关学编》所载的关中理学系谱，也影响了后来地方书院祭祀的典制⑦。

其实在《关学编》以前，已有类似地域性理学史的著作产生，

---

① 李颙，《二曲集》（北京：中华书局，1996），卷17，页181。又如张绍龄曰："我师少墟夫子崛起关中，继泾野先生后执理学牛耳。"收入冯从吾，《少墟集》，卷3，页73b。
② 王心敬，《关学续编》，收入冯从吾，《关学编》，附录1。
③ 王维戊的《关学续编本传》，收于《二曲集》，附录2。
④ 李元春的《关中道脉》我未能见，该书收集《增订关学编》《张子释要》《关中三先生要语录》《关中四先生要语录》四种。参见刘学智，《关学及二十世纪大陆关学研究的辨析与前瞻》，《中国哲学史》，2005年第4期，页110—117。
⑤ 此书我尚未见到，但根据张骥所言，李、贺二人亦主要承续冯从吾之作有所增益。张骥，《自叙》，《关学宗传》，卷首，收入四川大学古籍整理研究所编，《儒藏》（成都：四川大学出版社，2008），史部，册164。
⑥ 张骥在《关学宗传》的自叙中说到，冯从吾辑《关学编》，后李元春、贺瑞麟又有增辑，蔚然可观，可惜后继无人，他的《关学宗传》既有承继先贤续编之意，以关中地区的理学为范围，在体例上则仿周汝登的《圣学宗传》和孙奇逢的《理学宗传》。另外，从张骥遵循冯从吾将关学开派断自张载，把张载以前已具关学规模的儒者编入附را，亦可见冯从吾《关学编》的影响。张骥的自叙和编纂例言，收入《关学宗传》，卷首。
⑦ 李颙，《二曲集》，页181。

但主要在东南地区。金贲亨（1483—1568）的《台学源流》①、朱衡（1532进士）的《道南源委录》，与杨应诏（1515—1588）的《闽南道学源流》②，都是早于《关学编》的类似体例之作。以学术文化的整体表现而言，明代的东南盛于西北，故对本地学术史整理反思的工作，东南领先是可以理解的。若以北方学界而言，《关学编》仍是开风气之作，不仅后来关中地区又有许多同体例的续编，河南中州亦有类似之作。清初以孙奇逢（1584—1675）为领袖的河南学圈，也陆续编纂《北学编》《洛学编》《中州道学编》等地方学术史著作③。这些著作的出现具有学术史上更广泛的意义，事实上明清之际有相当多学术史著作涌现，这类以地域性理学为主的编纂作品，仅是其中一部分④。

我们若考虑当时南北差异及晚明王学弊端等因素，或如包弼

---

① 金贲亨，《台学源流》，收入《四库全书存目丛书》（台南：庄严文化事业公司，1997），史部，册90。该书是浙东台州理学史。金贲亨是浙江临海人，传见洪朝选，《江西提学副使金公贲亨墓志铭》，收入焦竑，《国朝献征录》，卷86，页95a—98b，见周骏富编，《明代传记丛刊》（台北：明文书局，1991），册113。
② 二书均为福建理学史。朱衡是江西万安人，在督学福建时，录《道南源委录》，但明代仅录陈真晟等四人，附录传很简略；杨应诏的《闽南道学源流》，载杨时以后诸儒，终于蔡清，共百九十五人。见《四库全书存目丛书》（台南：庄严文化事业公司，1997），史部，册92。
③ 孙奇逢晚年在河南讲学，也致力于学术史的整理工作，尤对北方儒学史的编纂与提倡，投入极大心力。他于六十四岁编纂《理学宗传》，六十五岁修《新安县志》，七十四岁完成《中州人物考》，七十五岁完成《畿辅人物考》，又考苏门遗事，及编辑《圣学录》。孙奇逢又命魏一鳌辑《北学编》，汤斌纂修《洛学编》。孙奇逢看过《关学编》也受其一定的影响，可见《洛学编》的《凡例》；关于孙奇逢在中州的讲学情形，参见吕妙芬，《清初河南的理学复兴与孝弟礼法教育》，收入高明士编，《东亚传统教育与学礼规范》（台北：台大出版中心，2005），页177—223，亦见本书第2章。
④ 关于清初顺治、康熙年间理学相关的学术史著作，参见史革新，《清顺康间理学的流布及其发展趋势争议》，《福建论坛（人文社会科学版）》，2004年第5期，页53—58。

德（Peter Bol）所称十六世纪有一种"向地方转向"（localist turn）的现象，以及在这波建构地方传统与认同的风潮中，全国性指标因素的重要性等①，均有助于我们进一步了解这些地域性学术史的建构工作。南宋以降，中国政治、经济中心往东南转移，北方无论在经济或学术文化各方面的表现，均逐渐失去与南方抗衡的力量，长期处于弱势。但是晚明江南随着市镇文化兴起，风俗变易，加上王学所引发的争议愈演愈烈，明亡之后，王学末流更成为士大夫大肆攻击的目标，甚至被指控为亡国的主因。此时的北方学者往往以中华文化发祥地、纯正学风代表者的姿态出现，表现出欲重振当地学术传统、矫正南方士习的企图。例如，张舜典在《关学编后序》中说：

> 吾乡居天下之西北脊，坤灵淑粹之气自吾乡发，是以庖羲画卦，西伯演《易》，姬公制礼，而千万世之道源学术自此衍且广矣。②

他又说，《关学编》所载录的均是学洙、泗，祖羲、文的学者，故此书不仅是记载关中之学，更是天下千秋万世之正学③。同样地，孙奇逢晚年献身修纂中州学术史，他讲到中州学术传统时也

---

① Peter Bol, "The 'Localist Turn' and 'Local Identity' in Later Imperial China," *Late Imperial China*, 24.2（2003），pp.1—50.
② 张舜典，《关学编后序》，收入冯从吾，《关学编》，页62。
③ 张舜典，《关学编后序》，收入冯从吾，《关学编》，页62。另外，吕柟也曾描述关中风土淳厚，孕育强悍尚义的民性，流露出对家乡作为中国古代文化中心的深厚情感。见钟彩钧，《吕泾野思想研究》，《中山人文学报》，期18（2004年6月），页1—29。

流露出一种"天下道脉在兹"的自信与骄傲：

> 洛为天地之中，嵩高挺峙，黄河蜿蜒，自河洛图书，天地已泄其秘，而浑庞淳朴之气，人日由其中而不知。至程氏两夫出，斯道大明，人知所趋的，学者于人伦日用至庸极易之事，当下便有希圣达天路径，是道寄于人而学寄于天。盖洛之有学，所以合天人之归，定先后之统，关甚巨也。①

关中和洛阳，既是中国古代文明的发祥地，又是北宋张载、二程的家乡。即使到了晚明，在经济、学术、文化各层面的实力均远落后于江南，但某些学者眼中的江南，奢靡成风、党争激烈、杂糅三教，早已"病入膏肓"，如今能重振中国纯正学统者，非北学莫属。因此，这些反思北方学术传统的学术史著作，往往透露着鲜明的地域意识，并有强调正学传统、欲重振本地学风，甚至励进全国士习的意味。

冯从吾在关中讲学，试图超越程朱与陆王的学派之争，力排佛道，辨正学术，回归笃实重礼的关中精神，明显有发扬关学、矫正时弊的意图。而孙奇逢这一代走过明清鼎革的士人，对于晚明江南学风的反省更为深刻；年轻一辈如冉觐祖（1636—1718）等清初学者，对于阳明学的抨击更是毫无保留，他们的学术取向也明显呼应了清初崇儒重道、标榜"真理学"、打击江南士习的官方意识形

---

① 孙奇逢，《洛学编序》，收入汤斌辑，《洛学编》，卷首，页1a—b，收入《四库全书存目丛书》（台南：庄严文化事业公司，1997），史部，册120。

态①。简言之，从冯从吾编纂《关学编》以重振关学，到孙奇逢等河南中州学者的类似作为，若置放在明清之际政治、文化、学术的大变局与地域间的竞争关系中观看，我们可以读出更丰富的意涵。

不过，明清之际学者的南北论述其实有更复杂的表述和认同方式。赵园指出，当时南方学者有以"南北"论"夷夏"者，如王夫之（1619—1692）、黄宗羲均以北方狃于羯胡，又久经流寇之乱，故不及江南远矣；但也有如屈大均（1630—1696）、顾炎武（1613—1682）等南方遗民，强烈表达了对西北的倾慕之情，他们对西北的倾慕即是对中华文明的认同。此不仅显示地缘政治复杂的情感与竞争关系，也提醒我们不可过度简化复杂的认同表述方式②。

综上所述，尽管关学开创于北宋，不过张载之后，即面临衰微的命运，要到明代中叶，尤其吕柟、冯从吾的讲学，才真正再创高峰。吕柟虽也致力于关中地方史的整理，对于先贤的祠祀和学问也有延续、发挥之功，但若以发扬具地方意识之"关中理学"而言，其贡献无法与冯从吾相提并论。冯从吾不仅长期主盟关中地区的讲学活动，他编纂《关学编》还赋予"关学"明确的界定与内容，并相当程度规范了后代对于"关学"的理解。透过建构关学传承的道脉系谱，以关中地域作为关学的重要判准，"关学"成为从张载创立以降绵延发展的地域学术传统。如此不仅更紧密地将张载之学与关中地方联系起来，也更鲜明地表彰了关中地域学术的独特精神

---

① 参见吕妙芬，《清初河南的理学复兴与孝弟礼法教育》。
② 关于明清之际士人的南北论述与自我认同，参见赵园，《明清之际士大夫研究》（北京：北京大学出版社，1999），第2章。

样貌。

（二）张载地位的提升

本节将进一步探讨作为关学开创者的张载，在地方上被记忆、纪念的情形，检视当晚明学者们反省、整理、建构地方学术传统的同时，对于提升张载的地位是否也有具体的作为。

1. 张载的祠祀

张载死后，在南宋嘉定年间获谥，宋淳祐元年（1241）与周敦颐、二程、朱熹一同从祀孔庙，封为郿伯①。嘉靖九年（1530）改称"先儒"②，崇祯十五年（1642）改称"先贤"，然仅及于国学与阙里庙廷；直到清康熙二十五年（1686），才通行天下③。因此，从朝廷祀典看，张载在宋明理学中一直享有崇高的地位，虽然他的学问在南宋之后，其实少有传人。

尽管张载之学在关中快速衰微，但对于这位先贤，地方上仍有祠祀的建制，其中最著名的是张载家乡凤翔郿县横渠镇的张子祠。张子祠建于元代元贞元年（1295），又于泰定三年（1326）在祠后

---

① 《宋史》记载张载于嘉定十三年（1220），赐谥曰明公，不过根据《道命录》，直到嘉定十六年（1223）谥号仍未定。脱脱等著，《宋史》（北京：中华书局，1977），卷42，页821—822；卷417，页12725；李心传辑，《道命录》，卷9，页9b—10b，收入《续修四库全书》编纂委员会编，《续修四库全书》（上海：上海古籍出版社，1997），册517。关于张载谥号问题的考证，感谢陕西师范大学博士生张波提供。

② 张廷玉等著，郑天挺点校，《明史》（北京：中华书局，1974），卷50，页1298—1299。

③ 张廷玉等著，《明史》，页1301；赵尔巽等著，《清史稿》（北京：中华书局，1976），卷7，页220；袁文观纂修，《同官县志》（台北：成文出版社，1969），卷5，页6a—b；罗彰彝纂修，《陇州志》（台北：成文出版社，1970），卷2，页9a。

兴建横渠书院，成为祠与书院一体的结构。张子祠与书院从元代始建到清末历时五百余年间，虽曾衰颓于一时，但终未全废。张子祠前后共修葺十四次，书院也修葺了九次。目前则设有张载祠文物管理所[①]。

我们从陕西地方志史料中可以发现其他府、州、县也有祭祀张载的建制，详见表1。

表1 关中张子祠祀表

府	县	祭祀地点与物件	修建时代与兴废情形	数据源
凤翔府	郿县横渠镇	张子祠（专祠）	元元贞元年兴，至清末，共修葺十四次	《重修凤翔府志》
凤翔府	凤翔县	横渠祠	不详	《重修凤翔府志》《陕西通志》
凤翔府	府治东	岐阳书院三公祠（祀周之三公，张载配）	不详	《重修凤翔府志》《陕西通志》
凤翔府	扶风县	张横渠祠（专祠）	不详	《陕西通志》
延安府	肤施县	五贤祠（祀北宋五子）	不详	《延安府志》《陕西通志》
延安府	靖边县	龙图书院正学祠（祀孔子，范仲淹、张载配）	明万历元年建，毁于清同治六年	《延安府志》《靖边县志》

---

① 张世敏，《张载学说及其影响》，第四章"张子祠、横渠书院、张子墓历代修葺考"，https://special.zhexuezj.cn/mobile/mooc/tocard/127366321?courseId=201754448&name=第四章+张子祠、横渠书院、张子墓历代修葺考（2020年10月13日检索）。

续 表

府	县	祭祀地点与物件	修建时代与兴废情形	数据源
延安府	宜川县	二贤祠（祀胡瑗、张载）	万历初年建，雍正初年废	《延安府志》《宜川县志》《陕西通志》
延安府	宜川县	名宦祠（祀胡瑗、张载等七人）	民国时期废	《宜川县志》
延安府	宜川县云岩镇	张子祠（专祠）	乾隆五十二年建	《宜川县志》
西安府	长安县	关中书院正学祠（祠二程、张载，配以朱光庭、吕大忠等）	明弘治朝建，明万历朝、清顺治朝均曾修葺	《西安府志》《长安县志》《陕西通志》
西安府	长安县	七贤祠（祀张载、吕大忠等）	不详	《西安府志》
西安府	临潼县	横渠先生祠（张子祠）（专祠）	万历三十五年建，清初废。康熙三十七年，改建横渠书院，仍祀张载	《西安府志》《陕西通志》
同州府	蒲城县	横渠祠	明正德五年建，后改祀观音。万历壬子，李烨然重建祠于龙祥观侧。光绪年间新其祠，复设书院	《蒲城县志》《蒲城县新志》《陕西通志》
西安府	武功县	张横渠先生祠（专祠）	旧祠在关帝庙后，明弘治八年改建，增置讲堂学舍。明末颓败，康熙五十年重修	《武功县后志》《陕西通志》

*据陕西地方志资料整理

第一章　明清之际的关学与张载思想的复兴

从上表我们可以发现，关中大多数的张载祠是建于明朝，特别是明中叶以后。这也大致呼应了关中地区的理学发展史，即在南宋后沉寂多时，直到了明中期以后才再度复兴的情形。根据吴有能的考查，关中地区的书院也多建于明中期以后①。因此我们可以说，随着地方士人群体及学术动能的增长，研究、反思自身传统的能力也提升，而在对学术传统反思与建构的过程中，作为学派开创者的张载也再度唤起人们的记忆及相关的纪念行动，关中张子祠的兴建工作也才得以获得新的活力。

另外，我们从关中士人对张载文献的整理、出版工作，也可看到大致相符的趋势。嘉靖年间有吕柟抄释《横渠张子抄释》出版②，万历末期，凤翔知府沈自彰因久慕张载之学，除了重修横渠书院与张载祠外，也广搜张载遗著，编成《张子全书》，于万历四十六年（1618）出版③。《张子全书》在顺治、康熙、嘉庆、道光、同治年间又多次被重刊④。张载著作的结集出版对于提倡、研究张载之学有重大意义，而出版的时间与契机则与上述关中理学复兴与祠祀再兴相符合。另外，晚明关中士人也有不少搜集、编辑、出版乡贤著作的努力。薛敬之的《思庵野录》、王之士的《秦关全书》、南大吉兄弟与王阳明讲学的语录《越中述传》等都在晚明出版，张舜典的《鸡山先

---

① 吴有能，《冯从吾理学思想研究：一个意义结构的展现》，页7—9。
② 吕柟在《横渠张子抄释序》中曰："横渠张子书甚多，今其存者止二铭、正蒙、理窟、语录及文集，而文又未完，止得二卷于三原马伯循氏。"见吕柟，《横渠张子抄释序》，《泾野先生文集》，卷4，页17b—18a。
③ 见袁应泰，《张子全书序》，收入张载，《张载集》（台北：汉京文化事业公司，1983），页389—392。
④ 不同年代出版各版本序，收入张载，《张载集》，页392—400。

生语要》则稍后由李颙整理付梓①。上述种种学术活动都显示明清之际是一个全面反省、整理、建构、发挥关中理学传统的重要时期。

2. 张载后裔重回关中故里

凤翔郿县虽是张载的故里，张载的墓地也在此，又建有张子祠。但是张载的后裔从南宋以降屡经迁徙，散落在滦州、长沙、南阳、福建、苏州、荆门、镇江等地②，晚明凤翔府已经没有张载的后裔居住，也没有亲人能够照顾张载的墓、祠。关学始祖的血脉竟然已在关中故里断绝，这对正在积极建构关学、联系张载与关中地域纽带的晚明士人，是何等令人不堪的事实。故冯从吾等地方士人及知府沈自彰希望能够觅得张载的后裔，并妥善照顾张载的墓、祠。也就在这时候，冯从吾因阅览河北滦州旧志，得知张载后人从金、元已流寓于滦，他立即写信给沈自彰与永平的王保宇③。万历四十八年（1620），沈自彰移文直隶永平府，请永平府知府史文焕（1598进士）在其所属滦州张载后裔中选择品学兼优者，让凤翔府将他们迎归回到郿县定居④。在官府的积极运作下，最后张载第

---

① 参见冯从吾，《思庵野录序》《秦关全书序》《越中述传序》，收入《少墟集》，卷13，页6a—8a、16b—18a、41a—43b；李颙，《题张鸡山先生语要》，《二曲集》，卷19，页222。
② 张世敏，《张载学说及其影响》，第五章第一节"《横渠族谱》及张载后裔迁衍考"，https://special.zhexuezj.cn/mobile/mooc/tocard/127366327?courseId=201754448&name=一、《横渠族谱》及张载后裔迁衍（2020年10月13日检索）。
③ 我未能查到王保宇的名字。见冯从吾，《与王保宇郡丞》二书、《答王苍坪明府》、《与沈芳扬太府》，收入《少墟集》，卷15，页60b—62b。沈自彰是大兴人，万历年间中进士，其传见达灵阿，《重修凤翔府志》，卷5，页73b。
④ 沈自彰撰有碑文，详述张载后十四世的世系，碑文见https://special.zhexuezj.cn/mobile/mooc/tocard/127366327?courseId=201754448&name=一、《横渠族谱》及张载后裔迁衍（2020年10月13日检索）。

十四世后裔张文运（1630年殁），带着儿子张承绩，孙子张元福、张元寿、张元祥回到凤翔府定居，并被安排在张子祠内的张子书院讲学任教、奉祀先祖①。为了表达张子故里终于有人可以承胤，张承绩改名为张承胤②。另外，张载家族的家谱编纂似乎也与冯从吾有关，因冯从吾进呈一部张氏家谱（见图1）给沈自彰③；后沈自彰

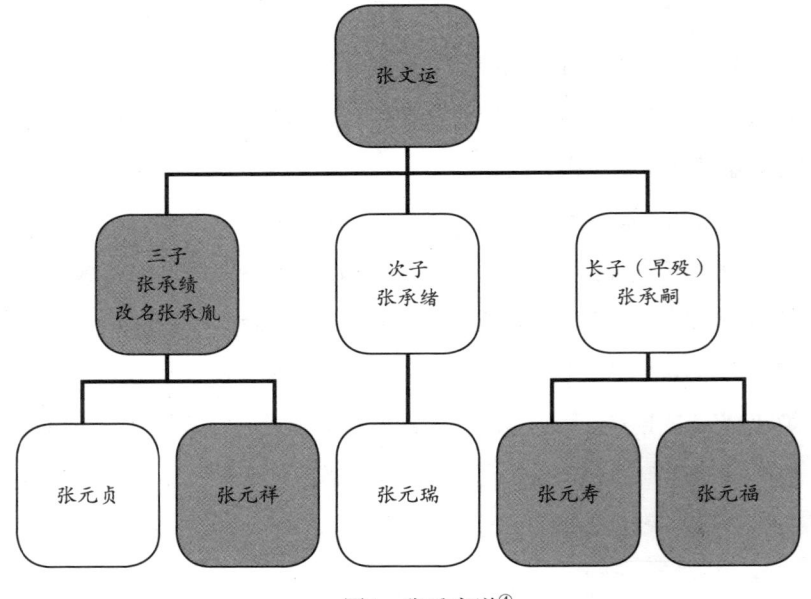

图1　张氏家谱④

① 张承绩是张文运的三子。张元福、张元寿是张文运的长子张承嗣之子，当时张承嗣已亡。张元祥是张承绩的长子，见沈自彰撰的碑文，收入张世敏，《张载学说及其影响》，第五章第一节"《横渠族谱》及张载后裔迁衍考"，https://special.zhexuezj.cn/mobile/mooc/tocard/127366327? courseId=201754448&name=一、《横渠族谱》及张载后裔迁衍（2020年10月13日检索）。
② 张世敏，《张载学说及其影响》，第五章第一节"《横渠族谱》及张载后裔迁衍考"，https://special.zhexuezj.cn/mobile/mooc/tocard/127366327? courseId=201754448&name=一、《横渠族谱》及张载后裔迁衍（2020年10月13日检索）。
③ 冯从吾写给沈自彰的信言及："横渠家谱寄在张心虞处，老公祖取而观之，何如？"见冯从吾，《与沈芳扬太府》，《少墟集》，卷15，页61b—62a。
④ 灰框为回归凤翔者。

又在崇祯十六年（1643）撰写了一篇载有张载十四代世系的碑文，这篇碑文现在成为研究北方张载后裔的重要史料①。

寻找张载后裔并迎归凤翔的举措，实与关中士人欲为张载后裔争取朝廷世袭官位有关。明朝廷将翰林院世袭五经博士的官衔授予儒家先贤的后裔，景泰年间有颜子、孟子、程颐、朱熹、周敦颐、刘基的后裔承袭；曾子和子路的后裔分别于嘉靖、万历年间承袭；程颢、邵雍的后裔承袭于崇祯年间②。张载虽与周敦颐、二程、朱熹同列孔庙"先贤"，但其后裔一直未能承袭五经博士，主要因为未能在关中找到后裔。冯从吾说：

> 吾乡横渠张子，其尊人当祀启圣祠，昨毕东郊公业已题请矣。至如后人，二百五十年，当道诸公止在吾乡物色，竟不可得。③

沈自彰也说：

> 二程、周子、朱子之后则世袭博士，藉冠裳以光俎豆，徼国恩以荣奕叶。而张子之后则犹未沾，盖缘其五世孙以功食邑

---

① 沈自彰碑文，收入张世敏，《张载学说及其影响》，第五章第一节"《横渠族谱》及张载后裔迁衍考"，https://special.zhexuezj.cn/mobile/mooc/tocard/127366327?courseId=201754448&name=一、《横渠族谱》及张载后裔迁衍（2020年10月13日检索）。
② 张廷玉等著，《明史》，卷73，页1791。
③ 冯从吾，《与王保宇郡丞》，《少墟集》，卷15，页60b。毕东郊即毕懋康，歙县人，万历二十六年进士。天启中累官右佥都御史，魏忠贤以其为赵南星所引，欲去之，御史王际逵劾其附丽邪党，遂削籍。崇祯初起南京通政使，历南京户部右侍郎，旋引疾归。

于滦，从此世为滦人，而陕中无考，故莫有为之。①

可见冯从吾等关中士人对于张载的父亲张迪能够崇祀启圣祠、后裔能够世袭五经博士是十分重视的，他们也以具体行动积极争取②。当冯从吾从滦州旧志中得知张载后裔流寓滦州之后，他立即上报官府，并兴奋地说道："国朝二百五十年阙典，直待今日，良为奇遇。"③果然，天启二年（1622）朝廷授予张文运五经博士衔，子孙世袭，以奉祀张子祀事④。张文运卒于崇祯三年（1630），张承胤以父忧未袭，又卒于崇祯六年（1633），后由张元祥于康熙元年（1662）袭五经博士⑤。张载的父亲张迪，也在清雍正二年（1724）获祀崇圣祠，称先儒⑥。因此，在晚明关中士人与官员的携手努力下，张载及其家族的地位都获得提升，享受更高的尊荣。

冯从吾、沈自彰等寻找张载后裔迎归凤翔故里的举动，对于当时积极建构、提振的关学也有重要意义。上文已说及，冯从吾明确把关学和关中地域联系起来，尽管后代关中理学家未必都受到张载思想的启发，也不见得能发挥张载之学，只因同为关中人又传承广义的理学传统，便被归入"关学"。正因为"关学"具有实质的地域意义，学派创始人张载的墓、祠、家族后裔与关中的地域纽带关

---

① 沈锡荣等纂，《郿县志》（台北：成文出版社，1969），卷14，页9a。
② 《郿县志》收有一篇萧大雅为张迪从祀启圣祠所写的文章，沈锡荣等纂，《郿县志》，卷14，页11a—b。
③ 冯从吾，《与王保宇郡丞（二）》，《少墟集》，卷15，页60b。
④ 张廷玉等著，《明史》，卷284，页7303—7304；沈锡荣等纂，《郿县志》，卷14，页7a—10b。
⑤ 张廷玉等著，《明史》，卷284，页7303—7304；沈锡荣等纂，《郿县志》，卷12，页8a—b。
⑥ 赵尔巽等著，《清史稿》，卷84，页2534—2535。

系也具有重要的象征意义。家族血脉毕竟代表着张载生命具体有形的传承，最理想的当然是张载的血脉与学术传承，都能在关中故里永续繁衍；若张载的家族血脉果真断绝于关中故里，似乎也寓示着其学问精神传衍的缥缈难测。

综上所论，明中叶以降关中理学经历了复兴，地方士人群体及学术动能均有增长。在这样的风气下，关学的建构与发扬也获得进一步的进展。冯从吾对此有极重要的贡献，在他手中，"关学"被定义为关中理学传统，并对主要学者和学术传承有所记录，在他积极倡导下，关中地方的讲学也开创了另一高峰。大约在同时期，我们也看到关中地区的书院建兴更蓬勃，张载祠有更多的建制，士人对于张载遗书及其他先儒文献的整理出版工作也更积极。而寻觅张载后裔、迎归凤翔、积极为之争取世袭五经博士，并争取张迪崇祀崇圣祠的政治行动，也都在此时积极展开。据此我们可以说，当晚明士人建构关学的同时，作为关学始祖的张载，不仅地位获得进一步的提升与稳固，张载个人的学问及其家族与关中故里的关系，也获得更实质而紧密的联系。

张载家族从关中故里消逝多年之后，已重新回归，持续繁衍，并因此获得朝廷世袭的恩典，与其他北宋四子享有同等的尊荣。我们不禁想问，张载的学说如何？是否也在消沉多年之后，在这波关学复兴与建构的潮流中，重新找回思想的生命力和传人？而在发扬张载的学说上，关中士人又扮演着怎样的角色？此则是下一节讨论的重点。

三、张载之学再现明清思想论域

本节主要欲说明，张载的学说在沉寂多年之后，也同样在明清之际重获重视，再现其学术生命力。我们知道张载的学说有两大特色：气学与礼学。因此，本节将以张载思想的这两个特色，配合明中叶以降气论思想的发展与明清之际礼学复兴两方面，试图为明清之际张载之学的复兴提供某些思想史的脉络。

（一）明代的气论思想

张载的学问之所以能够在北宋时与周敦颐、二程呈现三足鼎立的态势，绝不仅止于学派的势力而言，同时也由于其思想内容的独特性和开创性。张载之学的最大特色在于一种深具本体宇宙论意涵的气论[①]。其实程朱思想与张载思想之间有相当的近似性，程朱重视本体论及体用二元的思维架构均与张载相近，但他们并不满意张载使用"太虚"这个词来指涉本体，朱子认为这是"夹气作一处"，即认为"太虚"一词气的意味太重，不如用"理"来指称

[①] 简言之，具有形上本体义的太虚作为气之本体，但同时太虚又与气永远相即不离地处在宇宙生生的创化之中。本文对于张载"太虚"与"气"的理解，采张亨、丁为祥等人的解释，以"太虚"为形上本体义的气之本体，"太虚即气"并不意谓太虚等同气，而是强调两者相即不离、通一而二。张亨，《张载"太虚即气"疏释》，收入氏著，《思文之际论集——儒道思想的现代诠释》（台北：允晨文化，1997），页192—248；丁为祥，《虚气相即——张载哲学体系及其定位》（北京：人民出版社，2000），第2章。

形上本体①。在宋明理学的发展史中,由于程朱学的强势,张载气论思想长期受到忽略,处于非主流地位,要直到明代中期以后,随着学者们对程朱理气论的修正转而强调气一元论,才再度涌出台面②。尤其在王夫之手中,透过阐释《正蒙》,不仅开创自我学问,也同时将张载之学推向另一高峰。

明代中期之后气论思想的复兴,已是学界的共识③。对此,过去学者有不少研究,早期强调唯物主义的见解,晚近已受到修正④。虽然学者们研究的立场和本身的观点往往造成解读上的歧义,故所梳理、挖掘出的思想变化轨迹也不尽相同,但是发展的趋势还是鲜明的,对主要代表性思想家的看法也颇一致⑤。罗钦顺(1465—1547)、王廷相(1474—1544)、吴廷翰(1491—1559)、王夫之、戴震(1723—1777)等人都是著名的气论代表性思想

---

① 黎靖德编,王星贤点校,《朱子语类》(台北:华世出版社,1987),卷99,页2538。关于张载"太虚"的概念,主要因为张载关于太虚的文字本身有歧义,后代学者对其"太虚"与"气"的关系也有不同解读。关于此,见张立文,《正学与开新:王船山哲学思想》(北京:人民出版社,2001),页116—117。
② 荒木见悟认为明代的气学主要是对朱子学某种程度的修正形态。见氏著,《气学商兑——以王廷相为中心》,收入氏著,廖肇亨译,《明末清初的思想与佛教》(台北:联经出版事业公司,2006),页13—47。亦参见陈来,《元明理学的"去实体化"转向及其理论后果》,收入氏著,《诠释与重建:王船山的哲学精神》(北京:北京大学出版社,2004),页394—427。
③ 陈来指出,从元明以来的朱子学,已有摆脱"理"之实体化的倾向,强调理气不分、气的第一性。陈来,《元明理学的"去实体化"转向及其理论后果》。
④ 荒木见悟,《气学商兑——以王廷相为中心》;丁为祥,《虚气相即——张载哲学体系及其定位》。
⑤ 对明代气学的分类讨论,参见杨儒宾,《检证气学:理学史脉络下的观点》,《汉学研究》,卷25期1(2007年6月),页247—281。

家①。

尽管谈到宋明理学中的气论思想，总会令人立刻联想到张载开创性的地位，但是否明清气论思想家都真的受到张载的启发？他们都赞同或忠实再现了张载的思想吗？张载之学是否真的在明清气论论域中占据着重要的地位？以下我想透过检视这些明清气论代表性思想家的文字，主要考查张载思想被援引、讨论的情形，即检视张载的气论是否在后代气学论述（discourse）中占据鲜明而重要的位置，借此说明其思想在明清气论思潮中的地位。

罗钦顺明确反对程朱视"理"为独立于气之外的实体，强调理气一体，他说："理只是气之理，当于气之转折处观之。往而来，来而往，便是转折处也。"②罗钦顺通常被视为明代中期反对程朱理气论的思想先锋，我们检视罗钦顺的《困知记》，发现他确实提及张载的《正蒙》，对于张载辟佛及部分言论，也表达了称许之意③。但他不同意张载"聚亦吾体，散亦吾体，知死之不亡者，可与言性矣"之说，并质疑张载将理、气看作二物的观点④。整体而言，罗钦顺并没有太关注张载的学说，他的气论思想，与其说受到张载的直接影响，不如放诸元、明以来学者对程朱"理先气后"修正的传

---

① 当然这些学者的作品不能完全涵盖当时气论的论述，而且不同学者所选择的代表性人物亦略有差距，如山井涌以罗钦顺、湛若水、王廷相为明中叶代表性学者，刘又铭所选择的则是罗钦顺、王廷相、顾炎武、戴震。不过，上述几位学者均是明代气论重要学者，应无异议。小野泽精一、福光永司、山井涌编，李庆译，《气的思想：中国自然观和人的观念的发展》（上海：上海人民出版社，1999），页354—357；刘又铭，《理在气中》（台北：五南图书出版公司，2000）。
② 罗钦顺著，阎韬点校，《困知记》（北京：中华书局，1990），页68。
③ 罗钦顺认为气散而死，终归于无，无此物即无此理，故不可谓"死而不亡者"，并同意朱子说张载此言，其流乃是个大轮回。参见氏著，《困知记》，页30。
④ 罗钦顺，《困知记》，页30。

统,更为适切①。

相形之下,王廷相显然更受到张载的影响,也更认同张载的学说。他几次反驳别人对张载的批评,并在《横渠理气辩》中称赞张载的气论:

> 张子曰:"太虚不能无气,气不能不聚而为万物,万物不能不散而为太虚,循是出入,皆不得已而然也。""气之为物,散入无形,适得吾体,聚而有象,不失吾常。""聚亦吾体,散亦吾体,知死之不亡者,可与言性矣。"横渠此论,阐造化之秘,明人性之源,开示后学之功大矣。②

除了赞许张载"太虚即气"的学说阐发造化之秘与人性之源,王廷相也针对朱子的批评,提出反驳。朱子认为"性者理而已矣,不可以聚散言",故对张载之说颇有批评③。王廷相指出,朱子因为自己持定"性与气原是二物""性之在气外者卓然自立"的观点,故不能欣赏张载之说,王廷相更明确地说程朱理气二元论是错误

---

① 陈来指出从元代吴澄到明初胡居仁,均可看出对程朱"理先气后"的修正。荒木见悟也持同样看法。荒木见悟,《气学商兑——以王廷相为中心》;陈来,《元明理学的"去实体化"转向及其理论后果》。这里基本上把程颐和朱子的理气论合论,然若更细致地看,两人尚可进一步区分,钟彩钧指出两人理论中气的位置不同,程颐视气为理之用,朱子则把气视为另一存有。钟彩钧,《吕泾野思想研究》,页4。关于罗钦顺气论与张载的差异,见杨儒宾,《检证气学:理学史脉络下的观点》。
② 王廷相,《横渠理气辩》,《王氏家藏集》,卷33,收入氏著,王孝鱼点校,《王廷相集》(北京:中华书局,1989),页602。
③ 朱熹对于张载气论的批评,主要在《朱子语类》,卷98、99。

的①。虽然如此,王廷相诠释下的张载气论,其实并非忠实再现张载思想,而更接近气一元论的立场。他将"太虚"解释为"太虚之气"②,即所谓的"元气",是一种创造宇宙造化万物前的原始状态③。如此解释虽然发挥了张载太虚与气始终相即不离之义,但背离了张载体用二元的思维架构,也消解了张载思想中的形上义④。

另外,我们从《答何柏斋造化论十四首》也可见王廷相为张载学说辩护⑤。何瑭(1474—1543)几次说到王廷相的气论出于张载,并认为两人之说与老子"有生于无"无异。对于自己的学说是否出于张载,王廷相没有正面回答⑥,不过他清楚说明自己"元气"的概念与老氏"有生于无"相去极远⑦。对于何瑭批评张载不

---

① 王廷相,《王廷相集》,页602。王廷相对朱子理气论的批评,亦参见氏著,《雅述》,篇上,收入《王廷相集》,页848、851—852。王廷相主要进路还是程朱学,其透过诠释张载主要还是与程朱学对话。荒木见悟,《气学商兑——以王廷相为中心》;丁为祥,《虚气相即——张载哲学体系及其定位》,页303—312、316。
② 王廷相说张载论学以气为主,见氏著,《道体篇》,《慎言》,卷1,收入《王廷相集》,页752;《答何柏斋造化论十四首》,《内台集》,卷4,收入《王廷相集》,页972。
③ 王廷相:"太极者,道化至极之名,无象无数,而天地万物莫不由之以生,实混沌未判之气也,故曰元气。"见氏著,《雅述》,篇上,收入《王廷相集》,页849。
④ 王昌伟,《求同与存异:张载与王廷相气论之比较》,《汉学研究》,卷23期2(2005年12月),页133—159。
⑤ 王廷相,《答何柏斋造化论十四首》,《内台集》,卷4,收入《王廷相集》,页963—974。
⑥ 王廷相:"横渠之论,与愚见同否,且未暇辩。但老氏之所谓虚,其旨本虚无也,非愚以元气为道之本体者,此不可以同论也。"见王廷相,《答何柏斋造化论十四首》,《内台集》,卷4,收入《王廷相集》,页964。
⑦ 王廷相所理解的道不是独立于气外的道,而是气内之道,他说:"元气即道体,有虚即有气,有气即有道。气有变化,是道有变化。气即道,道即气,不得以离合论者。"见氏著,《雅述》,篇上,收入《王廷相集》,页848。亦见《答何柏斋造化论十四首》,《内台集》,卷4,收入《王廷相集》,页971。

知神形之分、见道未真，并将张载置于周敦颐之下，王廷相也不同意，认为这种判断完全因为何瑭与张载在基本观点上的差异，故无法充分理解张载的气①。综观王廷相的文集，虽然他也曾质疑张载的某些说法②，但却相当认同张载的学说，并大量援引、讨论，只是王廷相诠释的张载气学更属于气一元论立场，反映了诠释者自我思想的投射③。

吴廷翰以《易》"一阴一阳之谓道"反驳程朱"所以一阴一阳者道也"之说，即反驳程朱认为在阴阳之先尚有一"理"（道、太极）的看法。吴廷翰说道："气即道，道即气。天地之初，一气而已矣；非有所谓道者别为一物，以并出乎其间也。"④他说太极、道、阴阳、理等观念都是就着气而言的，太极是就气之极至而言；道是就着气为天地人物之所由出而言；阴阳是就气之动静而言；理是就气得其理而言⑤。

至于吴廷翰对张载的看法，我们从其文集可知他熟悉张载的《正蒙》，也肯定张载之学能"独异诸儒"，但他也批评张载"言之未精"。他反对张载"太虚为清，清则无碍，无碍故神；反清为浊，浊则碍，碍则形"之说，认为此言仍将虚、气二分；也批评张

---

① 王廷相："夫同道相贤，殊轨异趋，栢斋又安能以横渠为然？"见氏著，《答何栢斋造化论十四首》，《内台集》，卷4，收入《王廷相集》，页972。
② 王廷相对张载说法的质疑，见氏著，《雅述》，篇上，收入《王廷相集》，页852、855。
③ 丁为祥说，张载的本体宇宙论，到了王廷相则演变为实然的气化宇宙论。丁为祥，《虚气相即——张载哲学体系及其定位》，页308—311。另外，关于罗钦顺、王廷相在心性论上的看法及其异于朱子之处，见蒙培元，《中国心性论》（台北：学生书局，1990），页459—477。
④ 吴廷翰，《吉斋漫录》，卷上，收入氏著，容肇祖点校，《吴廷翰集》（北京：中华书局，1984），页5。
⑤ 吴廷翰，《吉斋漫录》，卷上，收入《吴廷翰集》，页5—6。

载以聚散言气与虚，仍陷入虚、气二分的架构，不能真正通一而无二[1]。简言之，吴廷翰一元论的立场异于张载体用二元论，故他强烈批评张载使用体用、虚实、动静等二元区分的表述[2]。但即使如此，吴廷翰还是肯定张载气论有别于那些强调"知觉出于气，性独出于理"的理气论者，也给予其较高的评价[3]。

王夫之是明清之际张载思想最重要的继承者与发扬者，他对张载的推崇与承继是十分自觉的，他在自撰墓志铭中说自己是："希张横渠之正学而力不能及。"[4]充分显示他对张载的尊崇。王夫之说道：

> 张子云："繇气化，有道之名。"而朱子释之曰："一阴一阳之谓道，气之化也。"《周易》阴阳二字是说气，着两"一"字，方是说化。故朱子曰："一阴而又一阳，一阳而又一阴者，气之化也。"繇气之化，则有道之名。然则其云："由太虚，有天之名"者，即以气之不倚于化者言也。气不倚于化，元只气，故天即以气言，道即以天之化言，固不得谓离乎气而别有天也。[5]

---

[1] 吴廷翰，《吉斋漫录》，卷上，收入《吴廷翰集》，页18—19。
[2] 吴廷翰，《吉斋漫录》，卷上，收入《吴廷翰集》，页19—20。
[3] 吴廷翰，《吉斋漫录》，卷上，收入《吴廷翰集》，页20。
[4] 王夫之，《姜斋文集》，收入氏著，船山全书编辑委员会编校，《船山全书》（长沙：岳麓书社，1995），册15，页229。王夫之又说："张子之学，上承孔孟之志，下救来兹之失，如皎日丽天，无幽不烛，圣人复起，未能有易焉者也。"见氏注，《张子正蒙注》（台北：广文书局，1970），序论，页10。
[5] 王夫之，《读四书大全》（北京：中华书局，1975），册下，卷10，页718。

王夫之同样以"太虚"为太虚之气,即所谓"不倚于化"者,是一比气化更原始、具有本体义的"气"的概念。故王夫之的"气"同时包含了气之本体和气之实体的意涵,体现气一元论的宇宙本体论①。在气一元论的架构下,王夫之强调理在气化中才能显现,理是气之条理和次序②。王夫之对张载之学的理解与发挥,主要体现在其晚年的著作《张子正蒙注》中。虽然王夫之自觉欲承继张载之学,但也有创新,陈来先生指出,王夫之在《张子正蒙注》中,除了承继张载批判佛老、发明儒家圣学、正人心的精神外,更进一步强调"存神尽性"的修养论,追求全生全归的生命境界,也因而赋予《正蒙》更多的人道实学色彩。张载所言气聚而生成人物、人物死而散为气、归回太虚的天道自然变化,到了王夫之手中,则添加了个人必需靠着修养工夫才得以回归太虚,全性以归天地的宗教性意涵③。这种转变既反映了王夫之个人的关怀,也有明清之际学术和宗教的影响④。丁为祥则指出,王夫之从"气"的角度重新诠释张载的"太虚",因而消解了太虚的本体义,但王夫之同时又对气做了本体化的提升,最终完成了以气为本的宇宙本体论建构,故也可视为明代中叶以来气一元论思想的一个高峰⑤。

---

① 丁为祥指出,有别于王廷相从朱子入手,追溯到张载,王夫之则直接从张载出发,从宇宙论的角度重新审定本体与现象的关系,建构起属于自己的宇宙本体论。丁为祥,《虚气相即——张载哲学体系及其定位》,页314—324。
② 王夫之:"理即是气之理,气当得如此便是理。理不先而气不后。"见王夫之,《读四书大全》,册下,页660。陈来认为王夫之并未排除理有"所以然"的形上义,只是在未气化之前,形上义的理与浑沦之气为一,称为太极、天、诚,此时分殊之理不能显现。参见陈来,《诠释与重建:王船山的哲学精神》,页182—183。
③ 陈来,《诠释与重建:王船山的哲学精神》,页307—330。
④ 陈来,《诠释与重建:王船山的哲学精神》,页316。
⑤ 丁为祥,《虚气相即——张载哲学体系及其定位》,页323。

最后，清代考证学大家戴震被学者誉为"气的哲学之集大成者"①。虽然关于戴震气论的直接渊源并不清楚，但学者们多认为与明中叶以降对程朱理气论的批判、反省思潮有密切关系②。戴震之所以被认为是气学思想的集大成者，主要是因为他的气论与心性论紧密的结合，而且彻底地走出宋明理学的形上、形下二元架构，翻转了程朱"理先气后"的关系，明确体现着清代去形上化思想的倾向与一元论的形态③。戴震对"形而上者谓之道，形而下者谓之器"的解释为："形，谓已成形质，形而上犹曰形以前，形而下犹曰形以后。"④即将形而上、形而下转换成时间轴上的前后概念。如此，宋明理学中超越义的形上本体概念被彻底瓦解，"气"为自然的实体，不再有独立于气之外的"理"存在，"理"只是气这个自然实体的内在规律和法则，"道"也不离人伦日用之事。在这样气一元论的思想形态下，戴震也彻底扬弃天地之性和气质之性的分野，以深具血肉实感的"血气心知"作为性的实体，并进一步肯定情、欲的地位⑤。

戴震对于张载的气论，同样有一定的了解，也有相当的批评，他主要针对张载二元论的立场，批评道：

---

① 小野泽精一、福光永司、山井涌编，《气的思想：中国自然观和人的观念的发展》，页354—357、452—466。
② 刘又铭，《理在气中》，页129—130。
③ 关于明清之际反对宋明理学道德形上学的典范转移，见刘述先、郑宗义，《从道德形上学到达情遂欲——清初儒学新典范论析》，收入刘述先、梁元生编，《文化传统的延续与转化》（香港：香港中文大学出版社，1999），页81—105；王汎森，《清初思想中形上玄远之学的没落》，《"中研院"历史语言研究所集刊》，本69分3（1989年9月），页557—583。
④ 戴震，《孟子私淑录》，卷上，收入氏著，张岱年主编，《戴震全书》（合肥：黄山书社，1995），册6，页38。
⑤ 郑宗义，《明清儒学转型探析》（香港：香港中文大学出版社，2000），第9章。

分理气为二，视理为"如一物"。故其言理也，求其物不得，就阴阳不测之神以言理，以是为性之本源，而目气化生人生物，曰："游气纷扰，合而成质者，生人物之万殊。"则其言合虚与气，虚指神而有常，气指游气纷扰，乃杂乎老释之见，未得性之实体也。①

戴震的批评遥承着罗钦顺、吴廷翰等人对宋儒二元论的反省，以及明清中叶以降向气一元论修正的发展趋势，只是戴震比前人走得更彻底、更远。

综上所论，张载的气论虽然在高扬形上本体义上与程朱有相通之处，但他强调气以及使用"太虚"指涉本体的说法，则遭受程朱的批评，甚至扭曲和压抑，因此在宋明理学史中，张载思想长期处于非主流的地位。到了明代，愈来愈多学者针对程朱理气二元论进行反省与修正，气一元论也逐渐蔚为重要的思想流派。这整个思潮的兴起与发展并非直接受到张载的启发，张载体用二元论的立场也屡次受到学者们的批评。即使如王廷相重视张载的气论，但他对张载的诠释也反映着自身思想的投射；王夫之高度自觉地承继张载之学，仍不免对其思想进行创新和改造。整体而言，明、清气论的主流发展是走向气一元论，有减煞形上本体义的倾向，故并非张载学说的忠实继承。尽管如此，我们从几位明清气论代表性思想家的作品中仍可清楚看到，这些学者都熟悉张载的著作，并经常援引、讨论张载气论文字，因此张载之学也相当程度地镶嵌在明清气学论

---

① 戴震，《孟子私淑录》，卷下，收入《戴震全书》，册6，页67。

域中,故随着明中叶以降气学的复兴,张载思想的能见度也获得提升。这一点我们从明中叶后陆续有注释《正蒙》的书籍出版,也可获得进一步的印证,均显示张载思想确实在明清之际重新受到学界的重视①。

(二) 肯认礼的重要性

张载思想的另一特色是"以礼为教",此主要与其工夫论有关。呼应着太虚与气的关系,张载的人性论也有明显二元论的架构。他认为每个个体实然存在都禀受"气质之性",这也是造成个体限制和差异的所在,但同时又都有一超越而全善的"天地之性"。在这样的人性论下,张载的工夫论主要是一返回的修持过程,即在道德实践中,人要不断变化气质,返回到原初清通的天地之性,才能达到天人合一的境界,即所谓:"形而后有气质之性,善反之,则天地之性存焉。"②

要如何才能变化气质?除了强调要立志、养气、扩充本心、化除习气外③,张载十分注重以礼为教,这也使得"学礼"成为张载乃至后代关学所标举的重要特色。对张载而言,"礼"不只是仪节,也不只是出于人为的建构,而是天地所彰显的自然秩序,即所谓"天叙天秩"。他说:

---

① 明中期之后有刘玑,《正蒙会稿》;高攀龙,《正蒙注》;王夫之,《张子正蒙注》;清代王植,《正蒙初义》。另外,韩邦奇说他曾想著《正蒙解结》,也提到张廷式有《正蒙发微》一书,见韩邦奇,《正蒙会稿序》,《苑洛集》,卷1,页26b—27b,收入中国西北文献丛书编辑委员会编,《中国西北文献丛书》(兰州:兰州古籍书店,1990),册160。
② 张载,《正蒙》,《张载集》,页23。
③ 丁为祥,《虚气相即——张载哲学体系及其定位》,页144—154。

礼亦有不须变者，如天叙天秩，如何可变。礼不必皆出于人，至如无人，天地之礼自然而有，何假于人？天之生物便有尊卑大小之象，人顺之而已，此所以为礼也。学者有专以礼出于人，而不知礼本天之自然，告子专以义为外，而不知所以行义由内也，皆非也，当合内外之道。①

从礼之根源而言，礼就是天地之德②，有不可移易的真理性和规范性，人只能顺应天地之秩序而为，即使圣人制作礼，亦本之天地自然而已。这并不意味着礼是外在于人心的，正因人性中亦禀赋着天地之性，天地之礼不仅彰显于自然中，亦内在于人心，故张载也说："礼之原在心。"③简言之，人的道德根源与自然界中的秩序都有着共同的根源——天，故道德修养同时具有主观与客观的基础。

张载也注意到礼仪的形式其实会随着时代和情境而有变化，故他也强调礼须能合乎时中，所谓"时措之宜便是礼"④。但如何才能合乎时中之义？他说："须是精义入神以致用，始得观其会通以行其典礼，此则真义理也。"⑤所以关键还是在心的判断，故也与立志、养气、穷理、尽性的工夫不可分⑥。至于礼教与心性工夫之间更细密的关系与实践的程序，张载并没有细论，但可以确定的是，

---

① 张载，《经学理窟》，《张载集》，页264。
② 张载，《经学理窟》，《张载集》，页264。
③ 张载，《经学理窟》，《张载集》，页264。
④ 张载，《经学理窟》，《张载集》，页264。
⑤ 张载，《经学理窟》，《张载集》，页264。
⑥ 张载："盖礼者理也，须是学穷理，礼则所以行其义，知理则能制礼。"见张载，《张子语录》，《张载集》，页326。

他相信圣人所留下的礼制，相当程度体现了天地之秩序，且足以作为社会的普遍规范，同时也是变化气质的心性工夫所不可或缺的。他说：

> 礼所以持性。盖本出于性，持性，反本也。凡未成性，须礼以持之，能守礼已不畔道矣。①
>
> 学者且须观礼，盖礼者滋养人德性，又使人有常业，守得定，又可学，便可行，又可集得义。②

可见张载认为礼教不仅可以改变学者的习气、收敛体气，更能滋养人的德性，使人反本持性，并说自己以行礼为学之快捷方式③。他在实际教学上也确实着重以礼为教，又说关中学者多能用礼成俗④，张载重视礼教也成为关中理学的重要特色⑤。

张载"以礼为教"的思想在明清之际学界也有重要的影响。周启荣指出清初许多学者包括黄宗羲、张履祥（1611—1674）、顾炎武、王夫之等都受到张载礼教的启发⑥。明末清初学者称赞张载礼学者还有不少，例如，郝敬（1558—1639）说："张子厚教人学礼，

---

① 张载，《经学理窟》，《张载集》，页264。
② 张载，《经学理窟》，《张载集》，页279。
③ 张载，《经学理窟》，《张载集》，页265。杨儒宾，《变化气质、养气与观圣贤气象》，页103—136。
④ 张载，《张子语录》，《张载集》，页337。
⑤ 刘宗周："关学世所渊源，皆以躬行礼教为本。"见黄宗羲，《明儒学案》，册上，页11。亦见陈秀兰，《关学源流暨清初李二曲学派》（台北：台湾大学中国文学学系硕士学位论文，1977），页34—35。
⑥ Kai-wing Chow, *The Rise of Confucian Ritualism in Late Imperial China* (Stanford: Stanford University Press, 1994), pp. 48—50.

正容谨节，变化气质，此庶几下学而上达之意。"①郝敬甚至认为学礼的重要性甚于程朱主敬穷理之教，他说："主敬空虚，穷理琐碎，其实不如学礼。"②而强烈批判宋明理学的颜元（1635—1704），选择以行礼作为践履儒家圣学的方式，也以此为对治宋明理学传统弊病的药石③，他对于张载也十分推崇，认为"宋儒胡子外，惟横渠之志行井田，教人以礼，为得孔、孟正宗"④。另外，顾炎武也曾在关中，"略仿横渠、蓝田之意，以礼为教"⑤。

张载礼教思想之所以在明清之际学界激起重要回响，实有着更广泛的学术发展脉络可循。强调礼规范的重要性与有效性，在明清学术界是非常重要的议题，也是我们理解张载之学在当时受到重视的重要学术史背景。晚明以王畿（1498—1583）、王艮（1483—1540）、罗汝芳（1515—1588）等人为中心在江左所形成的阳明学讲学活动，招致许多的争议和批判。无论"猖狂放肆、冲决名教"或"重悟轻修、荡越礼法"等批评是否符合情实，它都反映着当时许多学者的共同焦虑，而焦虑的源头正是有关外在礼法规范有效性的动摇，论述的焦点则是"无善无恶"之说。江左阳明学者所强调的现成良知、自信良知，以自然顺应良知为为学之最高原则，势必

---

① 郝敬，《时习新知》，卷4，页23b—24a，收入《四库全书存目丛书》（台南：庄严文化事业公司，1997），子部，册90。
② 郝敬，《时习新知》，卷4，页23b—24a。
③ 关于颜元家礼实践及其意义，参见吕妙芬，《颜元生命思想中的家礼实践与"家庭"的意涵》，收入高明士编，《东亚传统家礼、教育与国法》（台北：台大出版中心，2005），页143—196；亦见本书第3章。
④ 又说："张子教人以礼而期行井田，虽未举用而其志可尚矣。"见颜元著，王星贤、张芥尘、郭征点校，《颜元集》（北京：中华书局，1987），页60、43。
⑤ 顾炎武，《与毛锦衔》，《顾亭林诗文集》（台北：汉京文化出版公司，1984），卷6，页141。

减弱外在礼法规范在其学说中的重要性,其可能的流弊则是陷入一种毫无客观判准、人人自是、颠倒是非的失序状态①。针对此,从晚明开始便有许多学者提出激烈的批评,并一再重申"礼"在圣学中的重要地位,强调外在礼法规范的有效性。关于此,我曾经在其他文章讨论了晚明江右学者,包括胡直(1517—1585)、王时槐(1522—1605)、刘元卿(1544—1609)、邹元标等人的看法,以及他们重视礼法规范的态度②。其他包括东林的顾宪成(1550—1612)、高攀龙(1562—1626)、关中的冯从吾、河南的孙奇逢,也都有类似的看法及对礼的坚持。

顾宪成批判阳明学的立场十分鲜明,尤其痛恶"无善无恶"之说,认为这已造成当时"以恣情为本性,以礼法为桎梏,肆无忌惮而莫之救"的弊病③。他也和张载一样,强调礼出于天秩、根于人心④,认为孔子教导颜回非礼勿视、听、言、动是儒门的庄严法,不可轻弃⑤。高攀龙对于当时三教杂糅、欠缺躬行实修的学风深感忧心,故与顾宪成一样,他认为"扶持程朱之学,深严二氏之防"

---

① 必须强调这只是可能,而非事实必然的结果。详细讨论,参见吕妙芬,《阳明学士人社群:历史、思想与实践》(北京:新星出版社,2006),第8、9章。
② 这个问题我曾在其他文章中讨论过,在此不再赘述,参见吕妙芬,《阳明学士人社群:历史、思想与实践》,页402—409。
③ 顾宪成,《南岳商语》,《顾端文公遗书》,页5b—6a,收入《四库全书存目丛书》(台南:庄严文化事业公司,1997),子部,册14。亦见顾宪成著,冯从吾、高攀龙校,《小心斋札记》(台北:广文书局,1975),卷18,页3a。古清美,《顾泾阳、高景逸思想之比较研究》(台北:大安出版社,2004),页19—23、25—26、75—91。
④ 顾宪成,《小心斋札记》,卷9,页8b。
⑤ 顾宪成,《小心斋札记》,卷14,页9a—b。

才是对治之药①。他以"内存戒慎恐惧，外守规矩准绳"为治学之原则②，强调"礼"是儒家正学不可移易的途径："圣门以礼教门弟子，皆使由礼求仁，礼与仁皆性也。"③又认为要补救当时的"虚症"，只有靠礼教："反之于实知及仁守，莅之以庄，动之以礼，一一着实做去，方有所就。"④古清美也指出，顾宪成和高攀龙之学都极力强调人性本具的规矩准则，并落实学的工夫，此都是针对当时学风而发，欲重申其肯定客观价值判准存在的立场⑤。

同样地，冯从吾也极力反对"无善无恶"之说⑥，严厉批评时人视礼为迂伪、为糟粕的态度，强调古代圣人之教必要人动容周旋均合礼⑦。他说："规矩准绳是性体真条理。"⑧"礼仪三百，威仪三千，此天地间实在道理，此士君子实在学问。……若不敦厚以崇礼，而曰礼伪，率天下荡检逾闲，放纵恣肆，以为真是小人而无忌惮也。"⑨至于孙奇逢本人及其弟子们如何重孝弟、谨礼法，尤重在日常家庭生活中的礼仪实践，并以此发扬中州精神，对治江南奢靡

---

① 高攀龙，《崇正学辟异说疏》，《高子遗书》，卷7，页1a—7b，收入《景印文渊阁四库全书》（台北：台湾商务印书馆，1985），册1292。关于顾宪成主张以程朱之学救补当时学风，参见古清美，《顾泾阳、高景逸思想之比较研究》，页21—23。
② 高攀龙，《高子遗书》，卷8上，页24b—25a。
③ 高攀龙，《高子遗书》，卷4，页29b—30b。
④ 高攀龙把学问简单分成两路，一重在人伦庶物实知实践，一重在灵明觉知默识默成。朱陆之异，或明初与晚明学风之异，都可简单归成这两路学风的差异。所谓"虚症"意指晚明阳明学及三教融合的学风所造成的弊端。参见高攀龙，《高子遗书》，卷4，页36b。
⑤ 古清美，《顾泾阳、高景逸思想之比较研究》，第3章。
⑥ 例见冯从吾，《少墟集》，卷1，页18a—20b、24a—b。
⑦ 冯从吾，《少墟集》，卷1，页52b—53b；卷2，页19b—20a。
⑧ 高攀龙，《高子遗书》，卷8上，页24b。
⑨ 冯从吾，《少墟集》，卷2，页25a—b。其他关中学者如文翔凤亦极力反对"无善无恶"之说，重视名教，参见张骥，《关学宗传》，卷29，页1a—b、4a—b。

学风,我已在其他文章论及,此处不再赘述①。

简言之,从晚明到清初,无论江右、东林或北方的儒者,都同样针对左派王学讲学旋风及"无善无恶"论述所引发的弊病,提出对治的方法,其中一个重要的主张,便是重新肯认是非善恶之判准的客观存在,以及外在礼法规范的有效性。诚如赵园所说,明清之际士人以"礼失"为重大危机,表达了丧失文化品格的深刻焦虑,以礼为教、移风易俗,则是当时士人致力重建文化的工程②。

除了从矫正王学末流之弊的角度强调"礼"的重要性以外,明清之际主流学风的变化与儒家家礼实践的普及化,也都是重要的背景。张寿安的研究指出,明清学术有"以礼代理"的典范转移,礼学持续在清代学术思想中占据着重要的地位③。我们从周启荣对明清之际儒家礼教主义兴起的研究,可知其间所关涉的不仅止于思想潮流的变化而已,更关系到宗族组织的兴盛、地方乡绅社会,甚至朝廷统治等各个面向④。Patricia Buckley Ebrey对《家礼》各种文本的研究,以及何淑宜对元、明儒家祖先祭礼的研究,也都清楚指出近世中国儒家礼仪教化与实践逐渐向社会底层渗透的发展趋向⑤。另外,我们在考虑张载思想于明清之际复兴的背景时,对于佛、道

---

① 吕妙芬,《清初河南的理学复兴与孝弟礼法教育》。
② 赵园,《明清之际士大夫研究》,页125。
③ 张寿安,《以礼代理——凌廷堪与清中叶儒学思想之转变》(台北:"中研院"近代史研究所,1994);《礼学考证的思想活力》(台北:"中研院"近代史研究所,2001)。另外,关于清朝廷大力提倡礼仪伦理方面,参见王文东,《清代的文化政策与礼仪伦理建设》,《满族研究》,2005年第3期,页52—60。
④ Kai-wing Chow, *The Rise of Confucian Ritualism in Late Imperial China*, pp. 48—50.
⑤ Patricia Buckley Ebrey, *Confucianism and Family Rituals in Imperial China* (Princeton: Princeton University Press, 1991);何淑宜,《香火:江南士人与元明时期祭祖传统的建构》(台北:稻乡出版社,2009);伊东贵之,《思想としての中国近世》(东京:东京大学出版会,2005)。

的批判态度也是不容忽视的因素。我们知道张载的学说有着强烈批判佛、老的意涵，并以建构儒家特殊形上思想与之对抗。张亨说："张载是在辟佛的历史发展中，从外在的经济社会问题，转而为从形上本体问题上辟佛的关键。"[①]而晚明江南三教融合的学风虽盛行，但同时也引发相当的批判和修正的声音，上述无论是明代气学思想的代表性学者，或是抨击"无善无恶"之说而重新肯认礼法的学者们，他们几乎都站在严厉批判二氏、强调儒学本位的立场。张载的学说引发他们的共鸣和好感，这种共同辟佛的心态也是不可忽略的一个面向。上述种种学术发展现象，应都是张载的礼学之所以在明清之际重新受到重视的重要学术史背景。

然而，值得注意的是，无论是明代气学或礼学复兴的思潮，都不限于关中地区，反映着当时广泛的学术思想关怀。那么，关中理学家在思想上对张载的直接扬继如何？他们对于张载思想在明清之际的复兴有何贡献？

纵观几位关中学者的文集，除了在躬行礼教方面，他们确实具有素朴、重视实践的特色外，若以直接进入张载思想和话语的讨论而言，这些关中后学的表现其实并不出色，他们更多是在"程朱对陆王"的框架内思索学问，并未全力投入对张载学说的阐释、发扬。马理几乎没有谈及张载之学；吕柟虽然尊崇张载，他的学问也受到张载的影响，但主要还是在程朱学与阳明学之间思索，以强调

---

① 张亨，《张载"太虚即气"疏解》，《台大中文学报》，期3（1989年12月），页55—97。

躬行实践为基调①。冯从吾则试图超越程朱、陆王的学派之争,针对时弊和"异端"提出严厉批评,并借讲学重倡他心目中的儒家圣学。李颙之学深受阳明学影响,他一生自学有成,以"悔过自新"的实践落实其"明体适用"的学术理想,并以此体现他深心世道、志切拯救的淑世精神。简言之,这些晚明关中理学家的学问基点并不在于张载的气学,而是在当时主流学派的论辩框架内,以及受到王学末流和三教融合的学风刺激下的反思与创新。

相对而言,对于张载《正蒙》思想较有体认的关中学者则是韩邦奇(1479—1555),韩邦奇很欣赏张载"太虚即气则无无"的本体论,认为张载说出汉、唐、宋以来儒者所不能见的道理,具有在思想上对治佛老的重要贡献②。他甚至曾欲写作《正蒙解结》一书,讨论《正蒙》书中的难题,并想和张廷式的《正蒙发微》一起出版,但后来因见到刘玑的《正蒙会稿》而作罢,可见他确实曾在《正蒙》上下过工夫③。只是韩邦奇对《正蒙》的重视,并没有在关中后学中形成明显的学术传统,也无法与后来的王夫之相提并论。

综上所论,在明清之际,张载的地位不仅因着关中士人对本地理学传统的反思与建构而获得进一步的提升,他的学说也在沉寂多时之后,再次受到学界重视。本节主要从明代气学的发展与明清之

---

① 虽然吕柟思想也受到张载一定的影响。关于吕柟思想受到程颢、张载之影响,其理气一元论的内容与张载不同,及其学说与朱子和王阳明的异同等,参见钟彩钧,《吕泾野思想研究》,页1—29;钟彩钧,《吕泾野〈宋四子抄释〉研究》。
② 韩邦奇,《见闻考随录》,《苑洛集》,卷18,页25a—26a、35a—37a。
③ 韩邦奇,《正蒙会稿序》,《苑洛集》,卷1,页26b—27b。

际礼学复兴两方面，讨论张载学说复兴的学术史脉络。我们发现，虽然明代气学论者并非都直接受到张载的启发，他们的思想也未必忠实承继张载之学，但是张载的气论确实为明代学者所熟悉，并明显镶嵌在当时气学论域中，具有不可抹杀的地位。而明清之际纠正当时王学末流弊病而重视礼教的学术背景，以及针对晚明三教融合而辟二氏之态度，也都是使得张载之学能获得学者认同的重要学术背景。然而，这一节的研究也让我们看见，就阐发和承继张载思想而言，关中本地的士人并没有发挥关键性的作用，这也充分说明了在儒学大传统之内，思想观念的契合与传递往往具有穿透地域限制的力量，士人们对学术文化的关怀，也具有某种超越地域区隔的普遍性。

四、结语

张载之学从南宋以降，长期处于理学中的非主流地位，虽然张载身为北宋五子之一，其重要性很早即为朝廷与学界所认可，并与二程、朱熹同祀孔庙；他的《西铭》更被誉为《孟子》以下第一书，有宋理学宗祖的美称[①]。然而，其学说最重要的代表作《正蒙》及书中所谈论的气的思想，却长期受到忽略与压抑，后继无人。这情形到了明中叶以后有了改变，张载其人及其思想都在此时重获学界的重视，得到某种程度的复兴。

本文选择从地域学术史和思想观念史两个研究视角，讨论张载

---

① 《凡例》，收入清圣祖御纂，李光地等编校，《御纂性理精义》，页2a，见《景印文渊阁四库全书》(台北：台湾商务印书馆，1985)，册719。

与明清学界之间的关系。从地域学术史的角度，我们发现张载地位的提升与关中地区理学的复兴息息相关。关中理学虽可溯自北宋，但其实在南宋与元朝均相当衰微，要到明代中叶后才逐渐复兴，这种发展的趋势既呼应着明代整体学术的发展，即从明中叶以降士人教育普及、生员人数大增等全国性士人群体结构的变化趋势，同时也与吕柟、冯从吾等重要讲学家的倡导有关。明代中、晚期，关中地方士人群体扩大、讲学活动兴盛、知识动能累增，这种学术实力的增强不仅反映在书院建制上，也反映在整理先贤文献、祭祀先贤、反思并书写地方学术历史等工作上，于各方面都取得可观的成绩。冯从吾的《关学编》便是在这样的学术大环境下完成。通过《关学编》，冯从吾定义"关学"为关中地区的理学传统，对于关学道脉的传承也有明确的交代，并以张载为学派的始祖。张载之学与关中的地域纽带，也在这波关学建构中，获得更紧密的联系。同时我们也看到冯从吾等地方士人和官员致力提升张载及其家族的努力，他们将张载后裔从河北滦州迎归故里，让张载的血脉传承能够在关中故里代代繁衍，并且向朝廷争取张迪入祀启圣祠、张氏后裔袭封五经博士官衔。在他们的努力下，张载的家族果然获得朝廷的恩典，享有与其他北宋四子同等的尊荣。

但若仅从地域学术史或朝廷赐封的角度，我们尚无法理会张载之学复兴的另一些因素，因此我们从思想观念史的视角进一步探讨。论文第二部分即扣紧张载之学的两大特点——气学与礼学，并配合明清思潮变化的两大脉络，进行讨论。

本文认为，张载气的思想之所以在明末清初学界能见度大增，主要与当时气论思想的兴起有关。明清气论思潮主要是针对程朱理气二元论的架构进行反思、批判，也与批判佛教有关，故学者们未必都受到张载的直接启发，也未必完全赞同张载所言。然而不可否认的是，他们几乎都注意到张载的气论，并加以讨论或发扬，显示张载之学是他们不可忽视的文化资源。另外，明中叶以后不少学者也对《正蒙》进行注释，尤其王夫之更是以张载为自己的典范，透过注释、阐扬《正蒙》，他更将张载思想推到学术史上的另一个高峰。

在礼学方面，我们从晚明左派阳明学的冲击，谈到明清之际士人普遍具有对"礼失"的深切危机感，以及他们极力重申礼法规范的重要性，致力于重建礼仪文化传统的努力。其他学者的研究也从各个角度，包括学术典范的转移、宗族组织兴盛、家礼实践、地方乡绅社会、教化普及、朝廷统治等更广泛的面向，告诉我们在明清之际，礼仪的实践有愈来愈受重视的趋向。而伴随着儒家礼教文化建构的同时，学者也多持严辟二氏的立场。在此学术氛围下，张载重视礼教的为学特色，及其试图透过建构儒家形上本体太虚气论以对抗佛老的用意，都使得他的学问受到许多明清士人的赞许和认同。

从思想观念史的角度，我们也发现关中士人对于承继、发挥张载思想的贡献并不特别突出。毕竟儒学在中国士人教育中具有相当普遍性，思想观念的契合与否，往往与个人情性有关，而思想观念靠着文本或师教的辗转传递，也能够穿越地域的限制，触动遥远某人的心思。这情形在印刷出版业兴盛、社会流动性渐增的明清社会，更不难想象。从本文的讨论可见，张载之学在明清之际的再现，既有关中地域学术复兴、地方学术传统建构的因素，也有属于整体思想潮流变化的脉络。我希望透过这个个案研究，除了说明张载与明清学界的关系，也能具体呈现地域学术史和思想观念史两个不同研究视角所带出的研究成果，具有互补、不可偏废的重要性。

第二章
清初河南的理学复兴与孝弟礼法教育

一、前言

就学术演变的大趋势而言，理学不是清代的主流学术，虽然在朝廷的支持下，理学在清初有过短暂的辉煌时期，但总是强弩之末，很快便被考证学所掩盖①；然而若就河南地区的学术史而言，十七世纪下半叶的理学发展则不能不令人刮目相看。在经历元、明以来漫长的历史沉寂，在晚明阳明学饱受批判之后，程朱理学似乎在此找到另一种发声和开展的可能，尤其配合着康熙皇帝提倡"真

---

① 清初著名的理学家有：熊赐履、李光地、汤斌、张伯行、陆陇其、朱轼等人在朝，黄宗羲、孙奇逢、陆世仪、张履祥、吕留良、朱用纯、李二曲等人在野。关于清初学术概况，参见陆宝千，《清代思想史》（台北：广文书局，1983）；陈祖武，《清初学术思辨录》（北京：中国社会科学出版社，1992）。当然，相对而言，学术界对于清初理学的研究仍然不够，可能因此忽略其重要性，更多的研究或许会改变这种简略的学术史描述，相关讨论与研究可参看On-cho Ng, *Cheng-Zhu Confucianism in the Early Qing: Li Guangdi（1642—1718）and Qing Learning*（Albany: SUNY Press, 2001）。

理学"的文教政策,河南地区在饱经战乱失序之后,乘着新帝国蓄势待发的气势,有了一番新的作为[①]。当地学者不仅意识到本地学术传统的宝贵,也透过搜集、出版的工作,建构且传承属于他们的学术传统,并开始一波建书院、兴士习、落实孝弟礼法教育的作为,其成果也相当丰硕。

本文主要探讨的对象便是十七世纪末(1670年代至1690年代)河南地区的理学发展,即以耿介(1623—1693)、冉觐祖(1636—1718)、窦克勤(1653—1708)、李来章(1654—1721)为首的理学学圈,及其先后兴建的嵩阳、朱阳、南阳、紫云四所书院。这些学者们都以继承程朱理学为职志,彼此间不仅有密切往来问学的师友关系,四所书院在书籍的交换流通、学规的观摩仿效上也都很密切,书院的教育理念也相当一致,应可视为同一波理学复兴运动下的产物。而这波理学复兴,若溯其源,则至少要溯及明末清初大儒孙奇逢(1585—1675)的影响,因此本文首先从孙奇逢对河南地区的学术影响谈起,说明孙奇逢的主要成就有二:一在于透过著作与出版的工作,建构、复兴了河南地区的学术传统;二在于以其严谨的行为身教和生命情操,活出他心目中理学家的典范,成为明清之际理学传承的重要人物,其重孝弟、谨礼法的教育理念既是清初朝野理学传统的主要价值,也成为上述四所书院的教育指导原则。

本文第三节将简介嵩阳、朱阳、南阳、紫云四所书院兴建的历史,以及主教各书院的学者们。第四、五两节则分别说明这些学者们以《孝经》《小学》为本的教育理念,以及他们如何在各书院中

[①] 关于康熙的治国方略及其对程朱理学的态度,参见高翔,《康雍乾三帝统治思想研究》(北京:中国人民大学出版社,1995),页9—107。

借着推行礼仪活动的行为教育以落实下学上达的儒学理想。本文亦试图把清初这波理学复兴放在大的历史脉络中观察，指出这样的学术走向与发展既符合清初帝王在重建社会秩序、巩固帝国建设大工程的文教政策，同时也是学者们反思晚明以降学术纷杂与弊病后所选择的一种转向，这种上下合流的便利，让程朱理学在原本学术表现贫乏的河南地区获得快速的成长能量，也让当地学者对本地文化的发展充满乐观的愿景。

二、孙奇逢的学术成就

孙奇逢是直隶容城人，十七岁即举顺天乡试（1601），但生于天崩地解的晚明，使他一生经历许多惊风狂雨与乱离流亡的日子，他终生未仕却名震天下[①]。孙奇逢晚年有二十五年的时间在河南南辉县的苏门讲学，虽然身居林泉，但天下各界名流如汤斌（1627—1687）、魏象枢（1617—1687）、费密（1625—1701）、施闰章（1618—1683）、耿介（1623—1693）、张沐（1630—1712）等都

---

① 孙奇逢十七岁成举人，屡次不第，但从二十八岁至三十四岁的六年间均寓京师，结交不少朋友。当左光斗、魏大中、周顺昌被魏忠贤党人诬陷入狱时，孙奇逢不虑己身之灾祸，与鹿正、张果中组织畿南士民营救，人称范阳三烈士。明末年间，又曾率领乡民击退清兵，保住容城，明亡后，清廷五次诏征入朝，他都坚执不赴诏。这些事绩也让他名震海内，见汤斌，《孙夏峰先生年谱》（台北：广文书局，1971），卷上，页6b—8a；汤斌，《征君孙钟元先生墓志铭》，收入汤斌著，沈云龙主编，《汤文正公（潜庵）全集》（台北：文海出版社，1973），卷3，页60a—66b。

前来拜访问学,是实至名归的清初北方大儒①。他同时也是带动清初河南地区理学复兴的关键人物,当地许多学者的理学启蒙与书院的肇兴都可以追溯至孙奇逢的启迪②,故黄宗羲说:"北方之学者,大概出于其门。"③

孙奇逢于学术上的最大成就或许不在其调和朱、王的思想内涵④,而是他如何在经历风雨飘摇、家毁国亡的年代里,成功地记录、建构了中州的学术传统,并在晚明讲学饱受批判与质疑的声浪中,以其高卓的生命情操与严谨的言行举止,体现并传承了儒学的理想。

就像许多生活在清初的明遗老们一样,孙奇逢有意识地致力于保存北方学术传统的工作,尤其是记录他一生用功所在的理学学术史及其生长与生活的地域文化史。他六十四岁纂辑《理学宗传》,六十五岁修《新安县志》,七十四岁完成《中州人物考》,七十五岁完成《畿辅人物考》,七十七岁考苏门遗事,七十八岁辑《圣学

---

① 汤斌,《孙夏峰先生年谱》,卷下,页24b、31b—32a、37a。《中州先哲传》记孙奇逢晚年时,从游者甚众,有数百里或数千里至者,皆为设榻共食。见李时灿编,《中州先哲传》,卷19,页5a,收入国家图书馆古籍馆编,《中国古代地方人物传记汇编》(北京:北京燕山出版社,2008),册100。《清儒学案》言夏峰之学曰:"北方学者奉为泰山北斗。"徐世昌,《清儒学案》(台北:世界书局,1979),卷1,页1a。关于孙奇逢与北方学术传统的建构,亦参见Jui-sung Yang, "Betwixt Politics, and Scholarship: The Sun Ch'i-Feng Circle in Seventeenth-Century of North China,"《辅仁历史学报》,期15(2004年7月),页1—42。
② 见下文讨论。
③ 黄宗羲著,沈芝盈点校,《明儒学案》(台北:华世出版社,1987),卷57,页1371。
④ 关于孙奇逢的思想,参见李之鉴,《孙奇逢哲学思想新探》(开封:河南大学出版社,1993);侯外庐,《宋明理学史》(北京:人民出版社,1987),册下,第26章;张显清,《孙奇逢的以实补虚论》,《中州学刊》,1986年第6期,页50—54。

录》。又命魏一鳌辑《北学编》，命汤斌纂修《洛学编》①。这些作品不仅记录保存了理学与北方学术文化的内涵与传承的脉络，也表彰了他心目中理想的儒学典范。

河南是宋代著名理学家程颢（1032—1085）、程颐（1033—1107）的家乡，是理学发源之地，虽然在后代历史中，此地学术未能大显，反而沉寂，但透过孙奇逢修史的努力，北方理学的传统及独特的特质再次被彰显，也在清初新帝国新气象中，获得一种可以和江南文化抗衡的价值感，并激励当地士人重建地方学统的信心与使命。河南地区的理学传承，继宋代二程子之后，元有许衡（1209—1281），明初则有曹端（1376—1434）、薛瑄（1389—1464）②，都是以淳朴笃实、躬行践履著名的学者。到了晚明则有像吕坤（1536—1618）、杨东明（1548—1624）、尤时熙、孟化鲤（1545—1597）、张信民（1562—1633）、吕维祺（1587—1641）等著名学者，这些学者大多深受阳明学影响，不过他们也同时注重在人伦日用中的实践，这样的特质也是孙奇逢所格外强调的中州精神。他对中州学术传统的自信与骄傲，以及自己献身修史的价值可从以下这段话看出：

> 洛为天地之中，嵩高挺峙，黄河蜿蜒，自河洛图书，天

---

① 汤斌，《孙夏峰先生年谱》，卷上，页26a—b；卷下，页9b、10a、13a、14a、37a、39b。孙奇逢又著有《取节录》《两大案录》《乙丙纪事》《甲申大难录》，是记录明末反对阉党、农民起义与抗清等重大历史事件之书。参见李时灿编，《中州先哲传》，卷19，页4a。
② 薛瑄祖籍是山西河津，与河南相近，孙奇逢的《中州人物考》收有其传。参见《中州人物考》，卷1，页2b—6b，收入周骏富编，《明代传记丛刊》（台北：明文书局，1991），册141。

地已泄其秘，而浑庞浮朴之气，人日由其中而不知。至程氏两夫子出，斯道大明，人知所趋的，学者于人伦日用至庸极易之事，当下便有希圣达天路径，是道寄于人而学寄于天。盖洛之有学，所以合天人之归，定先后之统，关甚巨也。①

在孙奇逢的笔端下，北方理学不仅有其源远流长的历史，也有着笃实朴质的韧性，而其谨守礼法、不逾规矩的典范既是维系家族的根基，更是经历明末战乱之后，社会不可或缺的稳定力量②。这样的理学精神不仅可以和被标贴上"空疏虚谭""恣意放荡"和"亡明罪咎"的晚明讲学风气相区隔，且希望能有效地对治后者，它也是清朝所标举的正统学风。

除了著述的成就外，孙奇逢还以严谨的行为举止活出他心目中理学家的典范，他高卓的生命情操也感染、带动了新一代的学者。孙奇逢年轻时即以孝行获表彰、得建坊；营救左光斗（1575—1625）等人的义行，更为他赢得烈士之名；崇祯年间躲避盗匪时，他则是组织、教化乡里的领袖人物③。但他作为理学大师的风范则主要建立在晚年讲学苏门的期间。以外在形势与个人事迹而言，其实比起青壮年时的经历，孙奇逢的晚年显得平淡而无奇，此时的他只是一位家族领袖和隐居讲学著述的学者，然而正是这种流露于平

---

① 孙奇逢，《洛学编序》，收入汤斌著，《孙夏峰先生年谱》，卷下，页39b。
② 关于清初皇帝如何以儒家思想作为统治汉人与帝国建立的思想基础，参见刘家驹，《儒家思想与康熙大帝》（台北：学生书局，2002）；高翔，《康雍乾三帝统治思想研究》（北京：中国人民出版社，1995）；薛文郎，《清初三帝消灭汉人民族思想之策略》（台北：文史哲出版社，1991）。
③ 汤斌，《孙夏峰先生年谱》，卷上，页11a—12a、13b、19a—b、21—22b。

淡日常举止间的肃敬之情与动静合礼之节，以及长年累月不懈的生命工夫，才真正成就孙奇逢作为清初大理学家的风貌，他以九十二岁高龄体现的生命风采成为维系着明清理学传承不可忽视的力量。汤斌描述其学问宗旨与生命工夫曰：

> 其学以慎独为宗，以体认天理为要，以日用伦常为实际。尝言七十岁工夫较六十而密，八十岁工夫较七十而密，九十岁工夫较八十而密，此念无时敢懈，此心庶几少明。①

张沐说及他晚年学问之通透则曰：

> 钟元先生全从世情人事经练通透，八九十年工夫，真是养得光风霁月，不可以一旦见，力强而至也。②

以上的描述均以一不断上升的历程来比喻孙奇逢的生命工夫与学思境界，九十余岁的孙奇逢站在生命的最高峰，化身成为乱世中指引人心的一盏明灯，也是维系理学传续的一线希望。

汤斌又总结孙奇逢之学曰："以孝弟为尽性之基；由忠恕为达

---

① 汤斌，《征君孙钟元先生墓志铭》，《汤文正公（潜庵）全集》，卷3，页64a。
② 黄舒昺编，《语录》，《中州名贤集》（1891年睢阳洛学书院刊本，"中研院"傅斯年图书馆藏），卷中，页3。

化之门。"①这不仅意指他在思想上格外重视孝弟之日用伦常②，更指其平日行为而言。故当我们阅读孙奇逢的《年谱》或传记时，我们发现他学术思想的最佳体现就是其平日活出的一言一行。尤其晚年以一家之长，带领子孙全体，五世不分家，数十人合炊共爨，更是他以孝弟为本之学的最佳见证。孙奇逢在家庭中落实《小学》下学上达的理念，教导子弟从洒扫应对入手以断其傲惰之念，培养清明恭敬谦虚之心③，他的家庭能够做到："子孙甥侄数十人，揖让进退皆有成法，闺门内外，肃肃穆穆，寂若无声，而诸事具有条理。姻族故旧，恩意笃厚，为之经理婚嫁丧葬，惟力是视。"④他格外重视家祭礼仪，即使到八九十岁的高龄，仍然每早晨率领子孙们在祠堂焚香，告诫子孙要永远遵守这样的合族共祭之礼：

> 我等聚族而处，佳辰令节，生忌朔望，得来祠堂瞻礼，是祖父之魂气常在，儿孙之诚敬常存也，只此是人生第一吃紧事。明此而为农，是良善之民；明此而为士，是道义之士。祖

---

① 汤斌，《祭孙征君先生文》，《汤文正公（潜庵）全集》，卷4，页25a。
② 例如："问孝友为政，余曰：最紧切之言，却是人所忽略，孟子亲长而天下平，正谓此，试看孝友人家，一室雍睦，草木欣乐……""以孝弟仁让为教，则言满天下无口过，行满天下无身过，圣贤学问，帝王政治，俱凭此为根本。"孙奇逢，《夏峰先生集》，卷1，页7b、12a，收入续修四库全书编纂委员会编，《续修四库全书》（上海：上海古籍出版社，2002），册1391；亦参见孙奇逢，《孝友堂家规》，收入新文丰出版公司编辑部编，《丛书集成新编》（台北：新文丰出版公司，1985），册33。
③ "洒扫应对先儒谓所以断其傲与惰之念，盖傲惰除而心自虚，理自明，容色词气闲，自无乖戾舛错，事父、从兄、交友各有攸当，岂不成个好人……除其傲与惰之念，下学在是，上达在是，先复本来，一以贯之。"见孙奇逢，《孝友堂家训》，页3，收入《丛书集成新编》（台北：新文丰出版公司，1985），册33。
④ 汤斌，《征君孙钟元先生墓志铭》，《汤文正公（潜庵）全集》，卷3，页63b。

父恬熙于上，儿孙敦睦于下，岂非一室之大和，而一家之元气哉，愿我子孙世世勿替。①

如此慎谨不懈的生活举止是其家训的体现，也成为小区中的表率。汤斌对此有极深刻的印象，特别记道：

> 九十老人，晨兴拜谒家祠，独坐空斋，竟日无惰容。……自非功深于人所不见者，乌能自强不息如此乎。②

对超越之理有独到兴趣的人总是可以从日常生活最庸常之处见到天道的不平凡与人心在修道中的深厚功力，晚明泰州讲学者其实也有类似之洞见，只是他们更愿意越过礼法的效用与束缚，透过解构的眼光看到超越的境界，但清初的理学家则通常不再如此质疑、扭曲或超越世俗礼法之见，他们更紧实地抓牢儒家传统的礼法教育，他们相信透过在敬谨的礼节仪注中身体的活动，在呼吸言谈中的雍容气度，内心契道之实才能被真实地体现出来，孙奇逢对此有明言："日用食息间，每举一念，行一事，接一言：不可有违天理、拂人情处，便是学问。""天之明命无一刻不流行于人伦事物中，能于日用食息真见其流行不已，便自有下工夫处。"③汤斌亦曰："夫道无所谓高远也：其形而下者，具于饮食器服之用，形而上者，极于无声无臭之微，精粗本末无二致也。……盖以天命流行，不外动

---

① 孙奇逢，《孝友堂家训》，页1—2。
② 汤斌，《孙征君先生文集序》，《汤文正公（潜庵）全集》，卷1，页8a。
③ 孙奇逢，《夏峰先生集》，卷1，页10b；卷2，页43a。

容周旋，而子臣弟友，即可上达天德。"①这种强调在谨守日用人伦与礼节法度的下学工夫中追求上契天理的超越精神，为礼仪与天理之间建构了一道强劲的联系纽带，这是清初帝王治国的文教理念和北方理学的基调，也是明末清初理学的重大变易②。

孙奇逢注重孝弟的家庭教育与谨守祭祀礼仪的行为，在清初河南儒学学圈内形成一种典范，我们从当地儒者的传记中，可以看到相当多类似的行为表现。先以孙奇逢的子孙们为例，孙家数代子孙都能以孝行和遵礼闻名于乡，孙奇逢之子孙博雅（1630年生），在母亲生病时，"不交睫，不解襟带着三旬余"，母亲去世后，"为孺子泣，三年不见齿"；当父亲年事渐高，他"偕兄弟朝夕上食，祝哽祝噎，夜则更卧林侧，候其欠伸，未尝倾刻离"③。孙奇逢之孙孙佺（1640年生）丧母时方数岁，即"抱弟淳坐卧苦搜中，终身友爱如一日"；父丧则"居忧三年，一循古礼"。曾孙孙用正（原名用桢，1662年生）④，丧母时已届七十高龄，仍做到"哀毁屏酒肉，一如居父丧时，率两孙庐墓三年"。乾隆七年（1742），他因孝获朝廷旌表⑤。

再以孙奇逢的门人后学为例。汤斌治父亲之丧，一遵古礼，

---

① 汤斌，《嵩阳书院记》，《汤文正公（潜庵）全集》，卷1，页70a。
② 关于明清之际理学的变化，参见王汎森，《"心即理"说的动摇与明末清初学风之转变》，《"中研院"历史语言研究所集刊》，本65分2（1994年6月），页333—373；王汎森，《清初思想中形上玄远之学的没落》，《"中研院"历史语言研究所集刊》，本69分3（1998年9月），页557—583；王汎森，《日谱与明末清初思想家——以颜李学派为主的讨论》，《"中研院"历史语言研究所集刊》，本69分3（1998年6月），页245—293。张寿安，《以礼代理——凌廷堪与清中业儒学思想之转变》（台北："中研院"近代史研究所，1994）。
③ 李时灿编，《中州先哲传》，卷19，页5a。
④ 孙博雅、孙泌、孙用正（桢）之生年均见于《孙夏峰先生年谱》。
⑤ 李时灿编，《中州先哲传》，卷19，页7a。

每朔望谒家庙毕，必至母亲赵恭人的节烈祠肃拜，数十年如一日；每遇父母亲忌辰，"辄素服，终日色惨然不乐"①。儿子汤溥（1651年生）②自幼受到父亲极严厉的教诲，从小就被要求步趋进止必合法度，课读必至夜分。这种家庭教育也果然将他塑造得比常人更加严守礼法，据称父亲去世时，汤溥"哀毁骨立，泪尽继血，及扶衬营葬，皆如礼，居丧三年，未尝见齿"③。汤斌的同学耿介也以刚正笃实、严谨遵礼著称，他同样"每朔望必诚敬谒祠堂，值父母忌日，素服独居，不接宾客"④。耿介弟子姚尔申"家居祀先人以古礼，率子弟岁时行之，从哀恸悱恻中考验至性"⑤；耿介之友赵国鼎也是"每值家忌，辄屏居缟素，不见宾客"⑥；梁家蕙"终身无疾言遽色，寋步惰容，及世俗嬉笑俚语。燕居端坐，虽炎暑冠带不去体"⑦。李来章以"内行醇笃，刻厉自治"闻名，母亲得眼疾，他"夙兴亲舐之，目为复明"⑧。另外，新安县的韩浚"立祠堂，朔望率家人虔拜，取先儒家规及《小学》《礼记》之有切日用者为宣讲之，又建温清居以奉其亲叔，弟少亡，抚其孤如己出，子弟不率教者，于祠堂惩责之，族人争竞者，集族长老于祠堂教诫之，其

---

① 汤斌，《行略》，收入吴元炳辑，《三贤政书》（台北：学生书局，1976），册1，页16。王廷灿编，《汤斌年谱初本》，收入吴元炳辑，《三贤政书》，册1，页82。
② 汤溥生年由其所撰汤斌《行略》中推算，见吴元炳辑，《三贤政书》，册1，页5。
③ 李时灿编，《中州先哲传》，卷20，页3b。
④ 李时灿编，《中州先哲传》，卷19，页11a。
⑤ 李时灿编，《中州先哲传》，卷20，页4b。
⑥ 李时灿编，《中州先哲传》，卷20，页5a。
⑦ 李时灿编，《中州先哲传》，卷20，页6b。
⑧ 李时灿编，《中州先哲传》，卷20，页2a。

婚丧不能举者,则各量力以资助焉"①。

以上所举的学者都隶属于孙奇逢的学圈,虽然我们不能据此就推论这些学者的表现都受到孙奇逢的影响,或设想此为清初河南学者的普遍表现,因为这还关系着像《中州先哲传》这类书籍的取材和评量的标准。但是,上述这些在地方人物传中频繁出现的描述至

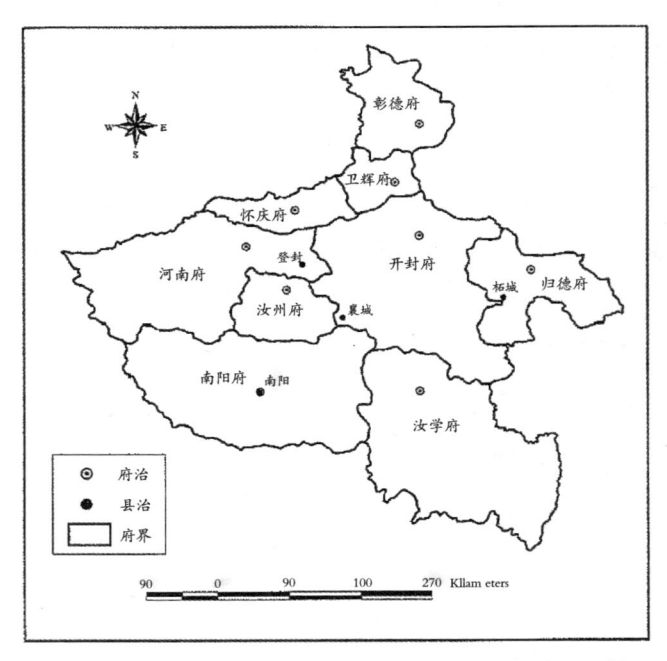

图1 清代河南省图(本图由"中研院""中华文明之时空基础架构"研发团队制作)

---

① 韩浚是韩锡献的儿子,其学可上溯晚明新安学者孟化鲤和吕维祺,许多清代的新安理学家,可能因为地缘关系,都深受孟、吕的影响,不过他们同时也与孙奇逢和耿介学圈的学者相往来,陈镕即是一例。见李时灿编,《中州先哲传》,卷20,页17a—b。

少反映了当时河南学者们在价值观与行为表现上的某种共识，这样的标准也是当地乡贤祠和书院祠祀的标准。因此尽管书籍编纂过程免不了特定意识形态的筛选而无法反映真实生活复杂纷呈的现象，但仍可以说这种态度谦恭、谨守礼法的风气是清初河南儒学的主调，反映了当地最具正统性和影响力的儒学价值，这也是孙奇逢所欲表彰、提倡的中州学术精神。

三、四所书院的兴建

河南地区在晚明战乱频仍，生活条件和学术状况都相对落后，然而清初显然有好转，河南学者像汤斌等人能够受到朝廷重用，发扬他们的理学教育信念，带给当地人相当的鼓舞。李来章在写给窦克勤的信中就说到对当时气象一新的感受：

> 来章白，忆甲子岁（1684）有日者语仆曰：十干十二支相配，数穷六十，周而且复其始也，气数当其盛，人事因之以修，其终也则否。今兹干与支皆值建元，天下其自此升平乎，仆株守蓬门，于当代庙廊之所以图治：与夫四方风俗之渐进于淳朴者，不能周知。然以吾乡卜之日者之言，何确而可信也。乙丑（1685）睢阳潜庵汤先生（汤斌）以苏松中丞超拜官尹，圣天子特命坐讲，恩礼备至，而先生亦严毅端方，以道自持，有程叔子说书崇政之风。丁卯（1687）嵩阳逸庵耿先生（耿介）又以潜庵荐招，特起之林泉，有司张饮祖道北门，天子方

将虚前席而询天人性命之旨,一时称为盛事。①

我们从李来章的文字,可以读到一种摆脱战乱的阴影、对未来满怀盼望与信心的欣喜之情,尤其对自己家乡的风俗教化,他显然看见长足的进步并深具愿景。此时距康熙平定三藩(1681)、招抚台湾、一统全国(1683)不久,在政治与国势上确实有蒸蒸日上的气势,故不难想象李来章信中所提气数当盛之说。其实这种"躬逢圣世"、对未来充满盼望的心情也是当时许多学者的共同心声②。就在1680年代、1690年代,河南的理学也有进一步的发展,孙奇逢的门人与再传门人陆续修建了几所书院,且都标举程朱理学为正统,他们和当地教育官员联手,努力落实康熙皇帝的文教政策,宣讲圣谕,并批判晚明江南学风,有力地建构起属于北方笃实躬行的学术特色。

冉觐祖如此描述当时河南地区学术欣欣向荣的气象:

> 中州人文至今日称奉盛已,嵩阳肇兴,朱阳继起,南阳复鼎峙而三,各有数十百人读书其间,以道德文章相砥砺,扬洛闽之休风,寻邹鲁之坠绪,诚近代所未有也。③

---

① 李来章,《与窦敏修书》,《礼山园文集》,卷5,页10a—10b,收入四库全书存目丛书编纂委员会编,《四库全书存目丛书》(台南:庄严文化事业公司,1997),集部,册246。
② 参见黄进兴,《清初政权意识形态之探究:政治化的道统观》,收入氏著,《优入圣域:权力、信仰与正当性》(台北:允晨文化,1994),页87—124。亦见陈祖武,《清初学术思辨录》,页3—11。
③ 冉觐祖,《南阳书院学规后序》,页1b,见李来章,《南阳书院学规》,收入赵所生、薛正兴主编,《中国历代书院志》(南京:江苏教育出版社,1995),册6,页201。

这段话写于南阳书院学规的后序，讲的是当地在十多年之间前后兴建了嵩阳、朱阳、南阳三所书院的事。以下分别介绍这些书院的历史及其主要创建者和讲学领袖。

嵩阳书院位于登封县内，主要创建者是耿介①。耿介是登封人，顺治八年（1651）举人，九年（1652）进士，与同乡的汤斌同选翰林院庶吉士，两人因此结为至交，共同以圣人之学相砥砺。耿介官历福州巡海道、清西湖东道、直隶大名道，丁母忧后便不复出，专心从事学术教化工作，并在康熙十二年（1673）至苏门拜访孙奇逢，执贽门下②。除了兴复嵩阳书院外，耿介也与当地诸生订辅仁会约，约定月举二会于嵩阳书院：初三会文，十八讲学，将一月来所读之书互相考究印证③。后因汤斌荐，耿介于康熙二十六年（1687）年再次入京，出任少詹事兼翰林侍讲学士之职，但因其作风与朝臣不合，又因汤斌所涉政治纠葛，耿介以疾乞休，在朝仅53日，便又回到河南主持嵩阳书院④。

---

① 嵩阳书院始建于北魏太和八年（484），初名嵩阳寺，唐高宗弘道年间在此祈雨，改为太乙观，五代周时，设立太乙书院，宋仁宗下令重修书院，赐名嵩阳书院，二程子、范仲淹、司马光等名儒都曾在此担任讲授。元末，嵩阳书院遭到严重破坏，明嘉靖年间，曾修房舍、聘师招徒，并修建二程子祠。清康熙初年，登封知县叶封先重建之，耿介致仕后，捐田兴学，遂大兴。参见张志孚、何平立，《中州文化》（沈阳：辽宁教育出版社，1998），页191—194。
② 汤斌，《孙夏峰先生年谱》，卷下，页30b。
③ 耿介，《辅仁会约》《嵩阳书院讲学日录小序》，《敬恕堂文集》（清康熙间刊本，"中研院"历史语言研究所藏），卷2，页23a—26a；卷5，页19a—20b。
④ 关于汤斌于康熙二十六年因董汉臣事牵引的政治纷争，见汤斌传，《汤潜庵集》，页1—4，收入《丛书集成新编》（台北：新文丰出版公司，1985），册76；汤斌，《行略》，收入吴元炳辑，《三贤政书》，册1，页34—36。关于耿介出任少詹事，因迁谨与朝臣不相得，遂仅在任53日，见王廷灿编，《汤斌年谱初本》，收入吴元炳辑，《三贤政书》，册1，页95、97；李时灿编，《中州先哲传》，卷19，页10a—11b。

耿介的学问基本上承继孙奇逢重孝弟、谨礼法，尤重家庭教育的特色，所不同的是：耿介不像孙奇逢那般肯定王阳明之学，他严厉指斥阳明学的悖谬，力主回归程朱正学①。耿介行为十分严谨，汤斌称赞他："坚定之操，守礼之严，斌生平交游未多见也。"②上文提及他"每朔望必诚敬谒祠堂，值父母忌日，素服独居，不接宾客"。在父母亲忌日，则聚集五门子孙于一堂共祭，并教导子孙们祭拜祖先、克尽孝道的道理③。他对于程朱所教导的存敬工夫，以及《孝经》所言"敬"的工夫有深刻的体会，并以"敬恕"名其书斋，晚年尤喜言"仁孝"二字，屡次阐发以仁孝为千圣心传的心得④。

嵩阳书院大约兴建于1674—1680年间⑤，是在已倾圮的旧书院基础上重建⑥，由地方官员与邑绅捐田合力修建⑦，建成后书院有祀程朱

---

① 耿介对阳明学的批评可见其《自课》，《敬恕堂文集》，卷1，页93a；卷4，页21b。
② 耿介，《敬恕堂文集》，卷2，页84b。
③ 耿介，《敬恕堂劝孝浅说》，《敬恕堂文集》，卷3，页66b—68a。
④ 见下文。
⑤ 耿介的《敬恕堂文集》记有丁巳年（1677）创修嵩阳书院，又有甲寅年（1674）嵩阳书院成，见该书，卷1，页9a；卷2，页7b。根据《登封县志》，1674年是知县叶封建诸贤祠，1677年耿介建先师殿、三贤祠等，但同书稍后又记各项工程始自1679年春至1680年秋讫工。书院后续尚有扩建工程，均见洪亮吉、陆继萼等纂，《登封县志》（台北：成文出版社，1976），卷17，页11a—12b、16b。
⑥ 耿介，《与汤孔伯年兄书》，《敬恕堂文集》，卷4，页2b—3b。
⑦ 根据《河南府志》，康熙十三年知县叶封建诸贤祠，祀宋提举管勾韩维而下14人，二十八年学道吴子云置学田100亩，林尧英置学田100亩，河南府知府汪楫置束脩田100亩，知县张塎置学田60亩，知县王又旦置学田100亩，知县张圣诰置学田200亩，孟津王鹤置学田50亩，知县杨世达置学田200亩，邑生员焦健置地9亩，邑绅耿介置学田200亩，又开垦地130亩，知县薛国瑞入地38亩，抚院鹿佑置学田140亩，以供饔飧膏火之责。施诚修，童钰、裴емь纯、孙枝荣纂，《河南府志》，收入洛阳市地方史志办公室整理，《中国河洛文化文献丛书》（郑州：中州古籍出版社，2013），卷29，页31a—b。又参见洪亮吉等编纂，《登封县志》，卷17，页11a—13b。

的专祠,以标举重道统的精神。书院中的丽泽堂,为朋友讲习之所;又建有观善堂、辅仁居、博约斋、敬义斋①。嵩阳书院是耿介讲学的据点,也是清初河南理学传承的重要场域。与耿介一起讲学或拜于其门下的学者很多,包括冉觐祖、窦克勤、李来章、王泽溢、姚尔申、赵赐琳、孙祚隆、赵国鼎、杨淑荫、乔廷谟、张度正(1687举人)、裴清修、梁家蕙等②,都是此地具相当名望与影响力的学者,由此也可见耿介与其师孙奇逢之学如何有力地扎根于河南地区学术文化的土壤里。耿介去世后,嵩阳书院由冉觐祖主持。冉觐祖是耿介门生,学宗程朱③,康熙二年(1663)举乡试第一,三十年(1691)成进士,选庶吉士,授翰林院检讨。冉觐祖于康熙四十二年(1703)致仕归乡,同时主教仪封县的遂初书舍与登封的嵩阳书院,著有《五经详说》《孝经详说》《性理纂要》《正蒙补训》等书④。

朱阳书院坐落于柘城县东门外,于1689—1690年间开始兴建,主要资金支持者是地方乡绅窦大任,讲学领袖为窦克勤。从康熙二十八年到四十七年(1689—1708),朱阳书院又在乡绅与地方官的支持下陆续扩建,具有相当规模⑤。窦克勤是柘城人,师承耿

---

① 耿介,《创建嵩阳书院碑记》,《敬恕堂文集》,卷2,页54b—7a。
② 李时灿编,《中州先哲传》,卷19,页17a—18、19a—20a;卷20,页1a—2b、4a—7a、14a、17b—18b。
③ 冉觐祖之学,一尊程宗,严厉批判陆王之学,此处不详论,可参见其门人所辑的《冉蟬庵先生语录类编》(1881年大梁书局重刊本,"中研院"傅斯年图书馆藏)。
④ 黄舒昺编,《中州名贤集》,卷下之一,页1a—2b。《语录缘起》,收入冉觐祖,《冉蟬庵先生语录类编》,卷首,此书亦列有多位冉觐祖门人的姓名。
⑤ 朱阳书院的建筑包括先圣殿、存诚斋、主敬斋、居仁斋、由义斋、讲堂、友善堂、寡过堂、藏书楼、先儒祠、正学祠、爱莲亭、朱子夫子祠、厨舍等,各建筑的相关位置、分别兴建的年代与兴建者,参见窦克勤辑,《朱阳书院志》,收入赵所生、薛正兴主编,《中国历代书院志》,册6,页395—401。

介,曾六过嵩阳书院向耿介问学①。他于康熙十一年(1672)成举人,到京师见了汤斌,汤斌哀叹师道久废,劝其就教职,他因此当了泌阳县教谕,在泌阳积极地以朱子的教育理念,从事教育工作:

> 乃仿朱子白鹿洞遗规而扩之,分立五社长,各置簿,月朔稽善过,为劝惩。又立童子社,每月五日集童子习礼仪,令读《孝经》《小学》,稍长者为解性理。②

窦克勤于康熙二十七年(1688)成进士,但前后因丁母忧及不忍久离年迈的父亲,不久即致仕回乡,在柘城创立朱阳书院,以倡导正学为任。朱阳书院的学规与建制多仿当年他在泌阳教谕时的做法,窦克勤曾自述:"今朱阳书院初二、十六之期,实踵泌阳之法而行之,当日所刊泌阳学条规,久与士子为渐摩矣。"③学规的详细内容下文再论,其教育成果颇为人所称誉,《中州先哲传》曰:"时河南北自夏峰、嵩阳外,惟朱阳学者称盛。"④窦克勤逝于康熙四十七年(1708),朱阳书院则由其子窦容邃(1683—1754)继续主持⑤。

南阳书院坐落于南阳县内,康熙三十年(1691)间由知府朱

---

① 耿介记此事曰:"庚申、辛酉余兴复嵩阳书院,柘城窦静庵先生远去数百里,声应气求,十年之间,六过其地,相与折衷天人性命之理。"耿介,《朱阳书院记》,收入窦克勤辑,《朱阳书院志》,卷4,"记",页5a—7a。《中州先哲传》则记道:"耿介讲学于嵩阳,往就之,六年五至,非父召不归也。"见该书,卷19,页19a。
② 泌阳在河南省南阳府。引文见李时灿编,《中州先哲传》,卷19,页19a。泌阳学规的内容,见黄舒昺编,《中州名贤集》,卷15,卷末,页1a—7b。
③ 窦克勤辑,《朱阳书院志》,卷4,页12a。
④ 李时灿编,《中州先哲传》,卷19,页19b。
⑤ 窦容邃在朱阳书院讲学前后约四十年,直到他去世(1754)为止。关于窦容邃的传,见李时灿编,《中州先哲传》,卷19,页20b—21b。

璘（1690年任南阳府知府）兴建而成[1]，兴建后并聘请襄城学者李来章前来主持。李来章出身襄城官宦世家，是明代李敏（1454进士）的后裔[2]，曾祖父李继业（1555举人）曾任束鹿县知县[3]。李来章年轻时读《近思录》而归于圣学，曾拜谒孙奇逢于夏峰；当李颙（1627—1705）为招父魂赴襄阳时，两人结为兄弟，以正学相砥砺[4]。康熙十四年（1675）李来章举乡试[5]，次年（1676）结识冉觐祖[6]，又在京师结交许三礼（1625—1691）、受业魏象枢，亦曾与汤斌、张沐、窦克勤等河南理学家寓书往来论学[7]，康熙二十九年（1690）耿介曾邀请他到嵩阳书院共同讲学[8]。李来章主持南阳书院的时间并不长，约仅一二年，便因母老而谢归，不过南阳书院的学规章程则出其手，李来章回到襄城李家庄后，修葺了先祖李敏和李继业曾讲学的紫云书院，吸引不少学者前来就学[9]。

以上嵩阳、朱阳、南阳、紫云四所书院，修复兴建的年代非常接近，都在1670年代到1690年代之间，主持书院的学者们彼此间有

---

[1] 朱璘生平，见唐煦春等修，朱士黻等纂，《上虞县志》（台北：成文出版社，1970），卷11，页20b—22a。
[2] 李敏的生平，见张廷玉等著，郑天挺点校，《明史》（北京：中华书局，1974），卷155，页4593—4595。
[3] 许子尊，《读紫云书院记后》；冉觐祖，《明束鹿令李公肖云先生传》；窦克勤，《李肖云先生传》；耿介，《李肖云先生传》。前述文本均载于李来章、李瑛璞纂，《勅赐紫云书院志》，收入赵所生、薛正兴主编，《中国历代书院志》，册6，页156—157、168—169、169—170、170—171。
[4] 黄舒昺编，《中州名贤集》，卷中之2，页1a。
[5] 李时灿编，《中州先哲传》，卷20，页1a。
[6] 李来章："予得交冉子始自丙辰（1676）。"见李来章，《礼山园文集》，卷3，页13b。
[7] 李时灿编，《中州先哲传》，卷20，页1a。
[8] 《本传》，收入李来章，《礼山园文集》，卷后，页1a—4a。
[9] 李时灿编，《中州先哲传》，卷20，页1b。

深厚的师友关系，往来论学亦密切，这种学问与教育理念相近的事实反映在许多层面上，不仅书院学规的内容、读书次第的规划、讲学强调孝弟与礼法等都相近，从其彼此书信往来、赠送书籍、相互阅读著作且纂写序文，也反映其隶属同一学圈、分享共同教育理念的事实。因此，这些书院不应被视为独立的机构，它们反映了同一波理学复兴与教育改革下的成果。1680年代，徐嘉炎对当时中州理学复兴的情形有如下的描写：

> 昔二程兴教于伊洛，至元而鲁斋振之，明则安阳之崔（在铣），新安之吕（吕维祺），皆醇儒，皆中州产也。去二程数百年而苏门代兴，近者耿逸庵先生（耿介）秉铎嵩少之间，礼山（李来章）与中牟冉先生（冉觐祖）实左右之。中州固理学之渊薮也，然吾闻欧阳文忠老于蔡，苏文定卜休于颍，彼所称文章之宗者，亦皆以中州为归。①

可见耿介、李来章、冉觐祖等人是继孙奇逢之后中州理学的重要领袖，他们不仅在学术渊源上遥承程朱与许衡的精神，在古文的写作上，也欲以醇正载道的文风，对治晚明以降靡冶的江南文风②。

我们若进一步考查清初出身河南的理学家教育官员，秉持着相近的教育理念和做法，在各地从事建书院、兴士习的教育改革工

---

① 徐嘉炎，《礼山园文集序》，收入李来章，《礼山园文集》，卷首，页2a—b。
② 关于对李来章文章的称许，见《礼山园全集》卷首诸序，及部分文章后的评点。

作，我们对河南地区这一波理学中兴的影响力，将会留下更深刻的印象。在众多的例子中，当然以汤斌巡抚江宁时（1684—1693）的作为最为醒目，在康熙皇帝特意交代要对治江苏奢侈浮华的风俗的指示下①，汤斌采取的正是北学强调俭朴、特重孝弟与礼法教育的方法。他用了相当严峻明快的手法破除旧俗，一系列禁妇女游观、毁淫词小说、惩巫祝、拆淫祠、沉偶像、革火葬等激烈动作，在帝国皇权的背书下，雷厉风行地展开②；另一方面，他则借着修建"正祠"以表彰先贤，又每月集士民讲解圣谕十六条，定期在学宫讲《孝经》《小学》，并规定二百家以上的地区必须设立社学，在社学中亦先讲《孝经》《小学》，歌《诗》习《礼》，并且调教其问安、亲膳、进退、揖让之节③。

张伯行（1651—1725）是另一位出身河南的清初名臣，康熙二十四年（1685）进士，授内阁中书，历任河苏按察使，福建、江苏巡抚等，官至礼部尚书。张伯行一生以表章"正学"（即程朱学）为先务，曾在山东建清源书院、夏镇书院、济阳书院；抚闽时又建鳌峰书院、置学舍，并广搜先儒文集，刊布《正谊堂丛书》，

---

① 汤斌出任江宁巡抚之前，康熙对他说："朕以尔久侍讲筵，老成端谨，江苏为东南重地，故特简用。居官以正风俗为先，江苏风俗奢侈浮华，尔当加意化导，移风易俗，非旦夕之事，从容渐摩，使之改心易息，当有成效。"见中国第一历史档案馆整理，《康熙起居注》（北京：中华书局，1984），册2，页1249。
② 蒋竹山，《汤斌禁毁五通神——清初政治精英打击通俗文化的个案》，《新史学》，卷6期2（1995年6月），页67—112。
③ 汤斌修建秦伯祠、范仲淹祠、周顺昌祠，见陆言辑，《政学录初稿》（台北：明文书局，1985），卷4，页41。汤斌，《明正学勤课艺告谕》，《汤潜庵集》，卷下，页47。至于汤斌在吴中政绩，河南人深觉是河南的骄傲，参见李来章，《寄张孝先中丞书》，收入黄舒昺编，《中州名贤集》，卷5，页9a—10b。

对当地的士人教育及传播程朱理学有极大的贡献①。张伯行崇尚程朱学,重视《小学》、《近思录》、主敬的教育,以及强力执行毁淫祠、正风俗的政治作风,均与汤斌及当时河南主流的价值相近,其排斥学术多元以归程朱正统的态度,完全符合清初以程朱学为正统的思想②。

另外,窦克勤因汤斌之劝而接任泌阳教谕,他的泌阳教法后来不仅用于朱阳书院,又被祥符县教谕张度正所采用,施行于祥符③。窦克勤的儿子窦容邃曾任新宁县知县,在职期间"葺学宫,创建岩渠书院,置经籍,立规约,进邑中子弟教之立品制行,卓然有所兴起"④。其他如冉觐祖曾应张伯行之邀,主持仪封县教事⑤,而其讲学好友孟矫,曾任登封县教谕⑥。田兰芳(1628—1701)与汤城等人共订志学会约以讲求圣学,后主持道存书院⑦。耿介门人乔廷谟任商水教谕时,以耿介所教的仁孝之旨主教,重修学官,分诸生为五会,勒学规、刊书程、务端严以化浇漓,之后又调任归德府教授⑧。孙奇逢的曾孙孙用正曾任禹州学正,再任许州学正,他

---

① 关于张伯行的生平,见黄舒昺编,《中州名贤集》,卷中之3,页1a—10b;张金鉴,《清仪封张伯行的生平与政治思想》,《中原文献》,卷15期1(1983年1月),页7—13;杨菁,《张伯行对程朱学的传布及其影响》,收入林庆彰编,《经学研究论丛》(台北:学生书局,2003),辑11,页225—248。
② 王汎森,《明末清初思想中之"宗旨"》,《大陆杂志》,卷94期4(1997年4月),页1—4。
③ 祥符县在河南省开封府。另外周世爵同样是耿介门人,由岁贡生官封丘县(河南开封府)训导,参见李时灿编,《中州先哲传》,卷20,页6a。
④ 李时灿编,《中州先哲传》,卷19,页20b。
⑤ 仪封县在河南开封府。参见李时灿编,《中州先哲传》,卷19,页17a—17b。
⑥ 李时灿编,《中州先哲传》,卷19,页18a
⑦ 李时灿编,《中州先哲传》,卷19,页24b。
⑧ 商水属河南开封府,归德府亦属河南省。参见李时灿编,《中州先哲传》,卷20,页5b—6a。

在许州兴建书院和社学，"悉本奇逢之教以教学者，士风丕变"①。李来章除了主持南阳和紫云书院外，后又任广东连山县知县，在当地创建连山书院，著学规，又仿吕坤（1536—1618）《实政录》《宗约歌》二书体例，以图像、演说、俗歌等形式，并以文言和方言并陈的方式，为当地土著讲解圣谕②。

上述这些例子，让我们看到清初河南地区的理学复兴并不只局限在北方几所书院的私人讲学层面，它更随着学者们出仕各地教育官员之职而有更深广的影响力。更重要的是，因为他们的教学理念与清初帝国的文政理念多所契合，同时也反映了学者们对明末学风深刻反思后的转向，故更易于推行。朱维铮指出清朝有意扶植程朱理学并抑制王学，此一策略与清初帝王和东南士绅的特殊矛盾有关，清廷对学术菁华区江南的士绅的打击也最大③。河南地区的际遇与风尚显然不同，反而乘着新帝国蒸蒸日上的气势，走出长期的低迷，在帝国意识形态的支持下，展开一波回归正统程朱理学的学术复兴。

四、以《孝经》《小学》为主的教育理念

从嵩阳、朱阳、南阳和紫云书院的学规，我们发现耿介、窦

---

① 禹州、许州均在河南开封府内。见李时灿编，《中州先哲传》，卷19，页7a。
② 李来章，《连山书院志》，收入赵所生、薛正兴主编，《中国历代书院志》，册3，页309—354。李来章，《连阳八排风土记》，卷7，页5b—13a，收入张智主编，《中国风土志丛刊》（扬州：广陵书社，2003），册53。
③ 朱维铮，《走出中世纪》（上海：上海人民出版社，1987），页162。清初浙东地区有长达二十年的抗清斗争，直到康熙三年才结束，浙东思想家阐扬民族气节与反抗精神亦十分明显，见方祖猷，《清初浙东学派论丛》（台北：万卷楼，1996），页14—15、23—34。

克勤、李来章等人的教育理念最重要的特色是：以《孝经》和《小学》为基础的品德行为教育。这一节我将借由他们的文字，说明其特重《孝经》和《小学》的教育理念及其与清帝国文教政策的关系。

从耿介这一代开始的中州理学家，除了少数新安学者外，都比老师孙奇逢更断然地摆脱了阳明学的影响，尊程朱学为正统①。耿介对程朱理学的体会反映在其教育理念中则是强调仁孝一体（由孝显仁）的道德教育，冉觐祖说其教学："一以程朱为宗，诚敬仁孝之外无歧旨。"②耿介晚年对"孝"有更精微的体会③，他显然深悟张载（1020—1077）《西铭》之旨，视孝的意涵超越一般伦理德性的层次，从天地万物一体之仁的高度思索孝的意涵，强调"须从孝字看出仁字，方可读《孝经》，方可知孝道之大"④。耿介说：

> 《孝经》天经地义，从来训解只说孝是天之常道，固是，然殊未见分晓。近窃从孔门言仁言孝体贴，从孝字看出仁字，从仁字看出元字，从元字看出天字，方知天以生物为常，这生物之心在天为元，赋予人为仁，仁主于爱，而爱莫先于爱亲，发出来便是孝。可见这孝乃天地生物之心也，故曰天之经也。⑤

---

① 新安的学者比较受到乡贤孟化鲤和吕维祺的影响，而孟、吕两人都宗阳明学。
② 冉觐祖，《朱阳书院记》，收入窦克勤辑，《朱阳书院志》，卷4，"记"，页13b。
③ 耿介从康熙二十四年之后的文字，屡次谈及此。关于这部分的文字，可参看耿介，《敬恕堂文集》，卷7，页31b、33a—b；卷8，页7b—9a。
④ 耿介，《敬恕堂文集》，卷7，页77a。
⑤ 耿介，《敬恕堂文集》，卷7，页31b。

这种把孝提升到天地生物之心、成为贯通儒学下学上达最核心关键，或把孝视为孔门仁学的入手处、尧舜以来千圣相传心法的说法，不仅契于张载的《西铭》，其实与晚明虞淳熙（1553—1621）、罗汝芳（1515—1588）、杨起元（1547—1599）等人对《孝经》的诠释亦颇可联系①。不过，耿介并不看重这种学术史的连贯性，可能与其自身的体悟经验及其排斥晚明阳明学的态度有关②。耿介基于对仁孝一旨的体悟，特别告诫门人不能断绝孝心："若使孝心一息断绝，便是生理一息断绝，此身虽生犹死也。"③他又从天地生物之孝心推广到日用伦常的各种仪节工夫④，将一切合礼合道的心思行为完全涵摄于"孝"：

> 斯道在日用伦常，与时不然，与处不有，如孔门言仁，而孝弟乃为仁之本，夫子授曾子以一部《孝经》，若能于孝之一字时时体认，视听言动不合礼非孝也，喜怒哀乐不中节非孝也，横逆之来不能三自反非孝也，以至博学审问慎思明辨为行，无非孝之功夫。居处恭，执事敬，与人忠，无非孝之发用。⑤

---

① 耿介，《敬恕堂文集》，卷5，页7a；卷6，页73a。关于晚明类似议论，参见吕妙芬，《孝治天下：〈孝经〉与近世中国的政治与文化》（台北：联经出版事业公司，2011），页133—168。另外，耿介之说亦与许三礼之论相近，耿介曾致书许三礼，可见他知道许三礼之学。
② 耿介强调这是他自己从阅读四书体悟而得。
③ 耿介，《敬恕堂文集》，卷7，页83a。
④ 耿介说："孝乃天地生物之心也，故曰天之经也。"见氏著，《敬恕堂文集》，卷7，页31b。
⑤ 耿介，《书范大中卷》，《敬恕堂文集》，卷5，页35a。

耿介对孝与礼法的重视明显反映在他的家规和嵩阳书院学规中①。嵩阳书院中所读之书"大约以《孝经》《小学》《四书五经大全》及《通鉴纲目》为主"②。书院学规首揭仁孝之旨：

> 孝为德之本，故平日谆谆以仁孝为劝勉，诸生中有在家庭不能尽孝道者，录过。③

又规定学生：

> 于《理学要旨》《孝经》《辅仁会约》皆有切于身心性命日用伦常之事，自当时加温浔玩味，身体而力行之；有漫不加省者，录过。④

嵩阳书院规制仿白鹿书院，立堂长一人，斋长二人，随时稽查诸生言行举止，有过者录过纠正、惩罚⑤。另外，从耿介在嵩阳书院或大梁书院讲学的讲章，或与朋友门人的书信中，也可看出他格外重视《孝经》的态度，他要求门人和家人要熟读《孝经》⑥。

---

① 嵩阳书院重视教孝与《孝经》，亦可见张伯行，《嵩阳书院记》，收入黄舒昺编，《中州名贤集》，卷7，页24a—38a。
② 耿介，《敬恕堂文集》，卷3，页24a。
③ 耿介，《嵩阳书院学规》，《敬恕堂文集》，卷7，页36a。
④ 耿介，《嵩阳书院学规》，《敬恕堂文集》，卷7，页36b—37a。
⑤ 耿介，《嵩阳书院学规》，《敬恕堂文集》，卷7，页35b—37a。
⑥ 可参见耿介，《敬恕堂文集》，卷2，页69b—72a；卷5，页5b—7b、24a—25a、47b—48a、67a—68b；卷6，页7a—7b、29b—30b、46a—47b、65a—65b、73a；卷7，页22a—24b、3lb、33a—b、36a、48a—52b、56a—b；卷8，页7b—9a；卷10，页6b—7b。

许多耿介的门人也都以《孝经》为入门教本：钟国士教人皆从《孝经》《小学》入①；裴清修和杨蕴六也令门人皆读《孝经》，讲仁孝之旨；梁家蕙亦然，四方负笈从其游者甚众，他悉令其读《孝经》②。可见当时以耿介为中心的学圈对于以《孝经》和《小学》为基础教育是有普遍的共识的。

为了推广《孝经》教育，耿介在康熙二十一至二十二年间（1682—1683）纂修了一部《孝经易知》③，此书注释内容十分浅显并标训读，是特别为儿童所作。耿介言及此书对教化的帮助：

> 甲子（1684）纂修《孝经易知》成，俾书院及阖邑成人小子皆读《孝经》，每春秋约来背诵，尝数十百人，面命以躬行孝道，远方来求取《孝经》者，岁不下数百本。④

冉觐祖亦描述耿介利用《孝经易知》教育当地儿童的情形：

> 嵩阳耿逸应先生有《孝经易知》，偏给童蒙，每岁春秋集童子于书院，令其倍（背）诵，授之饮食，奖以纸笔。及期，童子塞途而至会，讲堂下揖让如礼，朗然成诵。既毕，纵游书院中外，遍林麓泉石间，垂髫总角，嘻笑歌呼，天真烂漫，太

---

① 耿介，《与孙君建世兄》，《敬恕堂文集》，卷4，页43b—44a。
② 耿介，《题裴学洙寻乐居》《题杨蕴六持敬斋》《梁氏家乘序》，《敬恕堂文集》，卷8，页17b—18b；22b—24a。
③ 耿介，《孝经易知序》，《敬恕堂文集》，卷6，页46a。但在《纪事略》中又将此书纂修系于1684年，见同书，卷首，页9b。
④ 耿介，《纪事略》，《敬恕堂文集》，卷首，页9b。

和在宇。①

可见耿介是以《孝经易知》作为一般乡民与儿童品德教育的读本。嵩阳书院虽然是以士人为教育对象、以培养士习和举业为目标的书院，不过书院每年春秋两次为儿童举办特会，开放书院让儿童参观，并以奖励纸笔的方式鼓励其背诵《孝经》。这种活动一方面有衔接各层级教育的功能，加强书院与地方整体教化工作的关系，另一方面从天真烂漫的儿童身上，从其朗朗诵读圣人经典的稚声中，教育者也看到未来的希望与升平的愿景。书院还提供给外界求索《孝经易知》的机会，每年送出数百本是颇可观的数量。此书又先后在汤斌和张埙的益助下，于吴中地区重刊②，李来章也在广东的连山书院中规定学生研读此书③，故读者群并不限于河南地区。

《孝经易知》的内容毕竟太浅显，虽然能够达到接引初级读者的目的，却不能满足下一阶段的智识要求，故耿介后来又根据吕维祺的《孝经本义》和万圣阶的《孝经行注》编纂另外教本，作为进深教育之用④。冉觐祖也因应这种教育衔接上的需求，特别著作《孝经详说》，他清楚说明自己著书的动机是作为接续《孝经易知》之后的进阶读本："《易知》过简，成童后，欲敷析文义者不

---

① 冉觐祖，《孝经详说》，卷6，页28a—b，收入《四库全书存目丛书》（台南：庄严文化事业公司，1997），经部，册146。
② 张埙是长洲的业生，康熙十八年至二十二年任登封县知县，与耿介等学者有密切的往来和合作，后调升广西南宁府判。其任登封知县之年与传见洪亮吉等编纂，《登封县志》，卷14，页65a—b（总页405—406）；卷31，页5b—6a（总页1192—1193）。
③ 耿介，《敬恕堂文集》，卷7，页62b。李来章，《连山书院志》，卷4，页1b。
④ 耿介，《与万圣阶先生》，《敬恕堂文集》，卷6，页65a—b。我未能找到万圣阶之传及其《行注》。

能不取证于他书，予为是编，与《易知》相辅而行，分长幼授之，视《易知》为详，故谓之详说。"①冉觐祖在著作《孝经详说》过程中，尽量参考了他可以看到的前代作品，包括唐玄宗注、邢昺疏等，但以晚明河南新安吕维祺的注释为主要凭据②。

再看窦克勤与李来章的教学。窦克勤担任泌阳教谕时，每月召集童子习礼仪，令读《孝经》《小学》。从《朱阳书院志》所保存的讲章内容，我们也可以看到他许多专门论"孝"的讲章，如《拟讲其为人也孝弟章》《拟讲弟子入则孝章》《拟讲孝哉闵子骞章》《拟讲贤贤易色章》《拟讲孝经》和《拟讲小学》等。就其讲章内容看，则与耿介所言仁孝一旨、由孝显仁、以孝弟为学之端等说相近。窦克勤推崇《孝经》是圣人为治天下而作的经典，承载了统圣学之全、治术之要及自古以来千圣百王所传的心法；认为《小学》是圣人之学最踏实的工夫基础，也是希圣达天的唯一正确进程③。这些看法都是历代推崇《孝经》的学者普遍所持的看法，就观念而言，并不新颖；就其在清初朝廷推展孝治天下及学者欲落实孝弟礼法教化的情境而言，自有学术正统性的重要意义。

李来章教学同样以《孝经》《小学》为本，耿介总结其教学规模曰："先立志以端其趋向，首标《孝经》《小学》以培其根本，体诸身心性命之微，严之戒惧慎独之际，验之日用伦常之间。以存

---

① 冉觐祖，《孝经详说》，卷6，页28a—b。
② 冉觐祖自言《孝经详说》大抵取吕维祺之《本义》《大全》者居多，见冉觐祖，《孝经详说自序》，《孝经详说》，卷1，页3a（总页423）。
③ 窦克勤的讲章，参见氏辑，《朱阳书院志》，卷3，页7a—8b、9a—b、13a—14b、15a—16b，又见其语录，收入黄舒昺编，《中州名贤集》，卷中之4，页5b—6a、6b—7a。

心为主宰，以天理为浑涵，以持敬为功夫，而彻始彻终，贯之以一诚，则穷理尽性至命达天，统是矣。"①李来章在紫阳书院学规中说及《孝经》曰：

> 五经之书皆是夫子删述前圣，而晚年亲笔更作《孝经》，盖以惟仁可以见天地之心，惟孝可以得为仁之实，诸经之枢纽，群圣之精髓，皆萃结于此一书者也。吾辈今日为学须涵养存想，使孺慕之爱充满洋溢，处处发露，时时呈见，更从而博观传注，讲明其理，如昏晨宜如何定省，冬夏宜如何温清，口体宜如何奉养，志意宜如何将顺，更进而扩充推致，立身行道，仁民爱物，即做到参天地、赞化育，地位亦不过极其横塞之量而止，岂能出于其外更有事业。识仁、定性是程门两件绝大功夫，然由孝道推之，皆有道路可入。先肖云先生（李继业）尝曰：孝亲是人生一点良心最为真切，人能扩而充之，便与天地相似。诸子于《孝经》一书熟读潜玩，立定为人脚跟，即进而希圣希天无难也。②

由此可见李来章相信《孝经》是孔子删述五经之后，晚年亲笔所作，全书所昭示的是宇宙天人相贯通的至高之理，也是一切道德修身与治世教化的准则，而真儒与俗儒的区分就在是否能身体力行此经教导的真理。他因此主张为学须涵养存想人内心天赋的孝亲之情，并要博观《孝经》传注，讲明晨昏定省、冬夏温清等孝行的细

---

① 耿介，《南阳书院学规序》，收入李来章，《南阳书院学规》，卷首，页2a。
② 李来章，《紫云书院学规》，《勅赐紫云书院志》，页3a—4a。

节，并付诸实践。这样学问进程基本上发挥自他所信奉的程朱居敬涵养之学的规模，也与耿介、窦克勤等人相契合。

李来章也勉励书院诸生们："于《孝经》一书熟读潜玩，立定为人脚跟，即进而希圣希天无难也。"①至于阅读《孝经》的次第，则应先读耿介的《孝经易知》，进而再读吕维祺的《孝经大全》。他同样重视《小学》，要求紫云书院的学生入书院后，"宜先讲究《小学》"。他论及《小学》又曰："此书杂采传记，上补遗经，端童蒙之养，立圣贤之基，为学者入门第一义。"②"始基不可一日不端，而《小学》不可一日不讲也。……诸子既入书院，宜先讲究《小学》。……诸子若能收摄精神，细读《小学》，步驱言论以为师范，久之自融洽安适于规矩准绳之中，有油然自得不能住手之意，所谓名教中自有乐地也。"③

综言之，康熙年间河南以耿介、冉觐祖、窦克勤、李来章为首的理学学圈，在推行书院教育和地方风俗教化时，都格外重视《孝经》和《小学》。《孝经》和《小学》都是中国传统的童蒙教材④，两者在内容上也有密切关系，晚明以降的《孝经》学者普遍肯认《孝经》为诸经之总会，视《孝经》与《礼记》两书内容明显重叠呼应之处，为一种纲要与节目的关系，因此往往援引《礼记》以诠释孝行，《礼记》也成为落实修养孝德的重要文本⑤。《小学》多选

---

① 李来章，《紫云书院学规》，《勅赐紫云书院志》，页3b—4a。
② 李来章，《南阳书院学规》，卷2，页1b。
③ 李来章，《紫云书院学规》，《勅赐紫云书院志》，页2a—3a。
④ 关于中国主要童蒙教育，见周愚文，《中国教育史纲》（台北：正中书局，2001），页361—370。
⑤ 《孝经》为纲要，《礼记》为节目。

录《礼记》的文字，故《孝经》和《小学》的关系也可以说是一种纲要与节目的关系，即《小学》为《孝经》所强调的孝提供了详细而具体的行为规范。

清初河南学者如此重视孝弟礼法的教育理念既反映着当代的学术风气，亦与清初帝国的文教政策紧密相关。学术界在经历晚明讲学的众声喧哗及其所衍生的各种纷争，在社会动荡失序、家毁国亡的巨变之后，随着学者们对晚明学风的深刻反省与批判，学术趋势已从注重于内在意念上做工夫的晚明学风中转手而出，讲求切实在言行容貌、动静行止间做学问，对礼法的重视日益鲜明[①]。而清朝从顺治到康熙，便逐渐确定了以儒家思想为主要意识形态的统治方针。一方面崇儒重道，展现对中国传统文化尊崇的诚意；另一方面，对任何威胁帝国统治的思想言论，或结社讲学等具有组织动员的活动，均严格禁止，甚至不惜以高压残酷的手段镇压[②]。在清朝皇帝的帝国统治的工程中，代表着端谨守礼、不逾规矩的程朱理

---

① 关于明清之际学风转变的论著极多，最主要被讨论的有：实学的兴起、东林学者对阳明学的批评及对经世之学的提倡、颜元复古重习之学、古学和经学的兴起、浙东史学的崛起。参看李纪祥，《明末清初儒学之发展》（台北：文津出版社，1992）；林聪舜，《明清之际儒家思想的变迁与发展》（台北：学生书局，1990）；Benjamin A. Elman, *From Philosophy to Philology: Intellectual and Social Aspects of Change in Late Imperial China* (Cambridge and London: Harvard University Press, 1984)；郑宗义，《明清儒学转型探析》（香港：香港中文大学，2000）；谢国桢，《明末清初的学风》，收入氏著，《明末清初的学风》（台北：仲信出版社，1980），页1—57；张显清，《晚明心学的没落与实学思潮的兴起》，收入中国社会科学院历史研究所明史研究室编，《明史研究论丛》（南京：江苏人民出版社，1982），辑1，页307—338；王家俭，《晚明的实学思潮》，《汉学研究》，卷7期2（1989年6月），页279—302；王汎森，《日谱与明末清初思想家——以颜李学派为主的讨论》，《"中研院"历史语言研究所集刊》，本69分2，页245—293。

② 高翔，《康雍乾三帝统治思想研究》，页9—107；薛文郎，《清初三帝消灭汉人民族思想之策略》；陈祖武，《清初学术思辨录》，页30—46。

学,被进一步地巩固宣扬。相对地,具有高度心灵自主意识并勇于质疑外在成规的陆王心学,则受到极力压抑与打击。而《孝经》所宣扬的敬顺观念因有着驯服百姓、稳定社会上下秩序等政教功能,也受到高度的重视,顺治皇帝体认到此书对百姓教化的重要性,故亲注《孝经》,下诏儒臣编纂《孝经衍义》,但此编辑工作未能在其朝内完成。康熙在扫除鳌拜势力后,于九年(1670)颁布圣谕十六条,首揭孝弟;十年(1671)诏命继续编纂《孝经衍义》,显示其对孝治天下的重视①。《孝经衍义》一百卷终于在康熙二十一年(1682)完成,后颁行天下②。此书的颁行是清廷对以忠孝等三纲五伦作为伦理规范建设的核心工作,也是帝国意识形态建构的重要里程碑③。

雍正即位虽面临皇权正统性的危机,也有神道设教的色彩,不过他许多施政仍承继康熙朝,尤其《圣谕广训》之作,强调孝弟思想,以及家庙、家塾、义田、族谱之建置,强化宗法制度对社会安定的重要性④。他亦十分重视《孝经》一书,因感于《孝经》对

---

① 赵尔巽等著,《清史稿》(北京:中华书局,1976),卷6,页180。
② 康熙为《孝经衍义》撰序,康熙作序于二十九年(1690),出版后颁布天下。康熙三十年(1691)礼部遂呈二十二部《孝经衍义》,皇帝下令发与直隶各省巡抚及奉天府丞,见叶方蔼等著,《孝经衍义进呈表》,《孝经衍义》(康熙三十年出版,上海图书馆古籍室藏),卷首;又参见《清史稿》,卷5,页144;卷6,页180;卷7,页228。
③ Frederic E. Wakeman, Jr., *The Great Enterprise: the Manchu Reconstruction of Imperial Order in Seventeenth Century China* (Berkeley: University of California Press, 1985), pp. 1093—1094.
④ 雍正朝神道设教的色彩,参见高翔,《康雍乾三帝统治思想研究》,页125—149;有关《圣谕广训》与清朝的宗法主义,参见井上彻,《中国の宗族と国家の礼制:宗法主义の视点からの分析》(东京:研文出版,2000),页253—291。

化民成俗的重要，故在登基后立即指示乡会试的论题应重新恢复以《孝经》出题①；又因顾虑到百卷的《孝经衍义》内容太过繁多，一般人在研读上有困难，命人专译经文，以便诵习，在雍正五年（1727）出版《御纂孝经集注》②。

清初帝王一系列注释、颁布《孝经》的举动，确实提升了《孝经》在政教功能上的地位。当然皇朝政治力的强行介入，既有上行下效的推广效果，也有意识形态之过滤与监控的作用，至少晚明《孝经》论述中普遍可见的阳明学色彩和宗教性意涵，在学术思潮的转换及清皇朝的文教政策下，几乎剥落殆尽，这也使得《孝经》更质实地被定位为政治伦理教化的文本。

清廷孝治天下的理念及对《孝经》的重视，必然相当程度地影响了地方的教育政策。1690年代出任河南学使的张润民对当地各书院教育相当支持，尤其重视《孝经》《小学》的教育，他如此说明了自己的教育政绩：

> 我朝五十年来以孔孟之书取士，诏举山林有道，不崇讲学之名而务其实，今春余衔命督学中州，立意倡明理学，丕变

---

① 在清代儒童入学考试和科举乡会试考试中，《孝经》都是策论考题的主要内容，但因《孝经》内容浅显，出题较少变化，论题亦常兼考性理学的范围，康熙二十九年（1690），论题除了《孝经》外，也兼用性理、《太极图说》、《通书》、《西铭》、《正蒙》等书；康熙五十七年（1718）更有重大改变，论题专用性理。但雍正即位后，立刻诏谕《孝经》与五经并重，为化民成俗之本，宋儒书虽足羽翼经传，未若圣言之广大，论题再次改回《孝经》。见《清史稿》，卷108，页3149—3150；李鸿章等著，《钦定大清会典事例》（上海：商务印书馆，1909）载康熙五十五年议定，二场论题专用性理。见该书，卷331，页1b。
② 清世宗御定，《御纂孝经集注》，收入《景印文渊阁四库全书》（台北：台湾商务印书馆，1983），册182。该书出版缘由，见书卷首的《御纂孝经集注序》，见该书，页269。

士习，兢兢以《孝经》、《小学》、圣谕十六条，为乡士父老讲解。①

另外，吴子云于康熙十八年（1679）到河洛校士，在嵩阳书院中也是特别为诸生开讲《孝经》大义②。汤斌写给王抑仲的信中谈及地方施政，也特别指示应该常课以《孝经》《小学》，以救人才不古之弊③。因此，当我们看到清初河南理学家在书院和乡党家族中极力提倡《孝经》和《小学》教育的同时，绝不可忽略清帝国的政策影响力，亦即满洲贵族入主中原后，如何在久经战乱后的天下，利用孝治天下的传统儒家理念巩固政权、重建社会秩序、建构帝国规模的大工程。当然我们不能否认，对上述这些清初的河南理学家而言，这是个充满愿景的幸福年代，因为他们的学术理念与自我奉献，能有帝王的文教政策支持，地方学术一时蒸蒸日上，学者对乡里的认同与自信与日俱增，嵩阳书院中的教化工作还能够让汤斌借着文字恭呈康熙御览，趁机宣扬自己乡里的成就④。

五、孝弟礼法的行为教育

学者们重视《孝经》和《小学》的教育理念，落实到平日生活与书院教育上有如何的表现？《小学》如何教导人孝顺的行为？礼仪活动在家庭与书院教育中占据何等地位？本节主要根据书院的学

---

① 张润民，《勅赐紫云书院志序》，《勅赐紫云书院志》，页2a—b。
② 耿介，《嵩阳书院讲学纪事》，《敬恕堂文集》，卷5，页7b—10a。
③ 汤斌，《汤潜庵集》，卷上，页20。
④ 耿介，《附录汤孔伯年兄来书》，《敬恕堂文集》，卷6，页31a—32b。

规，试图从行为教育的角度进一步思索上述书院强调孝弟与礼法的教育在实践面上的表现。

《小学》是朱子童蒙教育的重要入手，也是清初程朱学者们极重视的一本书，上文我们已论及《小学》对《孝经》所提倡的孝行有诠释和规范的作用，现在让我们更仔细地看看《小学》中对人子事亲之礼的规范达到如何细腻繁复的地步。除了守丧致祭的礼仪，以及家居生活中晨昏定省、出返必告、侍疾从命等内容外，《小学》还有许多关于饮食、服饰、行走、容色等极细琐严谨的规定，可以说从日常饮食、衣着、居住、行走、言谈、举止，到内在的心思意念，无一不是规范和教育的重点。举例而言，子事父母或妇事舅姑，应该如何在鸡初鸣时即盥洗整装，到父母或公婆寝室中服侍，从服侍其端盆、洗手、倒水、递巾、问安等动作都有一定规矩，服侍者身份、年纪与职责，也有一定规范。服侍父母舅姑就座或就寝时，如何请问、坐卧的方向、预备枕席，在服侍其吃饭时，如何准备餐具，对其所使用的物品如手杖、鞋子、餐具等均应尊重，不可随便移动等，也都有详细规定。在父母面前的进退周旋、一举一动，从身体的俯仰，到不能打嗝、不能打喷嚏、不能咳嗽、不打呵欠、不斜视、不能吐唾沫或擦鼻涕、不能搔痒等，也有严谨的规定。又如，在响应父母的召唤时，不必答应诺，要快速应唯，马上起身前去服侍，神情容仪则要随时保持和顺愉悦，态度要小心翼翼、全神贯注[①]。以上这些都是《小学》中详细说明、教导的行为典范。清初河南书院教育重视《小学》绝不是在文字上下工夫而

---

① 朱熹辑，陈选注，《小学集注》（台北：中华书局，1965），卷2。

已，而是要依着文本的指导，讲究落实在生活中的行为教育，从这个角度再读《小学》，我们多少可以想象这套教育理念对人们行为举止的强密规范力。

人子事亲之礼最主要的实践场域当然是家庭，其中重要的部分则是对祖先的祭祀。孙奇逢、汤斌、耿介等人都格外讲究家庭教育，尤其看重祭祀祖先的家庭礼仪教育。除了上文我们已提及孙奇逢及其门人后学的孝行与严守家祠祭祀的表现外，孙奇逢在他著名的《孝友堂家规》中对家祭的仪注还有非常明确的规定，例如，"晨起栉沐后，入祠三揖，自入小学便不可废"；"朔望焚香拜"；也规定在元旦、佳辰、祖先忌辰、有事出门、儿女婚姻等不同情况下，均应在家祠中祭拜面告[1]。同样地，耿介在《家规小序》中也以祭祀与礼仪为家庭教育的重心，充分说明他"以礼教学，约束于规矩法度之中"的教育准则[2]。

除了家庭教育之外，对于礼仪的实践，地方书院也扮演着重要的角色，书院学规中除了一再申明要熟读并遵行《小学》及《孝经》的教导，书院学术领袖们在平日生活也尽量活出身教典范，还极重视书院中的祀祭礼仪，希望透过礼仪实践的活动培养学生的品格。李来章说礼仪活动主要教导学生诚心行礼，是为学之首义：

> 凡瞻仰庙貌，诵读遗言，皆当正冠整襟，昭如在之诚，此为学第一义也。[3]

---

[1] 孙奇逢，《夏峰先生集》，卷11，页9a—13b。
[2] 耿介，《家规小序》，《敬恕堂文集》，卷3，页69b—72b。
[3] 李来章，《紫云书院学规》，《勅赐紫云书院志》，页1b。

书院中举行祭祀当然早有成规，从宋以降一直是书院中重要的活动之一①。然综观清初河南各书院的学规，我们对其重视礼仪及详细记载祭祀礼仪的程度仍感印象深刻。根据嵩阳等四所书院的学规记录，书院学生从入学的典礼、每朔望的先师礼、每天早晨到先师庙堂行礼、师生间相互作揖引退等动作，都要遵行一定的礼仪规范。以紫云书院为例，学规中详细规定了平日行礼仪节与对违规者的处置：

> 今凡入书院受学者，皆先诣圣殿阶前，伏兴行四拜礼，然后诣讲堂，投刺以文为贽。至逢朔望日前夕，值日者督率院中同人，拂拭神几，务期洁静，至日，黎明击板，盥洗既毕，值日者鸣鼓五声毕，诣圣殿阶前，行伏兴四拜礼，再集讲堂，向上一揖，又分班东西对揖，相引而退，皆以齿序。或托故不至，或跛倚笑语，礼貌不肃者，各纪过一次，实贴讲堂壁上。②

《南阳书院学规》也从一系列祭祀的礼仪与告文开端，不仅

---

① 书院祭祀礼仪和特定空间的成立，据高明士的研究，约始于北宋开宝年间。见高明士，《中国传统政治与教育》（台北：文津出版社，2003），页132—136。朱熹在竹林精舍中奉祀周敦颐、二程、邵雍、司马光、罗从彦、李侗，奠定了书院祭祀的风气，明代湛若水广泛兴建书院，书院内奉祀老师陈献章。王阳明的门人亦立讲会、兴书院，在讲会和书院中亦多祀王阳明。参见章柳泉，《中国书院史话》（北京：教育科学出版社，1981），页13—14；黄宗羲，《明儒学案》，卷37，页876；《王阳明年谱》，收入王守仁著，吴光、钱明、董平、姚延福编校，《王阳明全集》（上海：上海古籍出版社，1992），册下，页1328；邹守益，《东廓邹先生文集》，卷9，页24a—b，收《四库全书存目丛书》，集部，册66，台南：庄严文化事业公司，1997。
② 李来章，《紫云书院学规》，《勅赐紫云书院志》，页1a—b。

记录了李来章到书院讲学前在家庙中行出告之礼，表白自己绍明洛学、恪守家风的心志，也记录他进入书院后祭拜孔子的告文。李来章在书院中开讲《孝经》和《小学》之前，会分别举行告先师的礼仪，率领诸生们在至圣先师之位前表白自己对《孝经》《小学》二书承载圣人训诲的体会。告文内容可见于《开讲孝经告文》及《开讲小学告文》二文①，告文读到最后，李来章恭敬地率领学生们在圣人神灵之前表明笃行力学的心志：

> 今率诸生，从事小学，规矩准绳，中有至乐。求之日用，验于人伦，笃实践履，几希是存。自近而达，自卑而高，有领有挈，有柄可操。动静语默，顾諟明命，上帝时临，何敢不敬。匪懈斯熟，性□盎然，中正仁义，人道以全。②

这已不是口头或文字的教诲和阐义而已，而是以具体行动，率领学生到圣人灵前行礼，在"上帝时临，何敢不敬"的信念下，要求学生们要诚心地以实际行为践履圣贤之教诲，可以说是一种宗教行为。

同样地，朱阳书院的学规对于书院祀典，从每岁春秋仲月祭孔、书院崇祀七贤五儒的历始始末、祭祀仪节等，也都有详细的规定。值得注意的是，书院更在旧日以讲明为学大义为主的条规中，酌定加入详细的仪注，以期防范"细行不谨"的弊端，仪注规定：

---

① 李来章，《开讲孝经告文》《开讲小学告文》，《南阳书院学规》，卷首，页5a—8a。
② 李来章，《开讲小学告文》，《南阳书院学规》，卷首，页7b—8a。

> 书院诸生每晨早起，入先师殿一揖致教，朔望日随拜先师毕，入讲堂一揖，诸生东西向，各一揖。
>
> 礼教不明，专卑失序，其在于今师弟尤甚，今拟书院礼仪，隅坐随行，断不容越，诸生宜明大体，无论在书院及入先生之家，俱循此礼。①

其他如同学间以齿序分行坐先后、来学者如何通报姓名里居、书院中宾客应酬对应之礼以及书院中如何考课学生身心、如何记录请假等行为规范，亦均有详细规定②。

嵩阳书院亦然，耿介重视主敬教育，不仅要求学生发言均须内在检点，也规定学生要洒扫、维护书屋环境，整齐摆置书籍③。书院学规详细规定学生的言行举止、服装仪容，对于违反规定者，还有录过的督察机制④。书院中的讲书仪式也有一定的规矩，从讲论书义时的司讲，到司赞人员的礼仪，都有一定规范⑤。

书院中的礼仪教育更延伸到地方小区教育，主要因为这些士人乡绅的身份、与地方教育官员间密切的合作关系，且符合帝国政策，故推广容易。以耿介为例，他除了创办书院讲学、宣讲圣谕、鼓励乡民与童子背诵《孝经》、散发《孝经》文本以助教化外，也试图说服地方官员以孝为政治教化的基础，更希望能够依《孝经》和《家礼》制定丧葬礼仪、禁止用乐，以整治地方风俗，他甚至

---

① 窦克勤辑，《朱阳书院志》，卷3，页1a—b。
② 窦克勤辑，《朱阳书院志》，卷3，页1b—2b。
③ 耿介，《敬恕堂学规》，《敬恕堂文集》，卷4，页62b—63b。
④ 耿介，《嵩阳书院学规》，《敬恕堂文集》，卷7，页36a。
⑤ 耿介，《书院讲书仪注》，《敬恕堂文集》，卷6，页6a—7a。

希望地方官员诉诸法律以强制推行:"民间有犯此者,当以不孝律惩治。"①

综言之,我们从清初河南嵩阳等书院的学规中,可以清楚看到强调《孝经》和《小学》的教育主张落实为重视礼仪实践的日常行为教育。此并不表示这些士人没有希圣达天的崇高理想,而是他们相信只有从礼入手,才是正途,他们也每每举张载教人学礼来说明其教育理念。例如,李来章说:

> 《礼》云:足容重,手容恭,目容端,口容止,声容静,头容直,气容肃,立容德,色容庄,凡整齐于外者皆是收敛此心,使不外驰,于学者最为切要。横渠先生平日立教必先使人学礼,又曰:"学礼则可以守得完",亦是此意。若能端庄静一,以礼自持,随时检点,渐至纯熟,则官骸所具,日用所接,无非性命流行而天德自此可达矣。②

张载之学既有"太虚即气"的宇宙形上论高度,又强调躬行礼教的实践面,确实颇能与清初北方重下学上达的学术气习相呼应③。而晚明以降的《孝经》诠释中,张载的《西铭》更是极重要的文本,《西铭》以乾坤天地为大父母所传达儒学万物一体之仁的

---

① 耿介,《修复学宫泮池记》《与王公约丧礼禁示教条》,《敬恕堂文集》,卷7,页48a—5lb。
② 李来章,《紫云书院学规》,《勅赐紫云书院志》,页6a。
③ 明清之际因反玄虚而尚日用的学风中,对张载礼学的重视颇值得研究。晚明湖北学者郝敬(1558—1639)对张载礼学亦格外重视,参见荒木见悟著,廖肇亨译,《郝敬的立场——其气学之结构》,《中国文哲研究通讯》,卷14期2(2004年6月),页143—159。

境界,是罗汝芳、虞淳熙等将属于家族血缘关系的孝道提升到宇宙论层次,成为具有神圣意涵之普世规范时经常援引的文本,《西铭》也被称为《孝经》的正传[①]。这样的看法在清初仍然延续,但是配合着当时学术的转向,耿介、李来章等人的《孝经》诠释也都加强了外在肃仪的一面;他们虽没有放弃希圣达天的理想,却格外看重张载的礼学。耿介便说:

> 《西铭》乾父坤母之说,古来与人敢如此道,细体之,却是孔门言仁之旨。夫子答颜渊问仁曰克己复礼,吾心本与天地同体,只为己私间隔,所以不能胞民与物,须先克去己私,然后浑然与天地万物为一体矣。此须从视听言动上着功夫,所以张子《西铭》规模如此宏大,而所以教学者只教以知礼成性,变化气质之道。[②]

因此,虽然同样提倡《孝经》教育、同样高扬孝的价值,但是从耿介等人的言论和学规中,我们看不到像虞淳熙、杨起元、吕维祺等晚明学者所有的那种具有宗教意涵的实践工夫——礼拜、诵念《孝经》、观想《孝经》、斋戒养心以通神明的全孝心法等。在河南士人身上我们更多看到:讲究言动容止合度、行礼如仪,即所谓"制乎外所以养其中"的下学工夫,因为他们相信收敛此心、上达于天的关键,应从一身威仪做起[③]。

---

① 参见本书第9章。
② 耿介,《敬恕堂文集》,卷7,页80b—81a。
③ 此亦反映在孙奇逢的社约中,参见《孙夏峰先生社约》,收入黄舒昺编,《中州名贤集》,卷15,页3a—b。

六、结语

本文主要考察清初河南地区嵩阳、朱阳、南阳、紫云四所书院兴复于1680年代、1690年代的历史，以及这些书院的主讲者耿介、窦克勤、冉觐祖、李来章等人的学术主张，并追溯河南这波理学复兴深受明清之际大儒孙奇逢之学的启发与影响，又强烈呼应清初帝国的文教政策，故其兴起的气势十分可观。孙奇逢透过整理文献、修纂地方学术文化史的工作，重建了属于河南的学术传统，也发挥了他心目中醇厚中正的洛学精神，他个人更以高卓的生命情操和长年严谨守礼的行为举止，在日用人伦间体现其儒学成就，成为当时士人的崇高典范。此不仅开启了清初河南地区重溯本地学术传统的工作，也为整个河南理学奠定了基调。耿介等后学在各书院中的讲学，都遵守孙奇逢谨守礼法、重视日用人伦的特色，又进一步与阳明学划清界限，高举程朱学为正统。

从嵩阳、朱阳、南阳、紫云书院的学规，以及讲学领袖们的言论，我们发现这些书院教育的一大特色是：特重《孝经》和《小学》的行为教育。此既反映了河南士人对晚明学术的修正，更有清帝国孝治天下的政策主导，故在上下合力的推助下，成效显著。这种重视品德与行为的教育，也使得祭祀的礼仪活动在家庭和书院教育中占极重要的角色。

《孝经》孝治天下的理念主要宣扬孝是天理之自然，因此要求为政者以人对父母天生自然的爱敬之情作为教化的基础，顺着人心之常情与天理之法则，由孝教弟、教礼乐，再从孝推广到君臣与其他的社会关系，形成一上下有序又彼此和谐的社会。这套理念视父子关系（孝）为兄弟（弟）、君臣（忠）和朋友（信）关系的基础，认为人是基于血缘关系的自然孝亲之情及维系家庭长幼秩序的孝敬之心，才能逐渐学习其他社会角色以及人生意义。因此在这套意识形态下，家族血缘关系被神圣化成为宇宙自然与人事的真理法则，帝国、天下、宇宙都被视为家庭的延伸，君王是全国臣民之父母，天是天下众生之大父母。或换个角度说，家庭被帝国吸收，成为履行帝国教化政策的基层单位①。家庭因此不仅是落实孝行的最重要场域，是学习所有人际关系和社会责任的基础，也是帝国教化工作的主要对象，而学校和书院教育则是执行帝国教化政策的主要单位，担负着教导学生明白并实践孝行。

从本文所研究的清初河南理学家身上，我们看到他们紧密地联系家庭、书院和地方乡里的教育工作，学校中的师友关系与应对举止，某个意义上正是家庭孝弟关系的延伸，而政治教化的工作也一再回归以孝弟为本的家庭人伦基点。清初河南理学家们也体现了鲜明独特的形象和风格，他们不像晚明那些周游各地、激励着成百上千的听众相信圣人可学而至的讲会领袖，也不同于清初强调经世济用、表彰民族意识的浙东史学家，他们是一群注重家庭教育、谨守孝弟礼法、严于各类祭祀活动的家族长老。也正是从这家族长老的身份与职责，他们推致出去扮演其社会角色，成为在书院与地方上致力于改善士习、教化风俗的教育者。

---

① 清朝禁私人讲学和结社、承认家庭组织的政策，正反映了以孝治天下的落实。关于此从明末到清初的变化，参见 Benjamin A. Elman, *Classicism, Politics, and Kinship: The Ch'ang-chou School of New Text Confucianism in Late Imperial China* (Taipei: SMC Publishing Inc., 1991), pp. 32—35.

理学与家庭

《颜元生命思想中的家礼实践与"家庭"的意涵》是我担任台湾大学东亚文明研究中心兼职副研究员（2003—2005）期间的研究成果。当时高明士教授以"东亚传统家礼、教育与国法"为题主办学术研讨会，本文即在"家礼"的主题引导下对颜元的生命和思想进行研究，此文后也收入高明士教授主编的《东亚传统家礼、教育与国法（一）：家族、家礼与教育》（2005）。此文虽以颜元个人为主，实际上包含颜元的师友与门人，我在写作时也想着要适度比较清初与晚明、北方与江南的学风差异。本文也试图要兼顾礼仪的身体实践（practice）与思想观念（thought）两方面，我希望可以较细致地描述颜元的家庭生活，呈现他在日常中的各种礼仪实践，并探讨"家庭"在颜元思想中的意义，包括孝、家庭之于成德的关系等问题。本文所讨论的议题在我后来的研究中也有持续的发展，例如我在《成圣与家庭人伦》书中讨论了清儒对于在日用人伦中修德成圣的坚持，许多观点都与颜元相呼应；颜元在家中拜圣贤的史料也启发我进一步考察明清儒者居家拜圣的礼仪实践。

《施闰章的家庭记忆与自我认同》是我刚进入"中研院"近史所工作时的作品，当时我参与了所内"历史记忆"读书会和研究群的活动，深受启发，从行文中应可读出当时我努力从个人记忆与集体记忆的角度来思考施闰章及其对家族与地方历史的书写。此文同时也是我研究晚明阳明讲会时衍生的研究成果，我是在考察晚明宁国府的讲会历史时，发现在原来讲学社群已经衰微、传承断裂之后，方志中突然出现一个以陈履祥为首、施鸿猷为辅的讲学社群的记载。我在追索这些文本线索时发现，施闰章对其祖父施鸿猷及学友的追忆文字是方志文献的主要来源，这也让我对于史料的可信度、史料被生产的脉络等问题有更多的思索。在阅读施闰章文集时，我感觉他的理学色彩并不强，但他却又是清初江西青原山讲会复兴的重要推手。因此我决定从自我认同、家庭记忆与历史书写等角度来探讨施闰章个人的生平与学问，以及他如何塑造祖父的学术地位，重建了晚明宣城的泰州讲学历史。本文原刊于《汉学研究》（卷21期2，2003）。

第三章
颜元生命思想中的家礼实践与"家庭"的意涵

一、前言

颜元（1635—1704）的生平和思想在二十世纪引起了许多人的兴趣，也有过不同的诠释观点，从章太炎（1869—1936）、刘师培（1884—1919）、梁启超（1873—1929）、胡适（1891—1962）到马克思史家的笔下，颜元之学经历了不同时代学术思潮和政治氛围的洗礼，呈现了许多失真却也饶富意味的解释①。晚近学者仍不

---

① 关于颜元之学从1898年到1937年的研究状况，如章太炎强调其尚武精神、刘师培注重其教育主张、梁启超指出其类似西方科学的实验精神、胡适看出他接近实用主义的倾向，参见廖本圣，《颜李学的形成（1898—1937）》（台中：东海大学历史学系硕士学位论文，1997）。马序也指出，在民主主义革命时期，颜元被送进孔庙从祀，成了道统的殿军；在新民主主义革命时期，颜元被史学家评论为"早期民主思潮的重要代表""实践派的圣人"；在1949年之后的中国，他则被学者论述为"反映发展新兴工商业、平均土地要求的启蒙主义思想家""成为革命思想和唯物主义哲学的一个可以追溯的理论先驱"。马序，《颜元哲学思想研究》（兰州：兰州大学出版社，1991），页102—124。该书行文中亦不时针对此类见解，提出修正看法，强调颜元思想的封建性格。亦参见姜广辉，《走出理学》（沈阳：辽宁教育出版社，1997），页257—259。

断修正并重新诠释其学,在众多学术意见的拥簇下,颜元之学无疑已在中国近代学术史上占稳一席之地,相关研究也已相当丰富。本文在前人许多研究成果之后写作,主旨并非欲全面探讨颜元思想的内容,亦非以反驳前人之说为出发点,只是在阅读颜元和李塨(1659—1733)的《年谱》与《文集》时,对于他们平日的家礼实践,尤其是拜先祠、拜父母之礼仪实践留下深刻印象,因而想进一步探讨家礼实践以及"家庭"在颜元之学中的意涵[①]。

祭拜祖先的家庭礼仪向来被视为中国文化重要表征之一,也是凝聚家族的重要力量,有极丰富的研究成果,其中有相当部分属于社会史和人类学的研究,透过研究某特定地域的家礼实践探讨该地文化中的祖先和鬼神观、宗族组织与家产结构、地域社会的运作及其与帝国的权力关系等问题[②]。本文与上述研究取径不同,主要研究颜元、李塨等少数个人的家礼实践,因为颜元提倡家礼实践有相当浓厚的个人色彩,所关心的重点和对话的对象亦以学术传统为主,并与当地普遍的风俗有明显差异,在许多情形下,颜元都严厉地批判当时习俗,故不能将之归为某地普遍宗教观或社会实践的反映,而更多属于学者个人对学术传统的反思,故本文的讨论还是将

[①] 颜元生命中两个重要的实践行为是行礼与写日记。关于颜李学派日记的书写与功能,参见王汎森,《日谱与明末清初思想家——以颜李学派为主的讨论》,《"中研院"历史语言研究所集刊》,69本2分(1998年6月),页245—294。
[②] 关于此,可参看Arthur Wolf, "Gods, Ghosts, and Ancestors," in Arthur Wolf, ed., *Religion and Ritual in Chinese Society* (Stanford: Stanford University Press, 1974), pp.131—182; Yih-yuan Li, "On Conflicting Interpretations of Chinese Family Rituals," in Jih-chang Hsieh and Ying-chang Chuang, eds., *The Chinese Family and Its Ritual Behavior* (Taipei: Institute of Ethonology, Academia Sinica, 1985), pp. 265—283; Catherine Bell, "Performance," in Mark Taylor, ed., *Critical Terms for Religious Studies* (Chicago: University of Chicago Press, 1998), pp. 205—224.

颜元放在明清学术史的脉络下进行。另外，伊沛霞（Patricia Buckley Ebrey）对《家礼》的研究、周启荣对清初礼教主义的研究中也都曾论及颜元的行礼。伊沛霞是从十七世纪士人对朱子《家礼》反省与批判的脉络下来讨论颜元的家礼实践。周启荣则试图将颜李之学牵引到明清政治变化、宗族组织兴盛、士人对社会秩序的看法以及士人研究与论述礼仪等诸多线索，统摄于他对清初儒家礼教主义兴起的关怀下讨论，他强调颜元反理学、返回周孔的学术特性，及其对十八世纪学术的影响[1]。本文虽也触及颜元之学与明清学术史的关系，但仍有别于周启荣较宽广的视野和问题意识，讨论将集中于颜元个人生活，及其生存的清初北方学术界。

另外，本文虽以"家礼"为题，而家礼的内容一般包括冠、婚、葬、祭等象征生命重大变化的礼仪（rites of passage）[2]，但本文并未讨论这类礼仪，而是选择讨论颜元每日都会实践的拜先祠、拜父母、夫妻之礼。以下的讨论将分为四部分：一、描述颜元平日在家中行礼的情形，旁及李塨的实践；二、进一步讨论家礼与家庭在颜元学问中的意涵，阐明在颜元眼中"家庭"的神圣性，及其之于圣贤之学的必要性，并试图联系到明末清初学风变易的议题；三、探究颜元的家庭生活，呈现他平日与妻、子互动的情形，也突显他异常单薄的身世际遇；四、讨论颜元之学的学术脉络，试图在

---

[1] Patricia Buckley Ebrey, *Confucianism and Family Rituals in Imperial China* (Princeton: Princeton University Press, 1991), Ch. 8; Kai-wing Chow, *The Rise of Confucian Ritualism in Late Imperial China* (Stanford: Stanford University Press, 1994).

[2] 关于此类礼仪的讨论，可参见Catherine Bell, *Ritual: Perspective and Dimensions* (New York: Oxford University Press, 1997), pp. 94—102.

明清之际的学术系谱中为其学找到某种"家"的归属。

二、家礼实践

颜元是个极注重行礼的人，自三十岁与王养粹（1699年卒）订交结会后，便十分注重家礼的实践。从三十一岁那年始，颜元每年元旦都书一岁常仪功于日记首，并逐年酌定常仪功的内容。他所订常仪功的基本内容如下：

> 每日清晨，必躬扫祠堂、宅院。神、亲前各一揖，出告、反面同。经宿再拜，旬日以后四拜，朔望、节令四拜。昏定、晨省，为亲取送溺器，捧盥、授巾、进膳必亲必敬。应对、承使必柔声下气。写字、看书，随时闲忙，不使一刻暇逸，以负光阴。操存、省察、涵养、克治，务相济如环。改过、迁善，欲刚而速，不片刻踌躇。处处箴铭，见之即拱手起敬，如承师训。非衣冠端坐不看书，非农事不去礼衣。出外过墓则式，恶墓不式。过祠则下，淫祠不下。不知者式之，见所恻、所敬皆式。非正勿言，非正勿行，非正勿思。有过，即于圣位前自罚跪伏罪。[1]

---

[1] 颜元，《颜习斋先生言行录》，卷上，收入颜元著，王星贤、张芥尘、郭征点校，《颜元集》（北京：中华书局，1987），册下，页621。颜元五十五岁那年（1689）所书的常仪功内容更为详细丰富，对于各种祭祀的时节与事先不同的预备及家礼与学仪等，均有详细的描写，可能是实践二十余年间累积修订的成果，参见李塨，《颜习斋先生年谱》，卷下，收入《颜元集》，册下，页762—763。

他也曾告诉陈康如：

> 吾久有志于礼，先行家祠礼。……祭荐毕，遂行家人礼，拜父母，拜兄长。退入私室，夫妇之礼行焉，闺门之内，肃若朝廷。①

从常仪功的内容及颜元的《年谱》和《文集》，我们可以看到许多关于他平日如何警醒地省察涵养、勇于改过、严衣冠、慎威仪、过墓则式、见箴铭即拱手为敬等生动的例子，对于我们了解颜元平日生活与为人是很宝贵的资料，唯因与本文所欲探讨的主题较无直接关系，故不在此详述。

颜元平日很早起床，他曾自言："予少壮时，闻鸡必衣冠而起，无事即坐以待旦。今愧衰疾，然犹昧爽夙兴，摘发沐面，着常服扫拭。"②他每天清晨起床后必亲自打扫家祠和宅院，数十年如一日，除非生病，绝不假手他人③。颜元如此坚持亲自洒扫，主要与他不认同朱子将洒扫归入小学工夫，到大学便转向主敬涵养、格物穷理之学有关④。他认为洒扫就是主敬的工夫，就像六德、六行、

---

① 颜元，《颜习斋先生言行录》，卷上，收入《颜元集》，册下，页657。
② 颜元，《颜习斋先生言行录》，卷下，收入《颜元集》，册下，页690。
③ 李塨，《颜习斋先生年谱》，卷上，收入《颜元集》，册下，页738。
④ 例如颜元曰："夫勺之义大矣，岂童子所宜歌。圣人若曰：'自洒扫应对以至参赞化育，固无高奇理，亦无卑琐事。'故上智如颜、贡，自幼为之，不厌其浅而叛道；粗疏如陈亢，终身习之，亦不至畏其难而废学。"见颜元，《存学编》，卷2，收入《颜元集》，册上，页55。李塨在《大学辨业》中对此亦有明确的说明，见李塨，《大学辨业》，卷2，页2a—3a，收入颜习斋、李恕谷，《颜李丛书》（台北：广文书局，1989），册2。

六艺，都是终生必须习行的①。他洒扫祠堂和长辈房间时，有一定的规矩，必自东而西挨次地扫，而且一定要面向尊长，让身子慢慢移转，直扫到门口才退身而出。夏天时则先洒再扫，后来又规定除了冬天不洒水外，其他三季都洒扫。

每天洒扫完毕，颜元脱掉常服、换上礼服，便到家祠行礼。平日行一揖之礼，朔望和节令则行四拜礼②。家祠行礼毕，再到父母尊长面前行拜礼，拜父母尊长之礼与拜先祠之礼同，均平日一揖，朔望与节令行四拜礼③。颜元生父在他四岁时离家出走，生母在他十二岁时改嫁，他由养祖父母抚养长大，养祖父母便是他尽孝行礼的对象④。他在三十六岁那年（1670），立了亲生父亲的生主，每天行拜父之礼，但因不确知父亲生死，故不献酒食⑤。除此之外，他也要求自己确实做到出告反面、昏定晨省，亲取送溺器，捧盥、授巾、进膳必敬等人子事亲之仪。

每天行毕拜父母之礼后，还要行夫妻之礼。《年谱》在颜元三十岁（1664）条下记曰："闰六月，朔望，偕妻行礼，已而夫妻行礼，身南面起拜再，妻北面不起拜四。"五十五岁（1689）条下则记："凡朔望、节令谒祠出，中堂南面，妻北面四拜，惟冬至、元旦八，皆答

---

① 颜元，《存学编》，卷4，收入《颜元集》，册上，页90—91。六德：知、仁、圣、义、忠、和；六行：孝、友、睦、姻、任、恤；六艺：礼、乐、射、御、书、数。
② 节令指端午、中秋之节，参见李塨，《学礼》，卷4，页13a，收入颜习斋、李恕谷，《颜李丛书》，册2。
③ 根据李塨，颜元家朔有奠，望惟焚香参拜无奠。见李塨，《学礼》，卷4，页12b。
④ 颜元三十四岁时，养祖母去世；三十九岁时，养祖父去世。
⑤ 他"刺指血和墨书牌，出告反面，晨参，朔望行礼，一如在堂。但不敢献酒食，恐类奠祭也"。李塨，《颜习斋先生年谱》，卷上，收入《颜元集》，册下，页733。

再。"①即男主人在中堂南面,妻北面行四拜礼②。男女行礼的方式不同,颜元在《礼文手钞》中说道:"男子之拜,鞠躬伏兴,又鞠躬,又伏兴,又鞠躬,乃成再拜之礼。妇人只一立拜,伏地连以首叩地四,兴,又一立拜,便是四拜。"③冬至和元旦比较特别,妻行八拜礼,男主人答拜;妾和子也以同样方式拜男主人,但男主人不答礼;妾对妻的礼仪如同其拜男主人一样。而子孙也只在元旦时才拜妾,妾也要答拜④。除了上述人子事亲之礼与夫妻之礼外,颜元家族也有墓祭设宴之礼,全家族男性在族长率领下行礼,颜元则担任酒史的角色⑤。

另外,对于父母和尊长,平日要晨昏定省,外出必出告反面,外出再宿以上要再拜,五宿以上四拜⑥。出告反面是人子事父母之

---

① 李塨,《颜习斋先生年谱》,收入《颜元集》,册下,页718、762。夫妻之礼有时可能也在私室中行,颜元曾言:"祭荐毕,遂行家人礼,拜父母,拜兄长。退入私室,夫妇之礼行焉。"见《颜习斋先生言行录》,卷上,收入《颜元集》,册下,页657。
② 李塨曰:"颜习斋先生家,妇北面四拜,夫答再拜,塨从之行,后见许酉山先生家亦如此。窦静庵家规云:夫妇交拜再,妇让夫起,再拜,夫纳之。大致亦同,其仪则夫妇俱连拜,夫顿首,妇扱地,不用肃拜者。"根据李塨,则夫答拜后,妻再拜。而窦克勤家所行,则妻以至重之扱地礼(犹男子稽首)拜夫,见李塨,《学礼》,卷5,页5b—6a。
③ 颜元,《礼文手钞》,卷1,收入《颜元集》,册上,页321。
④ 原文为:"妾拜同,不答;子拜同,不答;妾拜妻,仪同拜君;子孙惟元旦拜妾再,妾答拜。"李塨,《颜习斋先生年谱》,卷下,收入《颜元集》,册下,页762。
⑤ 颜元,《颜习斋先生言行录》,卷上,收入《颜元集》,册下,页643。颜元家以分、至、元旦、主人生日祭于祠堂,以寒食、十月初一日、忌辰祭于墓。见《礼文手钞》,卷5,收入《颜元集》,册上,页391。关于明清家族多于清明和冬至举行全族墓祭,礼毕设宴之习,参见徐扬杰,《宋明家族制度史论》(北京:中华书局,1995),页54—57。
⑥ 《礼文手钞》:"主人主妇近出,则入大门瞻礼而行,归亦如之。经宿而归,则焚香再拜。远出经旬以上,则再拜焚香,告云:'某将适某所,敢告。'又再拜而行。归亦如之,但告云:'某今日归自某所,敢见。'经月而归,则开中门立于阶下,再拜,升自阼阶(中门外东阶),焚香告毕,再拜,降,复位再拜。"颜元,《礼文手钞》,卷1,收入《颜元集》,册上,页320、326、328。

礼，颜元也以此礼事孔子，在孔子神位前行出告反面礼①。根据朱子《家礼》，即使一般外出亦要在家祠行出告反面之礼，颜元早年遵行此礼，他在《常仪功》中记道："神、亲前各一揖，出告、反面同。"②他在《礼文手钞》中说明：只有主人可以行告庙之礼，其余家人不得告，须在主人带领之下行礼③。但后来他的看法有所改变，在四十二岁时，他"废本日近出告家祠礼"④，后又因《礼记》言："无事不辟庙门"⑤，认为朱子《家礼》有误，故修改为："即日反者揖告祠外，经宿以上再拜告帘外，旬日以上乃启帘焚香设荐告之。"⑥

上述这些日常家居礼仪，颜元都极力遵行，即使外出，每遇朔望，他都要面朝家园方向庄重地行望拜家祠、答拜家人与门生之礼⑦。颜元对家礼实践的执着与细密的程度真到了戒慎恐惧的地步，甚至给人矫然作态之感。起初他的家人也有抗拒⑧，更曾招人"近优人演戏之疑"⑨，但他说自己因为能做到"刚毅以持之，讲

---

① 颜元《年谱》三十七岁条下记："止孔子神位前出告、反面礼，以事亲仪，非所以事神也。"李塨，《颜习斋先生年谱》，卷上，收入《颜元集》，册下，页734。
② 颜元，《颜习斋先生言行录》，卷上，收入《颜元集》，册下，页621。
③ 颜元，《礼文手钞》，卷1，收入《颜元集》，册上，页320—321。
④ 李塨，《颜习斋先生年谱》，卷上，收入《颜元集》，册下，页745。
⑤ 《丧服小记》，《礼记》(台北：艺文印书馆，1965)，卷33，页2a。
⑥ 李塨，《颜习斋先生年谱》，卷下，收入《颜元集》，册下，页762。李塨对此亦有详细说明，同样根据《礼记》认为鬼神主幽，不可轻渎，而修正出入告礼为："今定远行重事及近出朔至望以上者乃告。"见李塨，《学礼》，卷4，页13a。
⑦ 李塨，《颜习斋先生年谱》，卷下，收入《颜元集》，册下，页762、763、768。
⑧ 钟錂曾以"行礼，家人多阻扰，奈何"问颜元，颜元告诉他自己初行礼时家人亦有类似反应。颜元，《颜习斋先生言行录》，卷下，收入《颜元集》，册下，页671。
⑨ 颜元，《颜习斋先生言行录》，卷上，收入《颜元集》，册下，页632。

说以晓之,积诚以感之,悠久以化之"①。终于转化了家人的态度,成功地使习行礼乐成为他学问的最大特色。

颜元家礼的实践一方面具有清初北方学术的共同特色,也成为他教导门人的主要内容,在颜李学派的学规和课程中占有重要的地位②。颜元的门人也多遵行此礼,钟錂③说自己:"祖考祠前则朔望、节令必拜献,忌辰出主若初丧,必诚必敬,不敢草率,凡以遵我先生之教。"④我们从李塨身上更看见这种拜家祠、拜父母的仪式被极突出地演出。李塨从小受父亲李明性(1683年卒)严格的调教,又娶王养粹之妹为妻,遂与王养粹共论学,其学受陶冶的环境与颜元极相似⑤。二十一岁时(1679)他拜颜元为师,成为颜元最忠实的门人,也是宣扬颜元思想最有力的学者。就在他拜颜元为师的同年,父亲李明性留他和生母及三个弟弟住在城里帮助亲戚经理家务,自己则带着原配和儿子李埌返乡居住。为了切实履行拜父母之礼,李塨如此克服了城乡的差距:

> 每朔望前一日薄暮,步二十五里至乡省父母安,昧爽起四

---

① 颜元,《颜习斋先生言行录》,卷下,收入《颜元集》,册下,页671。
② 颜元所订教条内容包括:孝父母、敬尊长、主忠信、申别义、禁邪僻、勤赴学、慎威仪、肃衣冠、重诗书、敬字纸、习书、讲书、作文、习六艺、行学仪、序出入、轮班当直、尚和睦、贵责善、戒旷学。见李塨,《颜习斋先生年谱》,卷上,收入《颜元集》,册下,页742—744。李塨的学规同颜元,均以"孝父母"为首,见冯辰,《清李恕谷先生(塨)年谱》,卷1,页12a—13b,收入王云五主编,《新编中国名人年谱集成》(台北:台湾商务印书馆,1978),辑1,册9;又参见同书,卷5,页21a、27b。
③ 钟錂生卒年不详,享年七十九岁,其传见徐世昌辑,《颜李师承记》(台北:文海出版社,1971),卷2,页65—67。
④ 钟錂自叙其家行礼一依颜元之教,见《颜元集》,册下,页614—615。
⑤ 颜元成学的经过与师友之扶持,见下文。

拜，即返城拜生母。①

另一处更详细的记载为：

> 朔望前一日往乡省父母安，凤兴率弟埙拜父母各四，使弟培、埈亦在城拜生母，拜影堂，拜先圣。回城，拜生母四，拜影堂，每位各四，拜先圣四，配各四。受培、埈拜各四，答揖。②

来回步行五十里的路程，只为了亲自在父母亲面前行朔望的四拜之礼，如此的实践充分显明他何等看重这项礼仪实践，从这种刻苦习行也最能见颜李学风的胜出处。

同样地，在非朔望节令之日，李塨每日在神、亲前行一揖之礼，并切实做到出告反面。李塨在二十二岁那年，有一天他因事迫忘了行出告礼，便十分咎责自己的粗心；四十九岁那年，又一日以事迫忘行出告礼，当天他"中夜觉，惶愧不能成寐，凤兴拜母谢罪"③。从《年谱》中这两则相差二十七年之久的类似记载，可见李塨长期切实行拜父母和出告反面之礼，以及此礼仪在他生命中所占的重要地位。1695年，三十七岁的李塨远离家乡往桐乡任教，这次他无法亲自返家行礼，于是他规定自己每朔望向着家乡行遥拜之

---

① 冯辰，《清李恕谷先生（塨）年谱》，卷1，页5a—b。
② 冯辰，《清李恕谷先生（塨）年谱》，卷1，页8b—9a。
③ 冯辰，《清李恕谷先生（塨）年谱》，卷1，页8a；卷4，页17a。

仪①。他的家人亦向着他遥拜，他则遥答揖②。李塨也把这套家礼传之门人，杜谦牧问学归家后即谨守出告反面、晨昏定省、日仪和朔望仪③；另一位门人冯辰④除了行家礼外，更每日向着李塨行遥揖之礼，朔望则遥拜，李塨知道后，曾推辞不获，遂遥答揖⑤。

颜元、李塨等学者对拜家祠、拜父母礼仪的坚持，虽关山千里亦不能阻隔使其废而不行，显示这项礼仪在其学问生命中无可取代的地位，其重要性也绝不是象征性地表达行礼者心中一念孝思或虔诚而已，而有更深的意涵。

三、家礼与家庭的意涵

此节主要欲探讨家礼与家庭在颜元之学中的意涵，将从三方面讨论：第一、说明颜元视家礼为人子尽孝的本分，也有惕孝的作用，是正确有效的持家之道；第二、说明颜元对祭祀行为的看法，及其以家礼为儒教的正祀并据此以批判其他宗教的做法；第三、讨论家庭、婚姻、生育行为在颜元之学中的神圣地位及颜元对性欲的高度警觉，并论其学隐涵一种在义理与实践之间的模糊性与张力。并且将简单地与晚明讲学者比较，说明颜元等清初北方学者视家庭为实践圣贤之学的重要场域。

---

① 冯辰，《清李恕谷先生（塨）年谱》，卷2，页28b、38b。《年谱》在乙亥年（李塨六十一岁）下仍记李塨九月朔日望拜家祠，望拜母。见同书，卷5，页28a。
② 冯辰，《清李恕谷先生（塨）年谱》，卷4，页6a。
③ 李塨，《衡水杜氏世德记》，《恕谷后集》，卷13，页14b，收入续修四库全书编纂委员会编，《续修四库全书》（上海：上海古籍出版社，2002），册1420。
④ 冯辰生卒年不详，其传见徐世昌辑，《颜李师承记》，卷2，页67—71。
⑤ 冯辰，《清李恕谷先生（塨）年谱》，卷4，页5b—6a。

(一)尽孝本分与修身持家之道

颜元之所以如此重视拜先祠、拜父母、出告反面等事亲礼仪的实践,主要因他认为这是为人子尽孝的本分,也有惕孝的作用[1],是教化与社会和谐的根本。祭祀祖先是尽孝的行为,乃古今通义,无须再论[2],中国许多家训也都强调此[3],故颜元这部分的看法并没有太多个人特殊的见解,他的特殊之处则在付诸实践时细密讲究的严谨程度。至于"孝"在颜元生平与思想中的地位与作用为何?以下我想先略作讨论。

"孝"在颜元生命与思想中,占极关键的地位,不仅观其生平,尽孝的事迹突出;读其著作,论孝的文字亦明显。颜元的孝行可见于:他竭力尽孝养于养祖父母与改嫁的母亲[4];在不慈不弟的险恶家庭环境下,他始终不改孝弟本性;尤其对离家出走的生父,他不仅立生主每日行礼,更在1684年以五十岁之龄只身赴关东寻父,到处贴寻父报帖,前后约历一年,终于寻得同父异母之妹而确

---

[1] 此类思想在中国很普遍,尤其见于《孝经》,参见唐明皇御注,邢昺疏,《孝治》,《孝经注疏》,卷4,收入十三经注疏小组编,《十三经注疏分段标点》(台北:新文丰出版公司,2001),册19,页71—78。颜元说行家礼有惕孝作用,见颜元,《颜习斋先生言行录》,卷下,收入《颜元集》,册下,页678。

[2] 例如,《孝经》:"子曰:'孝子之丧亲也……卜其宅兆而安措之,为之宗庙以鬼享之,春秋祭祀以时思之。生事爱敬,死事哀戚,生民之本尽矣,死生之义备矣,孝子之事亲终矣。'"见《丧亲》,《孝经注疏》,卷9,页125—132。

[3] 王尔敏,《家训体制之传衍及门风官声之维系》,收入"中研院"近代史研究所编,《近世家族与政治比较历史论文集》(台北:"中研院"近代史研究所,1992),册下,页807—845。

[4] 例如,1687年闻母病,颜元立即赴辽东侍疾。李塨,《颜习斋先生年谱》,卷下,收入《颜元集》,册下,页759。

定父亲已去世，才招魂题主，归家完葬①。

孝在颜元思想中的地位，与弟、忠、信一样，都是毋庸讨论、不容置疑、天赋予人的真理，也是人的价值所在。他曾阐释"昭事上帝"之义曰："昭事，则为人君臣父子一有不止乎仁、敬、孝、慈者，非上帝命我意矣。"②他在《人论》一文，把一切人类存在的事实、价值和文明活动都涵盖在"孝"的论述中，该文从宇宙论的高度论起，说到天地为万物之大父母，人是万物之灵，其形肖天地，故是天地之肖子，人类文明的发展，包括种树稼穑、修筑宫室、礼乐之制、救灾治理等，都是人孝天地的表现，人之所以为人的价值正在其能肖天地、孝天地。该文也把三纲、四端、五伦的价值推到天地的高度，以说明其不可移易的真理性：

> 人君立君纲，能为天下主，则为一世之天地；人父尽父纲，能为一家主，则为一家之天地；人夫振夫纲，能为一室主，则为一室之天地。人而仁，则慈爱惠物，见之于伦，为父子亲也，配德于天地之元；人而义，则方正处事，见之于伦，为君臣义也，配德于天地之利；人而礼，则辞让居心，见之于伦，长幼叙也，配德于天地之亨；人而智，则是非不迷，见之于伦，夫妇别也，配德于天地之贞；人而信，则至诚无妄，见之于伦，朋友信也，配德于天地之太极；是谓理肖。故曰：人者天地之肖子也。③

---

① 李塨，《颜习斋先生年谱》，卷下，收入《颜元集》，册下，页756—758。
② 颜元，《颜习斋先生言行录》，卷下，收入《颜元集》，册下，页674。"上帝"对颜元而言是"天之主宰"，详论见下。
③ 颜元，《人论》，《颜习斋记余》，卷6，收入《颜元集》，册下，页511—514。

事实上,颜元并没有费力去说明为什么"孝"是人人所应为、不容置疑的真理,他更多从接受此前提出发,进一步自我反省或教导人持家处世的道理。诚如学者所言,中国儒者往往将伦理规范等同于自然的规范,视伦理为天道所赋予,并极重视如何行善的实践问题[1],颜元论孝确有如此现象,以下仅以三则为例:

> 祭考致齐,思吾之心,先考遗体也,洗心所以格先考。傥有财念、色念、名念、狠毒念一萌,是污先考所遗之心,不孝孰甚焉!吾之身,先考遗体也,修身所以格先考。傥有贪行、淫行、欺世行、暴物行一条,是玷先考所遗之身,不孝孰大焉!又思手为先考遗体,敢不恭乎!目为先考遗体,敢不端乎!不"持其志",是不能齐栗以奉亲心也;或"暴其气",是敢为威忤以伤亲气也。[2]

> 果斋问:"'兄弟怡怡',秀深慕之,而不免躁暴,何以免也?"先生曰:"只知父母在上,我人子也,何敢躁暴?看兄弟是父母之子,何得不怡怡?"曰:"恒苦不自由。"先生曰:"更无他道,知如此是病,便知不如此是药。"[3]

> 或与族人有口隙,谓之曰:"族人与吾同祖,正如吾四股手足,虽有歧形,实一体也;一体相戕,吾祖宗之神得无伤

---

[1] On-Cho Ng, *Cheng-Zhu Confucianism in the Early Qing* (New York: State University of New York Press, 2001), pp. 199—200. Patricia Buckley Ebrey, *Confucianism and Family Rituals in Imperial China*, pp. 16—18.
[2] 颜元,《颜习斋先生言行录》,卷下,收入《颜元集》,册下,页662。类似之言有:"父母生成我此身,原与圣人之体同;天地赋与我此心,原与圣人之性同;若以小人自甘,便辜负天地之心,父母之心矣。"见同书,页668。
[3] 颜元,《颜习斋先生言行录》,卷上,收入《颜元集》,册下,页658。

乎！彼不知为一体，吾知之；彼不暇思祖宗，吾思之。如今碗阔于蔬，故盛得蔬；桌大于碗，故载得碗。"其人大感，拊心曰："是吾志也。"①

第一段引文是关于颜元如何思想自己身体发肤受之父母，是父母之遗体，故勉励自己从心念到视听言动都应当端正，才不致辱亲。这种《孝经》的教导在颜元文集中相当普遍，是他终生服膺的信念②。这里颜元完全没有说明孝的意义或不孝之害，仿佛这种天经地义的真理是不用人多费唇舌，人人心中自知的。类似地，第二段引文中当果斋求问如何才能克服自己躁暴的个性而做到兄弟怡怡的和睦境界，颜元指导他去思想人子事亲时所应有的温顺和恭敬，躁暴的脾气自能克制；又思想兄弟本为一体，同生于一父母，手足间任何伤害都会伤害到父母，能够如此思想，必能做到兄弟怡怡。第三段引文则是颜元把同样的思想推致到他与族人的相处而终于带来和睦。以上三段引文让我们看见颜元如何基于对"孝"的信念，进一步落实在修身、和睦家庭与宗族的事上，正如他说："思人和兄弟，所以孝父母也；和从兄弟，所以孝祖也；和再从兄弟，所以孝曾祖也；和三从兄弟，所以孝高祖也；和疏族，所以孝先祖也。"③孝的思想引导着颜元去体会也践履儒家从个人修身推致到家、国、天下的理想政教愿景。我们看不到他在"真理"面前有任何挣扎和软弱，可以说对颜元而言，"孝"是思想的核心，也是生命的罗盘，

---

① 颜元，《颜习斋先生言行录》，卷上，收入《颜元集》，册下，页652。
② 颜元服膺《孝经》思想，于其《文集》多处可见，除引文之外，亦可参见《颜习斋先生言行录》，卷下，收入《颜元集》，册下，页690。
③ 颜元，《颜习斋先生言行录》，卷下，收入《颜元集》，册下，页670。

许多问题都可以借着孝思迎刃而解，混乱纷争的人际关系也能在孝思中重获和谐秩序。

而不论"孝"的意涵有多丰富、崇高，血脉不断、祭祀不毁仍然是颜元所重视的，他说：

> 上与朝廷添个好百姓，这便是忠；下与祖父添个儿孙，这便是孝。使我上面千百世祖宗有儿孙，下面千百世儿孙有祖父，生作有夫妇、有父子、有宗族亲友的好人家，死入祖宗坟墓，合祖宗父兄族人埋在一块土，做个享祭祀的鬼。①

关于颜元如何看重血脉不断与祭祀，将于下文再论，此处仅先指出，颜元认为生时能享受家族亲友的伦理关怀，死后能入祖坟做个享祭祀的鬼是极重要的事。他说为人子者能依礼遵行拜祖先、拜父母的仪节便是尽孝的本分，也是儒教教人"生尽生道，死尽死道"的具体表现②。

另外，颜元也极力强调家礼的教化功能，即《礼记》所谓敬宗收族之效③。他说："圣人之道，莫大于礼"，又说国家之治乱、家庭和个人之兴衰都与能不能行礼直接相关：

---

① 颜元，《唤迷途》，《存人编》，卷1，收入《颜元集》，册上，页122。
② 颜元，《辟邪说异》，《颜习斋先生辟异录》，卷下，收入《颜元集》，册下，页612。
③ 《礼记》："是故人道亲亲也，亲亲故尊祖，尊祖故敬宗，敬宗故收族。"见《大传》，《礼记》，卷33，收入十三经注疏小组编，《十三经注疏分段标点》（台北：新文丰出版公司，2001），册11，页1557。

盖天下无治乱，视礼为治乱而已矣；家国无兴衰，视礼为兴衰而已矣。故国尚礼则国昌，家尚礼则家大，身有礼则身修，心有礼则心泰。①

又说：

孔门习行礼、乐、射、御之学，健人筋骨，和人血气，调人情性，长人仁义。一时学行，受一时之福；一日习行，受一日之福；一人体之，锡福一人；一家体之，锡福一家；一国、天下皆然。小之却一身之疾，大之措民物之安，为其动生阳和，不积瘀郁气，安内扞外也。②

对颜元而言，每天在家中实际操演礼仪是持家的关键，也是家庭教育的核心，因此他不仅自己坚持行家礼，也要求门人行。有一回有人希望自己儿子能从学颜元，托人言于颜元，颜元开出的首要条件就是要行家礼，他说：

吾之所学者礼，其子从吾游，则其家必设祠堂，家长率家众朔望为礼，子必拜父，孙必拜祖，度能之则来。③

---

① 颜元，《代族人贺心洙叔仲子吉人入泮序》，《习斋记余》，卷1，收入《颜元集》，册下，页410。
② 颜元，《颜习斋先生言行录》，卷下，收入《颜元集》，册下，页693。其他颜元论习礼之效用的文字，见同书，页693。
③ 颜元，《颜习斋先生言行录》，卷上，收入《颜元集》，册下，页631。

这样收学生的门槛是很高的，不仅要求个人，更是要求家要设祠堂、全家老老少少都要一体配合行礼。当然这可能因回话给一位为子求师的父亲，颜元便顺势对这位父亲提出要求，希望他能以父亲的权威落实家礼的实践。当时问话者的反应颇不以为然，曰："但学中尽职可耳，何须虚礼为？"颜元则强调行礼是家庭和社会和谐的关键，回答道："不然。世有抗命废职之子妇，皆因废礼故也。倪朔望叩拜，昏定、晨省、出告、反面，行之三月，自无与父母反唇之理。"①可见他对家礼实践的教化功能是深信不疑的。

综言之，颜元的为人与思想都极重视孝，而儒家所教导的事亲之礼与祭祀祖先自古以来就被认为是人子尽孝的本分，故当勉力而行。加上颜元以礼持家、以礼治国的信念，又自认身处古道古礼沦丧之际，怀着欲重振周孔圣学的大志②，故对家礼的实践丝毫不肯放松。

（二）儒家正祀

颜元重视家礼的另一主要原因是他相信鬼神的存在，相信当子孙祭祀祖先时，祖先之灵确实来享，即通过祭祀可以联系祖先与后裔、亡者与生者两个世界③。对颜元而言，祭祀礼仪不仅是圣人为

---

① 颜元，《颜习斋先生言行录》，卷上，收入《颜元集》，册下，页631。
② 关于颜元经世的志向，可见颜元，《寄桐乡钱生晓城》，《习斋记余》，卷3，收入《颜元集》，册下，页439—440；李塨，《存治编序》，收入《颜元集》，册上，页101；李塨，《复恽皋闻书》，《恕谷后集》，卷5，页13b。
③ 这样的观念在《仪礼》和《礼记》中已有，见Patricia Buckley Ebrey, *Confucianism and Family Rituals in Imperial China*, pp. 22—23。

治理百姓、谋求社会秩序而创制的教化工具而已①，也不仅是关乎生者在人世间的情感表达与安顿而已，更是人鬼相交的管道，是联系幽明两界的宗教行为。

以下这则对话反映了颜元对家庭祭祀的一些重要观念：

> 宋氏子言，祭某神云云。先生曰："此谓妄祀。妄祀无福，且多得祸。"曰："我父母俱逝，不获孝矣。有叔父母在，今欲朔望献食叩拜，以尽此心，何如？"先生曰："此念甚好，若果如此，岂非孝侄。然父母虽逝，若设立神主，朔望献拜，亦可追孝也。莫谓父母无灵，我等百姓，惟父母有来享之理。"②

颜元相信神灵的存在。他说："盖人之死，形归幽窀，神返堂室，孝子尚神，不尚魄也。"③又说："祭荐不行，不几使先人为有嗣之馁鬼乎？"④"若精察祭义，既神而祀诸祠，又时而祭诸墓，恐神气分散不专一。且已化者形藏于地，孝子所得感格者，惟其精气耳。"⑤又说祭神时要纯心聚精、明德蠲洁，才能有所感格⑥。他在习恭时常思"小心翼翼、昭事上帝"，而"上帝"在颜元、李

---

① 礼仪当然还是有教化的作用，除上节所述外，亦见颜元，《与何茂才千里书》，《习斋记余》，卷4，收入《颜元集》，册下，页457—458。
② 颜元，《辟妄祀异》，《颜习斋先生辟异录》，卷下，收入《颜元集》，册下，页611。
③ 颜元，《崔孝子庐墓序》，《习斋记余》，卷1，收入《颜元集》，册下，页407—408。
④ 颜元，《颜习斋先生言行录》，卷上，收入《颜元集》，册下，页657。
⑤ 颜元，《礼文手钞》，卷5，收入《颜元集》，册上，页391。
⑥ 颜元，《颜习斋先生言行录》，卷下，收入《颜元集》，册下，页666。

塨思想中就是天的主宰①。虽然他也说了一些像"天无心意耳目"之类的话，但也有不少关于天能赏善罚恶、安排人事兴衰之类的发言②，并说："儒者何敢不敬神也。"③他家也按时祭拜门神、户神、井神、灶神、中溜神④。而最明显的例子当是他在《寻父神应记》中记载自己赴关东寻父所遭遇的种种神应事迹。欲在茫茫人海中寻找失联近半世纪的父亲，颜元屡次进入关侯祠和城隍庙中祝祷、求签，也果然获得梦兆指示，又因着同父异母之妹在梦中得关帝的指示，他们兄妹终于得以骨肉相见，颜元也才能确切知道父亲的下落与遭遇。在召父魂奉主的过程中，他的父亲几次显灵；在他奉父主回乡前，族人亦得异梦预示。这种种的遭遇让颜元归结：是神明的指示，方能顺利寻获父亲。他更对神明与父灵向自己的显示，表现出极诚挚的感恩之情：

> 噫！神应之种种，考为之乎？神使之乎？神之力，神惠不敢忘也。考之灵，考慈不敢泯也。独是巨细恶戾，获罪于天，不可胜诛如元，而神犹监惠如此。顽蒙忘亲，迟寻粗疏，不可胜谪如元，而考犹见慈如此。呜呼痛哉！⑤

---

① 李塨，《颜习斋先生年谱》，卷下，收入《颜元集》，册下，页763、782、789。有人问李塨："天有上帝乎？"李塨回答："有。门有神，山有神，岂天而无主宰之神乎。《诗》曰：'在帝左右'，《书》曰：'予畏上帝'，非有而何。"见冯辰，《清李恕谷先生（塨）年谱》，卷1，页20b—21a。
② 马序，《颜元哲学思想研究》，页66—70。
③ 颜元，《辟妄祀异》，卷下，《颜习斋先生辟异录》，收入《颜元集》，册下，页610。
④ 颜元，《习斋记余》，卷10，收入《颜元集》，册下，页578—582。
⑤ 颜元，《寻父神应记》，《习斋记余》，卷2，收入《颜元集》，册下，页421。

对颜元而言，祭祀死去的父母不仅是人子孝思的表达而已，更是关系着父母有无人享、是否为馁鬼等灵界中的实际。前引文中的宋子，父母已双亡，与叔父母同住，欲以孝父母之心孝敬叔父母，颜元在肯认其作为之后，则要他不可废了对亲生父母的祭祀，因为他相信父母亲之灵是存在的，若宋子不能祭祀，父母将成馁鬼。至于拜在世的父母，虽不关乎祭祀享鬼之事，但秉持"生尽生道，死尽死道"的原则，人子尽孝的意义是一致的，礼仪原则也是一致的。

颜元虽然相信神灵的存在，但对他而言，祭祀的正当性更是重要的问题，他绝不因某神灵验就礼拜之。行礼是否符合社会身份、祭祀的对象是否纯正、祭祀的时间是否正确等，都是他所关注的，而他分辨的标准则以儒家古礼为准[1]。他说："夫一家有一家当祭之神，一神有一神当祭之时，一时有一时当行之礼，其间仪文度数，各有定则，非人所得而增减之也。即有增减，亦或时制未尽善，少参古礼行之，非敢妄任胸臆，以己意为增减也。"[2] 故此，即使非常灵验，只要不符合古礼，颜元一概斥为"妄祀"，也绝不尝试，

---

[1] 严辨儒家与佛道的宋儒，也有类似之见，如陈淳即有"大凡不当祭而祭皆曰淫祀"之言，故科大卫、刘志伟说，实现祭祀人与神灵沟通之法，巫觋靠法力，僧道用科仪，宋儒则以祭祀人身份相符的礼仪以维护正统。科大卫、刘志伟，《宗族与地方社会的国家认同——明清华南地区宗族发展的意识形态基础》，《历史研究》，2000年第3期，页1—14。

[2] 颜元，《与刘焕章论礼书》，《习斋记余》，卷4，收入《颜元集》，册下，页451—452。又颜元信奉儒家为唯一真理，极力辟佛、道等其他宗教，他绝不承认三教，只信儒之一教。见颜元，《辟妄祀异》《辟邪说异》，《颜习斋先生辟异录》，卷下，收入《颜元集》，册下，页610—614。

他更说："妄祀无福，且多得祸。"①他辟释、道等宗教的态度极严厉，不仅平生少入寺庙、几不与僧道交往②，甚至主张以残酷迫害的方式严禁之③。

关于祭祀正妄的讨论在颜元文集中颇多，此处仅举数例为证。他早年在家中立道统龛，中正位祀伏羲以降诸帝王，后与刘崇文（1639举人）讨论而明白庶民没有祀帝王的资格，便罢祀诸帝王，专祀孔子④。当时北方流行在元旦时家设"天地三界"棚，颜元认为是僭天子的行为，对此有所批评，自己亦不行⑤。对于当时许多民间信仰，如拜文昌帝君、五龙圣母、拜太阳等，他都指斥为妄祀，劝人停止祭拜⑥。因此，在颜元眼中，儒家的家礼之所以重要的另一个原因是：相对于民间信仰中许多祭祀礼仪的"不合理"与"妖妄"，儒家家礼才是正祀，也是最合乎庶民身份、职责与义务的正确行为。

颜元认为祭祀礼仪之正与否，严重关系着社会风俗是否醇正，

---

① 颜元，《辟妄祀异》，《颜习斋先生辟异录》，卷下，收入《颜元集》，册下，页611。人问箕鸾请仙事，颜元曰："是鬼道也。吾儒惟当尽人道，父父、子子，伦常之外无他道，故曰：道不远人，故曰：以人治人。"颜元，《辟邪说异》，见同书，页612。
② 颜元，《辟僧徒异》，《颜习斋先生辟异录》，卷上，收入《颜元集》，册下，页605。
③ 颜元，《靖异端》，《存治编》，收入《颜元集》，册上，页116—117。
④ 李塨，《颜习斋先生年谱》，卷上，收入《颜元集》，册下，页733。
⑤ 颜元，《与刘焕章论礼书》，《习斋记余》，卷4，收入《颜元集》，册下，页452。亦见钟錂之言，于《颜习斋先生辟异录》，卷末，收入《颜元集》，册下，页614。
⑥ 颜元，《辟妄祀异》，《颜习斋先生辟异录》，卷下，收入《颜元集》，册下，页610—611。颜元说万历年间流行的"皇天道"至清初仍大流行："其法，尊螺蚌为祖，每日望太阳参拜，似仙家吐纳采炼之术，却又说受胎为目连僧，口中念佛，是仙佛参杂之教。"见颜元，《存人编》，卷4，收入《颜元集》，册上，页142。

他本人又以经世教民为己任①，常常以孟子辟异端的态度自居，故当他谈及家礼的重要性时，主要是在辟异教、辟妄祀的脉络下论述，且紧密关系着他所认定的真理与正统，亦即得之于天的儒教人伦。儒教人伦与家礼祭祀也成为他唤醒僧道之徒重回正道的不二法门，下文将述及他如何劝导僧人无退返乡祭祀父母、兄长的过程，此处则先看他与黄门教人李老的对话：

> 李老问：佛、仙与儒何以称三教？先生曰：此乱世之说也。教本于道，道原于天，顺天者仁，逆天者贼。君臣、父子、兄弟、夫妇、朋友，天伦也，而释氏废之。……故曰：二氏者天地之贼也。李老咨嗟久之。先生曰：翁请自今以拜太阳者，拜父母之主以为孝，以教他人为邪者，教子守王法、奉天理以为慈，则李氏之福长矣。②

颜元屡次斥责佛道僧人为不忠不孝，这里他则先以儒家五伦得之于天道的正确性，对比于二氏之教的不正确性，再劝李老以"拜父母之主以为孝"的行为取代拜太阳的仪式。另一个例子则是，他不认同刘青山好施财饭僧之举，也完全不能同情刘青山"求来世不失为人面目耳"的想法，他果断地说："人尽人道则为人，使果有轮回，则我等自然百世不失乎人。今僧已叛人伦、弃人道矣，轮回于伊未保何如。"接着又以祭祀自己祖先的正当性来说明儒教在中国

---

① 这一点从其《辟异总论》清楚可见。《颜习斋先生辟异录》，卷上，收入《颜元集》，册下，页603—604。
② 颜元，《辟崇邪异》，《颜习斋先生辟异录》，卷上，收入《颜元集》，册下，页608。

的正当性，并以此驳斥佛教①。

以儒教的家祭礼仪来对抗佛道等其他宗教，从以下钟錂这段话清楚可见，钟錂先批判佛教败坏乡民人心与地方风俗，接着又说：

> 安得同志之人，一唱百和，皆以我先生（颜元）之心为心，辞而辟之，不遗余力。教人省上会工夫，加在庄稼，则庄稼多获；把做会食物，孝养父母欢悦。改祠邪神者祠其先灵，朔望、节令、焚香拜献，则先灵无馁鬼。这便是善，这便是修善，又何必从异教以求所谓善哉。②

综言之，颜元对儒教家礼的谨守，除了有信仰层次上直接关乎人神相交、祭享人鬼的灵界意义外，也因着他严明的正统／异端、真理／邪妄之辨，家礼无疑是儒教正统与天道真理的重要表征，紧密地关系着人心风俗与儒者的社会责任，故在颜元生命思想中占有重要的地位。

（三）家庭是圣域

这一小节我想进一步说明颜元对"家庭"的看法，以及颜李学派以家庭为圣域的学风特色，将从两方面讨论：第一，说明在颜元思想中，家庭、婚姻、生育行为都具有符合天道的神圣性，是人不能弃绝的行为；第二，说明颜元认为学做圣贤是必须在家庭中践履

---

① 颜元，《辟妄祀异》，《颜习斋先生辟异录》，卷下，收入《颜元集》，册下，页611。
② 见《颜习斋先生辟异录》，卷末，收入《颜元集》，册下，页614。

方能达成。颜元等清初北方儒者的家礼实践十足地体现了男主人身为一家之主、无可替代的角色，此亦有别于晚明讲学者热衷于在朋友间讲学结社的形象。

颜元的学问非常实质地强调血脉的重要性以及家庭的神圣性。婚姻、男女之道、生育行为在他眼中不仅是自然行为，更是符合天道的神圣行为，绝无污秽和鄙弃之意。他不认为人在婚姻关系、生育子嗣之外，还有其他更值得追求的灵性或精神的层次，也绝不赋予守童贞更高超的价值。他说："天地是个大夫妇。"中国圣人"就这天理上修了礼义，定就婚姻礼法，使天理有节制，以别于禽兽"①。他曾告诉僧人无退佛道只有一件不好，正是"不许有一妇人"，故无法延续人类的生命与家庭血嗣②。又曾与一僧人言道：

> 某素不交僧，交者必告以天伦。汝等一身，自开辟之初，人人相生，盖几千万人之血胤而始至今也。今日娶妻生子，又子子相生，亦不知有几千万人之命脉也，岂可中间自我而斩？汝适不言乎：佛慈悲，圣慈悲，天亦慈悲。然天之大德曰生，岂可断人生理，获罪于天？汝若有决断，当稍积赀财，归家娶妻，为祖父衍血嗣。汝若无决断，亦不可自误误人，再度生徒矣。③

---

① 颜元，《唤迷途》，《存人编》，卷一，收入《颜元集》，册上，页130。
② 颜元，《辟僧徒异》，《颜习斋先生辟异录》，卷上，收入《颜元集》，册下，页604。
③ 颜元，《辟僧徒异》，《颜习斋先生辟异录》，卷上，收入《颜元集》，册下，页605。

在颜元思想中,道德修养、顶天立地为人当然还是人存在极重要的价值,但是这些性命精神层次上的追求及所达之境界,并不能取代实质血肉生命传承的价值。在他思想中,以生育行为参与人类生命之延续乃是人之所以为人的基本职责与价值所在,婚姻的设置成为符合天道、履行人类天职的神圣制度,家庭也成为一切人伦与教化的核心场域,是儒家圣人之学与政治教化的核心。

我们从颜元歌颂孔子之诞生也可看出这种倾向,他说孔子之生乃合启圣公、颜翁、圣母(颜元所用之词)三圣人之所为而成,亦即年迈的启圣公能得人敬爱,故颜翁愿以少女妻之;颜翁断孔氏必兴,能好贤,故能举年少之女妻垂老之人;又孔子的母亲能够以幼龄适耄耋之老,"能精诚感天,惟立嗣是求",终于生下古今一大圣人①。读这段话,孔子个人的德性退居次要,整个焦点集中在一段不平凡的婚姻结合,以及能够精诚感天的神圣男女之道,让人无法回避圣人之诞生与其父母的婚姻行为和家庭密不可分的联带性②。

因着对家庭夫妻人伦的肯认,不婚无后的僧侣及寺观的生活在颜元眼中就毫无价值,即使他承认寺观的生活无富贵熏灼与污染,是比较洁净脱俗的,但因其"灭绝人伦",便不是人所应有的生活态度和方式。他说:

> 盖寺观无富贵熏灼诸色厌人也,羽衲无富贵熏灼诸色污人

---

① 颜元,《颜习斋先生言行录》,卷上,收入《颜元集》,册下,页638。
② 根据陈至信的研究,《礼记》反映的文化模式主要是尊尊和亲亲,论到婚礼时,也强调婚礼是礼之本,夫妻合礼的婚姻结合预先让未来子嗣进入礼的社会中。见陈至信,《尊尊与亲亲——试论〈礼记〉所反映的文化模式》,《鹅湖月刊》,期266(1997年8月),页8—20。

也。殊不知人之世即有富贵诸色厌人，犹然人世也，世之人即彝伦斁败，犹有不亲之父子，不义之君臣，不友之兄弟，不别之夫妇，不信之朋友也。寺观则灭绝人伦之地也，羽衲则灭绝人伦之人也，是犹庭堂、谷薮然。庭堂即污秽，人处之；谷薮即洁秀，鸟兽处之。①

冈田武彦说："宋明儒者所以会拥有深入内面的儒学思想，当然是因为受了老庄佛教等异端的刺激，再以它们为反面的媒介，扬弃以人伦为本的古代儒教，而将其根源归于内在心性的缘故！"②颜元则是要扬弃深染佛道的宋明理学，重新回向以人伦为本的古代儒教③，他因而把血脉传承和家庭人伦看得极重，他对婚姻、夫妻之道、生育行为的神圣性也完全肯定，没有像基督教传统中，因着对守童贞的价值与婚姻神圣性之间孰高孰下的看法差异，衍生出复杂的辩论，也在教义义理上产生相当的张力④。

尽管颜元之学没有这种思想和学理上的张力，却有着在实践层次上难以回避的紧张性。颜元虽然肯认婚姻的神圣性，视生子立嗣为人存在最重要的职责之一，但他绝不纵欲，尤其对性行为的节制

---

① 颜元，《与高阳孙衷渊书》，《习斋记余》，卷4，收入《颜元集》，册下，页456。
② 冈田武彦，《贝原益轩》（台北：东大图书公司，1987），页33。
③ 当然颜元还是深受宋明理学的影响，尤其从祭祖形式的变化看，唐末五代时的宗族祠庙祭祖带有鲜明的佛教色彩，随着儒学的兴起，程朱对家礼的重视，独立性祠堂祭祖形式才渐兴，因此宋明宗族制度的兴起与程朱理学文化有极密切的关系。关于明代宗族与祭祀的研究，见常建华，《明代宗族研究》（上海：上海人民出版社，2005）。
④ 关于基督教在这方面从第一世纪到第五世纪的重要思想，参见Peter Brown, *The Body and Society*（New York: Columbia University Press, 1988）.

极度警觉，视无节制的性行为为禽兽的表现。他告诫诸生曰：

> 制欲为吾儒第一功夫，明伦为吾儒第一关节，而欲之当制者莫甚于色，伦之当明者莫切于夫妇。近世师弟，以此理为羞惭而不言，殊失圣贤教人之旨。且世俗但知妇女之污为失身，为辱父母，而不知男子或污，其失身辱亲一也。尔等渐去童年，得无有情欲渐开，外物易引者乎？此处最宜着紧。立为人根基，其道自不邪视、不妄思始。但保此身，便为人，便可贤可圣；一失此身，便为鬼，便可禽可兽。小子戒之。①

这里颜元用相当高的标准要求男人在性行为上洁身②，并将此视为儒家圣贤之学的关键，而有"但保此身，便为人，便可贤可圣；一失此身，便为鬼，便可禽可兽"之说。由此我们也可以明白为何颜元如此重视"闺门之内，肃若朝廷"及对待妻子如严宾的自我要求③。虽然颜元没有更详细地论述失身为鬼与正确履行男女之道之间的关键何在，但我们从其所谓"立为人根基，其道自不邪视、不妄思始"及前文所引他说孔子母亲"能精诚感天，惟立嗣是求"，可以推知思想意念之纯正与否应该是主要的关键④。从其《年

---

① 颜元，《颜习斋先生言行录》，卷上，收入《颜元集》，册下，页644。
② 中国传统在守贞行为上，向来对男女有双重标准，此点不仅现代学者多有阐发，颜元亦谈及。例如他说："世俗非类相从，止知斥辱女子之失身，不知律以守身之道，男子之失身，更宜斥辱也。"见《颜习斋先生言行录》，卷上，收入《颜元集》，册下，页622。
③ 颜元，《颜习斋先生言行录》，卷上，收入《颜元集》，册下，页657。
④ 另外，颜元言其所志亦首揭"淫僻之念不作于心"。见《颜习斋先生言行录》，卷上，收入《颜元集》，册下，页642。

谱》所言"不为子嗣比内"乃邪妄之过①，以及他曾有过白日欲入内室的挣扎②，则可见颜元并不认为性行为的正当性与否只以婚姻内外为判准，思想意念之纯正与否是更重要的关键所在，故落在实践的层次上，存养省察之工是绝不可少的。因此，虽然在理论上颜元完全肯认婚姻的神圣性，但在实践上，则对性欲有着高度的克制和防范③。

这种属于义理与实践之间的紧张性与模糊性与颜元的性情观有密切的关系。颜元在义理上虽然肯定气质之性之纯善，试图将恶归致"引蔽习染"，其学的重心实多摆在如何以诗书礼乐存养省察的工夫以对制引蔽习染之恶，因此其学虽号称是戴震（1723—1777）"达情遂欲"肯定情、欲之论的先声，但实际上却显出对克制情、欲的高度关注。他的学问也隐含着一种无法妥善解释恶之源的困境，且有着虽极力反对宋明心性之学，却又无法完全摆脱在心性

---

① 李塨，《颜习斋先生年谱》，卷下，收入《颜元集》，册下，页763。
② "一日独坐斋中，欲入内，思先正云：人君一日亲贤士大夫之时多，见宫妾妇寺之时少，则德日进。学者自治，何独不然？斋中即独坐，庄对墙壁箴铭，亦俨然净友之在旁矣。"颜元，《颜习斋先生言行录》，卷上，收入《颜元集》，册下，页651。
③ 此亦可从李塨写阎键之妻李氏窥知："自初昏，琴瑟甚和，然寡言笑，相敬如宾，键偶动欲念，辄正词止之，曰：'非求嗣，胡为者，且独不计君身孱也。'"见李塨，《李氏传》，《恕谷后集》，卷6，页10a—b。

上涵养省察的暧昧①。这种种现象同样表现在他对男女之道的看法上，虽然在理论上他肯定"男女者，人之大欲也，亦人之真情至性也"②。但又视男女之防为圣学的紧要关键所在，故在实践上极力克制性欲，试图靠着思想的纯正对制之。或许可以说对颜元而言，只有"立嗣"的必要性与正当性，及其所隐含的孝思与为人职责所在等伟大意义，才是用以对抗情欲与规范婚姻内性行为的唯一凭据。

第二，家庭在颜元思想中的重要性，除了是履行生命传承与人伦关系的神圣场域外，也是学习和落实儒家圣人之学的必要场域。对颜元而言，儒者是不可能越过"家庭"及自己在家庭中的角色与职责来追求圣人之学的。从颜元将"反身无愧"解释为："须自家庭间求之。汝事老祖、寡母、长兄皆得其欢心，始可云无愧也。"可窥见家庭在其学问中的重要地位③。事实上，不仅颜元、李塨，包括孙奇逢（1585—1675）、耿介（1623—1693）等清初北方学者，都极重视家庭与家礼的实践。孙奇逢家规规定："晨起栉沐后，入祠三揖"；"朔望焚香拜"；"元旦昧爽设祭四拜，四仲月用分至日各设

---

① 关于颜元思想与从晚明到清初儒学厌谈形上之学、转而从形下气化谈性的新趋势，见刘述先、郑宗义，《从道德形上学到达情遂欲——清初儒学新典范论析》，收入刘述先、梁元生编，《文化传统的延续与转化》（香港：香港中文大学，1999），页81—105。郑宗义，《明清儒学转型探析》（香港：香港中文大学，2000），页153—163。关于颜元之学与戴震之学的关系，戴望、胡适已言，参见戴望，《颜氏学记》（台北：台湾商务印书馆，1965），卷1，页4；胡适，《戴东原的哲学》（合肥：安徽教育出版社，1999），页1—17；亦见氏著，《几个反理学的思想家》，《治学的方法与材料》（台北：远流出版公司，1986），页85—141；《颜李学派的程廷祚》，《国学季刊》，卷5期3（1926年7月），页363—381。关于颜元无法完全摆脱宋明心性之学及其学问对于事物习行与本心天理关系的模糊处，参见钱穆，《中国近三百年学术史》（台北：台湾商务印书馆，1990），页195—198。
② 颜元，《唤迷途》，《存人编》，卷1，收入《颜元集》，册上，页124。
③ 颜元，《颜习斋先生言行录》，卷下，收入《颜元集》，册下，页683。

祭行四拜礼，令子孙供执事"；及佳辰吉庆等各样礼仪[1]。耿介"每朔望谒家庙，必诚必敬，数十年如一日。遇先大父大母忌辰，辄素服终日，色惨然不乐"[2]。汤斌（1627—1687）以礼持家[3]，每朔望谒家庙，对母亲的肃拜亦终生不渝[4]。另外，当颜元出访河南时，在安平县阎晖光家，也曾亲见阎教其门人揖立应对，朔望拜父母仪[5]。另一个鲜明的例子则是河南学者许三礼（1625—1691），他不仅自己在家中行家礼[6]，更在仕浙江海宁时以拜父母之礼作为其施政的重点，规定"先自衙门各书，以至各役各耆，每朔望，先令其拜父母，后来点卯。由此乡耆伍保，每月讲约时，先教之拜父母，拜朝廷，如是顿然改观"[7]。这些例子都让我们看见，颜李学派对

---

[1] 孙奇逢，《家祭仪注》，《夏峰先生集》，卷11，页9a—13b，收入《续修四库全书》（上海：上海古籍出版社，1995），册1392。
[2] 《皇清诰封中宪大人直隶大名兵备道河南按察使司副使前内翰林秘书院检讨显考逸庵府君行略》，收入耿介，《敬恕堂文集》（清康熙年间刊本，"中研院"傅斯年图书馆藏），首册，页11b。另外，耿介家规中对家礼的重视，可参见其《家规小序》，收入《敬恕堂文集》，卷3，页69b—72b。
[3] 汤斌："居家内外之分，最宜严肃，男女之别，礼之大节也。治家者必以礼为先。"《潜庵汤先生语录》，收入黄舒昺编，《中州名贤集》（1891年睢阳洛学书院刊本，"中研院"傅斯年图书馆藏），卷上之2，页10b。
[4] 汤斌的母亲死于李自成之乱，后得诏建节烈祠，汤斌"朔望谒家庙，毕，必至祠肃拜时刻，未尝稍异"。方苞考订，杨椿重编，《汤文正公年谱》，收入北京图书馆编，《北京图书馆藏珍本年谱丛刊》（北京：北京图书馆出版社，1999），册77，页129—130、146—147。
[5] 李塨，《颜习斋先生年谱》，卷下，收入《颜元集》，册下，页768。
[6] 李塨曾赴许三礼斋中听其言夫妇行礼及其家行冠婚丧祭诸礼，见冯辰，《清李恕谷先生（塨）年谱》，卷2，页6a。许三礼在家早晚行告天礼，参见许三礼，《告天楼告法》，收入氏著，《天中许子政学合一集》，页1a—8a，见四库全书存目丛书编纂委员会编，《四库全书存目丛书》（台南：庄严文化事业公司，1997），子部，册165；亦参见王汎森，《明末清初儒学的宗教化——以许三礼的告天之学为例》，《新史学》，卷9期2（1998年6月），页89—123。
[7] 许三礼，《海昌讲学集注·言农事》，收入氏著，《天中许子政学合一集》，页6a—b。

家礼实践的重视绝非孤绝的个案,而有着属于清初北方学术的脉络可寻。

从这些清初北方儒学学者的传记资料,我们发现一家之主带领着全家老少行礼如仪的画面特别令人印象深刻,他们身为"儿子"和"父亲"的形象格外鲜明,是真正担负着家庭管理与带领祭祀礼仪的一家之主。孙奇逢、耿介如此;颜元、李塨更是将祭拜先祠、拜父母之礼内化成生命中极重要的一部分,即使出门在外,仍要遥拜行礼[①]。若与晚明那些喜欢离家远游、在同志朋友间讲学求道,甚至高举友伦为五伦之首的学者们相比[②],"家庭"在颜元等清初北方学者身上有更鲜明而实质的意义。他们绝不会像王畿(1498—1583)一样说出"男子以天地四方为志,非堆堆在家,可了此生"这类的话[③],也绝不会如罗汝芳(1515—1588)在两个儿子客死他乡时,只遣二子之棺归家,自己则"从南海历惠、潮入闽,遍访同志,所在大会而后归"[④]。同样信奉"吾非斯人之徒而谁与"的孔门价值,王畿等晚明讲学者努力在同志朋友间讲学经世,颜元等清初北方学者则选择先经营自己的家庭生活。

此固然与学者本身的际遇有关,孙奇逢、颜元等人并未出仕,居家时间长,活动范围与关注焦点自然比较容易以家庭为主,在他们身上我们看见了以经营家庭为首务,再推致出去从事社会教化工

---

① 关于孙奇逢、耿介等河南学者的讨论,见本书第2章;林存阳,《清初三礼学》(北京:社会科学文献出版社,2002),页91—129。
② 关于晚明阳明讲学者喜好远游求友,高举友伦,见吕妙芬,《阳明学士人社群:历史、思想与实践》(台北:"中研院"近代史研究所,2003),第7章。
③ 王畿,《天柱山房会语》,《龙溪王先生全集》,卷5,页28b,收入《四库全书存目丛书》(台南:庄严文化事业公司,1997),集部,册98。
④ 罗近溪,《盱坛直诠》(台北:广文书局,1977),卷下,页59b。

作的儒者形象①。然而,个人的政治遭遇绝不是唯一的理由,即使像汤斌、耿介这样出仕的官员,一样重视家庭的礼仪实践;或者像颜元、李塨,即使远游离家,仍不忘每朔望对着家乡先祠和父母行遥拜之礼。若再对比于热衷讲学者如王畿,即使致仕在家,他亦不时离家远游、求友讲学,追求一种在同志朋友中从事圣贤之学的生活方式②。因此,学者个人的性格、学问内涵的差别以及对圣学修为的构想应是更关键的原因。

这种学术上的变化,即从晚明强调在自我内心意念上的探索,到清初北学极重礼仪习行的变化,以及从晚明某些讲学者喜欢悠游于同志朋友间、高举友伦的重要性,到清初北学收敛端谨并回归家庭的走向,应该也相当程度地反映着当时社会与政治时局的变化:从晚明热络的结社生活,到清初朝廷严禁结社、以家庭为维系社会秩序的主力,推行孝治天下的教化政策,以及日渐兴盛的宗族组织与宗法制度等社会政治变化③。此亦显示着学术内涵与社会时局间

---

① 关于孙奇逢的讨论,见本书第二章。
② 关于王畿的讨论,见吕妙芬,《阳明学士人社群》,第7章。
③ Benjamin A. Elman, *Classicism, Politics, and Kinship* (California: University of California Press, 1990), pp. 32—35. Kai-wing Chow, *The Rise of Confucian Ritualism in Late Imperial China*, pp. 76—84. 王汎森,《清初士人的悔罪心态与消极行为——不入城、不赴讲会、不结社》,收入周质平编,《国史浮海开新录:余英时教授荣退论文集》(台北:联经出版事业公司,2002),页441—451。关于顺治朝严禁结社订盟,见鄂尔泰等修《清世祖章皇帝实录》,卷55,页438;卷131,页1016,皆收入《清实录》(北京:中华书局,1985),册3。清朝以孝治天下的政策,可从顺治皇帝亲注《孝经》并诏儒臣编纂《孝经衍义》,最后在康熙朝内成书,以及康熙《圣谕》及雍正《圣谕广训》中对孝悌的重视窥见。《清史稿》(北京:中华书局,1976),卷5,页144;卷6,页180;卷7,页228。又参见刘家驹,《儒家思想与康熙大帝》(台北:学生书局,2002),页87—110。井上彻,《中國の宗族と國家の禮制》(东京:研文出版,2000),页253—291。

密切互动的关系。当然,这种变化绝不能以鲜明二分的整体变易来理解,因为"家"向来是中国社会的核心组织,在儒学"格、致、诚、正、修、齐、治、平"的理想蓝图中始终占重要一环。又因为从明代中叶以降,宗族重整的活动兴盛,从修族谱、建祖祠、跨地域的血缘性联宗,到地缘性拟血缘的联宗蔚为风气,颜元的家礼实践也可视为这股风气下的产物①。故尚不论在结社、讲学、远游盛行的晚明仍有许多不爱参与讲学活动而致力于家族事物的儒者,即使在特重自我性命追求的阳明学者中,"家"也始终没有退位或虚化。讲学者如王襞(1511—1587)、何心隐(1517—1579)以及许多江右学者们都致力于重建宗族之事②。

同样地,即使重视家庭和家礼如颜元者,在朋友间讲学和规过勉励也是他生命中重要的活动③。事实上,颜元每天在家中所行的礼,除了拜先祠、拜父母之礼外,尚有学仪一项。学仪意指每天向

---

① 关于宋理学家对家礼的提倡与影响,参见Patricia Buckley Ebrey, *Confucianism and Family Rituals in Imperial China*;关于明代在嘉靖后华南地区家礼与建家祠的普及化,参见科大卫,《祠堂与家庙——从宋末到明中叶宗族礼仪的演变》,《历史人类学学刊》,卷1期2(2003年10月),页1—20。关于明中叶以后宗族组织活动在华南地带的兴盛,参见Maurice Freedman, *Lineage Organization in Southeastern China* (London: University of London Athlone Press, 1958); David Faure, *The Structure of Chinese Rural Society: Lineage and Village in the Eastern New Territories, Hong Kong* (Hong Kong: Oxford University Press, 1986);郑振满,《明清福建家族组织与社会变迁》(湖南:湖南教育出版社,1992)。
② 热衷讲学的王襞和何心隐都曾致力于重建自己宗族之事,东林学者高攀龙、顾宪成、刘宗周亦然,参见Kai-wing Chow, *The Rise of Confucian Ritualism in Late Imperial China*, pp.76—79。关于江右阳明学者致力于家族的活动,参见张艺曦,《王学、家族与地方社会——以吉水、安福两县为例》(台北:台湾大学历史学系博士学位论文,2005)。
③ 关于此可从其《年谱》看之,亦参见王汎森,《日谱与明末清初思想家——以颜李学派为主的讨论》,《"中研院"历史语言研究所集刊》,69本2分(1998年6月),页245—294。

圣龛行揖礼、每朔望则焚香率子及从学弟子拜圣龛四,又受弟子们拜四的仪式①。颜元也自我规定在犯过严重要罚跪时,罚跪的位置分别是:"过在家人宗族,罚跪于父祠前;过在教人交友,罚跪于孔子神位前。"②由此均可见在颜元平日家居生活中,家人和师友关系都重要,即使是祭祀礼仪,也有着血脉与学脉两系并存的现象。这些都让我们无法清晰独断地将晚明到清初的学术和社会变化,简单地描述成一种从血缘家族外的朋友结社关系到以家族为核心的绝然转向。不过,若从家族以外社团生活在清初受压抑而萎缩的角度,或从儒学学术主流变易的角度来考虑此变化,却也不是毫无意义。

我们还可以进一步将颜元与晚明一些讲学者处理家庭与师友的关系略做比较,例如王畿、邹守益(1491—1562)、欧阳德(1496—1554)、王艮(1483—1540)、罗汝芳等人的家庭,也都有父子或兄弟共同致力追求儒家圣人之学,认真地以理学为家学的传承,他们都期许在天生的父子人伦关系上加上实质的同志师友的关系,在儒家圣贤和天道面前,以同志圣贤的崇高和超越性,提升、充实父子之伦的内涵。从这些学者的传记资料,我们固然看到不少在家族中讲学的例子,但也经常看到儿子们跟随着父亲到处求友讲学,从小就在理学家围绕的师友圈中耳濡目染地学习成长③。相对而言,平日居家的父子、母子、兄弟、夫妇间的礼仪,虽不能

---

① 李塨,《颜习斋先生年谱》,卷下,收入《颜元集》,册下,页762。
② 颜元,《颜习斋先生言行录》,卷上,收入《颜元集》,册下,页653。
③ 吕妙芬,《阳明学士人社群》,页115—121、127—128、178—179、318—324;关于王艮儿子王衣、王襞、王补及曾孙王元鼎的思想与实践,可参见彭国翔,《王心斋后人的思想与实践》,收入袁行霈主编,《国学研究》(北京:北京大学出版社,2004),卷14,页75—114。

断然说不受重视,但确实较少反映在传记资料上。我们可以说,晚明讲学家的父子、兄弟关系,往往有一种欲在天生的人伦之上,试图以学圣的同志师友关系来提升之的努力,也因而有一种超越家庭藩篱、企盼道济天下的崇高理想;在实际生活中,由于对讲学生活的热望,他们当中也不乏暂时搁置家庭生活、投向师友讲学怀抱之人,有时甚至父子、兄弟同行,一起融入家庭外更宽阔的师友关系网络中,家庭之事只能倚靠妻子尽力维持①。

  颜元和李塨则不同,颜元虽然也努力在师友间规过劝善,虽然也重视祭拜孔子的学仪,但学仪的实践基本上是拜父母之礼的延伸,是家庭礼仪的一部分②。他和李塨即使出游在外,也始终没有轻忽拜先祠、拜父母之礼,甚至刻意为之。因此可以说,在颜李之学中,"家"始终是高度显性的存在,是不可一时轻忽的圣学场域,即使是同志师友,也只能在各自坚守家庭人伦与职责之后,才有资格聚会论学,这一点从他们的学规首揭"孝父母"而不同于阳明学者的学规多首揭"立志"亦可充分见得③。对他们而言,离了家,儒家圣学便失去了真正实践的可能性。

  综合言之,本节主要讨论家礼实践在颜元之学的重要意涵,说明颜元之所以竭力实践家礼,除了是克尽孝职,并以礼持家外,

---

① 见本书第5章。
② 颜元言自己:"设夫子主如家斋,奉如父母,出告反面,朔望、令节必拜。"见颜元,《季秋祭孔子文》,《习斋记余》,卷7,收入《颜元集》,册下,页523。
③ 阳明学当然也重视孝,尤其晚明学者如罗汝芳、杨起元、吕维祺等人,对孝与《孝经》都有重要论述,但均以孝等同于良知,阳明学者重视良知本体工夫,故与清初颜元等人强调孝行实践不同。关于晚明《孝经》论述与阳明学的关系,见吕妙芬,《晚明士人论〈孝经〉与政治教化》,《台大文史哲学报》,期61(2004年11月),页223—260。

与他相信鬼神存在和祭祀享鬼的真质性有关,也反映着他学术一遵儒家古礼、严厉辟斥其他宗教的态度。本节也试图引申讨论家庭在颜元之学中的地位,指出颜元虽然在理论上完全肯定家庭、婚姻的神圣性,但在实践上却有强烈的制欲倾向,尤其对性欲的高度压抑,显出一种从理论到实践的背反。最后,则指出颜元等清初北方儒者有别于晚明讲学结社盛行时的某些喜欢远游求友、高举友伦的讲学者,其生命与学问都更质实地担负、体现了身为一家之男主人的职责,他们作为"孝子"的形象也格外鲜明。因此可以说,家庭不仅是人履行为人天职的神圣场域,也是落实儒家圣贤之学的必要场域。

然而,如此重视血脉传承和家庭的颜元,其身世却异常单薄。事实上,在前近代的中国,像颜元这样出身卑微、身世单薄而卒能成为大儒者的极少。下节将介绍颜元的身世际遇与家庭生活。

四、家庭生活

颜元生于直隶蠡县刘村的朱家,他的父亲是朱家的养子,他四岁时父亲离家出走,十二岁时母亲改嫁。养祖父朱九祚曾为巡捕,供他读书,对他的功名颇有期待,也给他不少压力[①]。朱九祚曾因讼事缠身而一度逃离家园,颜元也因此被系狱问讯。讼事解决之后,颜元以二十岁之龄务农担负起一家生计,后又为生计考虑学医。二十四岁时,他开了一所家塾,开始耕读、授业的生活。颜元

---

① 朱九祚曾对颜元不赴科考动怒,参见李塨,《颜习斋先生年谱》,卷上,收入《颜元集》,册下,页713。

十五岁娶妻张氏（本姓李），张氏长他一岁，是一位道标巡捕官的养女。二十五岁得一子，取名赴考。

颜元十一岁时，朱九祚从侧室得一子，取名朱晃，从此朱家便不和睦。颜元二十九岁时被迫带着养祖母和妻子别居东舍，尽以南王滑村民田让与朱晃；三十四岁养祖母去世后，颜元遭逐，遂移居随东村①。后来朱晃取走了朱家的全部田产，甚至唆使朱九祚谋杀颜元②，根据《年谱》所载，颜元始终努力尽到奉养的责任。三十九岁时，朱九祚病逝，颜元在毕葬终丧后，决定回归他的本家杨村，复为颜氏③。

颜元生命中没有享受过太多亲情，却受到极大的压迫。《年谱》写朱九祚和朱晃父子对颜元的逼迫，以及颜元始终如一的孝弟，不禁令人想起舜的故事。但即使颜元真能崇高地处养祖父与养叔父之间，克尽孝道，仍谈不上亲情的温暖。真正能带给颜元亲情温暖的是他出身卑微的妻子以及早夭的儿子。

颜元对妇女的态度基本上是约束、压抑、教导，但也有尊重④。他教导妻子张氏行礼，也教她读书⑤，并期许她学古代贤妇⑥。因此，虽然不平等，但在某种意义上还是视她为他道德修养及家礼实践中不可缺少的伴侣。他要求自己和妻子做到"相敬如

---

① 李塨，《颜习斋先生年谱》，卷上，收入《颜元集》，册下，页726。
② 李塨，《颜习斋先生年谱》，卷上，收入《颜元集》，册下，页733。
③ 李塨，《颜习斋先生年谱》，卷上，收入《颜元集》，册下，页739—740。
④ 王养粹曰："妇人性阴，可束而不可顺。"颜元是之。见李塨，《颜习斋先生年谱》，卷上，收入《颜元集》，册下，页732。亦参见马序，《颜元哲学思想研究》，页46—47。
⑤ 李塨，《颜习斋先生年谱》，卷上，收入《颜元集》，册下，页722。
⑥ 颜元曾教内子尽相夫之道，可以称贤，妻对曰不能，颜元乃举周宣王姜后之例勉之。见颜元，《颜习斋先生言行录》，卷上，收入《颜元集》，册下，页631。

宾","闺门之内，肃若朝廷"①。他在自我省察的十四项中，特别列了"对妻子如严宾欤"②。在教育门人的规条中亦言："至于夫妇相敬如宾，相戒如友，必因子嗣乃比御，夫妇之天理也，必斋戒沐浴而后行。"③妻子不顺命时，颜元会令她罚跪④。在颜元的调教下，张氏也颇能符合他的期望。有一年端午，张氏生病，颜元令她不必行礼，张氏却坚持起来行礼，颜元因此称赞她"能自强"。又颜元曾因王养粹的离去，忧心无良友相规过，张氏则安慰他："无虑，外无强辅，妾当努力相规，勿即于邪。"⑤果然有一天，颜元盥洗毕没有整冠即出，张氏立刻谏曰："君昏夜从无露首出，今何有此？"颜元也立即整冠，承认自己昏放⑥。虽然颜元、张氏两人都出身卑微，但在学习古代相敬如宾的夫妇之道上则颇能相配；虽然他们的关系绝对是男尊女卑，但对丈夫的行为，张氏偶尔也能赞一词。颜元夫妻最痛苦的可能是他们唯一的儿子赴考在六岁就殇亡了，之后张氏都不能再孕，她也为此承受极大的压力⑦。

颜元只有短暂当父亲的经验，他的儿子赴考乖巧懂事，很能满足他的心意，也为身世孤单的他带来几许人伦亲情的温暖，只可惜六岁便夭折了。读颜元为儿子写的祭文，真情流露，令人为之

---

① 颜元，《颜习斋先生言行录》，卷上，收入《颜元集》，册下，页657。
② 李塨，《颜习斋先生年谱》，卷上，收入《颜元集》，册下，页722。这日省十四事的修持也为王养粹所行，见颜元，《白扇箴》，《习斋先生记余遗著》，收入《颜元集》，册下，页593。
③ 李塨，《颜习斋先生年谱》，卷上，收入《颜元集》，册下，页742。
④ 李塨，《颜习斋先生年谱》，卷上，收入《颜元集》，册下，页738。
⑤ 李塨，《颜习斋先生年谱》，卷上，收入《颜元集》，册下，页733。
⑥ 李塨，《颜习斋先生年谱》，卷上，收入《颜元集》，册下，页735。
⑦ 有一次张氏生病，不愿服药，欲以死荐颜元纳妾。见李塨，《颜习斋先生年谱》，卷上，收入《颜元集》，册下，页738。

鼻酸：

> 所可悲者，吾穷于人伦，四岁失父，十岁离母，上无兄姊，下无弟妹，惟立子差早，是至穷苦中一乐也。吾穷于学问，上无父师之训，中无兄弟之助，下无弟子之承，惟与尔礼乐从事，又至穷苦中一乐也。今皆成往事，使我乌能已于悲哉！①

颜元与儿子短暂的相处时日也留给我们一幅生动的父子共学图像，颜元写其子曰：

> 自汝之能举止记忆也，听我之训，每晨午饭后至我前，正面肃揖，侧立读圣谕三过，序认其字。又于背面乱书认之毕，诵名数歌三遍，认字三四句，乃与我击掌唱和，歌三终，又肃揖，始退。……所欲为者，畏吾即止；所恶为者，顺吾即起，其见于平常者然也。②

可见颜元每日亲自督导儿子的教育，教导他认字、写字、读圣谕、诵名数歌，最生动的是父子两人每天"击掌唱和，歌三终"，以及小小年纪的赴考每次来到父亲面前都能中规中矩地行肃揖之礼的情景。赴考没有一般孩童的天真烂漫和自然活泼，而有着酷似其父的早熟和守礼，这一点最得颜元的欢心，也是他的骄傲。颜元在

---

① 颜元，《祭无服殇子文》，《习斋记余》，卷8，收入《颜元集》，册下，页552。
② 颜元，《祭无服殇子文》，《习斋记余》，卷8，收入《颜元集》，册下，页551。

祭文中特别记赴考能够指出表叔在事亲行礼上的缺失,并且"唱鞠躬、伏、兴以示之";又称他"事亲内尽其心,外尽其仪,是谓礼儿"。颜元对儿子异乎凡人的表现不仅自叹弗如[1],甚至以"朝闻道,夕死其可"来形容他短暂却没有虚度的人生,也特别不随俗地厚葬他[2]。

颜元在最亲近的夫妻和父子关系上的经营仍是以礼为主轴,并以君臣和师生关系为目标,故《年谱》记其:"待妻如君,抚子如师,屋漏独居,身未尝倾欹,是为先生之躬行。"[3]赴考去世后,虽然颜元曾置侧室田氏和姜氏[4],但终无能有后,虽过继养子,养子又不能孕,又过继养孙重光,重光又早亡,颜元终究还是无能有后。对于重视家庭血脉与祭祀礼仪的颜元而言,这诚然是一大不幸。李塨对此颇有感慨地说:"闻习斋孙重光凶,信悼之,因思天生人有禅生,有特生,禅生常也,特生异也,如习斋之生,上不关父母,下不关子孙,乃天特生以明周孔之道者,禅生之常乌足以论之哉。"[5]把颜元血脉中绝的悲哀说成是"天特生以明周孔之道者"当然是一种自我安慰的想法,不过以颜元这样单薄的身世与困厄的际遇,衡诸其学问后来在中国近代思想史上的地位,确实称得上是异数。

---

[1] 颜元,《祭无服殇子文》,《习斋记余》,卷8,收入《颜元集》,册下,页551。
[2] 颜元,《祭无服殇子文》,《习斋记余》,卷8,收入《颜元集》,册下,页551—552。
[3] 李塨,《颜习斋先生年谱》,卷下,收入《颜元集》,册下,页794。
[4] 颜元分别在四十岁和五十九岁置侧室田氏和姜氏,见李塨,《颜习斋先生年谱》,收入《颜元集》,册下,页741、775。
[5] 冯辰,《清李恕谷先生(塨)年谱》,卷4,页18b。

五、学术脉络

　　论诸身世，颜元确实称得上是"上不关父母，下不关子孙"，其学术又如何？虽然李塨和王源（1648—1710）说他是得"天地神圣之所启""天特生以明周孔之道者"①。不过这并非事实，当时学界已有不少欲超越宋明理学、归回儒家原典以求孔孟之道的声音②，正如许多学者所指出的，颜元学问的形成还是有脉络可寻，无法真的完全跳开他所处时代的学术氛围。本节的讨论将离开颜元个人的家庭生活和家礼实践，谈谈颜元之学的学术脉络，也算是为其学在明清学术系谱中寻找某种"家"的归属。

　　关于颜元的师友与学术脉络的讨论其实已累积相当丰富的成果③，故此处不应花太多篇幅赘述，仅拟就颜元与王养粹、李明性

---

① 王源曰："先生生亦晚近，居蓬荜，孰传之，孰启之？一旦爬日抉月，尧舜周孔之道，拾之坠地，而举之中天，奚其然耶！岂天道运会，一盛一衰，尧舜盛以至于周秦衰，而邅迤至明，自此以后，乾旋坤转，圣道重明，斯民蒙福，故特生其人耶！"李塨曰："今圣道之悠谬二千年矣，颜先生忽出而独寻坠绪以开吾徒，岂一人一心之力所能致此，殆亦天地神圣之所启也。"见李塨，《颜习斋先生年谱》，收入《颜元集》，册下，页722、795；李塨，《与方灵皋书》，《恕谷后集》，卷4，页7a。

② 钱穆，《中国近三百年学术史》，页65—66；Kai-wing Chow, *The Rise of Confucian Ritualism in Late Imperial China*, pp. 53—70；林庆彰，《明末清初经学研究的回归原典运动》，《孔子研究》，1989年第2期，页100—110。

③ 颜元自述其生平严事者唯孙奇逢一人。父事者五人：刁包、李明性、王余佑、张罗喆、张起鸿。兄事者二人：王之征、吕申。交友者三人：王养粹、郭靖共、赵太若。见钟錂，《习斋先生叙略》，见颜元，《颜习斋先生言行录》，卷首，收入《颜元集》，册下，页620。又颜元受启蒙老师吴持明的影响，有博学之风，以及稍后在贾珍的开导下向学、因彭通的介绍而得闻理学等，见李塨，《颜习斋先生年谱》，卷上，收入《颜元集》，册下，页712、714；颜元，《未坠集序》，《习斋记余》，卷1，《颜元集》，册下，页397；颜元，《答五公山人王

（李塨父亲）的交友情形，说明颜元对家礼实践的重视并非独创，而是有得于乡里师友之启发。

颜元在二十九岁到三十岁之际（1663—1664），结交了他一生亲密的学友王养粹，也是受到王养粹的影响，颜元才开始从事许多家庭礼仪的实践。王养粹是蠡县北泗人，十六岁成为庠生，受李明性的开导，十九岁即奋然以学道自期，曰："不作圣，非人也。"王养粹归向儒学的做法很激烈，他焚毁科举用书，诵读五经，投佛像于井，而且家居必衣冠，率家众朔望拜祖祠父母，相其生母拜嫡母[①]。如此激烈的行为，自然招致许多批评，时人视其为癫狂，但却也引发颜元的好感，立刻驰书奖之。不过也因两人狂傲的个性使然，直到一年之后才因颜元主动拜访，正式订交，并相约每十日一会，彼此互质日记、劝善规过[②]。从此开始两人一生中亲密的学友关系。

王养粹和颜元以这样的方式订交，可以看出两人性格上的契合，都是属于积极狂放、任道勇毅的个性。李塨所辑的《颜元年谱》也都以"狂"字形容二人，中国儒生文人中不乏"狂"的精神表现，除了因高度自信而有目无余子的表现外，"狂"也意指一种忠于自得、勇于任道的精神，王阳明曾以"狂"来表达自己敢于挑战

介祺》，《习斋记余》，卷3，收入《颜元集》，册下，页429。亦参考钱穆，《中国近三百年学术史》，页179—191；姜广辉，《颜李学派》（北京：中国社会科学出版社，1987），第1、2章；李滢婷，《颜元学术思想研究》（台北：台湾大学中国文学系硕士学位论文，2002），第1章。
① 李塨，《颜习斋先生年谱》，卷上，收入《颜元集》，册下，页716。
② 颜王相交过程可参见颜元，《初寄王法乾书》《与王法乾书》，《习斋记余》，卷4，收入《颜元集》，册下，页445—448。

程朱正统的自信[1],颜元也说这是一种圣人可以鼓动、造就以成圣贤豪杰的重要特质[2]。这种勇于自信、积极进取的狂者精神在王养粹、颜元一生学问变化上表露无遗:焚毁佛像、幡然改志儒学的王养粹在遭妻丧后又嗜爱《庄子》[3];而颜元一生则从学仙求道、出入陆王程朱,到力破程朱以回归周孔,建立自己对儒家圣贤之学的看法,又能不顾别人异样眼光演礼作乐,这些都需要过人的自信方能做到。

更值得注意的是,颜元学问中许多被认为具开创性的特色,都有他和王养粹共同学习、相互影响的痕迹,例如颜元重习行礼、习射演舞的学问特色,也是王养粹学问的特色,李塨记王养粹:"志圣学,力于行,习礼、习射、习舞,退食辄令门人站班,高声歌'战战兢兢,如临深渊,如履薄冰'。王子竦起拱听,乃退。"又王养粹居必衣冠,率家众朔望拜祖祠父母的做法,也成为颜元自我实践和日后教学的重点。颜元也承认自己受王养粹的影响:"吾行家礼、学仪,皆始自法乾。"[4]从《年谱》我们也得知就在与王养粹订交之后,颜、王两人曾合纂有关洒扫、应对、进退之仪注的书籍《勺诗舞节》,颜元也开始偕妻在家中行礼,并订常仪日功,切实实践[5]。

另一位对颜元有重大影响的地方学者是李明性,即李塨的父

---

[1] 余英时,《犹记风吹水上鳞》(台北:三民书局,1991),页92—93;吕妙芬,《阳明学士人社群》,页363—366。
[2] 颜元,《颜习斋先生言行录》,卷下,收入《颜元集》,册下,页661。
[3] 李塨,《颜习斋先生年谱》,卷上,收入《颜元集》,册下,页716。
[4] 冯辰,《清李恕谷先生(塨)年谱》,卷3,页10b。
[5] 李塨,《颜习斋先生年谱》,卷上,收入《颜元集》,册下,页718。

亲[1]。李明性是明季诸生，在崇祯末年天下大乱之际，曾"与乡人习射御贼，挟利刃、大弓、长箭，骑生马疾驰，同辈无敌者"[2]。甲申变后，他沉潜涵养，念圣学以敬为要，故颜其堂曰"主一"。他做学问的工夫扎实，据称："独功甚密，祭必齐，盛暑衣冠必整，力行古礼。读书乏膏火，则然条香映而读。"[3]晚年仍然好射，时时率弟子比试。李明性这种允文允武、兼重内外修为的学问风格，同样在颜元的学问中得到相当的继承与发挥。再者，李明性极注重家庭孝弟教育和礼仪实践，据称他事亲极孝，每日鸡鸣即趋堂下四拜，后升堂问安，并每日诵读《孝经》[4]。他对李塨的教育是："抱提口授孝经、古诗及内则、少仪，素先翁（祖父李彩）弯小弓引之学射。"[5]这种文武兼修、注重孝弟、每日拜父母、出告反面的家庭礼仪都相当程度地启发了王养粹和颜元，也成为后来颜元学问的基调。颜元曾在笔筒上书"李晦翁王法乾"六字[6]，每坐一拱，敬对之，以激励自己戒慎行礼[7]。可见李明性、王养粹二人在颜元学思历程中所扮演的重要角色[8]。

上述这两个例子提醒我们，颜元学问特色的养成相当得力于师友间的切磋和启发。属于清初北方学风的陶塑之功也是不可忽略的

---

① 李明性生平，见颜元，《孝悫子传》，《习斋记余》，卷5，收入《颜元集》，册下，页471—472。
② 李塨，《颜习斋先生年谱》，卷上，收入《颜元集》，册下，页721。
③ 李塨，《颜习斋先生年谱》，卷上，收入《颜元集》，册下，页721。
④ 冯辰，《清李恕谷先生（塨）年谱》，卷1，页26b。
⑤ 冯辰，《清李恕谷先生（塨）年谱》，卷1，页1b。
⑥ 晦翁是李明性的号，法乾是王养粹的字。
⑦ 李塨，《颜习斋先生年谱》，卷上，收入《颜元集》，册下，页724—725。
⑧ 李明性对颜元狂放的个性有所批评，亦不愿参加他与王养粹二人举会的行动，但довольно适当指引他，后来更肯定其治学严谨，故遣子李塨向之问学。见李塨，《颜习斋先生年谱》，卷上，收入《颜元集》，册下，页720—721、724。

一面，综看颜元一生所尊重和结交的朋友几乎都是北方学者，走出直隶，颜元心中的学术中心和主要交友者是当时正讲学于河南的孙奇逢学圈，此从其对孙奇逢的景仰，以及五十七岁游学中州等事可见一斑。而当时河南在孙奇逢的带领下已逐渐带出儒学（主要是程朱理学）的复兴，他们不仅明显有欲与晚明学术和江南学风区隔、重建中州学术传统的豪情，且十分重视孝弟和礼仪之学①，此都与颜元之学有相当的雷同处，因此钱穆先生判断颜元之学"盖有闻于夏峰之风声而起也"是很有见地的②。

颜元学问的一大转折发生在他三十四岁那年（1668），这一年中他体悟到宋明理学并非儒家正学，转而上求周孔之道。事情发生的契机是他为养祖母守丧时，因克遵朱子《家礼》，觉其有违性情，才校之古礼，从而转向古学，"因悟周公之六德、六行、六艺，孔子之四教，正学也"③。杨瑞松认为颜元此刻在学问上的转向有其更深的心理因素，因为就在他严苛地依照朱子《家礼》为养祖母守丧，导致病殆之际，他才第一次知道自己真正的身份（不是朱家血脉），过去长期忍受朱九祚和朱晃的逼压之感，可能在潜意识中

---

① 见本书第2章。
② 钱穆，《中国近三百年学术史》，页179。当然，颜元反程朱理学的态度是有别于中州学风的，他在五十七岁游学中州看到当地程朱理学盛行的景况，更加深他反理学的心志。
③ 李塨，《颜习斋先生年谱》，卷上，收入《颜元集》，册下，页726。据颜元自言，当时也受到王养粹之言的影响，才开始觉得朱子并非圣人，后又悟朱子气质之性的说法与先儒不合，见颜元，《性图》，《存性编》，卷2，收入《颜元集》，册下，页20；又见《性理评》，《存学编》，卷3，收入《颜元集》，册上，页74；《未坠集序》，《习斋记余》，卷1，收入《颜元集》，册下，页397。

造成他的抗拒，因而在学问上投射成对程朱学的反抗①。这样的诠释很新颖也确有其可能性，虽然论证心理状况总是异常困难。然而1668年作为颜元学思历程中确立自己学问的方向的重大转折点是毫无疑义的，第二年（1669）他便完成了两部针对理学而发的重要著作：《存性编》与《存学编》。因此，王源特别称此转折为二千年学术气运之一大关："先生自此毅然以明行周孔之道为己任，尽脱宋明诸儒习袭，而从事于全体大用之学，非二千年学术气运一大关乎？"②三十四岁之后的颜元学问确立了以周孔之道为己任、有意识脱离宋明理学传统的大方向。

尽管颜元有意识要脱离宋明以来六百年理学的传统，但毕竟极少人能够真的不受到所处时代学术氛围的影响而跳跃式地开出全新的学术规模，颜元亦然，他的学问既陶塑于清初北方学术，受到孙奇逢讲学中州的影响，又曾深得于程朱陆王之学，即使转手而出，其学问仍留有理学的许多风貌。关于这一点，前辈学者们大概都已洞见，只不过在面对颜元这种处于学术典范转移之间的学术特色时，有人强调其传承于理学的一面而将之定位为理学的别传③，

---

① Jui-sung Yang, "From Chu Pang-liang to Yen Yuan: A Psychohistorical Interpretation of Yen Yuan's Violent Rebellion against Chu Hsi,"收入熊秉真主编，《欲掩弥彰：中国历史文化中的"私"与"情"——私情篇》（台北：汉学研究中心，2003），页411—462。
② 李塨，《颜习斋先生年谱》，卷上，收入《颜元集》，册下，页726。亦参见王源，《与塈梁仙来书》，《居业堂文集》（上海：上海古籍出版社，1995），卷8，页5b—7a。
③ 张之洞著，陈居渊编，朱维铮校，《书目答问二种》（香港：三联书店，1998），页270；钱穆也强调颜元之学与理学的关系，尤其与王阳明之学的关系，见氏著，《中国近三百年学术史》，页183—198；马序，《颜元哲学思想研究》，页91—98。

有人侧重其有意识脱离程朱学一面而将之归诸反理学的阵营[1]。尽管名义上看似天壤之别,实际上两种看法之间非完全互斥不兼容,因为颜元之学确实兼具上述两个面向,底下我想根据阅读《颜元年谱》与《王阳明年谱》对两位学者的生平经历与学思历程的描写,提出一点观察,也借此说明颜元之学属于明清之际学术转移的特色。

尽管王阳明和颜元两人身世、地域、思想、学问都有明显差异,但可能因为《年谱》剪裁书写的关系,在阅读二人《年谱》之时总令人有神似之感。举例而言,两本《年谱》都写两人受孕十四月而生、生时都有祥瑞、少年学问都庞杂粗犷有大志、都曾因学道求仙而娶妻不近、都曾经历不公平的逼迫和牢狱之灾,甚至都有濒临死亡而死里逃生的经历,而这种种困厄的经历当然都是动心忍性、淬砺其学问的关键。再者,两人都能做到文武并重、内外兼修、道德与事功并重,而且学问兴趣都曾经历数次的转折,才终于在三十几岁时确立为学的大方向。大方向确立后,终身不再动摇,不仅自己工夫日益进深,更具有扫荡旧见、开创新学的大气魄,且都不惜以激烈的言辞、高亢的态度持论,故两人在学问的自信上都带有狂放的精神。

但是在这神似的生命历程之外,我们却也清楚看见两人学思内涵的差异,此可清楚见于以下两个例子:王阳明和颜元都有奋力跟随朱子指示而失败的学习经验,这失败的亲身体验也终于导致他们和朱子学分道扬镳,此在王阳明是格竹子病倒的经验,在颜元则是

---

[1] 姜广辉,《颜李学派》,页183—188;《走出理学》,页244—259。

依朱子《家礼》守丧致疾的经验；同样踵足前贤，两人选取的方式已明显呈现出学问取径和重点的差异。再者，两本《年谱》都记载了两人在某次机缘中与佛教僧人对话的场景，王阳明三十一岁时欲思离世远去，却感到自己对祖父母不能忘情，因悟到"此念生于孩提，此念可去，是断灭种性矣"①。亦即体悟到人天生的孝思爱亲之情是根于人性、不可断绝的，这也是人之所以为人的根本。后来他遇到一位坐关的禅僧，三年不语不视，遂有下面的问答：

> 先生（王阳明）喝之曰：这和尚终日口巴巴说甚么？终日眼睁睁看甚么？僧惊起，即开视对语。先生问其家，对曰：有母在。曰：起念否？对曰：不能不起。先生即指爱亲本性谕之。僧涕泣谢，明日问之，僧已去矣。②

颜元的例子则是发生在二十六岁，他因赴科考入京寓于白塔寺椒园，与僧人无退有一番问答：

> 僧又侈夸佛道，先生（颜元）曰：只一件不好。僧问之，曰：可恨不许有一妇人。僧惊曰：有一妇人，更讲何道？先生曰：无一妇人，更讲何道？当日释迦之父有一妇人，生释迦，才有汝教。无退之父有一妇人，生无退，今日才与我有此一讲。若释迦父与无退父，无一妇人，并释迦、无退无之矣，今

---

① 王守仁著，吴光、钱明、董平、姚延福编校，《王阳明全集》（上海：上海古籍出版社，1992），册下，页1226。
② 王阳明，《王阳明全集》，册下，页1226。

世又乌得佛教，白塔寺上又焉得此一讲乎。僧默然俯首。

过几日无退又来，说起自己之所以出关，是为自己的削发师筹募葬具之费，颜元借机指点：

> 吾知汝不募缘久矣，今乃为即生父母破戒，非即孝亲之意乎？曰：然。僧绍兴人，因诘之曰：绍兴有父母否？曰：无。有墓否？曰：有。孰拜扫乎？曰：有兄。先生曰：即生父母，尚多一"即"字，遂破戒以尽孝。真父母宜如何？乃舍其墓于数千里外而不省，舍汝兄于数千里外而不弟，此际不当一思欤？①

言至此，无退俯首泣下，长叹曰：至此奈何？颜元曰："未晚也，足下年方富，返而孝弟何难？"不久之后，无退就选择回到绍兴老家。

这两则故事都是关于他们成功地说服了佛教僧侣还俗归家的经历，他们所赖以说服的重点都是儒家教义中的"孝"，不过两人逼近的方式则很不同，当然也反映着两人各自的为学经验与思想内涵的差异。王阳明用的方法近乎禅宗的棒喝，所指点的是心中不能割舍的一念，是在良知本性的层次上说孝思；相对地，颜元的说服重点则具体地落在家庭的血脉关系和表达孝思的家祭礼仪上，妇女的存在、生育的行为、日常生活中具体的家庭祭祀礼仪都在颜元的论

---

① 李塨，《颜习斋先生年谱》，卷上，收入《颜元集》，册下，页713—714。

述中占有实质、鲜明而不可取代的地位，绝不同于精微地指点心中的一念孝思。

上述这种神似与差异，即无论就个人的学思历程或《年谱》的叙述而言，都有着极类似的经验模式（人生情节）与叙述的框架，但同时又有着明显的内容差异。我相信这种异同固然是属于两位思想家个别的异同，但也有属于学术史层次上新旧观念与典范转移的意涵，说明着从明代阳明学到清初学术的重大转向，也说明两者之间不可忽略的学术传承与变化的关系。

颜元对家庭血嗣的传衍，虽然极尽努力，却孑然一身，无后而终。相反地，在学术的血脉上，他虽亟欲与宋明理学传统断绝关系，却终究无法完全脱离此学术传统的笼罩。在学术的系谱上，颜元之学还是可以找到家的归属。

六、结语

晚近对仪式的研究，采表演理论（performance theories）取径者大都有别于过去视仪式行动为礼仪文本或既存意识形态的外显表现而已，也倾向舍弃去追求普遍性之仪式结构的做法，转而探讨仪式活动的动态过程及其所带出的效果或象征性意涵。行礼者本身也往往成为研究的焦点，而且强调同一个礼仪行动在不同行礼者于不同历史情境下的演出，必然具有不同的意涵[1]。这样的观点有助于我

---

[1] 关于此研究倾向的介绍，参见Catherine Bell, "Performance," in Mark C. Taylor, ed., *Critical Terms for Religious Studies*, pp. 205—224; Catherine Bell, *Ritual Theory, Ritual Practice* (New York: Oxford University Press, 1992); Catherine Bell, *Ritual: Perspectives and Dimensions*, pp. 72—83.

们理解颜元在清初力行古礼的意涵。

同样是"拜父母"之礼，这个礼仪曾在唐朝皇帝欲崇扬孝治的政治意图下，被塑造成孝的重要表现而诏令要求天下僧尼一律要遵守，引发政治与教义间的冲突及群臣的激辩。在那种情况下，"拜父母"的行为早已溢出孝的范领，因君王权力的背书而极富政治意涵，高度挑战着僧尼生命的价值观与认同①。同样的行为在今天日本松下商学院中则蜕变成现代化商业管理教育的重要内容，该学院为培养商业人才，要求学员们每天早上，面向家乡，"遥拜父母"，心中默念《孝经》的："孝，德之本也。身体发肤，受之父母，不敢毁伤，孝之始也。立身行道，扬名于后世，以显父母，孝之终也。"②上述这两种在极不同的历史情境下的"拜父母"之礼当然具有不同的意涵，也与本文讨论颜元家礼实践的意涵有别。不过这两种意涵在颜元思想中也并不完全陌生，我们看到颜元也以"拜父母"作为儒教教孝与正祀的重要表征，不仅借此批判儒道僧徒不孝，并欲召唤他们返回儒教范域；也看到颜元对身体习行拜父母的礼仪活动的教育功能深具信心，他也确实以此来经营自己的家庭生活和亲情伦理。

---

① 唐太宗贞观五年、玄宗开元二年令道士、女冠、僧尼致拜父母。见司马光编著，胡三省音注，《资治通鉴》（北京：古籍出版社，1956），卷193，页6086；刘昫著，杨家骆主编，《新校本旧唐书附索引》（台北：鼎文书局，1981），卷8，页172。唐高宗时，释威秀上表称沙门不合拜，上令百官集于中台都议其事，皇帝敕令不拜君而拜父母，但不久因议致敬事状多，又再诏令停致。见赞宁等著《宋高僧传》，收入新文丰出版公司编辑部编，《大正新修大藏经》（台北：新文丰出版公司，1983），卷17，页2061；范文澜，《唐代佛教》（北京：人民出版社，1979），页144。
② 相关信息参考张德，《松下公司这样培养商业人才》，于http://www.chinahrd.net/zhi_sk/jt_page.asp?articleID=18212。

颜元留下的自我书写也让我们看见，作为一个行礼的人，他如何赋予这项礼仪特殊而丰富的意涵。除了上述他以此作为儒教正祀的表征及强调其教育功能外，他还告诉我们他每次拜谒父亲木主时，都惕厉自己要做个孝子："谒父生祠，思为人臣者每朔望谒圣，惕其忠也；吾为人子，每晨谒父，惕其孝也，可不立吾父之身乎！"①由此可见，颜元每晨拜父生主时，心中思想的是惕厉自己要如《孝经》所教导："立身行道，扬名于后世，以显父母。"可以说他行礼时总是激励着自己朝着更完美的德性前进，且以此作为经世致用的根本。

我们也看到，颜元的家礼实践还有属于清初学术的特殊意涵，行礼不仅是颜元个人学问的主轴，也是颜李学派的重要特色，更与清初北方儒学的精神相契合，甚至呼应着当时学界欲回归孔孟和原典的理念，且与清廷圣谕的教化和孝治天下的理念相符合，均是在走过晚明党社活动激变、社会失序的时代之后，试图重新安定社会秩序的努力。与此时代主流相呼应，清初许多北方儒者的生平与学风也有别于晚明那些热衷结社、交友远游的讲学者，他们都更质实地在家庭中履行孝弟的职分，更鲜明地活出孝子和严父的形象，也再次明确重申"家"在儒家圣学中不可轻忽的神圣地位。

颜元虽然一遵古礼，在礼仪形式上并没有太多创新，不过以他在清初习行演礼的作风、其赋予礼的文化意涵与试图批判对话的学术传统等关系，他的行礼不但成为其学最鲜明的标记，也在明清学术界中留下重要意义。他透过研读礼书及与师友的切磋讨论，也通

---

① 颜元，《颜习斋先生言行录》，卷下，收入《颜元集》，册下，页678。

过身体习行，将古代礼仪规范的文本活化成他日常生活与学术的标记，他的举止作风在当时人看来相当怪异而激进，但正是透过这种不合时宜的作风，他有力地进行对理学传统与当时学风的批判。我们乍看颜元自我规过和实践礼仪的严苛不苟，很容易认为他是一个狷介、无胆识的守旧之徒，然而细读他的生平和著作，我们将会讶异于他的狂傲、自信与创新的冲动。颜元在极度细琐而严厉的守礼行为下，心中实怀有学术经世的超凡大志。以他的个性和志向，他其实费了相当大的力气，极有自觉地一日一日、一步一步地把自己的行为举止和心念驯服在礼仪的规范之下，像一位孔武有力的巨人甘心地把自己关进牢笼中，只因为他相信履行这套礼乐便是履行圣人的教导，也是对治宋明理学六百年学术弊病的最有效药方，当然也是他选择向学术界发声的方式。他透过身体行礼的活动来规驯自己，试图召唤、活现出周孔的古圣传统，并与程朱陆王的学术系谱断绝。只是，在知识的传承中，绝少人真能不倚靠前辈巨人的肩膀擎天而起，颜元亦不例外，他的学术得益于师友的扶持，展现着清初北方学术的特质，也体现着从宋明理学传统破茧而出的强烈欲意与挥之不去的包袱。

第四章
施闰章的家族记忆与自我认同

一、前言

当我在从事明代宁国府宣城县的阳明讲会活动研究时，曾注意到宣城地方志所记载当地的讲学活动，在王畿（1498—1583）和罗汝芳（1515—1588）先后的带领下于1560年代达到顶峰。万历七年（1579）张居正召毁书院之后，呈现明显的断层现象，但不久又出现一批以陈履祥为首、施鸿猷和汪有源为辅的布衣讲学者活跃的踪迹①。陈履祥是罗汝芳的学生，因此这批布衣讲学者被称为传承罗汝芳讲学热潮的泰州学者。我尝试追溯方志的文本来源，发现

---

① 关于宣城一带的阳明学历史，见吕妙芬，《阳明学士人社群：历史、思想与实践》（台北："中研院"近代史研究所，2003），第4章。陈履祥，字文台，号九龙，见施闰章，《施氏家风述略》，收入氏著，何庆善、杨应芹点校，《施愚山集》（合肥：黄山书社，1993），册4，页105、107；邹元标，《文台陈先生传》，《邹子愿学集》（东京：高桥情报，1990），卷6，页101b—102a。施鸿猷生平见下文。

主要来自施鸿猷之孙施闰章(1618—1683)书写其祖父和家学的文字[①]。施闰章是一位活跃在清初文坛的著名诗人,又十分认同自己家学中的理学背景,同时也是一位致力于兴复理学讲会活动的儒家官僚。他曾于清初在江西青原山上再兴青原讲会,掀起千人聚讲的盛况,我也因此对他的诗文成就与理学的认同意识感兴趣。

本文的研究主要循着我个人上述点滴的发现与兴趣,希望借着深入研读施闰章,探索施闰章个人对家庭、祖先、家学的记忆与情感,看他如何透过文字建构祖父施鸿猷的泰州传人形象,以及施家以理学传家的家学风貌,如何透过他自身的政治社会实力重塑陈履祥和施鸿猷等人在宣城的文化地位。我希望借此个案研究能够进一步思索个人的记忆和书写,与地方集体记忆、公共书写之间复杂又交融的关系。另外,本文也尝试讨论施闰章以怎样的心态面对家学与自我——即理学家与诗人——的认同问题。

二、成长与功名

施闰章三岁丧母,他对生母马氏几乎完全没有记忆,不过"丧母"所意味的苦,以及想象中当年自己幼小孱弱的病躯意象,却深烙其心,也多次在其文字书写中跃现:"闰章幼罹天谴,三岁失先安人,大母哺之,又病痁,屡滨死。""我当年丧母时,未满三岁,又

---

① 地方志中对陈履祥、施鸿猷及一同讲学的孙经、孙纬、袁光南、汪有源等布衣讲学者的生平记载,主要取材于施闰章书写的传记及其所记录的晚明宣城理学史,这些传可见于氏著,《学余堂文集》,卷16,纪昀等总纂,《景印文渊阁四库全书》(台北:台湾商务印书馆,1985),册1313;另外陈履祥与施鸿猷交往的逸事与讲学内容,见《施氏家风述略》,《施愚山集》,册4。

多病，比汝苦倍也。"①在施闰章心里，母亲对儿子的期望并没有随着死亡而消失，他与这位生不相识的母亲，终于在三十年后，在他登第荣归的途中，戏剧性地于梦中相会：母亲裂土从坟墓中复生，如病初起，如寝初兴，伸展张目后，亲切呼唤儿子到其膝前。梦中的闰章清楚记忆母亲已去世的事实，梦中的母亲也以亡魂的口吻呼唤着儿子，告诉他不要害怕，我是你的母亲②。因此这不是一场母亲回到人世的梦，而是儿子的成就满足母亲的期待、撼动母亲鬼魂复苏的梦境。这种深负着"儿子的责任""先人的期许"的情怀，则是我们阅读施闰章生平的关键。

施闰章九岁丧父，成了真正的孤儿。他对父亲有较鲜明的记忆片段，他记得七岁时父亲授之《孝经》，告诉他这是千古圣贤的大根本，又教他歌咏唐人诗句③，施闰章选择在自传式的书写中记载父教的最早内涵——"孝"与"诗歌"——大概不是偶然，这两者呼应着他心目中对家学与自我的认同。他也记得八岁时父亲示他一本《太上感应篇》，叫他终生无忘此书，因为以他福薄多病之躯能够幸免于殇，多亏冥冥中的神明佑护，此种幽冥之中果报感应的神秘与正义，往后确实成为闰章所相信、拥抱的价值观④。

对父亲记忆的另一片段则是父亲的鞭打和祖母的救护，八岁的施闰章与村儿相诟骂，父亲打了他，面颊留下赤红的手痕，回家

---

① 施念曾编，《施愚山先生年谱》，卷1，页1b—2a，收入北京图书馆编，《北京图书馆藏珍本年谱丛刊》（北京：北京图书馆出版社，1998），册74。
② 施闰章，《梦先母诗并序》，《学余堂诗集》，卷3，页18a，收入《景印文渊阁四库全书》（台北：台湾商务印书馆，1985），册1313。
③ 施念曾编，《施愚山先生年谱》，卷1，页2b—3a。
④ 见下文讨论。

又要杖打他，祖母以身救护，怒骂儿子且大声号哭，父亲跪谢许久方息母怒。之后，父亲私下警告他："若复不率，吾不挞尔于家。"祖母也告诫他不要再犯父怒，从此以后，施闰章失去儿童嬉争的能力，在严厉的家教下，成为端谨听话的儿子。第二年，父亲在临终病榻上把九岁的闰章交给弟弟施誉（1602—1679）[①]，嘱咐要严于管教："蒙养惟正，家教惟严，毋使家有不肖之子。"[②]父丧的情景，施闰章略能记忆的是，小父亲十岁的叔父毁瘠逾礼，以执父丧之礼为兄守丧。从此，他与叔父之间保持一种亦父亦兄但却更严厉守礼的关系[③]，两人齐心为施家的前途奋斗。

孤儿施闰章在叔父施誉的监护下，十二岁时已完成童蒙教育，能属文，十三岁就外傅，叔父为他慎选王念祖为师。十七岁迎娶同年的梅氏为妻，十九岁补博士弟子。施誉本身也是习举业的郡学生，他长期关注闰章的文章写作，经常亲自到馆督导传授为文的法度。历经十年的苦读，十九岁的闰章终于能够写出令叔父欣慰的好文章，当施誉读到这篇好文章时，先是色喜，接着废卷叹息："恨不令汝父见"，然后号啕大哭，这是发生在闰章父亲去世后的第十年[④]。这个事件让我们看见，背负在施誉和施闰章身上沉重的科举使命。施家家境清贫，到闰章之时，已是连续五世习举业的士人之

[①] 关于施誉的生平，见施闰章，《先叔父文学公砥园府君行状》，《学余堂文集》，卷17，页21a—25a。
[②] 施念曾编，《施愚山先生年谱》，卷1，页3a。
[③] 施誉对施闰章严厉管教，见毛奇龄，《诰授奉政大夫翰林院侍读加一级施君墓表》，收入施闰章，《施愚山集》，册4，页231—232。
[④] 施念曾编，《施愚山先生年谱》，卷1，页4b。

家①，但始终没有人获得功名，尤其闰章的父亲施誉好学苦读，却以三十七岁之壮龄早夭，几乎又是一代希望的幻灭，因此丧父后的施闰章，在叔父的培育下，专心致力举业文章的学习。他靠着天赋和努力，终于逐渐崭露头角。

二十几岁的施闰章已写得一手好文，曾在晚明江南文社数百文人中脱颖而出，获得周镳（1628进士）的赏识，并延之其家读书二年，又获得宣城知县余扬（1637进士）②的赞赏，声名日噪③。明清鼎革后，施闰章终于在顺治三年（1646），以第十八名的佳绩举于乡，中举后制一善衣，叔父见之则喜极而泣曰："尔祖盛德，皆没齿布袍，孺子好自爱。"④这个数代以理学孝友传家却一直困居诸生的家庭，终于在此刻尝到功成名就的滋味，这个成功绝不只属于施闰章本人，更是属于施家一族。它不仅让施家获得转换社会地位的机会、让施家先人的声名得以彰显，它同时也是施氏家族历史得以重新书写、名留青史的重要契机。

施闰章于三十一岁初为人父，三十二岁高中进士，补刑部主事，但因病归里，两年后方赴部。他于顺治八年（1651）秋奉使广西，遇李定国之乱，几乎获难，次年冬从平乐经江西而归抵里门，祖母已于前一年去世，闰章遂以冢孙丁艰三年。三十八岁那年，闰章再获一子，并补刑部广西司员外郎，第二年秋天，奉使督学山

---

① 施闰章高祖施志和、曾祖施尹政、祖父施鸿猷、父亲施誉与叔父施誉，均为郡学生，见施闰章，《施氏家风述略》，《施愚山集》，册4，页104—105。
② 余扬字赓之，莆田人，崇祯十年至十四年为宣城知县，擅文礼士，以古学振兴地方教育，甚有功。见李应泰等修，章绶纂，《宣城县志》（台北：成文出版社，1985），卷12，页6a；卷11，页12b。
③ 施念曾编，《施愚山先生年谱》，卷1，页4b—5a。
④ 施念曾编，《施愚山先生年谱》，卷1，页6b。

东,直到四十三岁那年为止(1656—1660)。四十四岁至五十岁期间(1661—1667),施闰章出任江西布政司参议,分守湖西道[①],因身任地方官员的重职,这段仕宦期间让他对于志继先人的理想有进一步的落实作为[②]。五十岁那年,施闰章因裁缺落职归里,直到康熙十七年(1678)朝廷诏开博学鸿词科,他方以六十一岁之龄应征,御试授翰林院侍讲充明史纂修官。康熙二十年(1681),典河南乡试,转授侍读,六十六岁(1683)以疾卒于京师[③]。

三、家学与家风

对施闰章而言,家学与家风有多重意涵,它包括施家简朴而守礼的严厉家教;包括多年以来亲身接受叔父在生活起居上的照顾与教诲、在文章写作上的指导、叔父亲承祖训、归本理学的身教影响[④],以及叔父终生对父兄先人的敬爱与不敢稍懈的责任感[⑤];它也包括依稀记忆中父亲的严教和临终的期许,以及从传闻与父亲遗稿中所摹想、描绘出的父亲形象和父教的意涵。关于父亲,施闰章在《施氏家风述略》中记录了一段父亲年少时受到其祖父(闰章的曾祖父)严厉鞭打及祖母哭泣保护的小故事,十来岁的少年在严厉的家教督导下,终于克制了肉体上贪睡的欲望,能够昧旦惊起,努力

---

① 湖西道包括临江府、登州府、吉安府三府。见施闰章,《分守湖西道题名记》,《学余堂文集》,卷11,页29b。
② 见下文讨论。
③ 上述经历,见施念曾编,《施愚山先生年谱》。
④ 施闰章,《先叔父文学公砥园府君行状》,《学余堂文集》,卷17,页21a—25a。
⑤ 施誉与兄感情极好,施誉去世后数十年,每讳日,施誉临祭,仍然哀恸。见施闰章,《先考遗集书后》,《学余堂文集》,卷26,页18b—20a。

学习①。闰章选择记录的父亲童年是一段与他自身经历和记忆相当雷同的故事,大概也非偶然。它意味着"家教"确实以一种绵延不断、代代相传、克服时间变易的重复方式体现。鞭杖从曾祖父的手传递到父亲的手,承受鞭打的身躯则从父亲传到儿子,因此闰章自己年少受鞭的身体(心灵)仿佛与父亲的身体(心灵)重叠,共同驯服在施家严厉的家教下,双双蜕变,成为施家真正的儿子。

施闰章在父亲去世后的第三十二年,以四十一岁之龄开始整理父亲的遗稿,编排成集②。在此编辑过程中,他开始以一个成年男子的心情去重新认识自己的父亲,也似乎更能够以"施家儿子"的身份去认同他那早夭的父亲。那个严厉杖子的父亲形象悄然退下,跃然纸上的则是一位绍述祖训、孝友好学、贫病受困的男子,一位不折不扣、身世命运却更加坎坷的施家子弟。闰章如此重构着他父亲的形象:

> 亡何大父捐馆,先君子当户,无中人产而有大父义田之役,既不敢粥田以废义,而强宗悍戚虎视蚕食者日环其垣。公私逋负溃决狼狈,内无纪纲之仆,外无素封称贷之友,劬身戮力,出则躬督农圃,入则课诸弟,篝灯诵读不休。是时先王母称未亡人,又诸子相继夭殇,尝终日哭,先君子必跪而止之,王母不食则粒米不入口。……尝过金陵从焦澹园、邹南皋两先生往复问学,以贫病亲老不能远离为恨,间丙夜读书,先王母戒止之,夕则就寝,伺王母既寐,辄复起,默诵不敢出咿唔

---

① 施闰章,《施氏家风述略》,《施愚山集》,册4,页105。
② 见施闰章,《先考遗集书后》,《学余堂文集》,卷26,页18b。

声，其勤且困若此。①

同样遭遇父丧，施誉所担负的家计重责和心理压力远不是施闰章可以比拟的。施誉既无长辈亲友或义仆的帮补，又有欲欺压侵产的恶戚环视；既失父亲的保护，又需照顾脆弱多伤的母亲；既受限于环境不得致力追求学问，又不能割舍放弃，漏夜古读②，致使病情日益加甚，终于不堪负荷，壮年而夭。功成名就后的施闰章，在整理父亲遗稿，重新面对这位苦难、脆弱、早夭的父亲时，多次"废书号哭"，不能自已③。身为施家的儿子，施闰章不仅仅整理了父亲遗稿，结集成书，他更试图用自己的生命担负起前代的"失败"，让它们在往后，随着他在仕途经世上的成功，随着他致力传承家风的作为，而获致新的意义。

尽管叔父和父亲的影响比较直接，也很重要，但对施闰章而言，"家学"的意义和源头则更是指向他的祖父——施鸿猷，一位晚明的理学家。这位以诗文显名于当世的施闰章，似乎不能抗拒地要回到他理学家祖父的身上，找寻属于自己的身份与认同，也为施家特殊的家学传统定调。

在施闰章的笔下，施鸿猷虽是一介布衣，其成就却可以比拟许多士大夫和理学名儒，关于他的成就与风范，施闰章主要从三方面

---

① 施闰章，《先考遗集书后》，《学余堂文集》，卷26，页19a—20b。
② 在《施氏家风述略》中施闰章记道："府君童年当户，昼给人事，夜读书至丙夜，母夫人切责之，漏下二鼓，辄就枕假寐，需母夫人寝罢，复起默诵以为常。又贫难购书，所读皆整治，若未触手，试之多谙记。"见《施愚山集》，册4，页111。
③ 施闰章，《先考遗集书后》，《学余堂文集》，卷26，页18b—20b。

来描绘：（1）政治经世的才华；（2）设置义田以嘉惠族人的义举；（3）罗汝芳泰州讲学在宣城的嫡传。

根据施闰章所写，施鸿猷虽然不热衷功名，却有经世之大才，其长才也并非不为人知，他与同县的章仲辅、罗达生①，太平县的王玺②曾获得宁国知府金砺③的赏识，被延揽入北楼讲学，时称"高斋四子"。在四人之中，施鸿猷最受礼遇重用，金砺许多事务都咨询于他，常谓："施子匡余不逮，吾布衣交也。"④言下之意，施鸿猷曾以政治人物的师友身份，而非低层幕僚的身份，参与了当地政治运作的核心，展现儒者经世的理想与才华，这当然也呼应了泰州学者所强调以师道经世的理想意涵⑤。另外，传记中也记录了施鸿猷帮助朋友王慧纳滕举子、化解罗达生兄弟阋墙的危机、救济乡人等嘉惠乡邻的事迹，显示其在地方上的影响力与为人师友的风范⑥。

施闰章特别标举的第二点是施鸿猷为施家筹设义田和义塾。

---

① 章仲辅、罗达生二人，我未能查出名字，关于章仲辅的家族，可从施闰章所著《螺川章氏谱序》中略窥一二，章家与施家子弟为世交，见《学余堂文集》，卷2，页18a—19b。
② 王玺，字信之，号心印，冠弱游太学，师事阳明学者杜质，热心参与太平县内的许多讲会。其传见曹梦鹤等修，孔传薪、陆仁虎纂，《太平县志》（台北：成文出版社，1985），卷6，页1b—2a。
③ 金砺（或励），字霜镡，河南西华人，万历三十五年至三十八年为宁国知府，振风纪，明正学，其传见宋敹等纂修，《宁国府志》（台北：成文出版社，1983），卷17，页17b；卷16，页17b。
④ 施闰章，《施氏家风述略》，《施愚山集》，册4，页106。
⑤ 关于泰州学者强调师道，从王艮等人相信为政必先讲学，"大丈夫存不忍人之心，而以天地万物依于己，故出必为帝者师，处则必为天下万世师"等处可明见。王艮，《王心斋全集》（台北：广文书局，1987），卷2，页14b—15a。金砺与诸子的讲学，后有《旌阳会纪》出版，见施闰章，《重刻旌阳会纪跋》，《学余堂文集》，卷26，页6b—7b。
⑥ 施闰章，《施氏家风述略》，《施愚山集》，册4，页108。

此事的肇因是叔父施志穆因为无子，将一百三十亩的田产和出贷于人千余金的债权都留给施鸿猷，施鸿猷因为是冢孙，又是独子，不能为施志穆之后，且因顾念施家族内多贫人，因此决定以此遗产设置义田，并置义塾以嘉惠族人子弟。因为不想变卖田产，而施志穆家中尚有四丧未举及三女未嫁，所需的费用本来是希望以收取债务来支付，但许多欠债人都抱持"绝户债可负"的抵赖心理，加上施鸿猷慷慨豁达的性格，最后都没有追回债金，而由施鸿猷自己承担[1]。根据施闰章写的《义田记》，义田的维持经营成为施家沉重的负担。在施鸿猷去世后，施誉根本无力经营，债务积累日重，最后只好卖田解决债务。必须等到施闰章中举人后，才有能力复腴田七十亩，成进士后才再扩增到约二百亩的规模[2]。虽然严格地说，施鸿猷的义田计划并没有成功，不过他效法宋朝宰相范仲淹（989—1052）的义举，无疑是值得敬佩和表彰的。

而施闰章发挥最多也最引以为傲的则是施鸿猷传承罗汝芳一脉泰州讲学家的身份。明代宣城一地的理学活动主要是受到邹守益（1491—1562）、王畿、钱德洪（1476—1574）等人的影响和带领，在嘉靖年间培养了相当多的阳明学者，包括戚衮（1532贡生）、贡安国（1556贡生）、沈宠（1537举人）、梅守德（1510—1577）等，他们和宁国府内其他县的学者共同举办水西会的盛大讲学活动。尤其在1560年代，当罗汝芳担任宁国知府期间，对于讲会活动的倡导更是不遗余力，志学书院和宛陵精舍的重建，让讲学活

---

[1] 见施闰章，《施氏家风述略》，《施愚山集》，册4，页111；亦见施闰章，《义田记》，《学余堂文集》，卷12，页23b—25b。
[2] 施闰章，《义田记》，《学余堂文集》，卷12，页23b—25b。

动有更多发展的空间，一时缙绅士人群集，造就宣城讲学的空前盛况。然而，万历七年（1579）张居正召毁书院，志学书院被改为官园，宛陵精舍被改为理刑公署，田产经费移作公用，讲会活动快速消沉，加上贡安国、沈宠、梅守德等家族的后裔对于阳明讲学活动并不特别热衷，因此在查阅晚明宣城一地的讲会活动时，我们几乎看不到原来王畿和罗汝芳带领下的讲会或学者们延续活动的踪影。不过，在此明显的历史断裂中，我们发现了一群以陈履祥为首，施鸿猷和汪有源为辅，聚讲于同仁会的布衣讲学者，一群在泰州讲学已饱受批判、江南学风已快速变易下的晚明，仍活跃于江南社会中的庶民讲学者。而这些人之所以能够浮上历史记忆的表面，完全是拜施闰章之赐。简言之，今天我们所能看到有关施鸿猷的史料，以及许多与施鸿猷相交的晚明宣城布衣理学家的事迹，几乎都是透过施闰章追述的文字。施闰章的文字也成为方志的史料，施闰章可以说是记录晚明宣城理学活动的重要人物。

其实从施闰章所著《施氏家风述略》记载施鸿猷的事迹看来，施鸿猷无疑只是个局限于本乡本地的小理学家，绝非声名远播的硕学鸿儒，其对当地讲学活动的开拓发展，虽不能谓毫无建树，但影响恐怕相当有限。然而，施闰章显然要强调祖父身为泰州传人的身份及其承担讲学教化的重责，这个目的只能透过强化其与陈履祥的关系，借由陈履祥进而接引更著名学者的书写策略才能达成。

陈履祥是祁门县人，他虽也算不上是著名理学家，不过他确实曾与罗汝芳、焦竑（1541—1620）、邹元标（1551—1624）等大儒交接过。邹元标曾著有《送文台陈先生谒选序》与《文台陈公传》

二文①，从文章内容我们得知，陈履祥曾携带自己的作品《易嗀》去见焦竑，就正于他；并因着对《易经》的领悟而深入理学，最后拜罗汝芳为师；又于万历二十八年（1600）左右，带着新著《九经翼》去见邹元标。邹元标在陈履祥的传记中，花了一些笔墨记载其与罗汝芳问学的经过，两人学问与个性并不十分相契，但陈履祥最后还是赢得罗汝芳的赞赏和期勉："陈君，陈君，予守宁国时，启迪告戒，时集禅语，今年来一尊孔矩，且知孔矩之无以，尚更不必从它门乞灵。子为我以移吾邦人士，俾知吾学有归。"②就某一意义而言，陈履祥可以称得上是泰州讲学的传人，至少罗汝芳曾期勉他能够在宣城一带传递讲学的大业。

在施闰章笔下，施鸿猷则是以陈履祥嫡传大弟子的身份，上接罗汝芳泰州一脉。除了直言他是陈履祥的"第一高弟子"外③，这种传承的关系，在以下这段文字中更表露无遗：

> 九龙先生及门八百人，以公（即施鸿猷）及汪惟清先生为左右手。公疾笃，九龙吁天延请以己算，语具先生年谱中。公旋愈，而先生明岁廷对，卒京邸，公闻之，如丧考妣，衰绖迎榇，又推从师，至葬衣冠于云山，作祠其侧，言及则流涕，每叹曰："先师实假我年，敢不毕力以大张师学？"④

字里行间似乎透露着：若不是因为对施鸿猷有极深的期许与爱

---

① 邹元标，《邹子愿学集》，卷6，页101b—102a；卷4，页87b—88b。
② 邹元标，《文台陈公传》，《邹子愿学集》，卷6，页102b。
③ 施闰章，《寄魏司农环溪》，《学余堂文集》，卷27，页7b—8b。
④ 施闰章，《施氏家风述略》，《施愚山集》，册4，页107。

护，若不是因为传道弘业的考虑，陈履祥何以愿意以老师的身份折减自己的寿数为弟子求寿？而命运的发展似乎应验了人的祈求，施鸿猷康复了，陈履祥却于次年卒于京，从此施鸿猷的生命在某种程度上与老师的生命重叠，始终惦记着自己的再生仿佛老师所赐，而老师未完成的使命也成了他全力承担的责任，于是"敢不毕力以大张师学？"成为他往后人生的重要目标。也因此，在施闰章笔下，施鸿猷成为陈履祥之后，宣城一带泰州讲学的正宗传人。施闰章在其他文章中也明确地宣扬施鸿猷泰州传人的地位："维我先大父中明子奋迹诸生，接盱江之渊源。""先祖……实得盱江之传。"①在《跋先祖奉送陈九龙先生北上诗后》一文，更进一步倒置了陈履祥与施鸿猷的重要性，写道："九龙陈先生初来宛陵，从游才数辈，先大父一委贽，倡导挈引，一时至八百余人，先生倚大父为左右手。"②换言之，陈履祥虽身为老师，但其讲学之所以能够在宣城有如此的影响力，则多倚靠施鸿猷的倡导之功。

泰州学派是晚明理学中庶民化程度最深的一派，也是深具社会改革理想的一派，在万物一体之仁的理想下，泰州学者强调师道、强调讲学以经世、强调以孝悌慈成圣的理想，也致力于宗族内创造落实理想的机制，他们的活力有时可能撼动传统中国的礼法秩序，然其所主张的理念仍是十足儒家的理想③。罗汝芳以讲会乡约治宁国、向庶民甚至众囚开讲以期感悟的典范，更是当地人所熟知传颂

---

① 施闰章，《祭邹忠介公文》，《学余堂文集》，卷23，页10a；卷27，《寄魏司农环溪》，页8a。
② 施闰章，《跋先祖奉送陈九龙先生北上诗后》，《学余堂文集》，卷26，页11a。
③ 见吕妙芬，《阳明学士人社群》，第8章。

的①。而施闰章笔下的陈履祥和施鸿猷等人正是相当程度地依照泰州讲学理想所形塑的布衣讲学者，他们端谨、守礼、平易、热情，深入民间讲学，负经世改革热望，深悟崇高道体，又确实实践；是一群具有泰州讲学的正面质素而没有任何负面张狂因子的庶民学者。他们虽然身份卑微隐晦、没有政治高位，却有经世之实才与壮志，人品与作为丝毫不亚于士大夫。这样的书写反映多少真实当然不得而知，不过儒学的理想和泰州讲学所标榜的人品风范在施闰章捕捉、形塑这些先人的过程中起了相当的作用，则是可以肯定的。

当施闰章欲建构施家高卓的家风时，除了描写祖父施鸿猷在政治经世、家族邻里、讲学教化等事业的杰出表现外，其与焦竑（1541—1620）等名儒交接的经历更是描写的重点，这种书写显然带有夸张的成分，且具有现实的政治目的：

> 大父受业九龙先生，始用讲学显，而先子多从游秣陵，因事焦翰撰，执弟子礼，出而师友，入而父子兄弟，并有矩度。大父之事后母贡夫人，焦翰撰目为"慈孝柯则"；九龙先生数

---

① 根据曹胤儒所记，罗汝芳治宁国府时颇受人民爱戴，当他因父亲去世必须离开宁国时，当地士民缙绅泣别相送，亦有人追随不舍陪他回到家。而关于罗汝芳治宁国的事迹，则有"民有兄弟争产者，汝芳对之泣，民亦泣，讼乃已。刱创开元会，罪囚亦令听讲"的记载。《南城县志》亦载宁国居民歌舞载曰："罗郡侯刑轻讼简德化修，公余讲学偏林丘，不似谢朓但登楼。"又歌曰："南北时王府君，今明来罗府君，前后相辉德政均，兄弟争田忽成让，陵阳层峭天下闻。"参见罗近溪，《盱坛直诠》（台北：广文书局，1977），卷下，页45a—b；鲁铨等修，洪亮吉等纂，《宁国府志》（台北：成文出版社，1970），卷5，页26b；曹养恒等修，萧韵等纂，《南城县志》（台北：成文出版社，1989），卷12，页84a—b。其他相关的记载，亦见黄宗羲著，沈芝盈点校，《明儒学案》（台北：华世出版社，1987），卷34，页763；施闰章，《修盱江罗明德祠记》，《学余堂文集》，卷11，页14b—16a。

过余家,称"一门邹鲁",或非阿所好也。①

先祖故明万历间诸生,笃志理学,实得盱江之传,盖盱江曾守宁郡,教泽犹存,盱江之高弟陈文台先生来游宛陵,先祖称第一高弟子,语录杂着盈尺……近世论学者颇訾姚江盱江,诚亦有见,要之前辈,孳孳汲汲,无寒暑晦明,以毕力于身心性命之学,盖非无所得者。先祖之名讳行事详具焦澹园、邹南皋诸公志传中,既幸收于邹、焦两先生,其不见摈于阁下无疑也。②

实际上,施鸿猷与焦竑、邹元标二人并没有深交,即使曾有过接触,恐怕也是透过陈履祥的关系,间接引进而已。以陈履祥的例子看来,其与焦、邹二人也仅算得上浅交,更遑论施鸿猷。从施闰章几乎不能举证更多关于施鸿猷对当地讲学活动的贡献,而需要屡次援引他与焦竑浅薄的关系来证明其理学家的身份,更可确知施鸿猷在当世应是隐微、不具影响力的小理学家。也正因为如此,施闰章在获得功名之后,便有意识地担负了阐扬自己先祖的责任。

施闰章在出仕后便陆续开始整理家人文字的工作,他大约从1659年开始整理父亲的遗稿,排次成集③,仕于山东时(1656—1660)所写的信也提及"鸠刻家集"的心愿④。他后来又撰写《施氏家风述略》,此书主要是根据口述传闻,记录了自他以上四世先祖们的嘉言懿行,目的在使先人之名得以彰显,此书撰写日期不

---

① 施闰章,《家风述略跋》,《施愚山集》,册4,页118。
② 施闰章,《寄魏司农环溪》,《学余堂文集》,卷27,页7b—8b。
③ 施闰章,《先考遗集书后》,《学余堂文集》,卷26,页18b。
④ 施闰章,《答严给谏子餐》,《学余堂文集》,卷27,页5a—6b。

详，但跋则书于康熙十五年（1676）。从时间上看来，此书撰写可能与促成祖父崇祀乡贤祠的努力有关①。以施鸿猷曾经驰骋于圣人之学的追求，热切于地方讲学活动，又曾交接过焦竑、邹元标等大儒的条件，加上施闰章本人的名望与交友，崇祀乡贤祠显然是合宜的目标，而施闰章对此确实也相当积极。

施闰章着手整理祖父的文稿，据他所说（我们无从得知真实性如何）：祖父曾有会纪语录，编成一集，生前来不及出版，后来父亲又手录而辑之，但遭遇战乱，全化为劫灰，他从亲交故旧之家努力搜集，却仅能得十之二三而已②。尽管如此，他重新整理的书仍于康熙十四年（1675）春刻成，又于次年（1676）秋合而成《中明子集》十卷③。书成之后，施闰章积极请求王士祯（1634—1711）相助，希望延请当时讲学名儒魏象枢（1617—1687）为此文集作序④。在写给另一位讲学硕儒高世泰（1637进士）的信中，闰章也

---

① 我无法找到施鸿猷奉祀乡贤祠的确切年代，但它发生在邓琪棻为泾县知县时期，亦即康熙十三年至十九年间（1674—1680）。施闰章，《修葺水西书院记》，《学余堂文集》，卷12，页9a—11b；李德淦修，洪亮吉纂，《泾县志》（台北：成文出版社，1975），卷13，页23b—24a。
② 施闰章，《寄高汇旃先生》，《学余堂文集》，卷27，页22b—24a。
③ 施闰章，《先大父中明府君集书后》，《学余堂文集》，卷26，页17a—18b。
④ 施闰章，《寄魏司农环溪》《与王阮亭》，《学余堂文集》，卷27，页7b—8b；11a—12b。王士祯，字贻上，号阮亭，与施闰章同为翰林院侍读，修明史。魏象枢，字环极，一字环溪，号庸斋，官至刑部尚书，深得于理学，立朝端劲，为人望所归，家居立友仁社，邑士从游者众。见闵尔昌纂录，《碑传集》，卷18，页36a—37a，收入周骏富编，《清代传记丛刊》（台北：明文书局，1985），册107；徐世昌纂，《清儒学案小传》，卷2，页399—401，收入周骏富编，《清代传记丛刊》（台北：明文书局，1985），册5。

明白请求背书，说即使能"草略数行"亦"自足引重"①。在这些求序、求背书的书信中，施闰章一再地复述着祖父师承陈履祥，上接盱江一脉，其学受到焦竑、邹元标推重的说法②。《寄高汇旃先生》中的这一段是概括上述施闰章如何构建施鸿猷在理学史上重要地位的极佳代表：

> 敝郡理学薪传滥觞于东廓过化，而承流于盱江作郡，大约皆沿习良知之旨。而先祖所北面则盱江高弟子，所谓陈文台先生，讳履祥，字光庭者也。先祖尝疾笃，陈先生愿减己算作祈命词以苏之，而焦公澹园、邹公南皋今诗志传具在集末，可考而知之。③

短短一段文字不仅明确点出宣城一地阳明讲学的重要师承，以及施鸿猷在此学脉中的地位，也包含了前文所述施鸿猷作为陈履祥嫡传高弟，并借焦竑和邹元标名字推重施鸿猷的部分。邹守益、罗汝芳是众人皆知的理学大儒，文中自然不必对"东廓"和"盱江"再加任何说明，但陈履祥不同，他显然是个不够著名的学者，因此必须详言其名讳字号。而刻意引证焦、邹二人文字以证成施鸿猷曾

---

① 施闰章，《寄高汇旃先生》，《学余堂文集》，卷27，页23b。高世泰，字汇旃，是高攀龙从子，少侍高攀龙讲席，笃守家学，晚年以东林先绪为己任，葺道南祠、丽泽堂于梁溪，与同志讲学。李元度纂，《清朝先正事略》，卷28，页18b—19a，收入周骏富编，《清代传记丛刊》（台北：明文书局，1985），册193。
② 这样的论述分别出现在《寄魏司农环溪》《与王阮亭》《寄高汇旃先生》文中，见施闰章《学余堂文集》，卷27，页7b—8b、11a—12b、22b—24a。
③ 施闰章，《寄高汇旃先生》，《学余堂文集》，卷27，页22b—24a。

获名儒推重的做法，总予人一种牵强附会的薄弱感觉。由此我们也可以想知施闰章在重构祖父理学地位时所遭遇的困难。不过，借着层层接引名人以自重的手法，施闰章确实借着文字确立了祖父施鸿猷作为晚明宣城泰州传人的地位，其地位与重要性后来也进一步在地方志的公共书写中获得确立。

施闰章除了透过文字书写建立祖父在理学学脉中的重要地位，以及邀请当代著名儒者为其背书以外，他也借着出版以及重修当年祖父与学友们讲学的依仁斋及斋内祠祀的活动①，更具象地形塑了施鸿猷的理学成就与施家家风，这些努力终于成功地将施鸿猷的木主送入乡贤祠。关于此，以及施闰章如何在行动上展现对理学家学的认同与承续，则是下一节的重点。

四、认同家学

施闰章确实是一个能够显亲的施家孝子，虽然他是施家第一个获取功名、扬名宇内的人物，他却没有让自己成为施家家学的开创者，反而强调自己受施家家风调教的子弟身份。他仔细记录了施家先祖的嘉言懿行，更重要的是努力地重构了祖父施鸿猷的理学地位，以及施家以"理学孝友"传家的家风。这除了反映当时普遍对家族的重视外，主要还与施闰章本人对理学的某种向往与认同有关，这种认同也相当程度地影响了他的宦迹与社交。

施闰章三十九岁督学山东时，曾叹曰："吾家以理学孝友三传

---

① 见下文讨论。

而皆困诸生,今吾忝一第,抗颜称师,敢负吾君以负吾祖父乎。"①由此可见对家学的认同确实某种程度地影响了他对自我以及对自己职责的期许。他在《提学道题名记》中自述在山东一地倡学的情形:

> 余绍述先人理学之绪,待罪齐鲁之都,数引诸生讲业相告诫,或至流涕,诸生亦有感动泣下者,犹惧其未能格也,彷徨转侧,未旦而兴,一日顾视厅侧有题名,记自薛文清以下得六十有三人,而理学惟薛公为著,士称薛夫子。明末至今,姓氏皆阙,考名次补之,又得七人。②

此段文字不仅再次说明自己身为理学后裔,继承祖父的志向,也表现出他欲效法罗汝芳以讲学为仕的泰州典范,同时也说明他以修补理学史的心情挖掘明末以来湮没不彰的理学家,赋予其历史记忆的努力。

事实上,施闰章在仕宦期间确实相当积极地投入重建明代讲学书院、恢复讲会、再举祠祀等工作,尤其当他以布政司参议的身份出仕江西——阳明学最兴盛也最具代表性的区域——时,这种努力的成果更益凸显。换言之,他不仅努力挖掘史料文献,以文字重建晚明以来理学学术史,他更效法过去致力于道统传承的理学家们,企图在清初再度兴复业已衰微的讲学活动。当他出游青原山,遥想过去邹守益、聂豹、罗洪先、欧阳德等名儒齐聚一堂讲学的风

---

① 施念曾编,《施愚山先生年谱》,卷2,页2a。
② 施闰章,《提学道题名记》,《学余堂文集》,卷11,页29a。

光时,再对照眼前会馆倾圮的荒凉,感触格外深刻,于是着手重修青原会馆的传心堂和五贤祠,并在五贤祠的左右各建一书室,令学者设席其间①。他在江西确实有意要效法理学前辈们倡导讲会的举措,他在白鹭洲书院和青原山举办讲会以兴吉士人,他曾自述:"凡吾之讲业于此,盖踵吉州旧事,振其绪而弗敢坠焉,非抗颜人师也。"②而他的努力果然颇有成效,沉寂多时的讲会活动又现人潮:"一时山中父老扶杖而来,环桥千人,三日乃罢,有闻而流涕者甚矣,斯道之不远于人心也。""……愚山倡道,钟鼓为新,集数郡人士于一堂之上,反复辩难,不减当年从游邹忠介(元标)师时。"③施闰章也自记道:"西江讲学之会,吉州最盛,中辍者四十年矣,余以癸卯十月修复旧事,布衣野老皆许以客礼相见,会者近千人。"④

施闰章讲学于白鹭青原间的两年后,想进一步筹建讲堂,于是选定在庐陵县南方景贤堂的旧址上盖书院,景贤堂坐落在晚明庐陵县学内,原祀奉王阳明,当时已成废墟。但在施闰章与地方士人的共同努力下,康熙五年(1666)景贤书院落成,仍祀王阳明,这是施闰章在江西提倡讲学的具体成果之一⑤。另外,吉安府安福县的复真书院,是刘邦采、刘阳等人建于嘉靖三十七年(1558)的

---

① 平观澜等修,黄有恒等纂,《庐陵县志》(台北:成文出版社,1989),卷18,页47b。
② 施闰章,《景贤书院记》,《学余堂文集》,卷12,页3a—b。
③ 释笑峰等撰、施闰章补辑,《青原志略》,卷3,页17b,收入四库全书存目丛书编纂委员会编,《四库全书存目丛书》(台南:庄严文化事业公司,1997),史部,册245;李元鼎,《青原山观瀑小记》,收入彭际盛等修,胡宗元等纂,《吉水县志》(台北:成文出版社,1989),卷56,页29a。
④ 施闰章,《鹭洲讲会歌序》,《学余堂诗集》,卷19,页1a。
⑤ 施闰章,《景贤书院记》,《学余堂文集》,卷12,页3a—4b;亦见卢崧等修,朱承煦等纂,《吉安府志》(台北:成文出版社,1989),卷18,页40b—45a。

书院，也是安福南方重要的讲学书院①，同样在施闰章的鼓励以及当地士人的努力下完成修建工作，时在康熙三年（1664）②；罗汝芳在盱江的祠，亦因施闰章嘱咐建昌知府高天爵（1620—1676）而获得修缮，祠祀亦得再举③。施闰章在江西提倡理学讲学的成效也清楚反映在以下事件：他在离开江西职务的前夕，当地士人赶紧酝金建龙冈书院，弥月而成，并且"群奉公讲学三日而后去，以终公志"④。

施闰章出仕江西时所激起的讲学波澜可以说是阳明讲会活动在江西最后的一道涟漪，也是一个令人惊艳的句点。要在学风已然转易的清初持续地挑旺阳明学的讲会活动并不容易，施闰章靠着他地方官的权势或许尚有可使力处，但随着他的离去，白鹭青原的讲堂，"堂前又复草深"的荒落景象便立即再现⑤，景贤书院也很快被知府郭景昌改为庐陵县义学⑥。不过，以五十岁之龄回到宣城后的施闰章，则持续他修建祠祀、提倡讲会的工作。他首先修葺了里邑内当年陈履祥与施鸿猷等人讲学之同仁馆⑦，修建后并在馆中举办讲会，据称他们"岁每二会，率以为常"⑧。

---

① 关于安福南方学者与复真书院之兴建，见吕妙芬，《阳明学士人社群》，第3章。
② 施闰章，《重修复真书院记》，《学余堂文集》，卷12，页4b—6b；时间则见张绣中等纂修，《安福县志》（台北：成文出版社，1989），卷5，页8b—9a。
③ 施闰章，《修盱江罗明德祠记》，《学余堂文集》，卷11，页14b—16a。高天爵任建昌知府时期为顺治十七年至康熙十三年，见孟照等修，黄佑等纂《建昌府志》（台北：成文出版社，1989），卷24，页23a。其传见赵尔巽等著，《清史稿》（北京：中华书局，1976），卷488，页13480—13481。
④ 施念曾编，《施愚山先生年谱》，卷2，页12a。
⑤ 李元鼎，《青原山观瀑小记》，收入《吉水县志》，卷56，页29a。
⑥ 《吉安府志》，卷18，页44b。
⑦ 施念曾编，《施愚山先生年谱》，卷3，页3b；《宁国府志》，卷28，页4a。
⑧ 施念曾编，《施愚山先生年谱》，卷3，页3b。

大约在康熙十四年（1675），他又重修与祖父有密切关系的依仁斋。依仁斋并不是书院，而是坐落在清凉山上耿定向祠后面的斋室，据说当初是提供陈履祥居住的地方，也曾是施鸿猷等门人与陈履祥论学的地方。施闰章希望能够重修依仁斋，并且在斋中"恢复"对老师陈履祥与施鸿猷等门人的祭祀。他将这个心愿传达给地方官员，最后终于在地方官员的支持下完成依仁斋的修建工作，并重建了对陈履祥、施鸿猷等人的祭祀[①]。

其实当初依仁斋内讲学情况如何，以及依仁斋先前的祭祀对象如何，已不可考，今天我们所知道的，只能根据施闰章所记。施闰章告诉我们：陈履祥师生们在依仁斋讲学的热络情形，曾深深感动焦竑，而当时讲学的成果也曾有《依仁问》一编，蒙邹元标为之作序。施闰章又说：焦竑在陈履祥、施鸿猷双双去世后，曾再过此地，并主张祠陈履祥，配以施鸿猷等门人，于是便有如下安排："斋屋五楹中，虚其一，祠木主，左右各两间为客馆，学者解装就榻，至则如归，如是者五六十年。"[②]后来因为战乱，守斋者失职，田产为庵所夺，遂"移景贤之额于耿祠，而所谓依仁斋为守者吴氏子窃鬻，惟九龙先生、吴子孝昭二木主存而不祀"[③]。换言之，在施闰章要重修依仁斋之际，斋内只存陈履祥和吴孝昭两个木主，并没有施鸿猷的木主，最早到底奉祀何人也已不可考。因此，此时重建依仁斋及其祠祀，就某个意义而言，是一个重新建构的起点。施闰章当然用肯定的语气告诉我们，陈履祥和施鸿猷是当初焦竑主张要祀

---

① 施闰章，《修复依仁斋记》，《学余堂文集》，卷12，页6b—9a。
② 施闰章，《修复依仁斋记》，《学余堂文集》，卷12，页8a。
③ 施闰章，《修复依仁斋记》，《学余堂文集》，卷12，页8a。

的当然人选："乃首祠陈子九龙，配以先大父及元夫诸子。"①这种确定性在清初重建时也当然毋庸置疑，因此他说："自先大父以下从祀名氏无考，乃臆取陈门高弟子数人配享，余不胜纪者阙焉。"②换言之，施闰章承认他在此做了些考证和臆测的工作，他选择某些陈门高弟配享，也可能有些人被他遗漏了，不过他所要表达的是：祖父施鸿猷配享地位是毋庸置疑的。

前文已论到，施闰章重修依仁斋很可能与祖父崇祀乡贤祠有关，不过这并不意味他对复兴讲学活动与记录理学史的热诚全然虚假，或者完全质疑他对理学的认同。施闰章在《修葺水西书院记》中明白表达自己传承先人之道的愿望："闰章承流后起，宜有以告来者，夫邹罗诸公之论道详矣，守而弗失，循而日进，近同濂闽，上溯洙泗，毋驰骛艺文而略躬行，毋乐言生安而耻困勉，先我者倡导于前，熏而善者至于今不辍。《诗》不云乎：'岂弟君子，遐不作人。'吾冀后之劝兴而有征也。"③以他出仕山东学政、江西参议以来一连串的自我表白与复兴理学的行动看来④，这种期望扮演着承先启后、传递圣学、认同圣贤的心意，应该有相当真诚性。

另外，从施闰章所著部分书信和传记也可以感受到他对理学家的关心，以及他与其他理学家后裔之间保持的友谊。例如他为张

---

① 施闰章，《修复依仁斋记》，《学余堂文集》，卷12，页7b。
② 施闰章，《修复依仁斋记》，《学余堂文集》，卷12，页8a—b。
③ 施闰章，《修葺水西书院记》，《学余堂文集》，卷12，页11b；泾县水西书院重修工作主要是知县邓琪棻所推动，邓琪棻同时也是推动施鸿猷崇祀乡贤的重要人物，水西书院完工于康熙十九年，见《泾县志》，卷8，页10a。邓琪棻传，见《泾县志》，卷16，页20b。
④ 除了上文所述外，施闰章对先祖的怀念与认同之情也表现在其《述祖德诗》，见施闰章《学余堂文集》，卷3，页1a—2b。

第四章 施闰章的家族记忆与自我认同 177

五权、孙经、孙纬、吕坚、袁光南、汪有源、张嗣达等人作传①，为龙瀛作墓表②，这些人都属于陈履祥讲学圈内的人物，且除吕坚外，均是一生未仕的布衣。施闰章曾经极力赞扬邹元标肯为布衣作传的胸襟③，他自己显然亦效法之。而从其与孙奇逢（1584—1675）和施璜④的书信、为刘阳（1525举人）后裔刘竹庵⑤作的寿序、为张元冲后人张镒所作的墓志铭⑥，都可见其社交圈中确实存在一层因理学而连属的特殊关系。

综上所述，施闰章对祖父施鸿猷以及其所献身的理学，确实有相当的认同感，他有意识地要去仿效过去伟大理学家们提倡讲会、兴发士人、修建书院、设立祠祀等工作，也确实有不少具体建树。不仅罗汝芳以讲学为仕、邹元标为布衣作传的典范可以在他身上找到模仿的痕迹⑦，而且当他在阳明讲学活动早已衰微的年代里，再次有声有色地创造出千余人聚讲白鹭青原的风光时，有人几乎要称他是王阳明再世了⑧。因此，就某个意义而言，施闰章确实继承了祖父的志向，甚

---

① 各传文在施闰章，《学余堂文集》，卷16；张嗣达传在卷25，页27a—28a。
② 施闰章，《齐祚龙先生墓表》，《学余堂文集》，卷22，页7b—9a。
③ 施闰章，《祭忠介公文》，《学余堂文集》，卷23，页10a—b。
④ 施璜，字虹玉，休宁人。弃举业，专致讲学，师事高世泰。见李元度，《清朝先正事略》，卷28，页19b。
⑤ 我找不到刘竹庵的名字。
⑥ 施闰章，《复孙征君钟元》《复虹玉》《寿刘太平竹庵五十序》《奉政大夫晋府左长史张公墓志铭》，《学余堂文集》，卷27，页18a—19b、24a—25b；卷9，页23b—26a；卷21，页1a—3b。
⑦ 《清史稿》中施闰章的传记道："新淦民兄弟忿戾不睦，一日闻讲礼让孝弟之言，遂相持哭谐阶下服罪。"颇似罗汝芳之宦迹。汤斌更明言："昔罗盱江尝为宁国守，以和易得民，公大父实服膺其教，公之为政亦略相仿佛，而时事之难易有大不同者。"参见施闰章，《施愚山集》，册4，页223；汤斌，《翰林院侍读前朝议大夫愚山施公墓志铭》，收入施闰章，《施愚山集》，册4，页234。
⑧ 见张贞生记景贤书院告成之文，收于《吉安府志》，卷18，页42b。

至超过他祖父所能表达、所能完成的，因为祖父对理学的讲求与成就以及施家以理学传家的家风，都是透过他的手才得以显扬，而他身居高官的身份，更让他能够"创造讲学历史"，至少创造了一些值得被公开书写在地方志上的讲学历史。然而，任何读过施闰章传记、看过他文集的人应该都可以感受到，施闰章不像理学家，他更具诗人文人本色，下一节我们要介绍他生命中的另一种认同。

五、文人本色

无论就著作的多寡与成就、学术界给予的评价，或就其生平交友与活动而言，施闰章都是十足的文人，其最大的成就也在诗。他有《学余诗集》五十卷，又《别集》《余集》十卷传世，诗作数目高达三千二百余首，相当可观①。而从清初的文坛到当代的文学史，施闰章也都能获得肯定，并占有一席之地。陈允衡（1672卒）曾称赞他："宛陵施愚山先生，今之梅圣俞"；魏禧（1624—1680）、钱谦益（1582—1664）、毛奇龄（1623—1716）、汪琬（1624—1690）等对其诗文亦赞誉有加。简言之，无论是身居"燕台七子"或"国朝六家"之一②，或有"南施北宋"的雅号，或与同乡高咏（1614—1680）等人的唱和获"宣城体"之称，都反映了

---

① 严迪昌，《清诗史》（台北：五南图书出版公司，1998），页517。
② 关于"燕台七子"，见下文。"国朝六家"是朱庭珍在《筱园诗话》中提及："顺治中，海内诗家，称南施北宋。康熙中，称南朱北王。谓南人则宣城施愚山、秀水朱竹垞，北人则新城王亭、莱阳宋荔裳也。继又南取海盐查初白，北取益都赵秋谷益之，号六大家，后人因有六家诗选之刻。"见朱庭珍，《筱园诗话》，卷2，页11a，收入上海书店出版社社编，《丛书集成续编》（上海：上海书店出版社，1994），册158。

施闰章在清初诗坛的盛名与实力。

施闰章的诗文以雅正清醇著称,魏禧指其能够"铲除一切浮腐之言,而左规右矩,与古人不失尺寸"是他的诗文胜人之处[1],现代学者严迪昌也认为施闰章诗虽温润如玉,"但那是一柄玉尺,其特点是量度守正,不'过'亦不'不及'"[2]。这种端正的诗风或与其严谨的家风及对礼法的认同有关,也多少体现他为人言行的风格,尤侗(1618—1704)言:"宛陵施愚山先生,予交之三十余年,见其天性纯笃,言坊行矩,叹为今之古人。"是其为人的典型写照[3]。而其雅醇贵实的文风则与其人特重古学有关,汤斌(1627—1675)在其墓志铭中说道:"公教士以通经学古为先,论文崇雅黜浮,风气为之一变。"[4]可见施闰章博览经史古文、雅好诗歌,其学问更接近清初普遍的江南学风,与多数理学家偏重性理之学有相当差距。

让我们离开这种盖棺论定式的评论,来看看施闰章在日常生活中展现的对诗作活动的喜爱,我们更可以捕捉他和前代理学讲学者的差异。施闰章能够在文坛上崭露头角主要是靠诗文,他"弱冠即以制举艺名噪里",又因为参与复社活动,与沈寿民(1607—1675)游,受到周镳赏识而声名益噪[5]。登上仕途后,顺治十二年(1655)在京师,与丁澎(1622—1686?)、严沆(1617—1678)、宋琬(1614—1673)、张文光、赵宾(1646进士)、周茂

---

[1] 魏禧,《学余全集序》,收入施闰章,《施愚山集》,册4,页245。
[2] 严迪昌,《清诗史》,页516。
[3] 施闰章,《施愚山集》,册4,页280。
[4] 汤斌,《翰林院侍读前朝议大夫愚山施公墓志铭》,收入施闰章,《施愚山集》,册4,页233。
[5] 施念曾编,《愚山先生年谱》,卷1,页4b—5a。

源（1618—1677）结诗社，号称"燕台七子"①。又根据其自述，他守湖西道时，名其官署为芙蓉屋，造作亭楼，闲暇时自己徜徉其间，"客至则觞焉，主客醉歌，留诗屏壁"，即使许多诗作已毁于雨蚀风披，所存留者仍能辑为《萧江倡和集》②。其他描述这种与朋友欢聚赋诗的场面者尚有许多，例如："今年予在都下，故人曹君顾庵、宋君荔裳、王君西樵、阮亭、沈君绎堂，相与连日夜为文酒欢。"③"岁之初夏，晋陵庄澹庵先生来宛陵，辄同泛青溪，登响山，举酒赋诗，欢竟日。"④

而从长孙施琮（1671—？）所述："先生诗文最矜爱，随时省改，稿本杂染，迄无定集。诗旧编年，湖西归田后，始拆分体，已刻近体诗三十余卷，一日忽尽囊其诗，焚其板。晚官史局，尽手定古今诗至甲寅而止，与渔洋王公诸名贤商榷者，文增省尤密，固无成编。"⑤则可见施闰章平日热爱诗的创作，对于出版自己的作品更是谨慎。事实上，施闰章在当时诗坛确实拥有一定的地位和影响力，毛奇龄曾说："予过湖西，与愚山论次当代能诗可嬗后者，合得一十二人，愚山居一焉。"⑥当时著名诗人如钱谦益（1582—

---

① 朱克敬著，岳衡、汉源、茂铁点校，《儒林琐记》（长沙：岳麓书社，1983），卷1，页14—15；谷云义等编，《中国古典文学辞典》（长春：吉林教育出版社，1990），页1117；何庆善、杨应芹，《施愚山年谱简编》，收于施闰章，《施愚山集》，册4，页298。
② 施闰章，《萧江倡和集序》，《学余堂文集》，卷3，页24b—25b。毛奇龄的描写则是："每日昃一视事，但对合皂山支颐赋诗，筑愚楼于官廨之旁，环以橘柚，暇则与过客登临其中，出入屏干搁。"毛奇龄，《诰授奉政大夫翰林院侍读加一级施君墓表》，收入施闰章，《施愚山集》，册4，页229—232。
③ 施闰章，《程周量诗序》，《学余堂文集》，卷4，页11a。
④ 施闰章，《庄简讨宛游草序》，《学余堂文集》，卷7，页9a。
⑤ 施琮，《学余集诗文稿本跋》，收入施闰章，《施愚山集》，册4，页258。
⑥ 毛奇龄，《施愚山诗集序》，收入施闰章，《施愚山集》，册4，页247。

1664)、吴伟业(1609—1671)、方文(1612—1669)、宋琬、王士祯、汪琬、魏禧等人都与他来往唱酬。而施闰章自述其交友广泛的情形:"余少喜文词为古诗歌,闻天下之善是者,求之惟恐后,自官京师,以游四方,所交殆遍,非徒其词之癖也,盖将与贤豪者游。"①"海以内恢奇博雅能文之士,大率多吾友也,不则亦尝闻姓字,寓书往来者也。"②也清楚显示其活跃于当时文坛、悠游于文学创作的情形。

喜爱文艺创作其实未必不能是个地道的理学家,虽然传统上理学家对文艺确实有贬抑的倾向。只是,我们从施闰章的文字和生平发现他对理学义理探究和工夫修养的兴趣确实相当有限。尽管他对前代理学家很景仰,对于自己理学的家庭背景很自豪,也愿意效法先贤,然而他所采取的承继与效法方式,却不是理学家式的性命追求,而是史家式的历史书写与传统儒学官员致力教化的政策。我们所熟悉的理学家们,大概有几个共同的生命经验,包括在生命的某个时刻经历过一种近乎宗教"皈依"的自我抉择,通常以"立志学圣"来表达,这种经历可能是因为阅读前人著作如《伊洛渊源录》或《传习录》等,或因听取学者的一席话而促成,此经验也象征着从此"学道"成为一种有别于世俗、须全力追求的人生志业;又包括生命中许多与朋友谈论或自我思索关于性理学意涵的经验,亦即与朋友相聚讲学或参与地方讲会活动,并有涉及义理探究的文字书写;也包括致力于长期而严谨的工夫实践。而无论是个人道德修养或群体讲学的活动,自觉的"自我性命追求"以及特定的语言和工

---

① 施闰章,《程周量诗序》,《学余堂文集》,卷4,页11a。
② 施闰章,《王山长集序》,《学余堂文集》,卷4,页20b—21a。

夫，都是重要的内涵。

上述这种理学式的活动，施闰章显然并不热衷，从他认同理学的表述中，我们看不到立志学圣贤、以自我性命追求契悟道体的宏愿，看不到以静坐等工夫向内心探索自我的活动，看不到关于性命之学义理的讨论，更看不到任何悟道的经验表述。施闰章与朋友间的交接与往来，显然是透过诗作活动来完成，而不是理学的讲论或修身工夫之切磋。他对理学的认同似乎总是透过祖父施鸿猷所体现的施家家学传统为媒介，或者可以说是在另一种道德理想意涵下的认同。他不像其他理学家们以追求自我性命契悟道体为目标，却更像在"不负先人期望"的心态下，以施家孝子的身份致力于承先启后的儒学社会工作。因此，施闰章是一位奇特的讲学领袖，他因仕宦与家学的机缘而"献身"提倡理学讲学活动。他像是一位没有皈依经验的宗教领袖，扮演着提倡圣人之学的领袖角色，却不是一位舍身向道的实践者[①]。

六、家学与自我之间

上文所描绘的施闰章，很容易给人一种矛盾的感觉，这种矛盾感可以归纳成二点：施闰章徘徊于家学与自我之间的认同问题呼应

[①] 当然，我这样刻画施闰章有可能是偏颇片面的，毕竟施闰章尚有许多文字没能存留下来。据安徽大学从事研究整理《施愚山集》的学者指出，施闰章许多专门性著作，包括《矩斋论学》《大易文》《蕉阳日札》等十九种著作以及多种选评均已亡佚，或许"理学家施闰章"正是随着那些亡佚的文稿而消逝，不复捕捉。（见施闰章，《施愚山集》，册4，页324）不过，如果理学真的是施闰章一生"学问之大原"，如果理学内涵的著作真是他自认最重要的作品，应该不会如此容易被掩盖遗忘吧！他同时代的学友们对他的评论也应该不至于仅讲诗文的一面才是。

着传统"道"与"文"之间的复杂关系,若置诸理学家重道轻文的脉络下①,确实可能造成某种对立感;而他既认同、提倡理学,又不能热衷理学性命追求的举动,则予人一种内外不符的矛盾感。如果我们试着与另外两位同样身处于明清世变之际,同样是理学家后裔,又同样喜好文艺创作的著名文人相比,更可以对照出施闰章给人的这种冲突矛盾的印象。施闰章明显不像方以智(1611—1671)那般丰富地展现学术认同的多样性与深度,从方以智的生命与作品中,我们清楚看见他的理学造诣和文学素养,也清楚感受到他对性命之学(是理学的也是佛学的)的追求与热望,同时对传统学术的丰厚涵养。这种多方位、多层次的认同以及动荡时局下生命深刻的经历与体会所交织成的生命内涵,给予人一种难能企及、难以了解的深度,同时方以智的作品中也更深刻地展现个人面对不同人生价值及身处动荡时局的矛盾与无奈②。施闰章也不像张岱(1597—1689)那般,可以更轻易地与自己家学中理学的部分保持距离,而在自我认同中更明显地以文人、史家的角色自诩③。相较之下,施

---

① 理学家也并非完全压抑文学创作或拒绝从事文艺活动,但他们确实具有重道轻文的观念,关于两者的关系,参见Peter Bol, *This Cultures of Ours: Intellectual Transitions in T'ang and Sung China*(Stanford: Stanford University Press, 1992);马积高,《宋明理学与文学》(长沙:湖南师范大学出版社,1989);许总,《宋明理学与中国文学》(南昌:百花洲文艺出版社,1999)。
② 关于方以智的生平与学术,参考Willard J. Peterson, *Bitter Gourd: Fang I-Chih and the Impetus for Intellectual Change*(New Haven & London: Yale University Press, 1979);余英时,《方以智晚节考》(台北:允晨文化,1986);蒋国保,《方以智哲学思想研究》(合肥:安徽教育出版社,1986);罗炽,《方以智评传》(南京:南京大学出版社,1998)。
③ 张岱对于修史与戏曲等文艺活动的投入也与其家学有关,关于张岱的研究,参见黄桂兰,《张岱生平及其文学》(台北:文史哲出版社,1977);夏咸淳,《明末奇才——张岱论》(上海:上海社会科学出版社,1989)。

闰章似乎是既不能割舍离弃理学（家学），又不能真正投入其中；他既真心喜爱文学创作（自我），又不能赋予"文"像道一般崇高的价值。乍看之下，他确实给人一种在认同上游移于家学与自我之间的矛盾印象。

然而，当我阅读施闰章的文字时，却又不能太多感受到他内心的矛盾或焦虑。因此我不得不问：这种认同上的矛盾是否真的强烈地存在？如果真的存在，它到底以何种面貌呈现在施闰章生命中？抑或这种矛盾感只是我作为一个读者在理解分析过程中所提出的假设？施闰章可不可能以某种和谐而合理的方式统合上述两种看似矛盾的现象？这与他所理解的"道"和理学的内涵有何关系？

首先，关于施闰章既认同理学却最钟爱文学创作的问题，这问题在宋明理学普遍重道轻文的传统下确实反映了某种程度的对立和紧张性，尤其施闰章的理学背景应该让他对此张力相当了然，只是属于"文"与"道"之间的对立其实并非必然，而清初的文坛、学界也有足够的动能可以扭转宋明理学家轻文的看法。包弼德（Peter Bol）的研究详细论述了在唐宋古文运动中"文以贯道""文以明道""文以载道"等对于文与道之间复杂关系的讨论，这些讨论让我们看见在重道轻文的道学观念获得压倒性优势前，学者们普遍结合文与道的看法[①]。而《诗》三百篇的经典地位更是论证道文或道艺合一的有效根据。当明末清初理学退潮，经史文学蓬勃发展之际，加上形上玄远思想在清初学界趋于没落，形下道器之理逐渐取

---

① Peter Bol, *This Culture of Ours: Intellectual Transitions in T'ang and Sung China*.

代形上义理成为论述重点时①，谈论器物文艺之道的风气也必然更加正当而普遍，此时出现颠覆宋明理学家们分离道文且重道轻文的观念，而重提道文合一的论点，绝对是可能的。这种论点在当时也确实明显被表达，方以智、冯从吾等人都曾发表过主张道文（艺）合一的言论②，施闰章也表达了类似的观点，他在《吴舫翁集序》中说：

> 文之传后者以道存也。近世文与道二，盖自有宋诸儒来矣，以其湛深性学，不沾沾小言，故别创为语录，后之工文者若惟恐其浼也，相戒不敢涉一语，文之所以日靡也。今使司马扬班之俦与濂洛诸贤絜镏比迹，其轻重必有辨矣。孔子曰辞达而已矣，又曰修辞立其诚，诚之不存，辞于何有？吴子舫翁之有作也，其志亦将以明道，其为文浩乎不可御，缅缅焉曼衍而无穷。③

施闰章认为"文"与"道"析而为二是宋代道学兴起后才造成的偏颇现象，而理学家对"文"的不重视，致使学者不敢用力于此，遂造成文章日靡日坏的局面。当然，施闰章并没有进一步给予"文"独立的价值，"文"之价值仍在其所表达的"道"，但是至少

---

① 王汎森，《清初思想中形上玄远之学的没落》，《"中研院"历史语言研究所集刊》，69本3分（1998年9月），页557—583；郑宗义，《明清儒学转型探析：从刘蕺山到戴东原》（香港：香港中文大学出版社，2000）。
② 罗炽，《方以智评传》，页271—280；亦参考廖肇亨，《药地愚者诗学源流与旨要论考》，《台大佛学中心学报》，期7（2002年7月），页257—293。
③ 施闰章，《吴舫翁集序》，《学余堂文集》，卷5，页11a—b。

已试图扭转理学家们重道轻文的看法，以"道文合一"的理想来提升"文"的地位。这篇序为吴舫翁而作，吴是一位有多重学术渊源和认同的文人，他是江西僧人，拜方以智（药师）为师，其曾祖是与邹守益等理学家讲学的学友，因此同样有理学的家庭背景。施闰章在江西讲学时，他也热心参与，他也非常热爱文学创作。施闰章对于这位在家庭背景和学术倾向上都与他相近的学者有一定的认同之情，他选择以"道文合一"的理想为其文集作序，也表达了他对自我与文学创作的期许。

施闰章虽然赞成"道文合一"，但他并不认为"道"的彰显可以靠着堆砌理学话头或大量学术知识语言而达成，真正关键的是创作者个人对道的体会，即创作者本身的生命内涵，他说："山谷言：'近世少年不肯深治经史，徒取助诗，故致远则泥。'此最为诗人针砭。"① 换言之，"道文合一"的理想必须透过有道之人的文艺心灵与写作技巧，以美学的诗艺而达成，因此诗文既是艺术也是生命的流露。这样的文学观也表达为："诗如其人，不可不慎，浮华者浪子，叫嚣者粗人，窘瘠者浅，痴肥者俗。风云月露，铺张满纸，识者见之，直是一叶空纸耳。故曰：君子以言有物。"②

因此，处在清初文坛上的施闰章确实可能已相当程度地摆脱宋明理学家们重道轻文的观念，不致因为认同理学又喜爱文学而陷入矛盾情结。不过，在施闰章心里，文与道在价值的位序上仍有上下之别，毕竟文的价值在于道，学道才是为文的真正根基所在，这种价值位序的差异偶尔也会让施闰章做出重道轻文的价值判断。他曾

---

① 施闰章，《施愚山集》，册4，页2。
② 施闰章，《施愚山集》，册4，页2。

自言:"闰章薄佑,早失祖父,虽时时厕身讲会,然用博士业通籍窃禄,旷远师资,性耽文咏,以谈艺弋名,遂使四方谬许为诗人文士。昔程子以科第文章为不幸,予殆先世之不才子也。"①纵使可能只是谦虚的修辞,这段话仍然带有诗人文士之成就不能媲美理学家的意涵。下面这句话:"余奔走仕宦,善病早衰,追寻先人理学之绪,尝家居累月不为诗。"②则进一步透露出闰章心目中作诗与理学追求间的距离,显示他仍不能完全摆脱重道轻文的看法,曾刻意压抑自己诗歌创作的欲望,试图更真切地拥抱理学。

再者,关于施闰章对于理学认同是否纯正的问题,一个既提倡理学讲会又不热衷性命之学的人,是否称得上真正认同理学?乍看之下,这一点确实让人觉得矛盾而怪异,但如果我们把问题往前推一步,询问施闰章心目中的"道"为何,这种矛盾似乎可以化解。

施闰章在学术知识上对宋明理学有相当的掌握,对理学历史也很熟稔,但他对于以个人性体契悟天道的理想以及心性工夫的实践似乎并不热衷,对于性理之学的思索与阐述性文字也很少。然而,这并不意味着他不相信天道或不肯定道德,相反地,他很相信天道的存在,只是他以另一种方式来理解天道的运作以及其与人世的关系,即在阴骘信仰的框架中诠释人的道德行为和意义。

施闰章接受阴骘思想,除了受当时普遍社会风俗的影响③,也

---

① 施闰章,《家风述略跋》,《施愚山集》,册4,页118。
② 施闰章,《遗山堂诗序》,《学余堂文集》,卷7,页10a。
③ 明末清初是善书和阴骘思想最流行的时期,而最流行的区域则是江南地区,见游子安,《劝化金箴:清代善书研究》(天津:天津人民出版社,1999);陈霞,《道教劝善书研究》(成都:巴蜀书社,1999)。

受到家学的影响，又与他自幼多病的亲身经历有关①。因为父亲的嘱咐，施闰章从小信奉《太上感应篇》，此书明白宣扬"天地间有司过之神""善恶之报，如影随形"的观念，列举各种善行福报、恶行祸随的例子，目的在劝人行善以转祸为福②。这些观念对施闰章有深刻影响，我们从其文集中可以看到许多仙道梦感的神秘事迹，例如《大洋洲英佑侯萧公庙碑》记萧天任生前通神术、死后成为显灵的水神；《孝通庙碑记》记一孝龙的故事；《石莲洞记》中写到自己造访罗洪先的石莲洞，在山巅长啸赋诗，仿佛与罗洪先之神灵相遇，也写到寺僧告诉他罗洪先临终前有仙人预示的故事③；又《矩斋杂记》中的《牛戒》《戒溺女》《义鸠》《鳝报》《冥报》《再世》《犬报》《猫报》《神兆捕贼》等文也都明显表达了阴谴、阴德的思想④。另外，与阴骘思想相关，明清士人普遍的惜字思想⑤，也为施闰章所接受，《劝同志勿用寿字缎说》一文即明白劝导"勿狎亵文字"⑥。

在《重刻感应篇辑解序》中，施闰章更以见证人的口吻，述说自己因编《感应篇辑解》而全家受到荫庇的灵验故事：某年夏日在官署中，全家人正坐在大柏树下，忽然大风雷自北方折截柏树，柏树竟然没有往南而往西倒，西方因为是土垣空处，故无人伤亡，而

---

① 施闰章，《重刻感应篇辑解序》，《学余堂文集》，卷3，页4b—6a。
② 李昌龄著，黄元正图注，《太上感应篇》（北京：北京燕山出版社，1996）。
③ 施闰章，《大洋洲英佑侯萧公庙碑》《孝通庙碑记》《石莲洞记》，《学余堂文集》，卷18，页10b—13a、13b—15a；卷14，页19b—21a。
④ 施闰章，《矩斋杂记》，收入《施愚山集》，册4，上，页61—68。
⑤ 关于明清士人的惜字行为与善书关系，见梁其姿，《施善与教化》（台北：联经出版事业公司，1997），页135—155。
⑥ 施闰章，《劝同志勿用寿字缎说》，《学余堂文集》，卷25，页19b—20a。

且前一天晚上，闰章妻子还梦见"神吏数十人，出入卧内，倚柏墙立，若有所伺察者"。这件事更让他确信"高明之家，鬼瞰其室"，自己和家人的幸运必当是冥冥中的神佑，也是祸福自有果报的印证①。

从阴骘思想的角度，我们也更了解施闰章的为人和宦迹背后的动力，根据《清史列传》中的记载，他是一介清廉刚正的好官，他仕于刑部时，"引经断狱，期于平允"，因此而全活者甚多；守湖西道时，属郡残破多盗，他遍历山谷抚循之，"人呼为施佛子"。他深刻同情人民生活疾苦，作《弹子岭》《大坑叹》《竹源叹》等篇告诸长吏；当地风俗多溺女，他作《戒溺女》的歌谣以诱除劣俗，且"捐资收养，全活无算"②。对于朋友的需要，他更是不遗余力地付出，好友邢孟贞、顾梦游去世后，他为之经理丧事，出版遗文，并照顾其后裔；杨商贤卒于江南，他也为之志其墓，主持孤女婚事，故高咏言其"为德于人盖不可胜数也"③。另外，施政期间面对筑城屡溃、虎患、干旱的困境，他都曾以向神明祈祷的方式来解决问题。这种种助人、救人的善行，都是善书中所提倡的善行，而其偏重诉诸祈祷神明以解决问题的方式，亦与他所信奉的阴骘信仰有密切关系。

在《重刻感应篇辑解序》中，施闰章又记载了他在京师时所做的梦：

---

① 施闰章，《重刻感应篇辑解序》，《学余堂文集》，卷3，页5b。
② 中华书局编，《清史列传》（台北：中华书局，1964），卷70，页24b—25a。
③ 高咏，《施愚山先生行状》，收入施闰章，《施愚山集》，册4，页228。

及官京师，小有戏豫，辄梦神若冕服者厉声督过，余叩首谢罪，神揖之起曰：若家世理学，能改过，未晚也。旁睨其案头，有牙签锦帙者，仿佛见太上二字，知感应篇，益厉志奉行，遂版其书。①

施闰章没有用任何心理分析的角度来剖析自己的心理，而是相信自己在梦中真实地与神灵相遇，神灵透过梦带给他的是一种超越世俗、带有启示智慧的信息②。因为自己从小奉行《太上感应篇》，但到了京师，稍有懈怠，神灵便适时在梦中向他显现，督责他，也让他在仿佛之中"看见"神案上摆着一本《太上感应篇》，故醒后他更加相信善恶报应的真实，亦更加"厉志奉行"，并出版善书。

从心理分析的角度看，梦透露着做梦者潜意识中的某些讯息，这个梦让我们窥视施闰章心灵深处理学家学的样貌与作用。它显示施闰章生命中一股强固的道德约束力，一种须臾放纵自我便陷入深度焦虑的心理，他曾说："我辈既知学道，自无大戾名教，但终日不见己过，便绝圣贤之路，终日喜言人过，便伤天地之和。"③这种心理与施家严厉的家教，与善书中普遍宣扬省过和改过的观念，也与晚明理学普遍对于自我犯过十分警醒、焦虑，且时时强调在

---

① 施闰章，《重刻感应篇辑解序》，《学余堂文集》，卷3，页5a—b。
② 关于早期文明对梦的非心理学分析与二十世纪心理分析的简单介绍，见佛洛姆（Erich Fromm）著，叶颂寿译，《梦的精神分析》（台北：志文出版社，1971），第5章。
③ 《清史列传》，卷70，页24b—25a。

内在意念上省过均有关系[①]。在施闰章的梦境里，他的焦虑并非像某些理学家是来自自我良心的控告，而是具象地诉诸一位司过之神的督责。而从"若家世理学，能改过，未晚也"的文字，我们也意会到在施闰章心中，理学的家世同时也是帮助他得以改过、免罪的荫庇。因此我们可以说，施闰章所认同的理学和所构想的天道，以及他所致力的地方讲学教化的工作，都是在阴骘思想框架内的行善之学。

从阴骘思想的信仰框架下，我们再次审视施闰章生命中的多重角色，无论是作为一个显亲的孝子、同情教化百姓的官员、公正谨慎的司法官、热心救助朋友的好人、端正守礼清廉的君子，或是提倡地方讲学的领袖，都在在彰显见证他内心对善行价值的肯认，也是一种学道的具体表现。此种学道的善举不仅为了在天地间善恶祸福的果报法则中转祸求福，也是他所理解为人所应然的行为表现，又是创作好的文学作品的关键所在。从这个角度出发，我们不难发现学道与作文二种活动，其实是紧密地交织在施闰章的价值观中，也难怪施闰章的文字表现了低度的矛盾情绪。

七、结语

本文尝试书写一位活跃在清初文坛的著名诗人施闰章，希望借着书写其生命某些重要经验也可以进而探索关于记忆与认同的议

[①] Pei-yi Wu, "Self-Examination and Confession of Sins in Traditional China," *Harvard Journal of Asiatic Studies*, 39：1（1979），pp. 5—38；王汎森，《明末清初的人谱与省过会》，《"中研院"历史语言研究所集刊》，本63分3（1993年9月），页679—712。

题。从本文的讨论,我们看见施闰章个人对家庭、祖先、家学之记忆与认同的建构,不仅透过口传叙说的方式传递,如他在《施氏家风述略》中对祖先们各种生活事迹的书写都得自传闻;同时也倚靠他对传统儒学和理学的认识,即凭借某种普遍化的知识和人物类型进行想象塑造,例如他笔下的施鸿猷,相当程度是靠着对传统儒者与晚明泰州学者讲学经世的理想与典范来描写。通过历史上范仲淹义田的义举、儒学经世的理想作为,罗汝芳等讲学领袖的形象等文化意涵,他形塑了自己理想中的祖父形象。我们可以说,传统的儒学意涵和理学家形象等社会文化集体记忆的某些部分在施闰章对先祖的想象与记忆形塑过程中发挥了重要的作用。

另一方面,我们也看见施闰章如何透过文字的书写,重构晚明宣城一地讲学的学脉及施鸿猷的学术地位,并运用其文字的说服力及其个人的政治社交影响力,重建地方讲会与祠祀,促使施鸿猷得以奉祀乡贤。在这样的例子中,施闰章个人的记忆与感受、私人的文字书写,都相当有力地介入宣城公共书写与建制之中,成为地方集体记忆的一部分。不仅宣城地方志对晚明理学家活动的情形、对施鸿猷学圈的记录几乎完全取材于施闰章的文字,依仁斋的重建、斋内祠祀的重修、乡贤祠内的奉祀等重要地方地理与文化景观,也因为施闰章而有了重大变革。简言之,施闰章个人对家族的记忆与重构,相当程度地影响了宣城地方的公共历史书写与记忆。

因此,这个例子的确在某个程度上显示一种个人记忆与集体记忆互相渗透影响的作用。不过,借着分析施闰章对过去事件和人物的形塑过程,我并非要单单凸显线性时间观念中后者对前者(或现在对过去)的操弄能力,其实"时间"面向总是以更复杂重叠的关系存在;"过去"与"现在"总以某种复合的方式联结,展现在人的记忆与认同中。同样地,个人记忆与集体记忆的交织影响亦然。以施闰章的例子言,固然施家的家族历史、家学风范,甚至某些宣城的公共集体记忆,在某种程度上都倚赖他个人的建构而成形,但施闰章并不是一个凭空捏造历史的虚构者,许多属于过去的记忆其实深刻地刻画在他的身体与生命经验中,"过去"并没有真正地消逝:母亲的期望、父亲的教诲与遗憾、祖父未能实现的理学志向、施家祖先们长久以来的失败都以某种方式烙印在施闰章的生命中,成为他人生理想与目标的一部分,而过去的人物与风华也随着他人生的历练与成就,借着他的叙述与作为,而获得崭新的意义。

再者,我们从分析施闰章在家学与自我间的认同问题,可以看到施闰章如何以当时普遍流行的阴骘思想来涵摄"学道"与"为文"二事,来理解理学家成圣的理想与投入地方教化的讲学事业。虽然他仿效过去理学家在白鹭青原间再举讲会的作为,但他的行为既不像邹守益、罗洪先等发自对性命义理的追求热望,亦非纯粹虚伪的政治作秀,而是在他信仰的阴骘思想中,理学的讲学活动成为一种可以与端谨守礼、孝敬长辈、发扬家学、公正判案、救贫活民、帮助朋友、改变风俗等行为并列的善行。这不仅让我们看见,一个人可能以其独特的方式资取文化资源而形成其独特的认同,即使运用相同的语言或仿效相似的行为,其语境与文化意涵亦会有所变易。此个案也显示在阳明讲学风潮渐衰的清初,理学所标榜的道德人伦、人物风范,仍可以附和着各种思想形态而存留,并转化内涵。

理学与妇女

《妇女与明代理学的性命追求》是我参加"中研院"近代史研究所举办的"近代中国的妇女、国家与社会（1600—1950）"学术研讨会（2001）所发表的论文，这个研讨会由游鉴明教授主办，非常盛大成功，会后又编辑三本论文集出版（2003），在中国妇女史研究中有相当的影响力。我很高兴有机会参与这个盛会，写了生平第一篇和妇女史有关的论文。

妇女史和性别史研究在我求学时期已非常盛行，我所修的各种课程几乎都会特别安排关于妇女或性别的讨论，1990年代也出版了许多关于中国妇女史的重要著作。不过，我自己的博士论文完全没有妇女的踪影，当时常有人问我"阳明讲会中有妇女参加吗？"我总是斩钉截铁地回答"没有"。这些问题开始让我思考女性与理学的关系。我在写作此文时主要想问的问题是：理学和妇女的关系如何？女性有可能成为理学家吗？我利用明代理学家文集中的妇女传记，理学家与女性家属互动的史料，思考理学家对妇女教育与人生意义的看法。虽然我找到少数妇女涉足理学领域的记载，但整体而言零星而稀少，比起其他宗教能提供妇女在心灵层次上的追求，理学明显更属于男性的学问。本文若能配合《阳明学士人社群》（2003）一起阅读将会更有感受，本文出现大量理学家的名字，他们的讲学活动与思想，书中有更详细的讨论。

《女子与小人可谈道：杨甲仁性命之学的日用场景》的主角是杨甲仁，杨甲仁对于妇女投入儒家性命之学的追求比大多数的明儒都更肯定与支持，他的侧室周氏算得上是一位女性理学家。尽管知识程度不高，她和男性学者间有师徒情谊，也可以大方表述她修道悟道的经验，她的经验还被记录成文字存留至今。杨甲仁的门人中也不乏商人走卒，他和仆役间的互动对话也常围绕着理学修身工夫，他的文集留给我们更多生动的庶民讲学的情景。

这篇论文原刊于《新史学》(卷21期2，2010)，我把它放在"理学与妇女"的主题下，因为它描述了一位女性理学家，部分响应了上一篇文章所问的问题，但其实妇女史仅是其中的一个面向，泰州庶民讲学遗风在清初的发展也是非常值得留意的面向，杨甲仁的思想有浓厚泰州学派的影响。

杨甲仁的著作《愧庵遗集》典藏于"中研院"傅斯年图书馆，当时尚未重刊出版，书中记载不少与杨甲仁问学的人物事迹，这些人物多半是小儒、商人，甚至仆役。我本想利用这些史料进一步追索来重建明清之际四川地区的讲会历史，但可惜未能找到更丰富的史料，只好作罢，最后写成这篇以杨甲仁个人讲学及其支持妇女讲学求道的论文。

第五章
妇女与明代理学的性命追求

一、前言

儒学是不是宗教是个复杂的问题①，不过明代理学的确在许多方面展现高度的宗教性格。除了政治意味浓厚的庙祀制度和传统的祖先崇拜外，从学者个人的修养工夫和经验上看，理学家们长期致力于静坐涵养的操持，许多人的确拥有宗教性的神秘契悟经

---

① 从十七世纪早期中国和西方密切相遇后，西方汉学家不断用启蒙的观念重塑中国传统，尤其在宗教领域，以犹太—基督教的许多基本假设来界定宗教，把中国儒教说成是一世俗、不具宗教性的文化，这样的看法在中国知识分子间得到相当的回响。五四以来，知识分子大都坚称儒教不是宗教，即便它有明显宗教性。然而到底什么是宗教？"宗教"这个词既是十九世纪晚期才传入中国的外来语汇，宗教的定义又不能离开文化而独立界定，因此这个问题并不是可简单回答的，学者们也都一再强调儒学有别于犹太—基督教的宗教意涵。即使如此，晚近确实有许多学者侧重儒学宗教性的探索，如杜维明、Rodney Taylor分别著书说明儒学的宗教性，只是Taylor采取以基督教观念来讨论中国儒学的做法，有待商榷，其立论亦略嫌简单；Roger Ames也在强调中国有别于西方的超越观念下，说明具中国思维特质的宗教性。而黄进兴则从中国儒释道三教互比的角度，探讨两汉以降儒教，说明其从作为官方宗教扩展到民间宗教的过程。黄进兴，

验[①];极力注重向内在心体最初的意念上省克的工夫,使得晚明理学在对"过"的敏感度上可与清教徒传统相提并论[②]。从日常生活的活动上看,除了个人每日的修身省过和撰写日录,甚至早晚的诵仪外[③],理学家们所兴起的讲学活动,除了社交性质外,也带有若干近似宗教团体的性质,成员们彼此勉励、省过、教导、讲论、分享、印证,以坚立彼此献身圣学的志向,讲会甚至扮演了讲学传道的角色[④]。就对生命永恒性的追求而言,虽然理学论述仍然没有清楚构想一个死后的世界,不过却已碰触了个人生存不朽的课题。个人的生命得与宇宙万物中主宰流行的道体融契合一,成为许多理学

《作为宗教的儒教:一个比较宗教的初步探讨》,《亚洲研究》,期23(1997年7月),页184—223;Wei-ming Tu, *Confucian Thought: Selfhood as Creative Transformation* (New York: State University of New York Press, 1985); Rodney Taylor, *The Religious Dimensions of Confucianism* (New York: State University of New York Press, 1990); Roger Ames and David Hall, *Thinking from the Han: Self, Truth, and Transcendence in Chinese and Western Culture* (New York: State University of New York Press, 1988)。相关问题亦参见,山下龙二,《阳明学の宗教性》,《阳明学》,号7(1995年3月),页2—22;黄俊杰,《试论儒学的宗教内涵》,《台大历史学报》,期23(1999年6月),页395—408。

① 陈来,《心学传统中的神秘主义问题》,收入氏著,《有无之境——王阳明哲学的精神》(台北:佛光文化事业公司,2000),页581—624;杨儒宾,《理学家与悟——从冥契主义的观点探讨》,收入刘述先主编,《中国思潮与外来文化——第三届国际汉学会议论文集(思想组)》(台北:"中研院"中国文哲研究所,2002),页167—222。

② Pei-yi Wu, "Self-Examination and Confession of Sins in Traditional China," *Harvard Journal of Asiatic Studies*, 39: 1, pp. 5–38。王汎森,《明末清初的人谱与省过会》,《"中研院"历史语言研究所集刊》,本63分3(1993年7月),页679—712。

③ 王汎森,《日谱与明末清初思想家——以颜李学派为主的讨论》,《"中研院"历史语言研究所集刊》,本69分2(1998年6月),页245—293;王汎森,《明末清初儒学的宗教化——以许三礼的告天之学为例》,《新史学》,卷9期2(1998年6月),页89—123。

④ 吕妙芬,《阳明学讲会》,《新史学》,卷9期2(1998年6月),页45—87。

家最终极的追求，也是他们在面对生死时的真正关怀①。属于上述这些宗教性的操持与关怀，是明代理学讲论的重要内容，也某种程度削弱了理学的政治意涵，强化了超越的境界。

既然晚明理学家重视的"不朽"意涵已明显脱离以立言、立功等外在成就而名垂青史的意义，转而讲究因着身体实践使自身道德与天地道体密契的生命境界，他们不仅在道德性命的修养上益加讲求精密，也更加确定人生存的一切价值最终当以自身道德修养的实际为判准。相对地，政治功名、富贵声望、寿命长短、人间祸福等，或许仍有透露天理的参考意义，但绝无法与自身良知灵明的精微、时时体道行道的道德实践相比拟②。这样的发展代表着理学到了晚明，在其自身发展与其他宗教密切融合的过程中，确实有更重视自我追求超越境界的趋向。既然这些理学家对生存的意义有如此深刻的体认，这体认是否促使他们对儒家传统所规范的男女分工有

---

① 例如明儒王时槐说："古人有所谓不朽者，夫身外之物固必朽，文章勋业名誉皆必朽也，精气体魄灵识亦必朽也，然则不朽者何事？非深于道者，孰能知之？"胡直："夫性命之精，不以生存，不以死亡，故老子曰：死而不亡曰寿，其谓不亡，非后世名与教之云也，彼其身有不可亡者，虽后天地长存可也。"邹元标："世间科名不少，究竟与草木同朽。"可见只有深造于道，才能契于不朽，而如何契悟道体以达不朽，也成了许多明理学家最关心的课题。见王时槐，《塘南王先生友庆堂合稿》，卷6，页4a，收入四库全书存目丛书编纂委员会编，《四库全书存目丛书》（台南：庄严文化事业公司，1997），集部，册114。胡直，《梁陶贞白先生集序》，《衡庐精舍藏稿》，卷8，页60b，收入纪昀等总纂，《景印文渊阁四库全书》（台北：台湾商务印书馆，1985），册1287。邹元标，《答陆钟阳孝廉》，《邹子愿学集》（东京：高桥情报，1990），卷3，页4b。亦参见傅伟勋，《死亡的尊严，生命的尊严》（台北：正中书局，1993），页162—164；吕妙芬，《儒释交融的圣人观：从晚明儒家圣人与菩萨形象相似处及对生死议题的关注谈起》，《"中研院"近代史研究所集刊》，期32（1999年12月），页165—207。
② 参见吕妙芬，《儒释交融的圣人观：从晚明儒家圣人与菩萨形象相似处及对生死议题的关注谈起》；吕妙芬，《阳明学士人社群：历史、思想与实践》（台北："中研院"近代史研究所，2003），第8章。

进一步的反省而提出突破性的看法？女人的生命是否也同样必须透过自我从事性命操持才能契于不朽？理学提供女人从事性命之学、学做圣贤的途径吗？或者，"女圣女贤"在理学论述中有何意涵？而如果理学并没有提供女人从事性命之学的途径，难道女性真的不曾有过从事此种修养的渴望或亲身操持的可能吗？理学真的始终没有女人涉足的痕迹？本文主要想回答上述的问题，所考查的对象主要是明理学家庭中的妇女，因此都是上层社会的妇女，并不包括中下阶层的妇女；所使用的材料主要是明代理学家为女人书写的文字，以现存理学家文集看，这类文字主要是寿序和墓志铭。

虽然因着材料为男性文本的关系，本文许多分析只能局限于理学家对女性道德的理想规范，无法触及女人的想法，然而这些材料仍提供了关于明代理学家庭中男女角色关系的讯息，其中更有一些文字揭露了女性对理学的好奇与追求，让我们在理应是男性专享的理学世界内发现些许的女性踪迹，也让我们看到女人在其受限的环境中，实现其性命追求的可能做法。

本文主要分三部分：第一，分析理学家书写女性的文字内容，说明儒学对女性道德的主要要求，尤其在妇德与母教方面，也试图说明在科举日难、讲学兴盛、宦游平常的明代社会中，士家族中的女性所担负的家庭重职，以及许多男性对女性的依赖，甚至愧疚。第二，从理学家的观点说明"女圣""女贤"的意涵仅止于"母以子贵"模式下的意义，理学家并未能将自身修德的价值运用于对女德的界定，理学论述中完全不涉及女性可能透过身体修养以契悟道体而不朽的层次。第三，虽然因着男性的书写，大部分的文献都让我们看见女人如何接受了男人所规范的道德，在家庭事务中实践，然而仍有少数理学家陈述了他们生命中亲密的女性如何渴望闻道、涉足理学的例子。同时我们也看见某些理学家对于女人应该预备自己以坦然面对死亡的课题相当关注，既然理学在这方面无能为力，一些人也欣然接受佛教的途径。这个现象也提供我们理解晚明三教融合的另一个视角。

二、理学家心目中的女德

理学家所构想的学习进程与目标，最重要的就是《大学》所规范的：格物、致知、诚意、正心、修身、齐家、治国、平天下。这八个步骤都是针对士人之学而言，当然主要以男性为对象。从其所涉及的范围而言，虽然修身、治国、平天下之事与女人无直接关联，然而女人却在家庭内政上扮演了极重要的角色，甚至是男人得以实现《大学》理想的关键助力。本节主要讨论儒家对女性道德的看法，以及女人如何承担家庭重责、资助男人对圣学崇高的追求并负责教养儿女的工作。根据的文献主要是理学家为女人所写的寿序和墓志铭，虽然这类应酬文字的纪实性值得怀疑，这些作品在对母亲和妻子品德与行为的描述，通常呈现一种典范式的书写，但我们仍可以从这些对女性的典范书写，反观书写者对女性道德的观点与期许。

在儒家的构想里，女人被赋予掌管家庭内政的责任相当繁重，聂豹（1487—1563）曾说：

> 予读周南桃夭之诗，叹女贞系家邦之兴替尚矣。谓宜其

家人者，言一家之人也，上自曾祖考妣，次祖考妣，次翁姑夫子，又次则所生之子女，与子女之妇、妯娌臧获之类，皆是子之所宜者。①

上对长辈的孝养、对丈夫的辅助、下对子女媳妇的教导、旁及嫡庶之间和妯娌之间的相处，以及对仆役婢女的管理，都是女人的责任，可以说把维系整个家族正常和谐运作的责任都加诸妇女身上。王畿（1498—1583）对其亲家母何夫人（1494—1581）②在家庭内政上的成就，有如下的描写：

夫人淑慎敦默，勤于阃内之务，其裼身不为矫饰，虽女子亵御日在侧，未尝见其袒衣与其见齿之笑。严于祭祀，四时馈奠，涤器具修，必致其洁。事太夫人虔而有礼，和柔静密，尤善处嫡庶之间，溥惠泯嫌，人未尝少见其隙，待诸子若女，慈爱恳至而不失于训，治家积累丝粟，能澹泊搏约于既贵之后，至于周贫恤孤，脱簪鬻珥以济之，有所不靳。其于族里，虽褫被琐缕，遇之未尝有忽；其于娅戚之党，虽疏远之姻，岁时粟枣羞脯之问，厚之未尝不如近姻，以是族人皆曰：夫人有德于我；其姻戚皆曰：夫人未尝失礼于我。③

---

① 聂豹，《袁母胡孺人墓志铭》，《双江聂先生文集》，卷6，页66b，收入《四库全书存目丛书》（台南：庄严文化事业公司，1997），集部，册72。
② 何夫人为何鳌（1497—1559）之妻，出身萧邑沈氏名族。见王畿，《诰封何母沈夫人行状》，收入氏著，《龙溪王先生全集》，卷20，页43a—47a，收入《四库全书存目丛书》（台南：庄严文化事业公司，1997），集部，册98。
③ 王畿，《寿何母沈夫人七秩序》，《龙溪王先生全集》卷14，页47b—48a。

从这段文字，我们看见女性持家的范围还不只于自己家庭之内，甚至与远近亲戚乡党间的礼尚往来与和睦相处都涵括在内。而王畿对何夫人美德的描写，也完全符合儒家对女德的理想要求。儒家对女德的要求，可以简单地归纳如下：对待长辈要孝顺，包括对逝者要谨于祭祀，对生者要尽心奉养、曲从其心；对待丈夫要谨慎合礼、全心辅助丈夫完成其志向与责任，包括勉励、支持丈夫向学的志向和朋友社交，也包括传宗接代的责任，若自己不能生育，应主动为夫置侧室，并以宽慈善处嫡庶关系；教养子女要爱且不失严训，并为之善择良师，使之向学成器；对待姒娣要能和谐、溥惠泯嫌；对待臧获奴婢要慈惠宽大[①]。至于女性个人的性情与品德，则以安静、沉着、俭朴、勤劳、宽惠、好施为尚，所谓"贞静幽闲端庄诚一，女子之德性也"[②]。这些基本上就是传统女教书籍中对女德的要求[③]，同时也是当时社会、思想加诸妇女的"正规属性"和期望。而在明理学家为女人撰写的墓志铭和寿序中，也普遍地转述着、歌颂着这样的女德，底下仅举几个例子为证：

据聂豹的描写，宋仪望（1514—1578）的母亲钟氏是阌田闺秀，据说当时"闺秀之出阌田者，往往称贤"，而宋仪望的母亲又是其中出名的贤女，未出嫁时早有美誉[④]。聂豹对钟氏这位贤德女性的描写如下：

---

① 这些美德要求可以从女人传记中轻易发现，亦可见于女教书籍内容。关于明代女教书的研究，参见王光宜，《明代女教书研究》（台北：台湾师范大学历史学系硕士学位论文，1999）。
② 《内训》德性章第一，见张福清编注，《女诫：妇女的规范》（北京：中央民族大学出版社，1996），页23。
③ 参见《女诫》《女孝经》《女论语》《内训》《闺范》等书内容，同上注。
④ 聂豹，《敕封宋母钟氏太孺人墓志铭》，《双江聂先生文集》，卷6，页69a。

> 性静默谨厚，勤女工，精中馈，不习侈靡绮丽，如女师然。迨其归也，浃月而内政改观，抚前室之子女不啻己出，孝养翁姑、和妯娌、慈臧获，罔不得其欢心。①

胡直（1517—1585）描写胡舜举（1522—1576）的母亲刘孺人如下：

> 性静悫，归君得顺道，虽居华腴而持俭澹，非大庆吊无逾闺阈，事尊章礼尤至，臧获有过，亦微让之而已。始自度艰子，即赞君置侧室，已又赞之增置，睦若娣姒。无何，连举子又抚若己出，稍长，赞君延礼名师教育，恐后诸子林林诜诜如也，孺人贤可知已。②

周汝登（1547—1629）对自己的嫡母描写如下：

> 太安人生而幽静，不妄言笑，及笄，归府君，低头一室，或疑少能，既庙见，精刺枲馑饎之事，能先诸姒，事舅姑以善养称。府君蚤年生产未裕，而太安人拮据匍匐，以勤佐理，府君业儒，所与交者过论学，则操作供具，不言匮。既贵，用稍优，而布裳蔬食不易，其素待诸妯娌，能使皆化于和，非庆吊大节，履声不越于阃。③

---

① 聂豹，《敕封宋母钟氏太孺人墓志铭》，《双江聂先生文集》，卷6，页69b。
② 胡直，《螺溪处士胡君偕配刘孺人墓志铭》，《衡庐精舍藏稿》，卷26，页12b。
③ 周汝登，《嫡母丁太安人行状》，《东越证学录》，卷14，页26b—27a，收入沈云龙编，《名人文集丛刊》（台北：文海出版社，1970），册25。

以上这几段描写可以说明晚明理学家心目中的女德理想正与传统儒家女教相符。本节下文我想集中讨论妇女身为人妻和人母这两个重要的角色，特别是在许多理学家庭中，女人如何辅助丈夫和儿子从事圣学。

（一）妇德

关于妻子的角色，《易·坤》六三爻曰："妻道也，臣道也，地道无成而代有终也。"王宗沐（1523—1591）据此说明：为妻之道与为臣之道相似，均以"顺"为主，平常君王和丈夫是为首的，臣子和妻子是顺从者，然而处变故之时，臣子要负起辅幼主的重责，妻子也要寡居守贞，身代夫职地担负孝养、持家、教子的责任[①]。简言之，为妻之道应当要作为丈夫的贤内助，而儒家对于女人内助之贤主要标榜妇德和母德两方面[②]，母德专指对儿女的教养，妇德则指襄助丈夫孝养父母、管理一切家庭内政，此即聂豹所言："以所事言有妇道焉，以所字言有母道焉。"[③]虽然妻子的角色是丈夫的内助，是顺从丈夫的领导，不过从明理学家的书写中，我们却发现女人在许多方面成为丈夫的倚赖，尤其在家庭经济的生产和管理上，而对子女们的教养和督导，女人也经常比男人担负更重的责任。这个现象相当普遍地存在于受儒学影响的中国家庭中，Susan Mann对

---

① 王宗沐，《寿岳母夫人林氏六秩序》，《敬所王先生文集》（日本：高桥情报，1990），卷5，页31a。
② 周汝登："古称内助之贤惟是妇德母仪。"见周汝登，《喻母丁太安人寿序》，《东越证学录》，卷8，页32b。
③ 聂豹，《谢母徐孺人墓表》，《双江聂先生文集》，卷6，页79a。

十八世纪的研究指出类似的情形①,研究近代儒学文化中的家庭角色与关系的学者,也指出类似的情形②。

从理学家的书写中,我们发现身为士人的丈夫完全不理会治生之事,而将家庭经济责任推给妻子的情形相当普遍。举例而言,聂豹在为其妻宋氏所作的墓志铭中提及,当妻子宋氏(1488—1545)嫁到他家时,家道已中落,妻子焦劬于内理,毅然以身代夫职,未及五个月,"资装筐筐诸所有咸易值为子母之息,并臼之暇,辄事机杼,孳畜盖藏,并若有方,鸡豚鹅鸭,群而腊醢,盐酱豉用,足而不乏,又善酿酒旨而利倍"。从此聂豹不必挂心祭祀之事和对父母亲的奉养,而其与师友宗党戚旧之间庆吊馈遗之费,也完全由妻子负责打理,他因此得以专志于学。宋氏非常勤俭,筹度有序,对于家政的管理更是尽心竭力,即使在她死前二日,仍"督数婢子负廥绩",死后家人"断其残机,得苎绵布为丈者百二十奇,启箧笥稽所有尺线寸帛,裹袭整整,菽麦诸种类,瓮盎封闭,无鼠虫啮蚀之迹,木头炭屑有陈积数年不用者"。宋氏死后,聂豹除了感念妻子对他的帮助,更"恸妻以忧勤至死"③。

像宋氏这样勤于治生的情形并非特例,事实上许多女人的传记都有类似的记载,胡森烈的女儿嫁到袁家(妻介庵公),胡氏初嫁时,袁家还相当富裕,然胡氏持之以俭,后来袁家为讼所窒,家道

---

① Susan Mann, *Precious Records: Women in China's Long Eighteenth Century* (Stanford: Stanford University Press, 1997), pp. 143—177.
② Walter H. Slote, "Psychocultural Dynamics within the Confucian Family," in Walter H. Slote and George A. DeVos, eds., *Confucianism and the Family* (Albany: State University of New York Press, 1998), pp. 37—51.
③ 聂豹,《敕封孺人进宜人宋氏墓志铭》,《双江聂先生文集》,卷6,页7a—10b。

日渐中落，胡氏便"粗衣草食，早夜率僮婢勤耕织，善鸡豚狗彘之畜，生殖繁滋，凡以相夫家之不逮者，种种相继"①。而无论家庭经济多么困难，平常生活所需必须尽量节约，但是祭祀宾客之事，则绝不能轻忽，因此胡氏仍设法做到"一觞一豆一簠一簋，凿凿务精洁，罔不称介庵意"②。

宋仪望的父亲宋闻义（1535年卒）性情倜傥，不愿意锱铢必较，"每以货贷人，或不能偿本，亦多置不问"，又因为家里连续举办婚事、兴建房屋、为儿子择师以习举业的花费，使得家事日益落寞，甚至称贷鬻产地度日，但宋闻义仍毫不为意③。对于这样的情况，妻子钟氏只能"私心隐痛"，还是亲自打理每岁粟米鱼盐酒醋牲豚鸡彘之事，以备祭祀宾客之所需和一切家计，然后将重振家道的希望寄托在儿子身上④。王畿的家庭也是由妻子掌管治生之事，王畿承认自己性疏慵、不善理家，妻子则纤于治生，"拮据绸缪，终岁勤动，料理盈缩，身任其劳"，使得家计日益富裕，不致蛊败涣散，王畿也因此得有闲暇逸志参与讲学的神圣志业⑤。沈宠（1537举人，1571年卒）虽出身大族，其家却十分贫困，沈宠又倜傥不事藏蓄，凡中馈井臼事，皆赖妻子崔氏晨夕勤事，工作张罗⑥。

张元忭（1538—1588）自述其父亲终岁馆于外，家庭经济困

---

① 聂豹，《袁母胡孺人墓志铭》，《双江聂先生文集》，卷6，页67b。
② 聂豹，《袁母胡孺人墓志铭》，《双江聂先生文集》，卷6，页67b。
③ 聂豹，《敕封宋母钟氏太孺人墓志铭》，《双江聂先生文集》，卷6，页69a—71a。关于宋闻义生平，亦见宋仪望，《华阳馆文集》，卷10，页15a—20a，收入《四库全书存目丛书》（台南：庄严文化事业公司，1997），集部，册116。
④ 钟氏平日督诸子必曰："女父年且老，家又日迫，女辈不自树立，即非夫也。"见聂豹，《敕封宋母钟氏太孺人墓志铭》，《双江聂先生文集》，卷6，页70a。
⑤ 王畿，《亡室纯懿张氏安人哀辞》，《龙溪王先生全集》，卷20，页110a—b。
⑥ 王畿，《沈母崔孺人墓志铭》，《龙溪王先生全集》，卷20，页85a—b。

窘，母亲变卖自己的妆奁帮补家用，又"手乳孤忡，而身兼操作，竭潞灑以奉事先大父母"①。胡直在刚结婚时，家境贫困至极，其自述道："毕婚时，予荣且窭，先世无尺宅儋粟，上有祖母蔡太孺人高年，母周太安人孀居，下有两弱弟，靡为朝夕。"他新婚的妻子萧闰庄看到这种情形，惊愕异常。此时胡直开始出外授徒，萧氏则"渐鬻诸奁具，佐给俯仰，而自啖者率半菽，间出衣布应二弟束脩"②。胡直于1543年中举人，却屡次会试下第，此时家境"往往粮绝至浃旬，咸得安人脱簪，始见爨烟"。连祖母蔡太孺人去世时，所穿的敛服都是胡直妻子嫁时的新衣。这种拮据的情形一直要到胡直于1553年谒选句容教谕，以及1556年举进士后才改善。但萧氏简朴的习性已然养成，并不稍改③。

当然并非晚明的士人都不善治生或不过问家中锱铢之事，尤其当时士人兼营商业的现象愈加普遍，传统贫富良贱的观念也正发生变化。根据梁其姿的研究，当时"贫士"不再意味着品德高尚，反而有道德之不足的意涵，也有愈来愈多的士人感受到贫困的社会压力，以及治生的实际责任④；也并非所有的士人之妻都如此勤俭朴质、事必躬亲，目前对于晚明奢靡风气的研究已指出许多上层社

---

① 张元忭，《先妣刘安人行状》，《张阳和先生不二斋文选》，卷5，页19a，收入《四库全书存目丛书》（台南：庄严文化事业公司，1997），集部，册154。
② 胡直，《亡妻萧安人墓志铭》，《衡庐续稿》，卷9，页17b—18a，收入《景印文渊阁四库全书》（台北：台湾商务印书馆，1985），册1287。
③ 胡直，《亡妻萧安人墓志铭》，《衡庐续稿》，卷9，页18a—19a。胡直为学历程与心得，见其自传《困学记》，收入黄宗羲著，沈芝盈点校，《明儒学案》（台北：华世出版社，1987），卷22，页519—526。
④ 梁其姿，《施善与教化》（台北：联经出版事业公司，1997），页46—57。

会的妇女在衣着、品味上的追求和消费有前代无法比拟的程度[1]。但是，即使晚明的确正经历着经济活动、消费行为和社会价值的巨变，文人不善治生的习性与文人不屑治生的想法恐怕无法一时俱改，标榜专志苦读、重义轻利、清廉有守的士人精神也应仍深植于许多士人心中。这些向来陈义甚高的理学家若比一般人更标榜这样的精神也是极易理解的，例如周怡（1506—1569）就明白地说："自古圣贤皆从贫中做出来，饭糗茹草，若得终身蔬食曲肱，乐在其中，箪食瓢饮，不改其乐，此是吾人家法。"[2] 又如施誉（1602—1679）克遵理学家训，每叹"富贵多慆德，贫贱鲜堕行"，故终身穷老坦如也[3]。另外，尽管晚明江南服饰华丽流行之风昌盛[4]，而像刘宗周（1578—1645）以名儒清高之身不改贫生本色，亦让"士大夫饰其舆服而来者，不觉惭沮"，且多毁衣以见先生[5]。再由《明季

---

[1] 参见刘志琴，《晚明城市风尚初探》，收入上海复旦大学编，《中国文化研究集刊》（上海：复旦大学出版社，1984），辑1，页190—208；徐泓，《明代社会风气的变迁：以江浙地区为例》，收入"中研院"第二届国际汉学会议论文集编辑委员会编，《"中研院"第二届国际汉学会议论文集：明清与近代史组》（台北："中研院"，1989），册上，页137—139；林丽月，《晚明"崇奢"思想隅论》，《台湾师范大学历史学报》，期19（1991年6月），页215—234；林丽月，《衣裳与风教——晚明的服饰风尚与"服妖"议论》，《新史学》，卷10期3（1999年9月），页111—156；巫仁恕，《明代平民服饰的流行风尚与士大夫的反应》，《新史学》，卷10期3（1999年9月），页55—109。

[2] 周怡，《与方养德友》，《讷溪先生文录》，收入氏著，《周讷溪全集》（据清道光二十年燕翼堂刊本，"中研院"傅斯年图书馆藏），尺牍卷4，页34b。

[3] 施誉是施鸿猷之子，施闰章的叔父，其传见施闰章，《先叔父文学公砥园府君行状》，《学余堂文集》，卷17，页21a—25a，收入《景印文渊阁四库全书》（台北：台湾商务印书馆，1985），册1313。

[4] 巫仁恕，《明代平民服的流行风尚与士大夫的反应》，页55—107；林丽月，《衣裳与风教——晚明的服饰风尚与"服妖"议论》，《新史学》，卷10期3（1999年9月），页111—156。

[5] 黄宗羲，《子刘子行状》，《黄宗羲全集》（台北：里仁书局，1987），册1，页258。

北略》所记郑鄤以简朴勤俭的特征来取悦黄道周（1583—1646）的例子："黄道周雅重鄤，携夫人过，尝宿其家，见鄤妻惟布衣，内室惟列纺织具，佯作道学状，又事母极恭。"①看来，均可见道学家们多标榜的朴实勤俭之风，而"素朴贫困"亦仍然可能在奢靡的晚明江南社会中作为一种象征清高的符号。

这些对于女人勤劳掌管家庭经济的书写也可能同时具有纪实与摹写理想两种意涵。从文字书写表达某种儒家社会秩序理想的方面看，这些描述显然符合儒家对女人的规范，可能带有欲强调女人之勤劳与掌内政之能，或凸显其相夫志学的不凡见识，因此具有夸张的成分。正如Francesca Bray所论的，"女工"在传统儒家观念中，除了有经济意涵外，更是女性道德的象征，而明清儒者和官员们倾向于将女工视为女德的表现，将其视为维持社会秩序的教化意义甚为明显②。这些明代理学家所撰写的妇女传记，的确很可能更多反映了男性社会精英的社会道德理想，而非纪实。晚明之际，许多士大夫家庭的女性，已不必再亲自纺织以供家用，而是从市场上购得，但理想的女人形象未必能适时反映这种改变。

然而另一方面，这些文字的描述也可能有相当的事实基础，尤其对于穷困的士大夫家庭而言。中国妇女从事纺织的工作为时已久，这项工作实质上对家庭经济有重要的帮补作用，即使Francesca

---

① 计六奇，《明季北略》，卷15，页4a，收入续修四库全书编纂委员会编，《续修四库全书》（上海：上海古籍出版社，1997），册440。此数据由邱澎生提供，特此致谢。
② Francesca Bray, *Technology and Gender: Fabrics of Power in Late Imperial China* (Taipei: SMC publishing Inc., 1997), p. 257; see also Susan Mann, *Precious Records*, Ch. 6.

Bray所论在宋元以降，随着经济的发达，纺织业逐渐出现地域性分工、商人垄断、男性介入取代女性织工位置等情形，使得妇女经济角色更屈居边缘隐晦的地位，也并不表示妇女劳动力不再参与家庭经济生产；妇女虽然无法在蓬勃发展的商业活动和专业化技术中与男人竞争，获取经济和社会上显著的地位和利益，但绝不可能因此而卸下担负在肩上的家庭重责①。Patricia Ebrey对宋代女性的研究以及熊秉真根据众多年谱和传记研究明清之际的母子关系，也同样指出妇女负担家庭管理和生计的普遍情形②。

特别在明代科举竞争激烈的情况下，像胡直一样父亲早卒③、家境贫困却又考运不济的士子们，漫长的备考生涯使其更不可能全心投入生产事业，也更需要仰赖妻子在经济上更多的投入，以及在心理上更多的包容。尤其，那些热衷讲学的士人，又更需要妻子们的"知心"相助，毕竟为举业而辛苦，犹有功名利禄的期待；为圣贤之学而奔走，则只有另一番崇高的志向才能体会。士人之不

---

① 参看Francesca Bray, *Technology and Gender*, Part 2. 虽然Bray强调妇女经济角色在商业发展中被男性挤到边缘位置，尤其在丝布生产方面，男性专业取代女工，但是明末以前在棉布生产上，妇女劳动仍普遍，夫妇并作也一直是江南农家劳动方式。见李伯重，《从"夫妇并作"到"男耕女织"——明清江南农家妇女劳动问题探讨之一》，《中国经济史研究》，1996年第3期，页99—107；并参见连玲玲，《科技世界中的性别关系——评介Francesca Bray：*Technology and Gender*》，《近代中国妇女史研究》，期6（1998年8月），页266。

② Patricia Buckley Ebrey, *The Inner Quarters: Marriage and the Lives of Chinese Women in the Sung Period* (Berkeley & Los Angeles: University of California Press, 1993), pp. 115—119; Ping-chen Hsiung, "Constructed Emotions: The Bond Between Mothers and Sons in Late Imperial China," *Late Imperial China*, 15: 1 (1994), pp. 87—117; Francesca Bray, *Technology and Gender*, pp. 281—282.

③ 胡直的父亲胡天凤究心于理学，三十八岁即卒。见罗洪先，《明故赠刑部云南清吏司署员外郎晴冈胡君墓铭》，《念庵文集》，卷15，页41b，收入《景印文渊阁四库全书》（台北：台湾商务印书馆，1985），册1275。

善治生、不较锱铢，本来就隐含着一种具更崇高道德志向的意义；男人志在四方、广结朋友，也可以标榜一种心怀天下、好学求道的襟怀。而为人妻者既然全心顺从辅助丈夫，在面对丈夫的崇高伟志时，就应该要脱簪卸珥、全力资助，即使家庭经济再匮乏，自己生活再节缩，也要倾全力招待丈夫的志同好友，以示其能家晓事。《女论语》教导妇女待客之道就是要酒饭殷勤，一切周至，绝不可怠慢①。

讲学者的妻子们真的都能毫无怨言地支持她们丈夫的崇高心志吗？恐怕未必，至少胡直的妻子起初就很不高兴自己的丈夫"妄意古人之学"，胡直也清楚知道妻子的不怿之情，但毫不为所动②。宋闻义的妻子面对生性倜傥、不善治生的丈夫，也感到"私心隐痛"。重点是，女人的不情愿到底有多少力量？从男人的书写中，我们几乎看不到这方面的披露，所看到的例子都是女人衷心地支持丈夫的追求，至少是在既定的文化价值框架中求得自己的适应和改变③。我们经常看到这一类的描述：

> 故予（胡直）虽凉岁，一时门多伟夫名士车，即舍中罄竭，安人必力办酒浆蔬馔，俾予得罄欢，以上下古今为愉快，知予志意在也。④

---

① 见张福清编注，《女诫：女性的枷锁》（北京：中央民族大学出版社，1996），页18—19。
② 胡直，《亡妻萧安人墓志铭》，《衡庐续稿》，卷9，页18b—19a。
③ 胡直曾说他以为妻子始终不怿其学，但妻子则告诉他："吾习子凤怀久矣，吾岂不亟承之。"所以胡言感叹曰："乃其知予而翼之也。"见胡直，《亡妻萧安人墓志铭》，《衡庐续稿》，卷9，页18b—19a。
④ 胡直，《亡妻萧安人墓志铭》，《衡庐续稿》，卷9，页18b。

  孺人自武适儒，见惠江公服带褒博，玩诵图史，称古昔之高谊，于生产作业澹如也，悦而欲遂其志，常自作劳佐之。惠江公所友名士，常留信宿或逾月，殆岁无虚日焉，孺人自治酰醢，调膳肴丰且蠲，弗斁弗怠。①

  有训（王托）从先师学，取友四方，远越数千里，近或百里，多至逾年，少或逾月浃旬，盖不知其几，而孺人为缉衣峙粮，脱簪卸珥，亦不知其几，咸未尝有怨色怼言。②

  士致（蒋士致）初事举子业，闻山农颜师讲阳明先生良知之学，遂弃去游四方，门户事惟孺人一身任之，士致或数月或逾岁乃始一归相见，熙熙晏如也。丁未，余（即罗汝芳）道永新，庭谒士致，同行者数十辈，孺人出为礼毕，随具客茗，俄倾俱遍。余讶曰：谁谓士致贫耶，及窥其果核，竟人人殊，其约己而善蓄事，固多类此也。③

  这些文字所描写的是：许多理学家得以专志一意地，甚至千里远游地参与讲学、亲师取友，他们的妻子，无论是真心的认同或在

---

① 杨起元，《叶母吴孺人墓志铭》，《杨复所太史家藏文集》（东京：高桥情报，1991），卷5，页21a。
② 胡直，《王氏冠山墓记》，《衡庐精舍藏稿》，卷12，页13b—15a。
③ 罗汝芳，《永新蒋母李孺人墓志铭》，《罗明德公文集》（据内阁文库善本书影印，东京：高桥情报，1994），卷4，页75b。此类例子很多，如胡直《敕封张母廖安人墓志铭》记："水部故从王欧二先生学圣贤学，喜延四方同志士，安人办治惟所命，兢兢不敢后，可不谓难乎。"见胡直，《衡庐精舍藏稿》，卷25，页21b。

无其他选择下的认命配合，都是他们在物质上最大的供应者，在精神上最大的支持者，以及在履行家庭职责上最重要的替代者。

当明代阳明讲会兴盛之际，同志好友聚集的讲会被塑造成圣贤之学的理想园地，透过同志朋友的砥砺交修，才有可能追求成圣的境界，而"友四方之士"更是当时许多士人的理想，许多人不远千里地寻师求友，更有不少人以"东西南北人"自况①。这种求道志学的理想与落实，吊诡地将儒学首重的家庭伦常及男子的家庭责任都转移到女人身上。有时候，女人更在丈夫强烈的求道欲望下被要求极不合理地配合，讲学者中有人因为求道若渴，搬入寺中居住，"五年不入私室"，妻子则不但仍要躬给汤药，还变卖所有来持家②；有人在临死前必定要得到妻子守贞的允诺，在妻子断指表志后才瞑

---

① 吕妙芬，《阳明学者的讲会与友论》，《汉学研究》，卷17期1（1999年6月），页79—104。因强调取益四方而自称"东西南北人"的例子可见杜蒙："吾东西南北人也，若禀则不能遍游四方，亲师友以求益也。"参见杨起元，《明逸儒黄峰杜先生墓志铭》，《太史杨复所先生证学编》（东京：高桥情报，1990），卷3，页42a；罗汝芳："余亦思赋远游而为东西南北之人矣。"见罗汝芳，《书取益四方卷》，《罗明德公文集》，卷5，页47b—48a。至于这种远游的社会经济因素，主要是明代中晚期之后商品经济的发达，城镇和各省水陆交通频繁，商贾往来的热络。关于明末商书的程图和路引，参见陈学文，《明清时期商业书及商人书之研究》（台北：洪叶文化事业公司，1997）；关于明代旅游风气的变化，参见周振鹤，《从明人别集看晚明旅游风气的形成》，"明人文集和明代研究学术研讨会"，台北：汉学研究中心、中国明代研究学会主办，2000年4月28—30日。
② 饶思明本是习举业的县学生，后因得阳明《传习录》而翟然归道，"期必闻道死乃已"，从此他"言嘿动止，仅欲自信，深衣大带屏居沈思"，即使受到同辈指摘讥慢，也毫无影响。饶思明求道心切，竟然"居新兴寺中，五年不入私室"，其妻孙氏则"躬给汤药，亦五年不衰，囊箧尽，即脱簪珥，簪珥尽，日夜缫织足之"。后来饶思明病得严重，妻子去看他时，他对妻子说："吾已矣，无过悲，汝年少又无子，从汝志不禁也。"妻子一听，惊号曰："君疑我，岂忘平日言邪，万一不讳，终不令君妻事他人。"孙氏遂在饶思明断气前自绝。见罗洪先，《明故饶良士孙烈妇合葬志铭》，《念庵文集》，卷16，页8b—12b。

目①;有人直接跟妻子说"我家忠臣孝子俱有,但少一节妇耳",并指《列女传》训之②;也有人即使听到妻子去世的消息,仍选择留在同志间砥砺问学,刻不欲离③。男人对于自己在家庭职责和夫妻伦常上的亏欠,难道毫无感觉?当然必要的时候,儒家圣学的崇高理想、为君主尽忠的责任、男儿志在四方的教导可以让他们轻易找到借口。女人的奉献和牺牲也可以被文字转化成为有见识、能匹配丈夫伟志的美德,一种隐约和男人的圣学连上关系的成就。然而有时候,男人还是难掩其歉疚之情,例如罗洪先(1504—1564)在《奠亡室曾孺人》中就表达了自己对妻子极深的歉意:

> 呜呼,呜呼,自子于归以来,三十有五年,吾以学且仕,忧且病,与子居室者不过数年耳,虽远在数千里外,未尝以馈祀宾祭之事,一日戚吾之心者,子能知吾之心,敬承不违,虽

---

① 王象翘临终前,惧妻子有他志,对她说:"汝能终我事乎?"妻子罗氏掩泣剪发以示其志,王象翘还嫌不够,于是罗氏自断指以示之。罗洪先,《葛山王母罗氏六十序》,《念庵文集》,卷11,页86a。类似的例子,亦见欧阳德,《乐母欧阳孺人墓志铭》,《欧阳南野先生文集》,卷26,页14a,收入《四库全书存目丛书》(台南:庄严文化事业公司,1997),集部,册80。这一类以自毁身体,如割鼻、断耳、毁形等,以示不再嫁的行为相当普遍,参见吕坤,《闺范》,卷3,页52b—57b,收入郑振铎编,《中国古代版画丛刊二编》(上海:上海古籍出版社,1994),辑5。
② 周可学是理学家周怡的侄子,曾从周怡得知身心之学,憬然有契于中,他对于自己能够好学有一种超凡的自信,曾告诉母亲:"我等好学之人皆上天所降生,非凡流可比。"对于生死也有超然的见解,曾言:"人生如寄,不必畏死,惟洁身速化乃为善耳。"但是他竟然将自己的信念以如此无情的方式传递给妻子。参见王畿,《周生可学小传》,《龙溪王先生全集》,卷20,页105a—106b。
③ 周怡的妻子黄氏于嘉靖八年二月九日去世,周怡当时在南都,受业邹守益,他写信给父亲,表示自己造道心急,刻不欲离,在南都与同志朝夕相聚,无日不乐。见吴达可编,《周恭节公年谱》,收入周怡,《周讷溪公全集》,卷下,页6a。

勤瘁澹泊，能久安之，诚足恃也。自吾归田以来，十有五年，吾以讲学聚友外出者，岁不知其几矣，虽远在百里外，未尝以取与酬应之事，一日咸吾之心者，以子能知吾之心，敬承不违，虽其身甚弱，然不易病，即病亦不逾日遽愈，诚足恃也。……今为千古之别，乃病不知其时，药不辨其宜，殁不闻其语，殓不执其手，子其有遗恨于吾否耶？可悲也。……子其有深憾于吾否耶？可悲也。即子委命能不吾憾，吾出而反顾，莫为之主，入而独处，莫为之语，吾纵有四方之志，其终能恝然耶？可悲也。①

罗洪先的妻子曾浙（1505—1555）是个命运坎坷的女人，她一共生了六个子女，其中五人在稚幼时即去世②。当她临终时，罗洪先远游在外，返家时，妻子已卒一旬③，故罗洪先所写的奠文有极深的悲叹。从此篇奠文，我们读不出太多男女相思不舍之情，但有为夫者深沉的亏欠④。罗洪先着实记载了一位一生寂寞、持家奉献让丈夫得以学以仕的女人，他一声声"子其有深憾于吾否耶？可悲也"，恐怕正是了然于妻子之深憾，也是他对妻子无奈命运的哀悼。

---

① 罗洪先，《奠亡室曾孺人》，《念庵文集》，卷17，页44b—47a。
② Kandice Hauf, "The Jiangyou Group: Culture and Society in Sixteenth-Century China" (Ph. D. dissertation, Yale University, 1987), pp. 154—163.
③ 见胡直，《念庵先生行状》，《衡庐精舍藏稿》，卷23，页15a。
④ 罗洪先曾回忆说："往遭妻丧，以未得面诀，又屡见尼不之听，已而悔之，故哭之恸，五十之世，经此颇成内损。"可见其哀恸之情，见罗洪先，《与刘仁山》，《念庵文集》，卷4，页17b。

（二）母德

母教是儒家文化非常重视的妇女责任，也可以说是身为母亲最重要的责任[1]。一般而言，士大夫的家庭中，虽然儿子在学业内容上的学习与父亲有更直接的关系[2]，不过在启蒙、督诫、训勉等课子之事上，母亲经常担任更重要的角色[3]。王畿就曾说女子于课事之事，既优且勤，因此以教导督课而言，则优之之效，不在男子，而在女子[4]。尤其当时家庭婚姻的关系，强调"夫有再娶之义，妇无二适之文"[5]，故妻子死后，丈夫续弦是维系家庭生活正常运作的当然作法，极少有父代母职的情形；相对地，士大夫阶级格外重视妇女的贞节，因此寡妇身兼父职则十分普遍。因此，许多母亲扮演着儿子学术生涯的重要推手，尤其在父亲早逝的家庭中，母亲更扮演了牵引儿子可以以承继父亲致力圣贤志业的角色。

---

[1] 儒家对于母职的要求，教养之责胜于生育之实，事实上许多原配是不孕的，但妾所生的儿女都归在她的名下，受其扶养和教育成人，此母亲的职责使一位即使不能生育的女人（妻）仍能成为母亲（嫡母）。见Francesca Bray, *Technology and Gender*, Ch. 9。

[2] 虽然中国父亲很少亲自担任儿子的教师，反而多请朋友教之，此乃为保持父子间和谐关系与确保师训的功效。参考Wei-ming Tu, "Probing the 'Three Bonds' and 'Five Relationships' in Confucian Humanism," in Walter H. Slote and George A. De Vos, eds., *Confucianism and the Family*, p. 125。不过父亲仍然对儿子的学习和学术生涯有极深的影响，如许多家学在父子间传承。理学理想中，父子间能以道相成也成为一种理想的父子关系，如下文所论罗汝芳与父亲的关系，亦参见吕妙芬，《阳明学者的讲会与友论》，《汉学研究》，卷17期1，页79—104。

[3] Dorothy Ko, *Teachers of the Inner Chambers: Women and Culture in Seventeenth-Century China* (Stanford: Stanford University Press, 1994), pp. 158—159; Ping-chen Hsiung, "Constructed Emotions: The Bond Between Mothers and Sons in Late Imperial China."

[4] 王畿，《章母杨太君八十寿篇》，《王龙溪先生全集》，卷14，页38b—39a。

[5] 范晔著，杨家骆主编，《新校本后汉书并附编十三种》（台北：鼎文书局，1987），卷84，页2790。

儒家母教所强调的是爱而不失严,《女孝经》的母仪章便说:"夫为人母者,明其礼也,和之以恩爱,示之以严毅"①,吕坤(1536—1618)在《闺范》中也说其取舍立传的标准是:"母不取其慈而取其教,溺爱姑息,教所难也。"②书写母教的文字描述也多着墨于母亲的"严训",可见这是当时认可的教育标准。例如会稽杨毅庵公的孙女杨氏,自幼受教育,兼通书而习礼,嫁章畏斋③为妻。杨氏因为知书,所以口授书于三子,积十余年。在母亲的严格督导下,"无一人敢先昏鸡而寝,后晨鸡而兴,机杼轧轧与唇吻咿唔声相答和,过者闻之,无不倾耳却履,相与叹赏而后去"④。

沈宠之妻崔氏(1513—1560),"其教女也,爱不废严,其教二子也,严过于君,不事姑息,必择君同志端良者以为之师,里巷讴嚻诸剧戏事,禁不与狎。"长子沈懋敬少时偶从轻薄子游,崔氏召他跪终日,自己也跟着不吃饭,并"备述育养期望之意以诱督之";对待小儿子沈懋学(1539—1582)执傲的个性,崔氏则以眼泪劝其"毋忘尔父之训",使之驯谦。崔氏并未受过文字教育,不能读书,但当儿子们读书时,她总是"夜率篝灯绩纺以助其勤"⑤。刘应峰(1526—1586)⑥的母亲陈氏也是严厉尽责的母亲,她"性严肃,御

---

① 见张福清编注,《女诫:妇女的枷锁》,页11。
② 吕坤,《闺范》,卷4,页1a—b。
③ 此处杨毅庵、章畏斋为其号,不知其名,均出身会稽望族。
④ 王畿,《章母杨太君八十寿篇》,《龙溪王先生全集》,卷14,页39a。
⑤ 王畿,《沈母崔孺人墓志铭》,《龙溪王先生全集》,卷20,页62b。
⑥ 刘应峰,字少衡,号养旦,学于罗洪先,累官至江西参议、云南提学副使,与刘元卿共同讲学,其传见胡直,《贺刘养旦宪副归省齐寿序》,《衡庐精舍藏稿》,卷10,页19a—21a;耿定向,《明提督云南学校按察司副使刘公墓志铭》,《耿天台先生文集》,卷12,页16a—18b,收入《四库全书存目丛书》(台南:庄严文化事业公司,1997),集部,册131。

诸子妇不少假色词",即使媳妇张氏在富贵年长有孙之后,只要稍不称其意,陈氏辄面督过,必张氏悔谢乃已①。对于儿子的教育,陈氏非常重视,刘应峰从游罗洪先之门返,陈氏必问罗先生云何,令谨行之。她又时时"持绩器引灯"伴儿子读书,经常是"女红罢,书声亦休"。张元忭也说亲生母亲对待自己"至严","即一言讳误,必呵之",可是对待庶出的弟妹却姁姁以和;对待长媳曾不少假,对待二弟妇则未尝不色喜②。这种违反人性的作风,既是望子成龙殷盼下希望借严教以成子的表现,也是一种刻意行人之所难行的举动。如同吕坤作《闺范》刻意不取慈母立传,而取慈继母立传,主要也在取人之所难成,相信多少也有鼓励风尚的效果③。

　　寡妇因为身兼父职,儿子又是其最重要的倚靠和希望,甚至是其生存的理由④,因此寡妇通常对儿子的教导更加严厉,而且会把丈夫无法完成的志业,寄诸儿子身上。马文炜(1533—1603)的女儿嫁与王沼为妻,王沼因身体羸弱、读书攻苦而早卒,遗有二孤。马氏悲悼几死,既而曰:"孤在即夫在也,留薄命以立孤,不犹愈乎。乃口授二子书,及就外傅,则诘其日课,有废业,则挺诟之曰:'吾非以富贵望儿,所贵读书谨循名教,不忝所生耳。'"⑤欧阳蕙秀出身泰和望族,为欧阳熙(1451进士)之孙女,能通经书大义,有丈

---

① 刘元卿,《刘母陈太安人墓志铭》,《刘聘君全集》,卷8,页66b—67b,收入《四库全书存目丛书》(台南:庄严文化事业公司,1997),集部,册154。
② 张元忭,《先妣刘安人行状》,《张阳和先生不二斋文选》,卷5,页19b。
③ 见吕坤,《闺范》,卷4,页1a—b。
④ 许多女人传记都写着在丈夫去世时,为人妻者本坚决殉夫,最后都因家人以需抚养孩子为理由劝阻。
⑤ 吕坤,《明节妇马氏墓志铭》,《吕新吾先生去伪斋文集》,卷10,页35b—38a,收入《四库全书存目丛书》(台南:庄严文化事业公司,1997),集部,册161。

夫气概，十九岁即守寡，生一遗腹子乐葵（1488—1568）[1]。乐葵从十三岁选补郡博士弟子始，欧阳蕙秀总不忘诲饬，教其亲师取友，并告诫曰："孤儿当百倍惕厉，庶寡母有以下报乃父，不然，非吾子也。"[2]大学生彭琠因举业失败，郁郁不得志而染病卒，当时他的妻子刘氏才二十九岁。刘氏为了儿子的教育，除了聘礼名师训之，平日教导更是严厉，"稍佻达，即跪诸前而戒之曰：'汝父以不成名抱志泉下，吾所以忍死至今，日独念汝能成学，父为不亡，有如颠坠先人之声问，则不若无子'"[3]。如此恩威并施，动辄以寡母的艰辛和忍死的心愿、父亲的遗志来劝动儿子，更不惜说出"非吾子"这般严厉的语词，其中当然有复杂的寡母孤子情结[4]，与中国家庭中母亲的角色息息相关，然而这也是儒家所标榜母教的一部分。

丁彦伯（性甫）、丁美祖（中甫）是周汝登母族的亲戚，二人从周汝登游，学圣人之学。据周汝登所言，丁彦伯的父亲歧阳君早逝，母亲尹氏"褆躬饬行，妯娌有女圣之称"。歧阳君生前即勉励儿子留意圣学："尔从兹入圣门，亦知圣门何地？入圣门为何事？"而尹氏"能数举以示"，可见她对丈夫志向有一定程度的了解和支持。尹氏因为痛惜歧阳君一生赍志未竟，企盼儿子能克绍箕裘，因此鼓励他们参与讲学之会，"伯仲（案：彦伯、美祖）时赴讲会，归必问会中所语，有及忠孝信义处，亟加感叹，勉令实履

---

[1] 乐葵之传，见胡直，《乐处士十松翁墓志铭》，《衡庐精舍藏稿》，卷26，页6a—7b。
[2] 欧阳德，《乐母欧阳孺人墓志铭》，《欧阳南野先生文集》，卷26，页14b。
[3] 刘元卿，《彭母刘氏贞节传》，《刘聘君全集》，卷7，页74a—75a。
[4] 参见Ping-chen Hsiung, "Constructed Emotions: The Bond Between Mothers and Sons."

之"①。这位母亲和许多寡妇一样,扮演着在儿子身上传递父教的角色。

母教的表现除了严厉外,也注重为儿子创造好的求学环境,特别在择师取友方面。王畿说:"文伯之母传数千年者无他也,在成其子,谨择师取友而已矣。"②文伯之母是鲁大夫穆伯之妻敬姜,穆伯先逝,文伯出学而归,自以为成人,敬姜责以成王周公之道,文伯始能谨择师友而严事之,终相鲁③。陶侃(257—332)的母亲辛勤纺绩资给陶侃,使结胜己者,又卖断发以延客,是一个母亲如何为儿子在结交师友上所做努力的美谈④。明理学家在书写母教时,对这方面也十分重视,例如章畏斋之妻杨氏自己不喜重味,但在招待儿子的老师和朋友时,则令童子荷担而入市,归充庖俎⑤;沈宠的夫人认为事师之礼必要做到晨夕视馔,躬调以进⑥;杜质的母亲欣喜于儿子远游讲学,并且令次子杜资、季子杜宾一起参与讲学,晚岁家虽稍落,"然四方同志至其家,必尽出其所藏,饲之不少惜",而其自奉则非常简约⑦。郁达甫的母亲刘氏在丈夫去世后,为儿子的教育而搬家,儿子果然得以因里中君子,承肖诗礼之胄,后来里中建道馆讲院以讲学,刘氏和儿子更赞翊之,刘氏认为能游仁人以

---

① 周汝登,《丁母尹安人寿序》,《东越证学录》,卷8,页39b—42a。丁性甫与中甫的名字与小传,见牛荫麐修,丁谦等纂《嵊县志》(台北:成文出版社,1975),卷14,页27a。
② 王畿,《章母杨太君八十寿篇》,《龙溪王先生全集》,卷14,页39b—40a。
③ 见吕坤,《闺范》,卷3,页8a—10a。
④ 见吕坤,《闺范》,卷4,页28a—b。
⑤ 王畿,《章母杨太君八十寿篇》,《龙溪王先生全集》,卷14,页50a。
⑥ 王畿,《沈母崔孺人墓志铭》,《龙溪王先生全集》,卷20,页86b。
⑦ 查铎,《贺杜孺人八十叙》,《毅斋查先生阐道集》(东京:高桥情报,1991),卷7,页14b—15a。

成名比金钱之利更有价值,里人亦咸谓其为贤母①。

儒家母教的典范首推孟母,孟母的成就在于她积极地为儿子创造良好的求学环境,并且成功地引导儿子在道德上有所成,但是真正让孟母声名得以显扬,且超越其他母亲的,并不是孟母本身的德性,而是她儿子傲人的道德成就。孟母自然是理学家书写母德的最佳典范,而这种母以子贵的逻辑也主导了理学对女性道德的论述。下一节即就从理学家为母亲们所写的祝寿文字中谈论这个主题。

三、理学家观点下的女圣女贤

理学家们对自己致力圣人之学的理想与自负,即使在为师友的母亲写寿序或墓志铭时仍流露无遗,此节所引用文献主要是寿序之类的应酬文字,这些文字写作的主要目的,与其说是歌颂母德或生平事迹的忠实记载,毋宁说是男性师友社群间的社交文字,许多理学家在为母亲们祝寿的文字中,或对妇德、母德进行歌颂,最终仍归结于对彼此道德修养的肯定与互勉。

这些寿序文字主要从儿子和男人的角度出发,他们所关怀的是儿子如何才能荣耀自己的母亲,或者说当他们为母亲祝寿时,他们总要说明自己的学问志向如何与母亲的生命相关联。正是这样的关怀和思绪,许多理学家所写的寿序,都在"母以子贵"的逻辑下,

---

① 刘元卿,《郁母刘孺人六十序》,《刘聘君全集》,卷6,页42a—44a。

强调修德行道是最高层次的孝与寿亲的表现①，且归结于师友间的道德勉励，成圣不再只是个人或社群政治之事，更是儿子的责任，是孝的最高表现。例如周汝登为张宏甫母亲祝寿的文字便用了相当多的篇幅来说明做儿子的该如何修德以寿亲，其结语说：

> 是故善寿其亲者，不求之亲而求之身；善寿吾身者，不求之身而求之心。一识此心，而至人、至寿、至孝，当下自全，可与明是义者，惟我同志。故今于宜人之寿而重为宏甫勖，兼为诸子言。不然，犹夫人之为寿而已也，岂称我辈相期之至谊哉。②

周汝登又曰：

> 惟是余所以寿人母者，皆责之子若孙，务在立己行道，身为贤圣，而因以显母为贤圣人之母，十余年来，朝免〔晚〕娓娓与诸君言者，无非是义。③

---

① 例如邹德涵："古之寿以道，今之寿以年。夫夫也，知所寿矣，夫道与天地同悠久，仁人敬身以永其命，孝子敬身以永其亲，皆是物也，若欲吾寿乎，则在若矣。"见邹德涵，《寿秋江萧公七十序》，《邹聚所先生文集》，卷2，页7b，收入《四库全书存目丛书》（台南：庄严文化事业公司，1997），集部，册157；又见，邹德涵，《贺母萧宜人六十寿序》，《邹聚所先生文集》，卷2，页32a—34a。耿定向在为刘少衡母亲写的寿序中称赞刘少衡以为"孝莫大于养志"，实能真正显扬母德。见耿定向，《寿刘母陈安人六十序》，《耿天台先生文集》，卷11，页37a—39a。
② 周汝登，《张母应太宜人寿序》，《东越证学录》，卷8，页31b。
③ 周汝登，《王母马安人寿序》，《东越证学录》，卷8，页37b。

罗汝芳（1515—1588）为同学朱可夫的母亲祝寿时也写道："可夫诚能知本于格物，慎独于诚正，立则于修身，吾见孺人之寿行，将以天地为纪，以万物为养，而垂之今古无朝夕矣。否则，求无忝其身弗可得也，而况事其亲矣乎。事亲犹未能也，而况寿之矣乎，可夫勉之。"①同样强调儿子修身以寿母亲，并归结于同志之间的互相勉励。查铎（1516—1589）为杜质母亲所写的祝词也以修德相徼作结："使杜子之学日益充实，日益光大，杜母之心虽啜蔬饮水有余乐矣。然则杜子之寿其母与吾人之为杜母寿，惟此自修之意交相徼耳。"②

这些文字提醒我们，理学家以宗教般的热忱投身于讲学成圣的事业，其意义被延展扩伸于社会生活的每个层面，不仅从个人生命价值的追求到平天下的伟大愿景③，从出仕立志为帝王师的豪气到居乡投身教化易俗的作为，即使在他们经常亏欠最多、最无力分担的家庭经济和日常人伦上，他们也能够用"母以子贤而行著""贤内助"的逻辑来弥补，让母亲和妻子的奉献或牺牲，因着分享儿子和丈夫的道德光环而有意义。寿序的写作焦点经常集中在男性的事业，即使在为母亲们祝寿时，他们最关怀的仍是自身"超乎凡人"的成圣志业。

讲学同志间形成的特殊社交团体，其活动当然不仅于问道论学，也包括婚丧祝寿等活动，例如周汝登与十几位讲学同志相约，

---

① 罗汝芳，《寿亲说》，《罗明德公文集》，卷3，页80a—b。
② 查铎，《贺杜孺人八十叙》，《毅斋查先生阐道集》，卷7，页13b—16a。
③ 晚明理学家非常强调以讲学而"明明德于天下"的经世理想，参见吕妙芬，《儒释交融的圣人观：从晚明儒家圣人与菩萨形象相似处及对生死议题的关注谈起》。

"凡同志之父母有庆，则皆升堂拜贺，而更为词以相勖"①。这些寿序格外强调同志间修德励志的重要，也标榜了讲学的崇高和特殊。这样的讯息在杨起元（1547—1599）所著《孟太夫人祭文》中也得到清楚的表达：

> 某等生非尽同乡，出非尽同年，仕非尽同官，而敬母，而哀母，则有出于同乡、同年、同官之外者，以学同志也。夫学同志者，虽百世之上，百世之下，莫不感通也。今子鲤诚益进其所学，无愧于轲，则将来以母比孟母者，不永有辞哉。②

当然还是子以修德进学尊亲的思想，不过这段文字透露了更多讲学者对于同志师友社群的特殊情谊与自负。理学家总认为他们比一般人更能荣耀自己的母亲，因为他们不屑于文学政事，而是以圣贤之学显亲，所谓"孝子之思寿其亲，其有大于以身为圣贤者乎？其又有大于尊其亲为圣贤之父母者乎"③。他们高举自己和讲学同志间以道为连属、因体道而贯通古今宇宙的超越性，并以此来尊崇母德。

明理学家对于女人修德成圣到底抱持何种看法？在极力强调道德自主性与修德以臻不朽的学风下，理学家是否将这样的信念推及女人的生命意义上？从祝寿的文字，我们的确看到了母亲被冠上"圣贤"的可能，也出现"身与贤圣比德而寿与太虚齐年"等意指

---

① 周汝登，《张母应太宜人寿序》，《东越证学录》，卷8，页30a。
② 杨起元，《孟太夫人祭文》，《杨复所太史家藏文集》，卷5，页47a—b。
③ 刘元卿，《寿潘母刘夫人六秩序》，《刘聘君全集》，卷6，页37b。

不朽的字眼①，然而它们的意涵又如何？底下周汝登这段话清楚表达了理学家对此问题的看法：

> 闺闱之行虽甚盛，不能自彰，每每征于夫若子，而至于所称生母者，则尤必以子显。我国家令典，体悉子情备至，凡所生母具得以子贵贵之，是故子郎官则母称安人，以至恭人、夫人，皆得视其子封号不二于嫡人，子遭时，可谓无不遂之情矣。然此犹孟子所谓人爵，得在外者耳。修我天爵，以报所生，则更隆重不朽，是故子而贤人，则母贤母矣；子而圣人，则母圣母矣。主爵之柄，贻恩之权，系我天君不由外假，孟子曰：人人有贵于己者，得之，可不谓甚便矣乎。人而悟此，斯为真能孝也。②

孟子之区分人爵与天爵，主要意涵在强调道德价值的至高性和自主性，儒家相信道德行为正是"系我天君不由外假"的全然自主，这样的理念同样是理学的核心信念。然而，周汝登这段话虽然引用这种人爵与天爵的区分，也强调为仁由己，却并未将这种意义运用于女人的道德上，仅以"母以子贵"的道德论述，让女性道德成为男性道德的附庸。

女人无缘政治，只能靠着丈夫或儿子的功名而取得政治封

---

① 周汝登，《吴氏郑太安人暨绍南吴公母子继寿序》，《东越证学录》，卷8，页22a。
② 周汝登，《张母陈安人七十寿序》，《东越证学录》，卷8，页27a—b。

号①，而女人的道德成就如何？虽然我们不能轻易说女人与修德之事无涉，正如前文所述，女人被赋予妇道、母道等掌管家庭内政的重大责任，儒家对女性品德也有严格要求，因此女人能够也必须依赖自己在家庭中所扮演的角色而获得道德肯定。然而属于女人的道德意涵仅止于此，至于体悟自己道德心体的性命之学，则仍然像政治一样，是女人遥不可及的领域。故周汝登在论母亲之成圣成贤时，完全套用政治领域命妇封号的逻辑，强调"子而贤人，则母贤母矣；子而圣人，则母圣母矣"。刘元卿（1544—1609）在推论何以历代母亲中，以孟母名声最显赫时，所提的关键理由并不在于母亲本人之所为，而在于儿子之道德成就②。由此可知，理学家从孔孟之学所领悟为仁由己、不由外假的道德自主性，其精微高超的意涵仅限于男性的世界中实现，而一切身外虚名毁誉均不能动摇的道德不朽，对于女人，则是空谈③。

女人的确是无缘于理学家的性命之学，至少理学家们是如此认为。刘元卿曾辑《女训》，他说："而上下古今贤媛哲姬，何德不有，未有涉理学之津者，独以其子为丘，则称孔母，子为轲，则称孟母云。"④他认为古今贤媛没有人涉足理学领域，女人之于圣贤之学，唯一的联系则在：由儿子道德成就所彰显的母德。王畿对自己的妻子曾发如此的感叹："使安人不为女子，可以与于儒者心性之

---

① 参见申时行等修，《大明会典》，卷6，收入《续修四库全书》（上海：上海古籍出版社，2002），册789。
② 刘元卿，《陈姐七十序》，《刘聘君全集》，卷6，页35a—b。
③ 关于在儒学论述中始终存在的男女不平等现象，以及女人被排拒在圣学论述与实践之外，参看刘人鹏，《近代中国女权论述》（台北：学生书局，2000），页18—49。
④ 刘元卿，《寿潘母刘老夫人六秩序》，《刘聘君全集》，卷6，页37b。

学,不然亦为敦行君子无疑也。"①可惜这样的叹惋并没有激发出挑战传统的新思维,仍然认为自己所讲究的性命之学和不朽境界,女人无缘实践。

既然女人无缘于性命之学,而性命之学又是唯一可以使生命达不朽的道路,难道女人的生命就必然与草木同腐?墓志铭和寿序的文字当然不至于如此无情,不过理学家们的确用了一套不同的标准来描述女人的寿与德。理学家对于自己的道德成就,绝不会承认也不会满意于可以由别人的作为来决定,但对于女性,则相信可以(也只能)因着儿子的道德成就而不朽。周汝登说:"人为圣贤则身不朽,此谓以至人赝至寿,身不朽则父母与之俱不朽,此谓以至寿奉至亲。"②此处"不朽"的意涵只限于显扬于当世或留名于青史,无涉于"闻道则能通昼夜、一死生"或"永此身与元会运世共不磨"这类以自身生命契归道体的不朽境界[3]。我们因此可以说,那被理学家们精思后所扬弃的"不朽"意涵,此时被请回挪用作应酬文章中的伟句。女人的生命真的可以不朽吗?理学家们似乎没有问过,更没有回答。

综上所论,虽然明理学家的道德论述经常摆脱外在声名富贵的缠累,而直究性命之源,透露着虽千万人吾往矣的道德勇气;对于生命价值的认定,也试图超越传统立功、立言的层次,在身体力行的道德实践中寻求不朽的意义。然而理学这种超越性的关怀与理

---

① 王畿,《亡室纯懿张氏安人哀辞》,《龙溪王先生全集》,卷20,页113b。
② 周汝登,《张母应太宜人寿序》,《东越证学录》,卷8,页29b。
③ 王龙溪,《王龙溪语录》(台北:广文书局,1986),卷3,页14b;周汝登,《东越证学录》,卷3,页15b;杨东明,《山居功课》(东京:高桥情报,1991),卷10,页14a。

想，并无法将女人纳入其间，提供女人一条可以修身养性的途径。即使理学家们相信人人有具足的良知，相信愚妇愚夫的良知与圣贤无异，相信人人可学为圣，但是女人却被排拒在"人人"之外，没有路径可以趋入圣学之域。他们对女人道德的看法，仍旧停留于传统以家庭角色的扮演来要求女人做到贞静幽娴、端庄诚一、勤朴慈惠、宽和曲从，要求女人必须无条件为配合丈夫的道德理想而牺牲奉献。男人则在发出几声"真知吾心"的赞叹后，再以自己的道德追求和兴趣转移给女人某种与道德关联的名衔。他们为女人构想的最佳生命境界，是圣贤的母亲，因为身为母亲，女人完成了儒家最重视的对家族延续的责任，能教养出圣贤儿子，则是母仪的彰显，母亲也因此而得荣名。在这套构想里，女人本身的道德意念和心体性灵其实无关紧要，要紧的只有儿子的表现。以理学家们善于思辨的心灵，他们真的相信这种"母以子贵"式的"女圣""贤母"得以真正的不朽吗？我相信并不。"圣母贤母"的意义至多是如孟母般因孟子之德而名垂青史，这是他们构想女人生命所能达致的最高境地了。在理学论述中，女人其实无分于道德修养的追求，成圣始终不是女人的职分①。

四、女人与理学的性命追求

正如前文所论，墓志铭或寿序之类的文字对女德的书写有一定的价值框架和书写模式，也是透过男人再现后的女性形象，因此严格说来我们无法得知女人真正的想法和欲望，我们从这类文字所看到的，大部分都是女人如何配合男人的期许、如何拥抱男人的理想及所定的规范，在繁重的家庭职责中生存奋斗。

例如上文所述丁彦伯、丁美祖的母亲尹氏，虽然每次儿子参与讲会归来，她总要询问儿子会中所语，其实未必是自己对于丈夫、儿子们的学问内容有兴趣。从周汝登的书写也看不出她有自身学道的举动，可能只是为要尽力做到母亲督诫的责任。不过尹氏显然努力实践儒家对女人的道德规范，因而在妯娌间有"女圣"之称，且

---

① 其他宗教也有类似的看法，例如D. L. Carmody指出伊斯兰教传统，虽然《古兰经》的教义坚持个人为自己的得救和受罚负责，但是一般信徒相信女人缺乏得到救赎的足够智慧，认为女人主要靠着母亲的角色得救，"到复活的日子，她的儿子将用脐带拖着她进入乐园"，即使在天堂中，女人总是与自己的丈夫和孩子在一起，且仍然服从他们。见邓尼丝·拉德纳·卡莫迪（D. L. Carmody）著，徐钧尧、宋立道译，《妇女与世界宗教》（成都：四川人民出版社，1995），页157—167。又如佛教目连救母的故事，母亲因为生产受到污血沾染的罪，只有靠着儿子得着救赎。参见Gary Seaman, "Mu-lien Dramas in Puli, Taiwan," in David Johnson, ed., *Ritual Opera, Operatic Ritual: "Mu-lien Rescues His Mother" in Chinese Popular Culture* (Berkeley: University of California, 1989), pp.155—190。目连故事从盂兰经流传以来有许多不同形式的文本和故事内容，参见陈芳英，《目连救母故事之演进及其有关文学研究》（台北：台大出版中心，1983）。另外，从宋代程颢（1032—1085）之女对道学的高度倾慕，其父、叔虽然心知，却不愿教之，直到其病革弥留时，其叔程颐（1033—1107）才为之言，徒增其憾恨的例子，亦可知女人与圣贤之学的隔阂。见程颐，《孝女程氏墓志》，收入程颢、程颐，《二程集》（台北：汉京文化事业公司，1983），页640—641。

全心拥抱丈夫的理想，希望儿子们能承继父志，致力圣人之学。

王三台是与周汝登一同讲学的士人①，他屡试不第，因此周汝登为王三台的母亲马安人所写的寿序中除了勉励王三台继续努力外，对于他能参与阳明学讲会给予很大肯定："学问之途千蹊万径，而良知指授得入最上一门，远近友朋不知凡几，而心术行谊具推思位为最。"②并推崇王三台能以"闲邪存诚，动率以礼"的正贞之学尊亲寿亲，是最有价值的。接着，周汝登向马安人敬酒，并以马安人的口吻写道："以言颂我，孰若以言励我子若孙，假我五十年百二十岁，庶岁岁得闻□□言，而见吾子若孙之于道有成也，愿以识之不忘。"③这段文字虽然难得地以一位母亲的口吻出现，不过它看来只是社交场合的客套话，话的内容完全呼应理学家的想法。当然，很可能马安人的确真心拥抱了理学家们的理想，根据周汝登的记载，这位马安人是受过教育的女士，她"明理知书"，并且口授王思位《孝经》《大学》《中庸》，对于儿子学道，"儆策倍严"，周汝登盛赞其有"古贤母之风"④。同样可能的是，透过周汝登的书写，我们看到更多理学家形塑的贤母风范。

屠桃淑，是万全卫经历屠晟之女，从小受《孝经》《毛诗》《女诫》《列女传》之书，通其大义，父亲为之慎择婚配，终于嫁予广东按察司副使胡某人为妻。丈夫性情严肃，婚后屠桃淑以古礼相之，不但"恂恂恭谨，亲操井臼治酒浆，虽洒扫浣濯，不独委

---

① 王三台，字思位，师事周汝登，人称衡南先生。其传见《嵊县志》，卷14，页23b—24a。
② 周汝登，《王母马安人寿序》，《东越证学录》，卷8，页38b。
③ 周汝登，《王母马安人寿序》，《东越证学录》，卷8，页39a。
④ 周汝登，《王母马安人寿序》，《东越证学录》，卷8，页39a。

人",甚至到了"事无专制,尺帛一钱必以请",连其家人都觉得不必要的地步,但她坚持这是"为妇之法"①。在这位屠桃淑女士身上,《女诫》《列女传》的教育显然十分成功,她异乎常人、极端刻意的顺从和谦卑,以及出于自愿地凡事请示丈夫,唯夫命是从,除了是对儒家女德礼法的认同,也可以是一种逆向操弄权力的方式。她很重视家中女子教育,对佛教相当排拒,据称她"闲居即诵古人嘉言善行以风厉诸妇及群从女子,《关雎》《桃夭》之篇,日夕训之,且反复推明其义。至浮屠氏之说,终身拒不入,有尼善幻说,俗争延之,一日求见麾之门,屏外曰:妇道不昌,此辈乱之也已"②。

从这些例子和前文所述多数标榜女德、母德的例子,我们多看见女人接受了男人所规范的女德而付诸实践的情形,到底这是历史的真实或男性书写的偏好,其实很难断定,也是史料性质的限制。然而,同一类史料中,却偶尔也出现一些令人惊奇的书写,以下将主要介绍三位女性,她们的生活可能与其他明代仕宦之家的妇女相差不大,但因为书写者在取材上的侧重和透露,为我们在研究晚明妇女与理学修身的关系方面,提供一些新颖的视角。

第一位是罗汝芳的母亲宁氏,主要是根据罗汝芳的书写。宁氏出身旴南游溪的巨族③,幼虽未经师傅指教,但于《小学》《列女传》等书,悉能通其大义④。从罗汝芳为其阿姨所撰的墓志铭可

---

① 邹守益,《封恭人屠氏墓志铭》,《东廓邹先生文集》,卷12,页12a—14a,收入《四库全书存目丛书》(台南:庄严文化事业公司,1997),集部,册66。
② 邹守益,《封恭人屠氏墓志铭》,《东廓邹先生文集》,卷12,页12a—14a。
③ 参见罗汝芳,《从伯母宁孺人墓志铭》,《罗明德公文集》,卷4,页76b。
④ 罗汝芳,《先母宁太安人墓志铭》,《罗明德公文集》,卷4,页53b。

知,宁氏姐妹虽未临师傅,但因同其父亲口诵诗书,得以知书明理①。根据罗汝芳自述,他幼年的启蒙师即是母亲:"某至不才,然幸生儒家,方就口食,先妣即自授《孝经》《小学》《论》《孟》诸书。"②"晨夕经史,多母口授,遇有卓绝行谊,辄呼而问之,若辈可能是耶?"③罗汝芳的父亲罗锦,曾学阳明学于临川饶瑄(1482年生)④,成为盱地阳明学的倡导人物⑤,也影响罗汝芳之学甚巨⑥。据称宁氏对于丈夫和儿子的功名并不看中⑦,她不仅了解、支持丈夫追求圣贤之学,也帮助丈夫"为堂叔抚孤成立,而联族党、新宗祠、积社仓、开义塾"。她性喜欢施予,经常捐资造桥渡济,尝曰:"吾须箧无尺帛铢金之余,方觉洒然无累。"⑧

以上的描述和其他对女人的书写并无大异,仅止于性格行事的描述,并不能凸显宁氏个人生命追求趋向性灵的向度,然而罗汝芳

---

① 罗汝芳,《从伯母宁孺人墓志铭》;另外,罗汝芳的祖姑宁淑静,同样是受过教育的女性,尤其写得一手好字,她"精习女红,暇则涉猎书传,悉通大义,至作字端楷遒劲,虽善书者弗如也"。见罗汝芳,《南城樊母宁孺人墓志铭》,《罗明德公文集》,卷4,页77a—79b。
② 罗汝芳,《盱江罗近溪先生全集》(据明万历四十六年刊本摄影,国家图书馆善本书室藏),卷2,页1b。
③ 罗汝芳,《先母宁太安人墓志铭》,《罗明德公文集》,卷4,页54a。
④ 饶瑄,字文璧,号行斋,临川人,博学多闻,拜王阳明为师后,授门多先之以静坐,四方从学者众,其传见,陈明水,《造士行斋饶先生墓志铭》,《明水陈先生文集》,附录,页43b—45b,收入《四库全书存目丛书》(台南:庄严文化事业公司,1997),集部,册72。
⑤ 罗汝芳:"盱人士知讲学明道,实自先君始之。"同上注,页53b。关于罗锦生平,参见罗汝芳,《先府君前峰公行状》,《罗明德公文集》,卷4,页79b—81a。
⑥ 罗汝芳:"……父子怡然于从姑玉冷之间,绝无外慕,每春和秋清携芳侍榻观空岩下,中夜披衣起坐,商订经书疑义,必述阳明行斋二先生之以示归的。"罗汝芳,《先府君前峰公行状》,《罗明德公文集》,卷4,页80b—81a。
⑦ 罗汝芳,《先母宁太安人墓志铭》,《罗明德公文集》,卷4,页53a—55a。
⑧ 罗汝芳,《先母宁太安人墓志铭》,《罗明德公文集》,卷4,页53a—55a。

接着写母亲的晚年：

> 母是时，久已玩心太虚，性地融彻，日惟瞑目静坐。汝芳侍之移时，不接一语，间叩焉，则曰：此际此心空空洞洞已尔。如是三载，忽食顷集诸妇语曰：人生苦欲多寿，即千龄与此日何殊，随呼婢设浴具，浴毕，持笄柙钥置高所。婢曰："明取不复劳乎？"笑曰："吾不复用此矣。"夜半疾作，端坐鼻流双箸而终。①

在理学家对女人的众多书写中，这段文字相当特殊，这段文字没有明显的女性倾向，因为所要表达的主要意涵是：宁氏这位女性透过静坐修养之后所达到的生命境界。前文我们谈到，从理学家的论述看来，女人其实无分于道德性命追求的圣人之学，但是从罗汝芳母亲宁氏的例子，我们却看到一个女人在晚年"日惟瞑目静坐"，而且达到"性地融彻"，并有"此际此心空空洞洞"的体悟经验；我们也看到一位著名儒者，陪侍母侧，叩问、验证其心体性灵之境界。宁氏临终前能自知归期，并且预备妥当、坦然无惧地端坐而终，也符合晚明理学家对生死大事的重视及所期许的超脱②。

罗汝芳之所以选择呈现母亲生命修养的境界于这篇墓志铭中，应当与他自身对生命体悟的重视密切相关。从罗汝芳的家书我们可以看到，他非常重视人应当自我面对、承担自身生存的责任，尤其

---

① 罗汝芳，《先母宁太安人墓志铭》，《罗明德公文集》，卷4，页54a—b。
② 关于晚明理学家之关注生死议题，以及表现在传记书写上着重临终前坦然无惧之情的描写，参见吕妙芬，《儒释交融的圣人观：从晚明儒家圣人与菩萨形象相似处及对生死议题的关注谈起》。

是能够通过修持而毫无恐惧地面对死亡，即使对于家中的女性，罗汝芳也有同样的期许。例如在一封家书中，他写道：

> 人生百事可缓，惟是末后一着最紧劳，我二相公扶助奶奶，悉心向善，将自己去来大事明白轻快，觉得遇亲、遇怨、遇赞、遇谤，平平淡淡，不起一些波澜，不被一些挂碍，眼前透得十二分，到临时方得一二分，若眼前少存挂碍，今在心中虽止毫芒，将来便是铜墙铁壁千万重矣。望我贤奶奶用心用意，好了又加好，细了又加细，我也在此共加勉力。……惟愿二位娘子及诸孙诸媳，各务晓事，莫只想要富贵一边，不老实求些受用，……人在世间只有衣穿有饭吃，不被人打骂，便过得日子，便好干办自己前程，各人早办些手，便是各人本事。慎勿恃着少年，须知转眼便三十四十来了。①

从这些信中，我们看到罗汝芳不仅对家中男子有讲学求道的期许②，对家中女性也有相同的期许，并且提醒子孙辈应该帮助奶奶平日做好准备，以接迎生命的终点。以罗汝芳家庭这样的家风，我们可以想象宁氏的静坐修养和体悟，当不至于是文字上的虚写而已。

第二位和第三位分别是沈宠的妻子和王畿的妻子，都是根据王

---

① 罗汝芳，《罗明德公文集》，卷5，页27a—b。
② 罗汝芳经常勉励家人要齐心向道，以了此生，并要鼓舞精神，与讲学同志共同"匡持书院，尽心联属，切莫错过时光"，又在写给弟弟的信中，表达对家中子弟急求功名，不究心于身心大事，违背罗家家风的忧虑。参见罗汝芳，《罗明德公文集》，卷5，页25b—26a、28b、29b—30a。

畿的书写。沈宠的妻子崔氏对理学内容十分感兴趣,很难得,她有机会从丈夫口中得知理学家讲学部分内容并付诸实践,根据王畿所撰《沈母崔孺人墓志铭》:

> 孺人归沈君才三月,即脱所饰簪珥,劝君从学。时欧阳南野文庄公讲学南都,沈君往从之游,及归,孺人问:欧阳公所讲大义可得闻乎?君以居常孝弟、不欺此心为对,孺人憬然若有省曰:若是,则妇人亦可学也。自是挺身应务,凡门内交承,一以此为主,以不欺心为课程,或中夜偕沈君披衣起坐,若有意于摄心之为者。久之益若有省。①

崔氏特殊之处在于她不仅鼓励支持丈夫从事圣学,更是试图与之共学。她主动探询欧阳德讲学的内容,思索这些内容,且付诸实践。晚明理学家着重在日常人伦平凡简易处行道的哲学,提供她"妇人亦可学"的信心,但是她所付诸践履的,除了家庭内政之事,更包括一般理学家静坐摄心的修炼,而且还有所省悟。

崔氏对理学的爱好,还可以见于如下的记载,王畿说自己曾拜访沈宠,住在沈宠家,每当他与沈宠谈说圣道时,崔氏则"每窃听记,以商于君"。而且沈宠曾问叩妻子以所闻欧阳德之言,崔氏能够"述答不遗一字",她说这是她一生受用所在,怎可能忘记②。对于沈宠转述欧阳德"不欺心"之教,崔氏在日常生活中也极力地操持:"孺人……非大礼庆未尝衣华饰,侍儿(睍)御,未尝见有袒衣

---

① 王畿,《沈母崔孺人墓志铭》,《龙溪王先生全集》,卷20,页84b—85a。
② 王畿,《沈母崔孺人墓志铭》,《龙溪王先生全集》,卷20,页86b—88a。

倾立之态。尝曰：'墙壁屋柱皆有鬼神，纵欲欺人，安能自欺。'"①崔氏对"不欺心"的理解掺杂一般鬼神的想法，并不符合理学家的想法，不过像她如此的投入和操持，已经超越一般男性理学家对女德的要求和规范，难怪连王畿都要赞叹她的知学，有近于儒者的性情。并且感叹道："使孺人不为女子，可以语于经纶之义，不然，亦当为博雅敦行人无疑也。"②

崔氏并没有受过文字教育，不过据称她"性敏好古"，喜欢让儿辈诵说列传及稗官小说大旨，"见古人壮节懿行，则击手诧叹，以为烈士当如是"③。她一生协助支持丈夫以古圣贤为期的理想，坚持深靖肃然的生活态度到临终的最后一刻："孺人病寒疾转痢，卧床虽久而神爽不乱，病且革，既冥，长女侍浴，忽苏，问为浴者谁，女以婢对，则怒，女曰：婢入时，带尚未解，乃喜，顷之遂逝。"④颇有儒者风范。

第三位女性是王畿的妻子张氏，根据王畿所述，张氏性情沉稳，"凝重寡言笑"，即使面对烦琐纷杂的事务，也能随宜静治，不露匆遽凌戾之色。对于家中男女内外之辨，仆役奴婢之管理相当重视，自己行为谨慎遵礼，所以"宗亲邻党远近，无不信之如女师"⑤。张氏的嫡母是督学郑逊斋之女，能通五经女史，所以张氏自幼即受《诗》《易》之教，并能颇通大旨⑥。

---

① 王畿，《沈母崔孺人墓志铭》，《龙溪王先生全集》，卷20，页88a。
② 王畿，《沈母崔孺人墓志铭》，《龙溪王先生全集》，卷20，页85a。
③ 王畿，《沈母崔孺人墓志铭》，《龙溪王先生全集》，卷20，页87b。
④ 王畿，《沈母崔孺人墓志铭》，《龙溪王先生全集》，卷20，页88b。
⑤ 王畿，《亡室纯懿张氏安人哀辞》，《龙溪王先生全集》，卷20，页113a。
⑥ 王畿，《亡室纯懿张氏安人哀辞》，《龙溪王先生全集》，卷20，页113b。

张氏可以说完全配合了王畿对阳明学的热忱，不仅担负起家庭中经济、管理的责任，使王畿得以专心从事讲学传道的工作，又因为自己无法生育，早年即为王畿置妾，以广嗣续，而且处处配合王畿的心愿，王畿说："安人素知予淡于欲，故能割床笫之爱，益相忘而无所忌。素知予志有所在，故能谅其心，不泥其迹，益相信而无所疑。"①因此，王畿在为她写的哀辞里表达了对她深刻的感情与感念："聚首五十余年……赖安人与予同心，日夜经营，弥缝补葺，使变者宁，纷者理，倏忽者定，优游容与，以至于有今日。""予自闻阳明夫子良知之教，无日不讲学，无日不与四方同志相往来聚处，安人既贻予以逸，得以专志于学，赠遗联属，观省慰劳，不致独学寡闻以负师训，识者谓有鸡鸣杂佩之风。呜呼，安人所见者大，其所德于予者深矣。"②

张氏中年之后礼佛，于朔望弦晦及忌辰必持斋，更"虔事观音大士，扫静室，持《普门品》，及《金刚经》，晨昏诵礼，出入必祷，癯瘵精神，时相感通，若有得于圆通观法者"③。王畿披露了他和妻子张氏之间关于佛学与阳明学之间的四个问答：

> （张氏）尝问予（王畿）夫子良知之教与佛教同异。予谓：良知性之灵，心之觉，体佛是觉义，即心为佛，致良知即是开佛知见，同异未暇论也。
>
> 问观音能度一切苦厄有诸。予谓：此事全凭念力，一念觉

---

① 王畿，《亡室纯懿张氏安人哀辞》，《龙溪王先生全集》，卷20，页110a—b，112b。
② 王畿，《亡室纯懿张氏安人哀辞》，《龙溪王先生全集》，卷20，页111a。
③ 王畿，《亡室纯懿张氏安人哀辞》，《龙溪王先生全集》，卷20，页113b—114a。

时，即是见佛，苦厄顿消，所谓自性自度也。

问因果报应。予谓：一念善因，终成善果，一念恶因，终成恶果，其应如响，止恶修善，不昧因果，便是大修行人。一念万年，无有生灭，即无轮回，知生则知死矣。

又问六如之法。予谓：人在世间，四大假合而成，如梦境，如幻相，如水上泡，如日中影、草头露，如空里电，倏忽无常，终归变灭，所谓有为法也，惟无为本觉真性，万劫常存，无有变灭，大修行人作如是观，借假修真，即有为而证无为，此入世出世究竟法。①

在这几个问答中，王畿的回答一如他在别处与友人谈佛儒异同时一样，以他所秉持良知乃范围三教之宗②、大人之学无三教之分的信念③，在生命实践的层次上谈论佛学与良知学的贯通，无论语言或内涵均不见刻意简化④。根据王畿自己所言，此处他与妻子张氏的问答只是"随机开谕之说，学术毫厘，未之详及"，而对话的真正目的是希望能使张氏"有益于得"⑤。虽然就学术的标准而言，这样随机的问答或许算不上真正的论学，王畿也许不认为他们

---

① 王畿，《亡室纯懿张氏安人哀辞》，《龙溪王先生全集》，卷20，页114a—b。
② 王畿："良知两字范围三教之宗，良知之凝聚为精，流行为气，妙用为神，无三可住，良知即虚，无一可还，此所以为圣人之学。"见王龙溪，《王龙溪语录》，卷7，页4b。
③ 王龙溪，《王龙溪语录》，卷4，页19a—b。
④ 例如，在与陆五台就儒佛问题对话中，王畿说禅宗参话头只为要见般若本觉真心，而"良知即是智慧"，人若能自信良知、真切于心体上致良知工夫，必能超越三界，了究生死，因此良知是入世出世的究竟法。见氏著，《王龙溪语录》，卷6，页15a；卷7，页4a—b。
⑤ 王畿，《亡室纯懿张氏安人哀辞》，《龙溪王先生全集》，卷20，页115a。

夫妻间真的可以（或应该）像理学同志一样地讨论学问，然而这段文字可贵的是，它让我们看见王畿夫妻间的对话非常接近理学同志间讲学的内容，也让我们看见女人在诸多家庭责任之外，对于自身生命意义的探索与追求，不仅极为关切，而且利用可能的途径将此追求付诸行动。理学论述尽管不认为女人应该同男人一样从事性命之学，但某些理学家显然也能体会女人对类似课题的关怀与追求。

从以上三个例子我们看到，虽然儒家圣贤之学并没有为女人构想一套同男人一样可以借着修身养性而体悟本心、契悟道体以达不朽的进程，也没有为女人安排追求个人生命自主的可能途径，女人之于道德只能在家庭内政和孝亲教子的责任中找寻意义。然而实际上，儒家社会规范对女人这样的局限并不能完全抹灭女人对自己性灵更深刻的探索，理学这个完全排斥女人的殿堂也并不是毫无女人涉足的痕迹。我们看到沈宠的妻子崔氏即使以窃听的方式，也想一窥理学殿堂的奥妙，她中夜偕夫起坐摄心，久而久之，也能有所省悟；王畿的妻子张氏基于佛学的修持根基，也想一探儒佛指归的异趣，在与丈夫的讨论之后，也能"俛而思，恍然若有所悟"①；而罗汝芳的母亲宁氏，更是具备理学家风范，晚年终日静坐、性体融彻，从其与儿子罗汝芳之间的互动看来，实相当接近同志道友间的印证关系。因此，我们一方面不禁会想，既然根据有限的史料我们已看见有妇女能够穿透社会规范和意识形态的限制，进入儒家性命之学的堂奥，其他未能被文字披露的类似情形，恐怕大有人在。

然而另一方面，我们也不禁要再强调，上述三个例子仍然是极

---

① 王畿，《亡室纯懿张氏安人哀辞》，《龙溪王先生全集》，卷20，页115a。

特殊而罕见的。女人即使有机会涉足理学之津,不仅机会有限,恐怕涉猎的深度也受到限制。以上所论三位女人,都是明代著名阳明学者的家人,她们都是在家庭中私隐的情境下才得与儿子、丈夫谈论这类问题,或从事操练。沈宠之妻,纵然对理学有一股超乎一般女性的热情,她也只能间接从丈夫口中得知欧阳德或王畿的教法,即使王畿住在她家,她仍然不能正式向王畿请教;而王畿的妻子张氏也不认为她对佛学与理学的兴趣是合适于公开谈论的,王畿说:"(张氏)常谓无非无仪妇人之分①,凡与诸内人言,惟及勤俭衣食生理,人道之常,见人有能心绮语,即面赤,含章内闷,未尝以所得拈出示人,故人莫得而窥之耳。"②尽管张氏有兴趣和能力洞悉佛儒教义,但她基本上接受了传统认为女子不应涉猎此道的看法,而刻意回避公开的谈论。由此可见,女人对理学的接触,只能从亲密的男性家属中获得部分知识,其操持与谈论都是一种隐私,而这一切超乎男性规范的追求也必须在先完成作为女人的家庭职责后,才有可能进行。

如果说这三位女性是极少数的特例,我们想问:难道其他的女人都不曾有过类似生命探索与追寻的渴望?如果儒学不能够提供她们个人生命追求的途径,佛道二教如何呢?作为一个为众生指示了究生死大事的宗教以及其流行于中国的程度而言,佛教的确比理学更能提供女人对生命性灵的探索与操持的空间,但也同样存在着不平等的男女

---

① 出自《诗经·小雅·斯干》:"无非无仪,惟酒食是议。"言妇人无专制之义,而有三从之道;妇人有阃内之作,而无境外之志。见毛公传,郑玄笺,孔颖达等正义,《毛诗正义》,收入十三经注疏小组编,《十三经注疏分段标点》(台北:新文丰出版公司,2001),册4,页1070。
② 王畿,《亡室纯懿张氏安人哀辞》,《龙溪王先生全集》,卷20,页114b—115a。

观和对女人的限制①。佛教对女人能否成佛的问题是有过激烈的争辩的，根据古正美的研究，一切有部主张女人经由修行可以转成男身，再由男身成佛；化地部认为女人因有五碍，而无法翻身成佛，故反对女人修行；初期大乘空系主张破除男女之辨，亦反对转身论，对女人可以成佛有正面的看法②。虽然中国主要袭用大乘无男女见的思想，对于男女持较平等的看法，不过盛行于晚明的净土宗教义，仍主张女身不得进入西方极乐世界，对女人修行的看法极暧昧③。

就实际修炼而言，姑不论一般佛教信众中女性占相当高的比例，或明代民间宗教中不乏妇女创教的事实④，即使在上层士大夫家庭中，也有如昙阳子这样的女教主，她所传讲的教义和修行居然能够使其父亲王锡爵（1534—1611）和当代名士如王世贞（1526—

---

① 几乎世界各大宗教中都普遍存在不平等的男女观念与关系，属于女人的宗教象征充斥着神圣与邪恶的混杂，或比男人更好，或比男人更邪恶，却无法像男人一样地"正常"。从历史上看，女人一直未能平等地分享男人同样的人性，没有独立自主权，始终是从属的角色。参见邓尼丝·拉德纳·卡莫迪，《妇女与世界宗教》。佛教同样把女人当成比丘们修行的障碍，因为女人是撩起情欲的主因，比丘尼的地位也远不及比丘。
② 参见古正美，《佛教与女性歧视》，《当代》，期11（1987年3月），页27—35。
③ Beata Grant, "Who Is This I? Who Is That Other the Poetry of an Eighteenth Century Buddhist Laywoman," *Late Imperial China*, 15: 1 (1994), pp. 47—86.
④ 晚明进香客中有相当的女性，对佛寺兴建的赞助，女性也经常是重要的力量，虽然公开的书写仍归功于男性。参见Pei-yi Wu, "An Ambivalent Pilgrim to T'ai Shan in the Seventeenth Century," in Susan Naquin and Chün-Fang Yü, eds., *Pilgrims and Sacred Sites in China* (Berkeley: University of California Press, 1992), pp. 65—88; Timothy Brook, *Praying for Power: Buddhism and the Formation of Gentry Society in Late-Ming China* (Cambridge: Harvard University Press, 1993), pp. 188—191。关于清代女性宗教生活，亦见Susan Mann, *Precious Records*, Ch. 7. 至于民间宗教中妇女参与的情形，因与本文讨论的上层妇女，在社会层级上不类，故不详论，可参考洪美华，《清代民间秘密宗教中的妇女》（台北：台湾师范大学历史学系硕士学位论文，1992）；衣若兰，《从"三姑六婆"看明代妇女与社会》（台北：台湾师范大学历史学系硕士学位论文，1997），页50—52。

1590）、屠隆（1542—1602）、沈懋学等人皈其门下①。而就研读深奥的佛经或投入性灵修养而言，女人在佛学中也比其在理学中的追求有更高的能见度，例如彭绍升（1740—1796）的《善女人传》记载了许多明代妇女诚心礼佛，以至自知归期、临终前见圣应的例子；至于讲论佛经者，也有如谭贞默的母亲严氏"以金刚法华二经为常课，晚岁兼持华严，日必一卷，时为子妇讲说大意"的例子②。从李贽与梅澹然通信论道的内容看来，女人的确参与相当智识性的讨论，不过也引起卫道之士的强烈批判③。Susan Mann告诉我们十八世纪的闺秀，有人研读《楞严经》等经典，并致力于心性的修养，甚至有僧侣们在教义和修持上给予帮助，某种程度上跨越了儒家所规限的内外女男的隔限④。Beata Grant对陶善（1756—1780）的研究，也让我们看见像陶善这样的女子，无论就其学识、性灵、求道的悟性和所领悟的境界，都绝不亚于男性，其诗作也显示她对中国古典和三教经典的熟稔，但是即使这样一位女子，且身在一个学佛的家庭中，仍不能摆脱儒家对女子婚姻、家庭职责的规划，而对于女人能否修道成佛的疑问，也仍萦绕其心。不过，这个例子也显明了女人对性命追求的渴望并无异于男人。另外，袁中道的姐姐能深解袁家兄弟间论学要旨，甚至中年欲弃家冗入道，劝其夫置妾

---

① 昙阳子的宗教修持有佛、道和民间信仰的质素，见Ann Waltner, "Tan-Yang-Tzu and Wang Shih-Chen: Visionary and Bureaucrat in the Late Ming," *Late Imperial China*, 8: 1 (1987), pp. 105—131.
② 严氏的例子，见彭绍升，《善女人传》，卷下，收入卍续藏经会编，《卍续藏经》（台北：新文丰出版公司，1983），册150，页244。
③ 见李贽，《观音问》，《藏书》（台北：汉京文化事业公司，1984），页166—176。
④ Susan Mann, *Precious Records*, pp. 187—193.

以代司管钥,然丈夫不肯。郑培凯指出她对探究人生意义的性命之学的追求有兴趣,显示了她思想意识中智性探索的倾向与能力①。佛教虽然不能赋予女人完全自由的追求空间,至少给予兼容儒家女德与佛教善女的可能性②。

道教对于女性以修行进入神圣领域则有更开放、宽广的管道。道教在思想源头上有更明显的女性特质,在宗教崇拜方面也有许多女性神仙③。杨莉对女冠的研究指出,《周礼》"冠礼"本为男性专属,但六朝至唐代之际出现了道教女性戴冠的制度,此不仅从性别角度是对周礼冠制的一种变革,而且此变革具有一神圣意涵,亦即道教之"冠"所具有的权威来自神灵,"因而当一位女性佩戴此冠,就意味着她参与到这一神圣力量之中,并在跟这一力量的交流中成为神圣"。因此有一种女权神授的意④。

在实际修炼方面,道教中夫妻共修的例子也较普遍⑤,且发展出专门指导女性修内丹的学说。据詹石窗研究,女性修内丹者在魏晋以前已有,唐代到宋元时代更获进一步发展。金代的孙不二是王重阳(1113—1170)女弟,有"坤道工夫次第"之论,可谓初步建

---

① 见郑培凯,《晚明袁中道的妇女观》,《近代中国妇女史研究》,期1(1993年6月),页201—216。
② Beata Grant, "Who Is This I? Who Is That Other? The Poetry of an Eighteenth Century Buddhist Laywoman."
③ 詹石窗,《道教与女性》(上海:上海古籍出版社,1990),页44—49;杜慧卿,《道教女神、女仙观念之演变》,《道教学探索》,号9(1999年12月),页413—424。
④ 杨莉,《"女冠"刍议:一种宗教、性别与象征的解读》,《汉学研究》,卷19期1(2001年6月),页167—185。
⑤ 许多道人士都有妻室,如葛洪与妻子一起修道成仙,房中术基本上也是夫妻共修的。见詹石窗,《道教与女性》,页106—115。

立了女丹学说①。明清时期,又产生了许多女丹书籍②,这些不断增加的女丹书籍反映了女性修道的愿望以及实践修行的需求。清人贺龙骧曾说:"先君尝语家慈曰:女修一事,少女行之可以化气,老妇行之可以却病,孀妇行之而守节之心更见坚固。若成仙成佛,又在女流功德之大小,工夫之浅深,不可同年而语也。此家慈所以乐此几三十年不倦也。厥后吾嫂、吾侄女、吾妾、吾女、吾族亲诸姑伯姐相继乐此者,甚不乏人。"③此段文字虽记载晚清的现象,但仍说明了道教女丹修行与一般家庭伦常并行、受家长支持而盛行于民间家庭内的情形。

理学无法提供女人性命之学的实践机会,而佛、道又有较开放的管道,果然晚明理学家庭中的女人接触佛、道者不少,尤其是认真礼佛者更多见于文字。例如王畿家庭中的女性学佛颇深,除了妻子张氏是个虔诚学佛者,媳妇张氏是理学家张元冲的女儿,嫁王应祯为妻,应祯早亡,张氏专志守贞,后结庐茅墓旁,也"礼佛其中"④。罗汝芳在家书中提及:"前得贤奶奶亲笔书,知在家念经向道,一切放下,我心十分欢喜。"⑤此处念经向道,应该也是指佛经。张元忭的母亲"平生礼佛持斋",临终前亦能"了了不少

---

① 詹石窗,《道教与女性》,页124—125。Catherine Despeux考证《孙不二元君法语》是十八世纪末的作品,附会于孙不二名下,故不认为孙不二建立女丹学说,Catherine Despeux著,门田真知子译,《女のタオイスム》(京都:人文书院,1996)。
② 贺龙骧所辑《女丹合编》中收书目,见詹石窗,《道教与女性》,页125;其他女丹书目亦见Catherine Despeux著,门田真知子译,《女のタオイスム》,页270—281。
③ 贺龙骧,《女丹合编通俗序》,收入彭定求编,《道藏辑要》(台北:新文丰出版公司,1986),册1,页243—249。
④ 张元忭,《王节妇传》,《张阳和先生不二斋文选》,卷5,页38b—40b。
⑤ 罗汝芳,《罗明德公文集》,卷5,页26b。

乱，一切后事皆手自擘画如平时"，在其病革之际，张元忭告诉母亲："母向仗佛，此正其时也"，"母乃连念弥陀，声尚彻壁"，张元忭更命诸孙，和以《心经》送终①。而周汝登为张子易母亲祝寿时说："安人迩且扫舍焚香，斋居礼诵，一切丝絮米盐俱置不问，则安人当有夙禀，至识子易密勤圣修，必然意为愉惬。"②张子易母亲的"扫舍焚香，斋居礼诵"也应是礼佛的行为。陶望龄（1562—1609）的母亲也是长年礼佛者，她向年熟读《坛经》而能有所悟入，陶望龄更鼓励弟弟陶奭龄要在《圆觉经》上多下工夫，并"顺文解说与母亲听之"③。而即使严辨儒释的刘宗周，其家中妇女也多有虔诚礼佛者，刘宗周的从曾祖母茅氏和祖母陈氏都是虔诚佛教徒，其妻章氏则虔信观音大士，日夕持经咒熏礼，亦能读《心经》《延寿经》等经，并解其大义④。

　　这些明代著名理学家至亲的母亲、妻子、女儿如此认真地学佛，并没有受到强烈反对。罗汝芳、张元忭显然认为学佛得以使人坦然面对死亡，是有价值的，而周汝登则说母亲沉浸佛学中的"夙禀"应有助于她对儿子致力圣学的体会与支持。这样的事例也再次让我们看见，在晚明三教融合的时代里，理学和佛教可以如此密切地在同一个家庭中被实践着，而当理学愈来愈走向对生命体道的重视，以及对政治功名的反省与适度的疏离时，我们发现它不能提供

---

① 张元忭，《先妣刘安人行状》，《张阳和先生不二斋文选》，卷5，页20b—21b。
② 周汝登，《张母陈安人七十寿序》，《东越证学录》，卷8，页29a。
③ 陶望龄，《登第后寄君奭弟书》，收入氏著，《陶文简公集》（北京：北京出版社，2000），卷13，页39a—40a。
④ 见姚名达，《刘蕺山先生年谱》，收入民国丛书编辑委员会编，《民国丛书》（上海：上海书店，1992），编4，册85，页3、4、241。

给女人相当的道德自主性与性命追求的有效管道，恐怕是一个连当时的理学家都可以感受得到的缺憾。

五、结论

本文主要以明理学家族中的女性为考查对象，透过理学家们的书写，我们看到许多符合儒家理想的妇女，在家庭中承担着沉重的经济、管理、孝养、教养的责任，也看到许多士人之所以能够专心向学、外宦远游，都倚赖着妻子对他们在物质上和精神上的全力供应与支持。然而除此之外，我们也偶尔发现，有些女人试图突破"理学"这个女人向来无法跨越的樊篱，在偕夫静坐、谈论讲学内容、印证心性的经验中，直探理学心性修养的境地，此已超出理学论述为女人所规范的道德实践意涵。当然，这样的例子是少数的，较多的女人是从佛教信仰中追求生命深一层次的慰藉与意义，理学家庭中的妇女普遍学佛的事实，以及理学家以诵念佛经帮助母亲往生的例子，也再次提醒我们，在晚明的社会里，佛教与儒学的确有极深密的交融。

与目前学界研究晚明文化史和妇女史的成果比照，我们也可以得到一些心得。高彦颐（Dorothy Ko）的书专门研究十七世纪的妇女，描绘了晚明上层社会的妇女所受的教育和才华，说明这些妇女通过诗歌的创作和出版，不仅拓展自我心灵和文化的空间，也联络了妇女间的情谊，传递了女性的文化，甚至建立了某种属于女性集体的文化空间。因此在实际生活中，男女外内之别并不是截然分明的，其中有许多游移和彼此穿越的可能性[1]。另外，学者多指出晚明流行一股"尚情"的文化，表现于当时的文学创作和男女之情上，特别以名妓和才子间志趣相投、才华相称的恋情为著，这样的热情和至情也相当程度地激励着明末的爱国行动[2]。对于晚明名妓文化的研究相当丰富，我们看见当时江南名妓与文人之间的恋情和交往，造就了一种对情意生活的向往[3]。名妓的才华与美貌，其身处于儒家礼教规范之模糊地带所具有的优势，与其对复社等复明活动的支持，都使得名妓常成为至情、自我表现、独立性和忠毅爱国的象征，尤其是在十七世纪文人的作品中，更成为一种失落的精粹文化的象征[4]。而且，晚明的名妓与士人家庭之间并非决然区隔，至少有史料显示两种身份的妇女间有所交往[5]。

虽然一般认为晚明文学和文化的一股"尚情"心态与阳明学的内涵及泰州学派的发扬息息相关，不过这种关联应该视为思想在复杂文化情境和人物中被传递、挪用、转化后的发展，即广泛意义下的文化氛围，而非直接的实质的影响。同样生活在晚明经济活络而富庶、出版业蓬勃发展的南方社会，家庭中的女性同样多有接受四

---

[1] Dorothy Ko, *Teachers of the Inner Chambers*.
[2] Kang-I Sun Chang, *The Late-Ming Poet Chen Tzu-lung: Crisis of Love and Loyalism* (New Haven: Yale University Press, 1991).
[3] 王鸿泰，《青楼名妓与情艺生活——明清间的妓女与文人》，收入熊秉真、吕妙芬编，《礼教与情欲：前近代中国文化中的后现代性》（台北："中研院"近代史研究所，1999），页73—124。
[4] Wei-yee Le, "The Late Ming Courtesan: Invention of a Cultural Ideal," in Ellen Widmer and Kang-I Sun Chang, eds., *Writing Women in Late Imperial China* (Stanford: Stanford University Press, 1997), pp. 46—73.
[5] Dorothy Ko, "The Written Word and the Bound Foot: A History of the Courtesan's Aura," in Ellen Widmer and Kang-I Sun Chang, eds., *Writing Women in Late Imperial China*, pp. 74—100.

书和经书的教育,晚明的理学家庭却呈现了相当不同的风貌。从理学家所遗留的文字资料,我们不仅看不见妓女的身影,即使传递夫妇间情感的诗篇也极少,大部分理学家的诗作都以学道、求友、旅游抒怀为主,其中绝少触及女性,可以说完全看不见当时"尚情"心态的反映。如果名妓与才子的爱情经验和艳情诗作表达着一种浓艳的浪漫之情、亲密的肌肤之恋和这股热情所鼓动燃烧的行动力,那么晚明理学家的"情"显然是一种抽象哲理性的关怀,一种近乎没有对象的、对理想自我的追求;如果"尚情"思想欲传达一种能够跨越生死之情的伟大力量,那么理学家则显然追求一种不为生死所动的宁静心情,这一点从他们在人生最悲痛的时刻仍以"中和"之情为自我学问指标的主要关切可清楚看出[①]。这与理学作为一种文人自觉选择的文化认同和学术志业当然有密切的关系,同时也提醒我们晚明的南方即便是个信息发达、流行风潮涌现的社会,其间属于地域、家风、学术等因素所形成的"次文化"仍是影响观念和行为的重要因素。

也因为此,Susan Mann说十八世纪文人对于妇学的观点有许多违离十七世纪的现象时,她描述了妓女的社会活动和角色有明显转变、清代闺秀取代晚明名妓成为才女的代表等重要的变化,然而,

---

① 这里特别指许多理学家在痛失至爱家人时会不断期勉自己不致过哀,例如查铎儿子亡后,爱孙又在成婚前夕死亡,处此逆境,他仍以"外来境界若与我无干"的自定来期勉自己,也相信在此逆境中的安定不过悼,才能显出平日学问的精神。又罗汝芳在痛失二爱子于端州后,视其含殓、周其棺具后,便遣棺归乡,自己则东适闽,数月才返,门人黎允儒认为罗汝芳不与儿子之棺俱返,旨在不欲过哀而伤道。见查铎,《与萧思学书十一》,《毅斋查先生阐道集》,卷3,页19a—20b;罗近溪,《盱坛直诠》(台北:广文书局,1977),页265—266。

如果我们把眼光凝聚在晚明另一群女性身上，例如理学家庭中的女性，我们将可以从理学家对妇学的重视、对女德的强调、对女工的重视等情形，明显看到十八世纪文人对前代价值的延续与传承。

第六章
女子与小人可谈道
——杨甲仁性命之学的日用场景

一、前言

　　晚明阳明学较具平等观念、泰州理学深具庶民色彩，这些虽是众所周知的理学常识，但过去我们从著名理学家的文集，无论王艮（1483—1540）、罗汝芳（1515—1588）、周汝登（1547—1629）或杨起元（1547—1599）的著作，仍主要看到士人之间的往来问学，很少有中下阶层人士参与讲学的记录。虽然王艮曾宣称满街皆圣人、罗汝芳指着捧茶童子说道，但在那些场景中的童子和街人，都不是讲学论道的参与者，而是被援引以阐道的工具性存在而已。罗汝芳在宁国府对囚犯讲道，则更接近以教化行吏治，与日常生活和理学家之性命追求仍颇有距离①。因此,过去谈到泰州理学的庶民特色,我们几乎只能凭借《明儒学案》中几则简短记录来论述,既担心过度推论,也看不出太多求道生活的细节。

我也曾经试图考察那些重视自我生命意义和性灵追求的明代理学家们,如何看待女人的生命意义,儒家性命之学是否能提供妇女平等追求的机会?在实际生活中,女性是否能涉入理学领域,在其中找到安身立命之价值?当时我主要根据数百篇理学家文集中找到的妇女传记,得到的结论是:即使明代理学家中确实有人能够欣赏妇女的才性与求道的热诚,然而他们并未能在理学领域中为妇女开启追求性灵自主的天地;在理学论述中,女人其实无分于道德修养的追求,成圣始终不是女人的职分。现实生活里,妇女多半在佛教中进行这方面的追求。尽管少数传记透露着一些理学家的母亲或妻子对理学有浓厚兴趣,也有静坐养心之操练,但这些记录毕竟太简单而隐晦,无法清楚说明这些妇女对于从事儒家性命之学的自我意识与实践程度如何,而且这些个案也显示她们的修持与佛教信仰有密切关系②。

最近我读到清初四川儒者杨甲仁(约1639—1718)的遗集,发现杨甲仁的作品对于上述情形有重要的补充和启发。杨甲仁是一

---

① 这种地方官员试图以教化感化民众的做法古有前例,例如:唐开元中韦景骏在处理母子相讼案件时,令读《孝经》,使母子感悟悔改;杨简为富阳主簿,日讽咏《鲁论》《孝经》,而民自化。刘昫著,杨家骆主编,《新校本旧唐书附索引》(台北:鼎文书局,1981),卷185上,页4797;马泽修、袁桷纂,《延祐四明志》,卷4,页17a—18b,收入中华书局编辑部编,《宋元方志丛刊》(北京:中华书局,1990),册6。
② 吕妙芬,《妇女与明代理学的性命追求》,收入罗久蓉主编,《无声之声:近代中国妇女与文化,1600—1950》(台北:"中研院"近代史研究所,2003),册Ⅲ,页133—172,收入本书第五章。

位少为人知的清初儒者，过去几乎没有以他为专题的研究成果[①]，他在思想上明显继承了阳明心学的特色[②]，强调于内在心体上做工夫，且极力在日常生活中付诸实践，并将其平日学思实践的经历形诸笔墨，留下许多生动的记录。他的交友圈没有太多著名人士，主要以贡生、庠生为主，他的门人也有从事贸易的商人和胥吏。而从其与友人、门生的书信问答，我们可以看到他们从事修身工夫的诸多实践细节，及其主要的关怀和所面对的困境。最难能可贵的是，杨甲仁的作品详细披露了自己在日常生活琐事上落实性命之学的点点滴滴，尤其他与侧室周氏、仆人长寿之间讲道问答的细节，以及他个人强烈支持女人和仆人平等追求儒家性命之学的态度。这些充满着日用场景的理学求道内容，使得杨甲仁、周氏、长寿成为明清理学实践中极具特色的人物，活化了我们对晚明阳明学落实于士庶日用之间的了解，也是对晚明庶民从事儒家性命之学的精彩注脚。因此，本文将主要介绍杨甲仁这位鲜为人知的清初四川儒者，透过他的著作，说明其生平与思想，及其与朋友、妾、仆共同求道的情形。

二、著作、生平与思想

有关杨甲仁的历史记录主要来自其著作《愧庵遗集》，其他史

---

① 光绪十四年四川尊经书院出版的《蜀学编》曾简短地介绍杨甲仁之学。
② 见下文。

料仅见李颙（1627—1705）一段称赞杨甲仁的话①，即使地方志中的小传，也主要取材自《愧庵遗集》，故《愧庵遗集》就是本文主要依据的史料。《愧庵遗集》的出版很曲折，是在湮没一百多年后才被发现而付梓，故从清初到道光时期约一二百年间，杨甲仁鲜为人知，对学术界也无大影响。虽然他家乡四川射洪县人似乎隐约知道此人及其有著作遗世，但由于作品没有流传，所知也很有限，要等到《愧庵遗集》出版后，杨甲仁的知名度和学术地位才获得提升②。既然《愧庵遗集》是让我们得见杨甲仁学思生活的主要文献，也是将其带进理学史领域的重要凭借，下文我们就从此书的出版谈起。

（一）著作出版

藏于"中研院"傅斯年图书馆的《愧庵遗集》是同治三年（1864）的重刊本，内容包括：《北游日录》、《自验录》上下卷、《下学录》二卷、《下学芙城录》、《忧患日录》。根据此版本内所收录有关《愧庵遗集》初刻和重刻诸序，我们可以知道这些著作被发现和付梓的大概经过。

在《愧庵遗集》尚未出版之前，射洪县人对于杨甲仁仍有一些记忆，赵燨元（1807举人）说自己小时候曾听长辈说起杨甲仁：

> 元为童子时，尝闻先敬斋公称康熙中邑明经杨愧庵者，为

---

① 李颙："贵部射洪县有杨愧庵者，讳甲仁，其学不事标末，直探原本，见地卓越，远出来瞿塘之上，弟所钦服。"见李颙，《与周星公太史书》，《二曲集》（北京：中华书局，1996），卷17，页183。

② 见下文。

明太仆卿忠节公五世孙，笃行君子也。平生学近白沙、阳明，而不悖于程朱。年十八游楚，见刘丽虚于荆南，得闻道。之秦，见李二曲于盩厔，二曲称之不置口，又尝遗蜀学使周星公书，盛言愧庵所学，直探原本，不事标末，远出来瞿塘之上。①

赵燨元是嘉庆丁卯科举人，曾任云南永平县令，未仕居乡时，主讲金华书院，是射洪县的重要学者②，也是促成《愧庵遗集》出版的关键人之一。《愧庵遗集》出版前最后的收藏者就是赵燨元，主要因为其门生于靖安（1821举人）③从盐商胡氏处发现该书，据称此书从清初到当时已辗转易手十六家④。于靖安获得遗集后，十分欣喜，他随即将其交送赵燨元珍藏，时为嘉庆二十四年（1819）。由于赵燨元参与嘉庆二十四年刊本《射洪县志》的编纂，杨甲仁之传亦于此时首度被收入方志，此应与赵燨元于此时获其遗集有关⑤。

---

① 赵燨元，《刘执庵先生考订杨愧庵集后叙》，收入杨甲仁，《愧庵遗集》，卷首，页3a—b。瞿塘是来知德（1525—1604）的号，来知德也是四川人，其学不同于理学，认为体上做不得工夫，以格物为格去物欲，以明德为行五伦而有得。李颙对于杨甲仁之评价在来知德之上。关于来知德的思想，见钟彩钧，《来知德哲学思想研究》，《中国文哲研究集刊》，期24（2004年3月），页217—251。
② 赵燨元传，见黄允钦修，罗锦城纂，《射洪县志》，卷11，页16b，收入《中国地方志集成》编辑指导委员会、《中国地方志集成》编辑工作委员会编，《中国地方志集成·四川府县志辑》（成都：巴蜀书社，1992），册20。
③ 于靖安传，见黄允钦修，罗锦城纂，《射洪县志》，卷11，页17a。
④ 张鹏翀，《初刻杨愧庵先生遗集序》，收入杨甲仁，《愧庵遗集》，卷首，页2a。
⑤ 乾隆五十一年张松孙修，沈诗杜等纂的《射洪县志》（海口：海南出版社，2001）并无杨甲仁传。嘉庆二十四年陈廷钰等修的《射洪县志》（"中研院"傅斯年图书馆藏古籍线装书），杨甲仁传在卷11，页20b—21a；光绪十年刊本亦有杨甲仁传，见谢廷钧等修，张尚滩等纂，《射洪县志》（台北：学生书局，1971），卷11，页13a—b。

第六章　女子与小人可谈道

即使如此，射洪县人对杨甲仁的认识还是很模糊。道光八年（1828），张鹏翂曾向两位射洪县学生询问杨甲仁，二生约略知道此人，但表示从未听闻有关遗书之事①。道光九年（1829），方学周任射洪县知县，他说自己到任后，"索观县志，即知国朝有明经杨先生，讳甲仁，号愧庵。"并知道杨甲仁有遗著留世，可惜几次搜寻都未得见②。可见杨甲仁学术知名度与地位的提升，并没有因为入县志有太大变化，还是需倚赖后来《愧庵遗集》的出版与流传。

赵燮元虽珍藏《愧庵遗集》，但并未将其出版，出版事宜主要在张鹏翂的热心主导下才完成。张鹏翂是关中人，他年轻时曾在关中大儒李颙（1627—1705）的书中读到对杨甲仁的赞赏，故特别留意此人。道光七年（1827），张鹏翂出仕四川，他到达后即四处向人打听杨甲仁，但无消息，又检阅《四川通志》，也无其传③。第二年，他向射洪县学生田济溥、田济洲询问，亦无着落。不过，两位学生后将此事告知赵燮元，赵燮元遂让二人将所收藏的《愧庵遗集》带去给张鹏翂④。张鹏翂阅览后，决定先请钞胥钞写，"以备异日之代锓"。但就在此际，张鹏翂父亲去世，他在回乡奔丧之前，将此事交代仆人办理；于纷乱之中，仆人将"付钞"误听为"付锓"，故等到张鹏翂办理完父亲丧事再回成都时，书已经锓成待校。张鹏翂也只能接受现实，就已刻好的书板进行校对。这个版本

---

① 张鹏翂，《初刻杨愧庵先生遗集序》，收入杨甲仁，《愧庵遗集》，卷首，页1a。
② 方学周，《初刻杨愧庵先生遗集序》，收入杨甲仁，《愧庵遗集》，卷首，页1a。
③ 张鹏翂："晤此邦人士，辄询之，无一知者，复检阅《四川通志》，亦无其传。心甚讶之。"道光十二年，张鹏翂官衔为四川候补直隶州州判。张鹏翂，《初刻杨愧庵先生遗集序》，收入杨甲仁，《愧庵遗集》，卷首，页1b。
④ 张鹏翂，《初刻杨愧庵先生遗集序》，收入杨甲仁，《愧庵遗集》，卷首，页2a。

显然刻得很不好，张鹏翎说：

> 亟取而校之，见一切款式，率失其常，而重段重句，悉为划去，应断仍连者，悉双行改鑴。至于不当镂而镂者既多，悉留庐山真面目，以待大儒削正焉。①

尽管如此，张鹏翎对于《愧庵遗集》能够在湮没近二百年之后，于道光年间正式出版②，还是觉得极难得。他说：

> 其镂此煞不易易，虽非余无尺寸之柄，时所官多事，而二百年来已湮之物，复得彪炳于人间，当亦士大夫所先睹以为快者也。呜呼，先贤先儒，精灵不泯者多矣。他不必论，即如此集，初知之于二曲，继得之于二生，终刊之于一仆，虽其间牵合并午，历卅年之久而不少衰，脱非有物焉呵护之，乌能成于不可知之数哉。君子观于此，可以悟凡事之成，莫非天意。③

或许因为初版实在错误太多，道光十四年（1834），刘执庵④决定重刊，他以百金购得张鹏翎初刻书板，请赵燨元及邑诸生罗云、

---

① 张鹏翎，《初刻杨愧庵先生遗集序》，收入杨甲仁，《愧庵遗集》，卷首，页2b—3a。
② 初刻的两篇序文由方学周、张鹏翎撰写，时间分别在道光十一、十二年。
③ 张鹏翎，《初刻杨愧庵先生遗集序》，收入杨甲仁，《愧庵遗集》卷首，页3a—b。
④ 赵燨元称其为"明府刘执庵"，我无法从《潼川府志》及其他四川方志找到刘执庵之名。

第六章　女子与小人可谈道

袁霖进行校雠，增损脱误和重复之后，重刊出版①。

虽然《愧庵遗集》在道光年间两次付梓，但并未广泛流行，原刻的书板后也被烧毁。咸丰十年（1860），蓬溪县叶心田因躲避李秀成之乱来到康乐堡，从友人处得见《愧庵遗集》初刻本，心甚契之。回家后告诉子侄辈曰：

> 尔等读书，抑识同郡愧庵有遗书乎？愧庵远宗尼山，近师丽虚，其书实道脉所关，不幸版片毁于兵燹。欲重刊之而未得其会。②

因此，其侄叶莖先设法寻得此书。在叶氏叔侄的努力下，《愧庵遗集》于同治三年再次翻刻③，这也是傅斯年图书馆所藏、本文所根据的版本。

（二）生平与交友

杨甲仁，字乃所，号愧庵，四川射洪县人，大约生于1639年，享年八十岁④。他出身仕宦之家，五世祖杨澄（1433—1508），曾以监察御史巡按两淮，又迁大理寺卿历金都御史巡抚山西；高祖杨最（1472—1540），曾任工部员外郎等职，因上《谏止希仙疏》《请上

---

① 赵燨元，《刘执庵先生考订杨愧庵集后叙》，收入杨甲仁，《愧庵遗集》，卷首，页3a—b。
② 叶莖先，《重刻杨愧庵先生遗集序》，收入杨甲仁，《愧庵遗集》，卷首，页1b。
③ 叶莖先，《重刻杨愧庵先生遗集序》，收入杨甲仁，《愧庵遗集》，卷首，页2b。
④ 生年是根据杨甲仁自言，于十八岁见刘丽虚，见三年后，于顺治十六年己亥（1659）归蜀，推算得知。《蜀学编》中杨甲仁传曰："年八十卒。"见杨甲仁，《北游日录》，《愧庵遗集》，页46b—47a；赵燨元，《杨愧庵先生传》，收入杨甲仁，《愧庵遗集》，卷首，页1b；方守道初辑、高赓恩复辑，《蜀学编》，卷2，页37a，收入江庆柏主编，《清代地方人物传记丛刊》（扬州：广陵书社，2007），册9。

出方士疏》，惨死于嘉靖皇帝的廷杖下，穆宗时期才被平反，并追谥忠节；曾祖杨钘，赠光禄少卿；祖父杨禾，任阆中教谕[①]。父亲杨嗣龙（1645卒），明末仕金坛县丞，后调镇江府司理，升南京中城副兵马司，转北城正兵马司补云南县知县，著有《中北城谶语》《国乘纪要》《金华浪语》等书。顺治二年（1645）杨嗣龙在射洪遇张献忠乱殉难，长子杨甲传亦同年遇难身亡[②]。

杨甲仁为康熙三十三年（1694）岁贡生，第二年（1695）曾赴北京考取中书。从其著作看来，他一生未仕，多居家或游历讲学。杨甲仁的儿子杨秉干（1702举人），字枢然，曾授贵州永从令，因平苗乱等政绩，累官至工部员外郎，后卒于官[③]。从上述家族史可见，杨甲仁出身射洪县仕宦之家，经历明清鼎革，自己的政治生涯虽不显赫，但其中书的身份与家学渊源，仍让他常与地方官员和士人交接。他对儒家性命之学的热衷追求、乐于宣讲，也让他结交不少学友，吸引年轻学者向他问学。

以下我根据《愧庵遗集》，整理出他生平的重要经历与交友情形（见表1）。《愧庵遗集》主要记载康熙三十四年至四十六年间（1695—1707）的事件与对话，但偶尔也会追述往事，故我们可以知道部分杨甲仁早期的经历及交友。下文言及的人物，若我能找到其名，将一律以名称之，并在括号中注明字号，但由于许多人物均无法找到更多史料，故仅能沿用《愧庵遗集》所书之名字。

[①] 赵燨元，《杨愧庵先生传》，收入杨甲仁，《愧庵遗集》，卷首，页1a；四川省射洪县县志编纂委员会编，《射洪县志》（成都：四川大学出版社，1999），卷27，页980。
[②] 《补先宪》，见谢廷钧等修，张尚滋等纂，《射洪县志》，卷18，页9a—b。
[③] 谢廷钧等修，张尚滋等纂，《射洪县志》，卷11，页13b—14b。

表1　杨甲仁生平重要经历与交友情形

时间	交友与经历
顺治十三年（1656）	杨甲仁初次与刘丽虚（约1605—1670）会面，此次会面深刻影响了他的学问，也是他日后不断回忆与讲述的内容。当时杨甲仁只有十八岁，特别慕名远赴楚南拜访五十二岁的刘丽虚①。
顺治十六年（1659）	返回四川。
康熙八年（1669）	到过湖北孝感县，见一位骑驴者，气象不凡，但并未与之交谈，日后他认定此人即是他所佩服的杨洪才（字拙生，号耻庵）②。
康熙十二年（1673）	寓居河南南阳镇平③。
康熙十四年（1675）	由河南南阳到浙江④。
康熙十六年（1677）	仍居浙江海宁，与史明道、朱曦、蔡道诠等人讲学⑤。
康熙十八年（1679）	到山东谒圣林，同年又从山东出发到河南，希望能再访刘丽虚，但抵达后才知道刘丽虚已于九年前去世⑥。
康熙二十二年（1683）	与汉阳友人傅余夫（万青）及其长子傅端御⑦见面，行相见礼⑧，后与傅端御时有书信往来。

---

① 文献均记赴楚南见刘丽虚，但刘丽虚是河南洧川县人，我不知道确实会面的地点。
② 杨甲仁，《下学录》，卷2，页113b，收入《愧庵遗集》。杨洪才传，见梁凤翔修，李湘等纂，《孝感县志》（海口：南海出版社，2001），卷18，页35a。
③ 杨甲仁，《北游日录》，页47a，收入《愧庵遗集》。
④ 杨甲仁，《忧患日录》，页12b、13a，收入《愧庵遗集》。
⑤ 三人为年轻辈学生，史明道是扬州人，朱曦开封人，蔡道诠海宁人。杨甲仁，《忧患日录》，页30a、40a。
⑥ 杨甲仁，《忧患日录》，页28b—29a、49b—50a。杨甲仁在1696年曾回忆十八年前谒圣林事，见《自验录》，卷上，页11a，收入《愧庵遗集》。另一处记曰："自山东来谒，而夫子已梦奠八年。"杨甲仁，《北游日录》，页46b。
⑦ 傅端御可能即是傅方辰，因其为傅良阳长兄。从《丁亥正月二十八日风雨中寄门人傅方辰》书中可知傅方辰是傅良阳之兄。杨甲仁致傅端御早期的书信均称其"端御"，可能因当时傅端御尚未拜入其门，1701年端御正式从甲仁游，故丁亥年（1707）之书称其名。另外，《下学芙城录》卷首校者名单亦有傅方辰之名。然因无法完全确定，故行文中我仍用"傅端御"。
⑧ 杨甲仁，《自验录》，卷上，页51a—b。据杨甲仁言，士相见礼在蜀已五十年无人讲看，廖有恒在1687年行之于故旧，曾引人讥笑。此与颜元等清初北直隶学者的经验相当接近。另外，1683年杨甲仁与傅端御等人曾在渔樊泓遇兵掠船，在傅端御协商下才解危。见《自验录》，卷上，页30b、35a。

续 表1

时间	交友与经历
约康熙二十三年（1684）	与同郡刘柱石缔交，两人常有书信往来①。
康熙二十七年（1688）	傅端御之弟傅良辰（慎全）偕友人马方升（涵光）正式拜杨甲仁为师②，后来傅端御亦拜入甲仁之门③。傅端御的父亲为胥吏，晚年好学道，亦积极鼓励儿子学道④。傅家两兄弟与马方升均是从事贸易的商人⑤，亦均正式拜杨甲仁为师，热切追求儒家圣贤之学。不过，后来傅良辰似乎觉得自己与老师不太同道，此也引发杨甲仁不少抱怨⑥。
康熙二十九年（1690）	满人官员中丞噶公聘请杨甲仁至署讲学⑦。
康熙三十三年（1694）	杨甲仁约五十六岁，被选为岁贡生。
康熙三十四年（1695）	赴北京考中书。二月由射洪出发、三月抵京、十一月返回射洪，其间往返行程、会晤官员与朋友交接讲学等，均有详细的纪录，即《北游日录》的主要内容。在这十个月的旅程中，均由仆人长寿陪伴，《北游日录》中也记录不少主仆二人的对话。

---

① 杨甲仁在1697年写给刘柱石的信中说道"吾两人缔交十四年"。《自验录》，卷上，页101b。
② 杨甲仁，《自验录》，卷上，页64a—b。
③ 时在康熙四十年（1701），见杨甲仁，《北游日录》，页14a。
④ 杨甲仁，《下学录》，页105a。
⑤ 杨甲仁，《北游日录》，页15b；《忧患日录》，页21a—b、59a—b。
⑥ 《北游日录》记曰："良辰丁亥秋与董宁侯帖曰：学脉路径与不尚不同，不知良辰近日又得何学脉，若果另得真学脉，甲仁自当改以师良辰，万不敢执其旧见，不降心也。"见杨甲仁，《北游日录》，页15a—b；《自验录》，卷下，页34a—35a、35a—b。
⑦ 杨甲仁，《自验录》，卷上，页18a—19a。

续 表2

时间	交友与经历
康熙三十四年（1695）	杨甲仁在京城期间主要交接者仍是四川籍士人，包括：罗为赓（字西溪，1654举人）[①]、高人龙（惕庵，1688进士）[②]、樊泽达（悔斋，1685进士）[③]、程介石、刘子节、周钧和、杨璇（字正辰，号他山）等人[④]。
康熙三十四年（1695）	由北京返射洪的经历： 在山西吉州曾与周鉴（三为）、卢石功讲学[⑤]。 路过文津县，谒薛文清祠[⑥]。 到关中盩厔拜见李颙，留居八日，彼此讲论印证，是此次旅程的高峰[⑦]。 过横渠镇，谒横渠祠[⑧]。 到宝鸡访李修（汝钦）[⑨]。

---

① 罗为赓是南充人，任瀚的门人，康熙十年任孝丰知县。刘浚修，潘宅仁纂，《孝丰县志》（台北：成文出版社，1975），卷5，页4b。
② 高惕庵时任吏部官员，杨甲仁三十年前已与之结交。高惕庵应是高人龙，梁山人，康熙二十七年进士。见杨芳灿，《四川通志》（台北：华文书局，1967），卷124，页50b。
③ 樊悔斋时为翰林院官员，为宜宾人，对讲学有兴趣，杨甲仁称其"恬淡直朴，有赤子不雕气象"。见杨甲仁，《北游日录》，页3b；杨甲仁，《自验录》，页24a；杨芳灿，《四川通志》，卷124，页50b。
④ 刘子节是陕西略阳贡生；周钧和是合州贡生；程介石是万县举人。事实上在京城所遇之人更多，例如，六月廿五日在樊泽达署中，在座者有江津举人程德也、西充举人马士屿、叙州府贡生宋怀斯、成都贡生龙禹功、巴县监生刘同饮。又曾在饭店内遇苏州贡生张毓成。见杨甲仁，《北游日录》，页6b、13a。杨璇之字号，见杨甲仁，《自验录》，页2b。
⑤ 杨甲仁，《北游日录》，页21a—23a。
⑥ 杨甲仁，《北游日录》，页23a。
⑦ 杨甲仁，《北游日录》，页25b—65a。
⑧ 杨甲仁，《北游日录》，页65b。
⑨ 杨甲仁，《北游日录》，页65b—66a。李修是姜水人，李颙门人，其小传见强振志等纂，《宝鸡县志》（台北：成文出版社，1970），卷9，页14b—15a。

续 表3

时间	交友与经历
康熙三十五、三十六年间（1696—1697）	杨甲仁曾会晤廖有恒（字成之，一字柴坡）①、周宜仲、苏两之、刘柱石、钱秋水、何近光、左元艺（唯一）、蒲荐綦（殷配）、李世英（一中）等人，并与刘柱石、傅端御、钱秋水、曾济苍等有书信往来②。不过，这期间记录最多的则是家居生活中与妾周氏（悟性、了心）的对话③，以及自我体悟的心得。杨甲仁曾感叹自己家居生活寂寞无友，"终日与僮仆打量柴米油盐，牛猪鸡鸭"，琐事缠绕④；但他也说自己老来"门下有了心、罗度、长寿，性地之证，言下即彻，全无拟议"⑤。由此可知了心、罗度、长寿是其晚年重要的讲学伙伴。
康熙四十四年（1705）	八月，了心去世。十月十一日杨甲仁写成《了心语录》一书⑥。
康熙四十五年（1706）	长寿陪伴游成都一年。
康熙四十六年（1707）	长寿陪伴游黔中。大约此时，亦有与学台周澹园、刘碧峰，以及张恕行、廖海长（1711举人）等人论学的记录⑦。《愧庵遗集》的内容记载到此年为止。
约康熙五十七年（1718）	杨甲仁卒。《蜀学编》说杨甲仁卒年八十，据此推论其约卒于1718年；其生平最后十年并没有文字记录存留。

① 廖有恒为射洪县人，曾任山东济宁州知州，其传见张松孙修，沈诗杜纂，《射洪县志》，卷5，页26b。
② 左元艺为彭县庠生，蒲荐綦为成都庠生，李世英为新都庠生。另外，康熙三十五年八月十六日，杨甲仁遇张大酉，谈及工夫；九月朔日，王子木等人来会。见杨甲仁，《下学芙城录》，页1a—10b、20a，收入氏著，《愧庵遗集》。
③ 有关周氏与了心、悟性，见下文讨论。
④ 杨甲仁，《自验录》，卷上，页6a。杨甲仁谈到家居孤寂，见杨甲仁，《下学芙城录》，页42a。
⑤ 杨甲仁，《自验录》，卷下，页33b。
⑥ 杨甲仁，《自验录》，卷下，页20b、40b。
⑦ 杨甲仁，《自验录》，卷下，页10b—31b。

第六章 女子与小人可谈道

从以上片断的记载，我们可以想见杨甲仁多游历、好交友、乐讲学的一生。他讲学的基本精神可从以下这段自述得知：

> 康熙三十四年，夏四月，至吏部，过堂会各省诸同人。于大堂上，甲仁曰：人生百年只同一息，一息若不真，百年成醉梦。甲仁，蜀人也，今应中书之文，来游京师，与诸君会，借此良晨，以通消息。诸君须大拓胸襟，高着眼界，吾人顶天立地，谁是我悠久无疆者，何处真见得大行不加，穷居不损。若果见得，则隐不徒隐，显不徒显，尧舜君民，分内事耳。以此燮理一身，即以此燮理九有，参赞神猷，辅相皇极，功业皆德业也，中书岂异人任哉。否则，勿论不得；即得，亦负疚良多耳。①

如此向他人宣讲或提醒自己人生终极意义的发言，是杨甲仁遗集中非常重要的主题，此与其思想有密切关系，故下文讨论杨甲仁思想渊源及其最仰慕的儒者。

（三）思想渊源与仰慕之儒

从《愧庵遗集》我们无法得知杨甲仁的确切师承，不过可以看出他对理学的浓厚兴趣，且具有相当学术背景。他曾自言："仁生也晚，早失父兄之训，长罕师友之箴，为学如盲。"若有一些心得，是自己长期摸索所得②。他一生最景仰也最常言及的当代学者是刘

---

① 杨甲仁，《北游日录》，页1b—2a。
② 杨甲仁，《忧患日录》，页59a。

丽虚、杨洪才、李颙三人，但事实上他与三人的实质往来很少①。加上杨甲仁学派观念淡泊，常以自己想法融会前儒观点②，故推论他可能自学的成分更大。《愧庵遗集》所言及的理学家包括周敦颐（1017—1073）、邵雍（1011—1077）、张载（1020—1077）、程颢（1032—1085）、程颐（1033—1107）、朱熹（1130—1200）、陆九渊（1139—1192）、杨简（1141—1225）、薛瑄（1389—1464）、陈献章（1428—1500）、胡居仁（1434—1484）、罗钦顺（1465—1547）、王阳明（1472—1528）、王艮（1483—1540）、钱德洪（1496—1574）、王畿（1498—1583）、罗洪先（1504—1564）、罗汝芳（1515—1588）、顾宪成（1550—1612）、高攀龙（1562—1626）、李颙等③，且谈论内容主要是理学，由此可知杨甲仁是在宋明理学的传统中，找寻人生的定位。赵燮元说他"平生学近白沙、阳明，而不悖于程朱"。笔者认为他的思想确实接近陈献章与左派阳明学④，但并不类于程朱学。以下将先简要说明杨甲仁的思想渊源，再讨论他心目中最仰慕的三位儒者，及其与他们的关系。

杨甲仁不是一位强调学派归属的儒者，相反地，他试图超越学派门户之见。他说自己的学问不是要宗朱或宗陆，而是要宗尼

---

① 见下文。
② 例如，杨甲仁主张直认性体、在性体上做工夫，他认为濂溪主静立极、明道体认天理、象山之立大本、延平看未发气象，均是同样的工夫。他并不再去细分上述各家工夫上的差异。见杨甲仁，《北游日录》，页4b—5a。
③ 杨甲仁言及前儒的文字很多，散见《愧庵遗集》中各书。
④ 此处用"左派阳明学"主要指王畿和王艮等泰州学者对于良知与工夫论的看法。杨甲仁也认为王畿和王艮之学相近，曾说："心斋悟处与龙溪同。"见杨甲仁，《下学芙城录》，页32b。

山①；而让他有自信能够超越门户直宗尼山的，是因他相信人人心中有尼山，即天赋众人相同的性体（心体），是一切是非善恶的终极判准。尽管杨甲仁没有门户之见，也没有批评朱子学，但是他的学问明显接近陈献章对心体的重视②，尤其接近左派阳明学本体即工夫、良知的看法。他对朱子学的体会明显有扭曲，不仅在工夫论上与朱子的"主敬涵养、格物穷理"不相契，以"在性体上做工夫"解释"格物致知"也不同于朱学③，他认为朱子晚年悟道而洞彻性源、尽改旧见，也可能源于王阳明《朱子晚年定论》的看法④。

综观杨甲仁论学，最突出也最常强调的重点是：无论中下根器者，圣学入门均应在本体上下手；离了本体，别无工夫⑤。以下摘录几段杨甲仁自己的话，呈现他与左派阳明学间的密切关系。

---

① 杨甲仁："吾之学非宗王也，非宗陈也，非宗朱也，非宗陆也，非宗程也，非宗周也，吾宗尼山也。""讲学者分陆分朱，是千古斯道之厄，吾学不是宗朱宗陆，是宗尼山。……人不见乎性中之尼山，又恶可以宗尼山。"又回答友人问朱陆之学时，曰："放着自家一个朱考亭、陆象山不参究，却去问当年朱考亭、陆象山。"见杨甲仁，《下学芙城录》，页22b、24a；《北游日录》，页5b。

② 杨甲仁认为陈献章之学近程颢，较象山、阳明更沉细。他强调要体认本体，认为得了本体，则千圣骨髓都在吾人手里，以性合性，以天入天，才是应物读书之本，此均接近陈献章。杨甲仁，《自验录》，卷上，页58b—59a；《下学芙城录》，页63b—64a。

③ 杨甲仁对格物致知的解释，主要见于《下学录》。他把格物解释为"格明德至善之物（性体）"，格物致知即直认本体的工夫，故格物、致知、诚意、正心、修身，原非渐次积累之工夫，而是即本体即工夫。见杨甲仁，《下学录》，页11a、21b—50a。

④ 杨甲仁说朱子足以为千古师法者，在于他不执旧见。又说朱子晚年因病有悟，所见必与昔时不同。杨甲仁，《下学录》，页13a。王阳明之说，见王阳明，《朱子晚年定论序》，收入氏著，吴光、钱明、董平、姚延福编校，《王阳明全集》（上海：上海古籍出版社，1992），册上，页240—241。

⑤ 杨甲仁："本体上下手，方是真工夫。又曰：离了本体，别无工夫；离了本体，别无下手处。"见杨甲仁，《北游日录》，页33b。

甲仁直认性体，以本体为工夫之说，此非不肖凿空之言也，盖实有见于古今学脉，惟此可寻入手，可寻究竟耳。故三十年来，层层披剥，反观密照，殊有以自信。①

直认本体已握骊珠，更复何言。认本体千真万真，诚非易易，但一真则无所不真，非节次等待做出。只要一眼觑见，了了彻彻，识得是自家本面，死不放手，则万紫千红尽皆春矣。②

学利困勉，虽在着紧用力，而本体上底工夫，却是一团天然机括，着不得半点人为。弗能弗措，己百己千，勉然处都出自然。③

圣人心性之学，都是一齐下手。……圣人凡夫，都是一齐下手，不分层次。④

良知在人伦日用眼前事物上认取，致良知即在人伦日用眼前事物上下手，如何怕入于空寂而为禅。⑤

---

① 杨甲仁，《自验录》，卷上，页102b—103a。
② 杨甲仁，《下学芙城录》，页6b。
③ 杨甲仁，《北游日录》，页34a。
④ 杨甲仁，《北游日录》，页36a、37a。另一段与李颙的对话，见同书，页27b—28a。
⑤ 杨甲仁，《北游日录》，页10a。

> 夫妇愚不肖，尽同圣人不知不能底本体。圣人只是由夫妇之知能，以做到不知不能。①

另外，杨甲仁虽强调在性体做工夫，但不走归寂一派，对此他有亲身实践的体验，曾说：

> 良知本寂，无用归寂，归寂是病。②

> 龙溪曰：良知本寂，无取乎归寂，归寂则槁矣。吾尝验之，归寂便不能寂，不能寂，便有千般病痛，乱起乱灭，不止于枯槁。归寂则槁，是存心断灭之弊。③

杨甲仁的学问重视向内直认本体，强调不思不勉、自然无为的本体工夫，亦即不循故辙轨迹、不涉私意安排、不分层次的当下工夫④，故其工夫论具有明显顿悟的色彩⑤。又认为得了心体便能掌握道统、学统、治统之枢纽⑥，这样的学问态度接近陈献章以心体悟天道生化的自然之学，而其高度自信良知、认为学绝不能循涂守辙、照依成法的看法，又颇似王畿与泰州学者⑦。由此我们可说，

---

① 杨甲仁，《自验录》，卷上，页32a。
② 杨甲仁，《下学芙城录》，页2a。
③ 杨甲仁，《忧患日录》，页73b。
④ 这部分的讨论非常多，例见杨甲仁，《北游日录》，页9b—11b、32a—39a；《自验录》，卷下，页11b—12a。
⑤ 杨甲仁，《自验录》，卷上，页2a。
⑥ 杨甲仁，《下学芙城录》，页23b。
⑦ 杨甲仁说"践迹"是将自己的本命元辰落在别人手里。杨甲仁，《自验录》，卷上，页14b—15b、16a。

即使杨甲仁师承并不清楚,但他的学问接近明代心学的传统,尤其与王畿与泰州学派的精神风貌相近。这一点我们从他自己对于宋明理学家的评论,也可以清楚看出。杨甲仁说:

> 丽虚刘子,后世化神一人。濂溪、明道,颜子后二人。象山,孟子后一人。白沙,明道后一人。阳明,象山后一人。心斋、龙溪,阳明后二人。近溪,心斋后一人。耻庵,白沙后一人。中孚,近溪后一人。①

杨甲仁在这段发言中,提及三位他生平最推崇的当代之儒,他们是:刘丽虚、杨洪才(耻庵)、李颙(中孚)。其中杨甲仁最推崇刘丽虚,认为他才是真正达到化神的人物:"甲仁四十年前丁酉,得见一化神至人丽虚刘子焉。狂狷而进于中行,则得耻庵杨子,中孚李子焉。"②赵燮元也说:

> 公平生师事刘丽虚,以为当代之神化者,惟刘夫子一人。其次则惟耻庵杨子,中孚李子。③

所谓"化神"意指"在境不着境"而言④。对杨甲仁而言,刘丽虚即是这种不绝于境又不着于境的活见证,其地位远在宋明诸儒之上。但这一位在其心目中为"化神至人"的刘丽虚,我们几乎找

---

① 杨甲仁,《自验录》,卷上,页58b—59a。
② 杨甲仁,《自验录》,卷上,页67b。
③ 赵燮元,《杨愧庵先生传》,收入杨甲仁,《愧庵遗集》,卷首,页7a。
④ 杨甲仁,《下学芙城录》,页17b。

第六章　女子与小人可谈道

不到其他任何史料①，只能透过杨甲仁的文字得知其人。然而，杨甲仁的文字与其说能引领我们真实认识刘丽虚，毋宁说让我们更多看见他自我理想投射出的刘子形象。

刘丽虚是河南洧川县人，十八岁的杨甲仁首次与之会面，便留下一种神秘莫名、没世难忘的经验。杨甲仁回忆道：

> 予年十八，见丽虚刘子，登楼望见，囱门若开，神为震动，是以所感之深，没世不忘。②

这是杨甲仁一生最重要的经历，往后他不断诠释这个特别的经历，将自己的学思心得投射到刘丽虚身上，刘丽虚也逐渐成为他心目中最崇高、神化，浑然与道同体的人物，成为他与人讲学的核心内容。

事实上，杨甲仁并没有正式拜刘丽虚为师③，他与刘丽虚也不能算是亲近的师友，两人只见过十数次面④。而且，十几岁的杨甲仁显然对刘丽虚之学没有太深的了解；不过对他而言，刘丽虚始终具有某种特殊的魅力。何以如此？连他自己都无法解释⑤。他说：

> 予时年少，夢夢不知此事为何事，但每见夫子后，觉得身

---

① 我用基本古籍数据库搜索，也查阅《洧川县志》，均未能找到其他史料。
② 杨甲仁，《自验录》，卷上，页84b。
③ 杨甲仁，《忧患日录》，页64a。
④ 杨甲仁，《自验录》，卷上，页69a。
⑤ 杨甲仁："吾四十年前，见丽虚刘夫子，不过十数次，不知刘子何以得甲仁之心，乃至如此。"见杨甲仁，《自验录》，卷上，页69a。

心轻安,有手舞足蹈不能言之妙。①

又说:

> 时夫子已五十二矣,彼时不知不觉,历十七年始信夫子之入化。②

可见杨甲仁开始比较深刻感受到刘丽虚之学是在首次会面的十七年之后,且主要与自己在学问上的突破有关。康熙十二年(1673),杨甲仁寓居河南南阳镇平,当时他从事摄静工夫已近三年,一日忽然有所突破:

> 一日涣然无疑,默自证曰:刘夫子十八年前已入化矣,何元神元理,彻首彻尾如斯也。于是每遇杂念妄想发作时,直一提起,便就正念炯炯,群邪销亡。③

透过日后自己工夫修持的心得,杨甲仁追忆当年初见刘丽虚的经验,认为当时所经历的境界正是"性之本体一现"。后来甚至说,自己四十年所见亦不过是当年一息之见。又说:"知四十年,只是当年一息之见,即知百年千万年,亦是那一息之见,又何今古生

---

① 杨甲仁,《北游日录》,页46b。
② 杨甲仁,《北游日录》,页46b。
③ 杨甲仁,《北游日录》,页47a。

死之可分哉。"① 可见他认为当年初见刘丽虚的一刻，已然接遇其一生所致力追求、那超越时空的永恒道体与境界，全然入化的刘丽虚即浑沦道体之化身，也代表着杨甲仁终极追求的目标与生命回归的核心。

随着自己性命工夫的深化与体悟，杨甲仁不断地把他心中学道者的理想境界加诸刘丽虚身上，形塑出《愧庵遗集》中神妙自然、入于化境的刘子。杨甲仁像泰州学者一样强调自然天真无机、在日用平凡中见道、于当下行本体工夫而不循轨迹，视外在事功、著述与言论为次要，而他笔下的刘丽虚就是这种"直悟本体、与道消息"的理想投射。刘丽虚没有留下任何著作，杨甲仁说他在临终前把著作都烧了②；刘丽虚不爱讲学，不是理学大家，没有特殊成就，甲仁视此为"神隐"③。事实上，刘丽虚也可能是一位平凡无奇之人，他像平常人一样吃烟、喝酒、出游、看戏，但看在杨甲仁眼中，这一切平凡的举动都体现了一种与道消息、随感随应的神秘境界④。让我们看两段杨甲仁对刘丽虚的描述：

> 予一日见刘子乘马而过，着绛桃缎衣，戴缀结旧帽，浑浑噩噩，一元密运，万化平满，收敛处就铺舒，铺舒处即收敛。又一日，甲仁与朱茜庵、徐季方、程天衣侍饮，刘子醉矣。揖

---

① 杨甲仁认为性之本体、良知天理是古今天地人物共有，永恒不息。关于此，见下文讨论。杨甲仁，《下学芙城录》，页45a。
② 杨甲仁，《北游日录》，页29b。
③ 杨甲仁："平日不见他讲学，或是无人问着他，遂不露，亦未可知。"见杨甲仁，《北游日录》，页47a；《自验录》，页68b。
④ 杨甲仁，《北游日录》，页32a—b。

让俯仰，转折周旋，愈舒畅，愈钦翼，愈钦翼，愈舒畅，愈浑穆。①

然刘子神隐，非有心也，亦不自知。古今抱道神隐者，未免自家犹知得，刘子不绝境以神隐，亦不自知为神隐。甲仁每见，留饮达旦，酒只顾吃，话只顾说，也猜枚，也吃烟。吃烟便到不可为处，真令人学不来，微吸一两口，若吞非吞，若吐非吐，若有若无，不留不拒，从容中节，万化平满，真是寂然不动，陶情即是尽性。岁暮春初，出王游行，也看打拳者，也看做耍法者，也听说唱书者，也登眺山川，也浏览寺观。一日甲仁入护国寺，刘子在东楹正坐，看甲仁来，命从者安椅，甲仁侍坐少顷，郑镇一内亲来，气焰矜张，刘子与之语，平平常常，其人敬应，不敢仰视，如是顿饭间鞠恭辞去，甲仁窥刘子气象始终不添减一毫。②

这样的文字是杨甲仁对刘丽虚的典型描写，其他尚有如"吾见刘子之神，毫无所系"；"刘子无一毫精光外露，无名可名"；"惟丽虚夫子，从晨至夜达旦，性体浑沦，机缄绵密，泂穆即舒安，舒安即泂穆，始终莫测，越看越看不尽，越看越难名"；"然只见夫子浑浑沦沦气象，便人人神游于邃古淳庞之界，相忘于泂穆函盖之中"等③。这些描述尽都是杨甲仁个人的观感，充满缥缈崇高的气蕴，但也令人有不切实际、难以信服之感，当时也有人表达了类似的怀

---

① 杨甲仁，《北游日录》，页32a—b。
② 杨甲仁，《自验录》，页68b—69a。
③ 杨甲仁，《北游日录》，页29a、32b、46b、47a。

疑①。

总之，杨甲仁的文字绝非平实地描述历史上的刘丽虚，而是更多反映他自己从刘丽虚身上感受到的魅力，及其心目中学道之理想境界。由此，我们不难理解何以他对刘丽虚的评价总在历史众名儒之上②。另外，在杨甲仁的文字中，"刘子"也具有指涉人之心性本体之义。例如，当李颙表示杨甲仁的描述让他如见丽虚刘夫子时，他立刻说："非先生见刘子之刘子，实见先生之刘子矣。"③又如他指点杨璿说："君心本是刘夫子"④；告诉曾济沧《中庸》首章言本体工夫，又说："盖吾之本体，还是《中庸》、刘子之根宗，得了根宗，我便是《中庸》、刘子也。不然，《中庸》只是中庸，刘子只是刘子。"⑤

另外两位杨甲仁所佩服的学者是杨洪才和李颙。杨洪才是湖北孝感县人，我们从县志可知其在当地享有名声，嗜读五经四书，爱好程朱之学，并与同郡学者丁之鸿（字渐斋，号素石）、程怡孔（字孟愿，号钝庵）、彭大寿（字松友，号鲁冈）等人成立贞通学社，四仲会讲，并著有《五经四书诸说》《诚书》《弋获录》《正史法诫》诸书⑥。与刘丽虚相较，杨洪才无论在著作、讲学上都较有

---

① 例如，李颙曾怀疑刘丽虚临终焚书之事，曾济苍则猜想焚书是因为"悔从前之非，勿留误后学"。另外，许多人在聆听杨甲仁叙述刘丽虚之后，都表示他们感受到杨甲仁对刘子的全然信服，或说杨甲仁真是善言德性，而非具体知道刘丽虚的作为或为人。例见杨甲仁，《下学芙城录》，页60b；《北游日录》，页29b、33a；《自验录》，卷上，页11a。
② 例如："丽虚刘子化神莫测，非尧夫比也。"又如称赞刘丽虚全然化神，其他儒者仅化几分。见杨甲仁，《下学芙城录》，页60a；《北游日录》，页52a。
③ 杨甲仁，《北游日录》，页32b；亦见杨甲仁，《忧患日录》，页50b。
④ 杨甲仁，《北游日录》，页18b。
⑤ 杨甲仁，《下学芙城录》，页66a。
⑥ 梁凤翔修，李湘等纂，《孝感县志》，卷18，页35a。

声望，也留下较多历史记录。然而，杨甲仁并未曾与之谋面，只能透过阅读其著作、与其门人交接而得闻其学。杨甲仁大约在1660年代就知道杨洪才其人①，但一直没有见面，直到杨洪才去世后，杨甲仁于康熙十八年（1679）访问孝感时，才见到杨洪才之孙②。杨甲仁也结交杨洪才的友人与门生，又在傅良辰等人的帮忙下，获得杨洪才的遗书③。我们从《愧庵遗集》中也可以看到一些杨甲仁阅读杨洪才《诚书》的心得与回应④。

至于李颙，杨甲仁虽早已仰慕，但直到1695年才与之见面⑤，即从北京返回四川途中，特地前往关中拜访李颙，停留八日，共同讲学。李颙是当时著名的儒者，是一位在乱世之际自学有成、有为有守、极受尊重的大儒，其学重视悔过自新的身体力行，也心仪阳明学，此时已年近七十。此次会面讲学的经过详细记载于《北游日录》，两人论学颇相契，而投合的主因在于两人都重视身体力行的实践，李颙也能理解杨甲仁一再强调的无层次、不着半点人为之"本体上底工夫"⑥，而且十分欣赏杨甲仁对自己学问取径的自

---

① 杨甲仁："予不肖四十年前得亲炙洎川丽虚刘夫子，三十年来又得闻耻庵杨子、中孚李子，曾见其书焉。"杨甲仁见刘丽虚于1656年，故知其得闻杨洪才于1660年代。见杨甲仁，《北游日录》，页2a。
② 杨甲仁，《下学录》，卷2，页113b。
③ 杨洪才的门人任溥如是河南淅川人，他藏有杨子遗书。1685年傅良辰等人前往关中拜访李颙时，特地到淅川访问任溥如，并抄录杨洪才的遗书，于1688年送给杨甲仁。见杨甲仁，《下学录》，卷2，页111a。
④ 例见杨甲仁，《下学录》，卷2，页107b—108a；《自验录》，卷下，页41b—43b。
⑤ 在此之前，杨甲仁曾鼓励傅良辰、张子达去拜访李颙，两人于1683年已至关中拜见李颙。
⑥ 杨甲仁，《北游日录》，页25b—42a；又如当时学者们对无善无恶有严厉批评，但李颙和杨甲仁却都能欣赏此是悟性之言，见杨甲仁，《下学录》，卷2，页90a。

信①。此次会面对杨甲仁极具重要意义，他说：

> 夫予生平以未拜刘子门为大缺陷，又未见耻庵杨子，今皆已矣。仰止无从，每遇朋辈，窃话其生平之憾，欲以钦宗刘子，印正杨子者，转而亲炙中孚李子，以毕我向上之愿。不谓中孚亦神契于我矣。自此以往，深虑德业无成，岁月虚度，有负大贤相期之重。②

事实上，杨甲仁并不是来向李颙问学取经，而是希望能将自己二十年来独自摸索的心得，与李颙这位大儒的相印证③。能够与李颙相谈甚欢、获其肯定，则给予长期独修的甲仁莫大激励，这也是此次会面的重要意义④。

三、四民为师友

尽管就思想内容言，杨甲仁没有太多创新，但其实际讲学及留下的文字记录，则让我们看到晚明阳明讲学落实于中下阶层的某种图景，也披露许多实际从事工夫实践的细节。本节将主要讨论杨甲仁与友人讲学的内容。

杨甲仁讲学有一极清晰的目标，即追求永恒的生命意义。他对

---

① 杨甲仁，《北游日录》，页69a。
② 杨甲仁，《忧患日录》，页64a。
③ 杨甲仁说在刘丽虚、杨洪才去世后，今日宗传就在李颙。见杨甲仁，《忧患日录》，页70b。
④ 杨甲仁，《北游日录》，页69a。

于良知不朽的信念很强烈，相信良知本体即天理，自信自己禀性源自天命本体，与古今天地万物相通，他说："灵气相通处只是个理，这便是知。故天地古今人物，同此一个良知。"①他又认为，人的身体形骸因涉气化而有生死，人之本性却能与太虚为一，超越生死：

> 以形骸论，一生一死，百年递嬗，乃气之变迁也。至于此性，无有变迁，不见起灭，有甚生死。②

因此，他也认为尧、舜、文王、孔子等全性之人均不死③。而儒学教人了究生死大义，便是从事性命之学以契悟太虚本体，达到不死的境界，此也是他所追求的生命意义。又由于他深信众人禀性相同，故也深信对永恒生命的追求没有性别或社会身份的差异，这一点我们在下两节中有更多讨论。此处让我们先看杨甲仁对傅良辰、马方升两位门人的告诫：

> 于是进二子而告之曰：人生只有这件事是大事，此事是人安身立命之命。上天生人，畀以此性，不分圣凡，都是一样完全，无剩无欠，只争迷悟两途，便成者自成，坏者自坏。到得破坏之后，天理灭绝，人欲猖狂，即是禽鬼。倘能于此回光独照，猛然一念打转，兢兢护持，常常不昧，这性体仍旧是完完全全的。辟如大风扬沙，太阳昏晦，天地黑暗，到得尘消霾散

---

① 杨甲仁，《下学芙城录》，页17b。
② 杨甲仁，《北游日录》，页31a。
③ 杨甲仁，《下学芙城录》，页36a。了心去世后，杨甲仁与廖先宗谈到了心不死，也是就其性体不死而言。见杨甲仁，《自验录》，卷下，页21a。

第六章 女子与小人可谈道

后，太阳光辉依然如旧。但至道难闻，人寿难得，既经破坏，必须早悟一日，早修一日，庶几早证一日。所谓朝闻死可，学如不及，犹恐失之，方不辜负自己英灵，方不空过有限光阴也。①

傅良辰、马方升都是商人，远道来问学，本也希望能学习作文帖括之事，杨甲仁诫其不要将精神耗损在文字追求上，要在性命上做实地工夫②。而且明白告诉二人，圣凡禀性完全一样，每个人的禀性都圆满具足，所以成坏关键完全取决于个人，人只要能倚靠其本有之性体，让其完全呈现，便是安身立命之基。无论讲学对象是官员、士人、商贾、僮仆或女人，杨甲仁均能无所差别地如此强调性命工夫与求道目标③。而他的门徒也多能受其启发，拥抱这样的理想，下两节我们会谈到周氏和长寿的情形，此处则举马方升为例，马曾明白表示，自己"愿将性命之学做到尽头，便无亏欠，不愿作口耳讲说之徒"④。

《愧庵遗集》记载许多杨甲仁与友人讲学及书信往返的内容，从其讲学对象看来，最多是贡生、庠生阶层，偶有官员，但也有商人、胥吏和奴仆⑤；就其讲学内容而言，最多讨论的是工夫问题。由于杨甲仁相信工夫取径没有中下根器之分，只有本体工夫才是正

---

① 杨甲仁，《忧患日录》，页4a—b。
② 杨甲仁，《忧患日录》，页7a、24a—b。
③ 见下文讨论。
④ 杨甲仁，《北游日录》，页15b。
⑤ 例如，张万沧为筮者，张子达为府吏，两人均勇于学道，但均卒于1685年。见杨甲仁，《下学录》，页104a—b。其他则见下文讨论。

途,故他经常说服人要自信本体,甚至替人判断某种经验是否即是本体呈露的境界,若他肯认是本体呈露,便极力鼓励人要自信自己本体,因他相信这是一切工夫的根宗①。

由于相信本体呈现完全不假人为,一涉人为安排便是制欲而非体仁,故杨甲仁极看重在工夫实践时是否涉及私意安排,是否为意识牵绊,他强调"不在后起之念做工夫",故对于斩除杂念格外敏锐②。然而,斩念又必须不刻意为之,否则即落人为。他与人讲学常常涉及此。举例而言,钱秋水诉说自己十年来的修身经验,曾觉得气自踵直透泥丸,降下宫中,凝聚光明,遍体轻安,又尝见室中光明,但也认为这些都属作用,非究竟事,故必须打破,才不会受障蔽。钱秋水很明显知道"光景"不仅不是修道的目的,反而是障碍,故警觉到要打破光景。但是,杨甲仁立即提醒他"只举个念头要如何用功,便是尘障"③;然他又清楚知道不能沉空守寂,故工夫实践确有困难。他说:

> 举念便落尘,不举念便落空。不落尘、不落空,如何才好?要默识得不费纤毫力。不然,左也不是,右也不是,处处成障。④

---

① 例如他与刘柱石及其他人讨论刘的证悟经验、和钱秋水讨论其闻鸡鸣而悟的经验、判断樊悔斋年轻时所证者正是性体呈露、肯定悟性在壬申年所见是真本体,是其入道根宗。见杨甲仁,《北游日录》,页4a—5b、48a—49a;《下学芙城录》,页11a—12b、15a—17a、43a—44a;《自验录》,卷上,页9b、54b—55a。
② 杨甲仁,《下学芙城录》,页14b。
③ 杨甲仁,《下学芙城录》,页1b。
④ 杨甲仁,《下学芙城录》,页1b。

所谓"要默识得不费纤毫力",意指从内在本原做起、直认本体,却又要能不执着、不被意识簸弄。杨甲仁曾说自己的经验:"意识生生灭灭,如百万魔军,一心明定,便倏然销亡。"①他也强调需时时认取这样的机括,但不能刻意以某种方式去寻求保有。他完全不赞同用静坐、归寂、调息等方式去证悟心体或获得类似经验②。这种强调在日用眼前事物中行当下工夫,所谓无工夫之工夫,其实也是极困难的工夫取径;而批判静坐归寂等工夫进程为喜静勿动之偏执,同样延续着晚明以来泰州与江右学派的分歧,此都明显反映其为学的倾向③。

　　杨甲仁是极勤奋的实践者。他说:"学道要乘时,气到神通,性体昭著,物欲自不敢近"④;又说:"至于夜课,须刻刻提防,怕底是昏沉熟睡。阳生即起,一惺即起,所谓天心无改移,全得这天心,自无渗漏之患矣。"⑤他也身体力行,此从他在关中与王心敬（1656—1738）同寝,鸡鸣即起坐,遭到王心敬消遣,引出一段对话可见⑥。另外,他对斩念的工夫也很有心得,他说斩念要快,不能丝毫犹豫;人在夜寐昏沉中,斩念更难,但于寤寐之中,也不得有丝毫沾滞,要斩截得了了明明;他认为夜梦是意识缠绊,也是本

---

① 杨甲仁,《忧患日录》,页2b。
② 杨甲仁,《忧患日录》,页8b—9a、15b。
③ 相关讨论,见吕妙芬,《阳明学士人社群:历史、思想与实践》（台北:"中研院"近代史研究所,2003）,第8、9章。
④ 杨甲仁,《下学芙城录》,页47b。
⑤ 杨甲仁,《下学芙城录》,页37a。
⑥ 王心敬说:"先生八段锦乎?"杨甲仁回答:"通乎昼夜之道,不舍昼夜,八段锦乎?坐以待旦,八段锦乎?阴阳相摩,八卦相荡,八段锦乎?"见杨甲仁,《北游日录》,页58a。

原锻炼不干净所致①。他曾以自己戒烟为例说明这种去念工夫境界的变化：

> 予九年前戒烟亦是这个消息，初时常常萌动念头。十余日，不萌动念头，然见人吃，犹萌动念头。数月后，见人吃，亦不萌动念头，然见吃，辄动恶底念头。至今九年，亦不动恶底念头，然犹卒然见人满地吐着口水，满地丢着水炭，一连吃两三袋，棹上狼籍，又不觉动恶底念头，少顷，方才平复。这还是在我者犹有个影子，必要将这影子融化得干净，千不动，万不动，方能一息如是，万年如是。事事照着这样用功，息息照着这样用功，至难，至难，只要返得转来，截得住，却又不见其难，都是天机出于自然，若有纤毫做作，便是按捺强制，便有退坏。②

这种去念、转念的工夫也是杨甲仁与门人讲学的重点内容。例如，左元艺曾诉说自己听到杨甲仁称赞另一位同学时，心生忌怒后又逐渐消释的心理变化，由此便体会到时时勘验的重要③；马方升也诉说自己如何在有妓女的社交场合中，将念头平平放下，便能见如不见，心中安然④。《自验录》中更有诸多关于杨甲仁和周氏勘验念头的记录，还有一则记载杨甲仁对自己说话："说吾反者是吾师，

---

① 杨甲仁,《北游日录》,页18a；《下学芙城录》,页21b、27b—28b；《忧患日录》,页1b。
② 杨甲仁,《北游日录》,页20a—b。
③ 杨甲仁,《下学芙城录》,页25b—26a。
④ 杨甲仁,《忧患日录》,页16a。

第六章　女子与小人可谈道

惟圣人时时体此。甲仁你寻常见人说你好,你就喜;说你不好,你就怒。这样肺肠,试默默自家勘验,与那说吾反者是吾师底境界,相去几何。"①

职业的差异也反映在工夫实践所遭遇的困难及所关怀的重点。例如,傅良辰、马方升因从事贸易,特别谈到商贾货利之习对性命之学的妨碍,杨甲仁的教导总是强调正是在这般日用纷扰的事物中学习,才是真实之学②。又傅良辰说自己因致力于工夫,昼夜提撕,杂念不但未去,反而患了失眠症;曾因染疟,在病后行摄静工夫,体验过"心自光明,而念自清净,身体畅然,气机息而不出",但尔后数年工夫不能增进,故询问是否能从事调息工夫。杨甲仁完全反对,认为调息工夫有弊无益,完全偏离本体工夫的正途③。而从樊泽达、钱秋水、曾济苍等人的问学,则可见当时士人的理学知识与关怀,如认为阳明学入禅、悟境易涉玩弄光景之类是普遍的看法,朱陆异同之辨则仍是士人关怀的议题④。与关中王心敬的讨论,则涉及性气是一是二的问题,此亦与张载气学以及明中叶以后气论之发展有关⑤。虽然杨甲仁极不愿落入门户之辨或学术议题讨论,尽量持守住身体实践的精神,但他的思想到底能影响多

---

① 杨甲仁,《自验录》,卷上,页39a。
② 杨甲仁,《自验录》,卷上,页71a—72a;《忧患日录》,页21a—b。
③ 杨甲仁,《忧患日录》,页74a—76b。
④ 杨甲仁,《北游日录》,页4a—5b、10a、21a—22a;《下学芙城录》,页1b、55b—78b。
⑤ 杨甲仁,《北游日录》,页49a—50a、58a—b。王心敬认为性气为一之说,是当时的主流,而杨甲仁仍持性、气二分的看法。关于张载气论与明末清初的气学发展,见吕妙芬,《明清之际的关学与张载思想的复兴:地域与跨地域因素的省思》,收入刘笑敢主编,《中国哲学与文化》(桂林:广西师范大学出版社,2010),辑7,页25—58,收入本书第1章。

少士人，则很难估量，许多人都表示他所说的工夫境界太困难①。或许也因此，他更赞叹一些未受过太多教育的人对其教导的全然信服，他也乐于与之谈道。

四、夫妻是道侣

杨甲仁不仅肯定女人可从事儒家性命之学，且在自己家中切实实践，自己也能够从中学习、享受夫妻共同求道的喜乐，此在宋明儒者之中是极特殊的例子。他在《愧庵遗集》中留下夫妻居家生活中讲学求道的生动记录，也是理学史上难得的文献。本节主要说明杨甲仁与侧室周氏间的师友关系及谈道内容，并讨论杨甲仁对女人从事儒家性命之学的看法。

赵燮元在《杨愧庵先生传》中记道：

> 公侧室周氏，性警敏，通文义，每闻公言，辄有深悟。公尝以哲徒呼之，先公卒，著有《了心宗传》。②

据此，我们知道了心即甲仁的侧室周氏。但在《愧庵遗集》中，我们只有在《自验录》卷下，大约1705年左右的记录，才看到"了心"之名，其他较早的记录中，与杨甲仁对话的女子名为"悟性"。笔者认为悟性和了心应是同一人，即其侧室周氏。虽然我们

---

① 例如，温仲芬："学问思辨行一齐俱到，某信不及。"钱秋水也表示，即使闻甲仁之教，但"总是意识用事，只到不得这一步"。见杨甲仁，《北游日录》，页60a；《下学芙城录》，页15a。
② 赵燮元，《杨愧庵先生传》，收入杨甲仁，《愧庵遗集》，卷首，页7b。

没有看到改名的记录，不过有几个证据可以支持这样的判断。首先，"了心"和"悟性"显然都是道名，而非本名[1]。更直接的证据是，了心去世后，从杨甲仁的回忆可知，了心在十五年前曾经对他有过写字之谏：

> 了心因予答以要写到无可写才不写。了心曰：只今便是无可写，更待何时无可写。[2]

了心于1705年去世，故此事发生于1690年左右，我们不仅可知1690年左右与杨甲仁谈道的女人名为悟性，而且《下学录》中也记载了两人之间有极类似的对话。杨甲仁有"偶有所见即书以自考"的习惯，悟性认为太烦琐[3]，问："几时才不写？"杨甲仁回答："直写到尽头时方休。"悟性接着说："如今便要尽头，更待何时，若有所待，便千百年亦不得尽。"[4]两段记载文字虽略有出入，但应指同一件事而言。另一个证据是，了心曾说过"一念真时，照破无数世界"[5]，同样的话悟性也说过[6]。据此，笔者认为悟性、了心是周氏在不同时期所拥有的两个道名，了心是晚期之名，故以下行文均以"周氏"称之。另外，《了心语录》似已佚失，但《愧庵遗集》中有少数了心之言及大量悟性之言，此部分很可能即是《了心语录》

---

[1] 悟性之名应与其悟之经验有关，见杨甲仁，《下学芙城录》，页35a—b。
[2] 杨甲仁，《自验录》，卷下，页40b。
[3] 另一处记曰："予每闻见，书以自勘，悟性曰：太烦琐了。"见杨甲仁，《自验录》，卷上，页65a。
[4] 杨甲仁，《下学录》，卷2，页79b。
[5] 杨甲仁，《自验录》，卷下，页21a。
[6] 杨甲仁，《下学录》，卷2，页120a。

的主要内容。

周氏称得上是杨甲仁的心灵伴侣,她有机会从杨甲仁听闻儒家性命之学的大义,并能够在这个家庭内付诸实践,夫妻间的对话充满学道的心得和疑问。在杨甲仁的引导下,周氏显然认定自己生命的真正意义必须在求道中寻得,她称甲仁为"师",并说:

> 父母生我之身,若非师教我,使我闻道,此身全在作恶,有何用处,以是见得师恩真难报。①

可见周氏并不完全满足于传统儒家为女人设定的角色,而将自己生命的意义定在"闻道"。此又与杨甲仁对女性的态度有密切关系,虽然杨甲仁知道儒家对于男女内外之礼分际严格②,也知道女人学道受到许多限制,但由于他深信人之本性没有男女贵贱之别,这样的信念也让他坚信女人可以证道,尽管他并没有因此而完全泯除男女社会角色之别。以下两段引文可清楚反映杨甲仁对女人学道的看法:

> 人滞于男女形骸,总只从欲上起见,若识得性,则欲沾染不上,又何有于男女形骸。孟子知性知天,事天立命,呕血剖心,说到尽处。千万世而下,求之男子,且有个数,何况女子。然而此理流行充塞,无一息灭断,鸢鱼虫蠢,皆契道妙。

---

① 杨甲仁,《自验录》,卷上,页11a。
② 杨甲仁,《下学录》,卷2,页101a。

> 以女身而证性,不可谓今竟无其人也。①

> 女人皆可任道,古今来有许多女中圣贤,胎教、内则、昏义,皆妇女修身宜家之法,但限于内外之位,故讲学不及其实。妇女有志学道者,自五六十岁以上,性定德立,不妨与师友之会,以参证乎性命之渊源。②

我曾考察明代理学家文献,认为他们并未能在儒学领域中为女人开启求道的空间,尽管有一两位女性试图跨越藩篱,但也仅能在私密空间中悄然实践③。现在,清初杨甲仁与周氏的例子显然提供了很不一样的观点。杨甲仁不仅认为儒家性命之学应该向女性开放,深信在生命意义的追求上男女无别,而且公开支持年长的妇女参与公共场域中的讲学活动,与师友共参证性命之渊源,这的确是理学家中相当特殊的看法。

不仅杨甲仁鼓励周氏求道,周氏直捷警敏的才性也深得其心,甚至觉得她有许多表现在自己之上。例如在康熙三十五年(1696)的一段问答之后,杨甲仁赞叹道:

> 他虽女人之身,却已不是女人之身了。道不分男女,亶其然乎。只看他后面葆守行持何如,予常常祷祝天地神明,呵护默相,使斯人成道,庶不枉了他今日见地也。④

---

① 杨甲仁,《下学芙城录》,页14a—b。
② 杨甲仁,《下学录》,卷2,页100b。
③ 见本书第5章。
④ 杨甲仁,《自验录》,卷上,页8b—9a。

杨甲仁视周氏为门人，称其为"哲徒"，且在周氏去世后，不顾他人反对，坚持要为之报服①，亦即根据杨洪才等所言"弟子中有可以继道统之传者，师于弟子，当有报服"，为周氏服丧②。以上种种，均可见杨甲仁对周氏的看重，两人不仅是共同生活的夫妻，更是证道之学侣。

周氏学道生涯中曾有过一次重要的悟道经验，发生于康熙三十一年（1692），对其往后之学有重要启发③。关于此，《下学芙城录》记曰：

> 悟性曰：适才在门坎内站着，一息间不知有天地世界，不知有此身，莫可名状，通身浑融。亦不见有浑融者，只略略见得，要常如是，就不见了，到这里，真不见有古今，不见有生死，又何有男女之身可分。④

对于此，杨甲仁十分肯定这是得见本体的化神之境。他告诉周氏：

> 此是汝之真性，圣人化神境界，便是如此；至诚浩浩其天，便是如此。汝今见天命之本面矣，因名悟性。⑤

---

① 傅良辰极力反对，见杨甲仁，《自验录》，卷上，页4a—b。
② 杨甲仁说弟子在五伦之中，师徒间应有服；又说弟子为师服，始于阳明之门，而师为弟子服，始于耻庵之《诚书》。见杨甲仁，《自验录》，卷上，页4b—6a。
③ 此事的时间点，参见杨甲仁，《自验录》，卷上，页9a—b。
④ 杨甲仁，《下学芙城录》，页35a—b。
⑤ 杨甲仁，《下学芙城录》，页35b。

数年之后，杨甲仁再次向周氏肯定地说：

> 你那壬申年十月门坎内瞥然有悟处，是你入道底根宗，是亘古亘今不磨的真本体。善自保守，圣人所谓无以尚之，便是这个。颜子所谓欲从末由，孟子所谓不可知，都是这个，你自有此一见，再不疑矣。往后要操守行持得熟，工夫不可间断。①

这个顿悟的经验也让周氏深刻体会到"这道不是有所倚靠做得来"②，亦即领悟到杨甲仁经常说的：道是无方所、无执着、自然消息、无古今远近之分，故学道者必须脱去一切妄见、一切倚靠，才能真见本体。杨甲仁也说，自从此悟之后，周氏对圣贤道理领悟得更直捷，她总是"一闻即信，一信即彻"③。

由于《愧庵遗集》所记周氏之言主要在1695—1697年间及1705年左右，均在壬申之悟以后，故所言内容多涉及如何能不受邪念私欲缠累、能保此真性，也有一些是周氏实际从事工夫的心得。例如她说："工夫越做越知自己错"；"每于昼夜幻妄杂乱境缘，只一念知得，便清明定静，无一毫事，此心无所限量，真不容言"；"人到内面邪魔起时，要像这样斩绝，方得通泰，不然便一下塞满了"；"人身中工夫做到锻炼出一个至宝来，就如蛇与鱼化成龙飞去一般"，但后又说蛇鱼化龙终落形器、有方所、会堕坏，而人之真性则不落

---

① 杨甲仁，《自验录》，卷上，页9b。
② 杨甲仁，《自验录》，卷上，页9a—b。
③ 杨甲仁，《下学芙城录》，页35b。

形器、无方所、不堕坏等①。

周氏和杨甲仁也经常就实际工夫的心得对话或彼此印证。例如，周氏曾担心虽见本体，但怕恶缘会聚会使之退坏，甲仁则告诉她恶缘来聚是免不了的，此即是儒家所谓的"命"，而圣贤工夫正在此处做②。接着，又勉励她：

> 以世情论，汝是个女身，限于时势，诚有许多境界难得圆满。然而百年之内有尽之身，转眼就过，那容得这些计较，汝只为其所当为者以听之而已。汝虽女身，发这样大智慧、大愿力去学道，天地神明必默相汝，使汝于道有所成就，勉哉。③

又如：

> 悟性曰：平常制欲，着了制的念头，越制越起，神就死煞，系在一处，不能周流。直提起真性作主，欲就不见了。下学〔案即甲仁〕曰：此仁之所以无克伐怨欲也，工夫不涉对治。④

> （悟性）又云：心中忽开朗，如去了沉重的物一般，连身子亦不知有，只不能久，自家才觉好，起心要常常如此，便铲断了。下学曰：此是真性流行，不是做得来底。人为息处，便

---

① 杨甲仁，《自验录》，卷上，页31b、36b、38b、74a。
② 杨甲仁，《自验录》，卷上，页9b—10a。
③ 杨甲仁，《自验录》，卷上，页10b—11a。
④ 杨甲仁，《下学录》，卷一，页61b—62a。

是天理，颜子所以悟其从之末由，此处怎么从，怎么由。①

这一类对话的例子在《愧庵遗集》中相当多，是典型杨甲仁与周氏间谈道的内容，主要都环绕着"当下本体工夫"而言。而周氏最得甲仁称赞的是，她往往能说出一些不落分别相、不执着念的上根之语。例如，杨甲仁问："蒙庄云：藏舟于壑，有力者夜半负之而走。善藏者如何免盗？"周氏回答："直无了舟，看他盗个甚么。"杨甲仁便由此联想到圣人洗心退藏于密②。杨甲仁曾说不知某友官事若何，周氏立刻说："放着内面着紧官司不得结，却去打外面官司。"杨甲仁问如何结案，周氏答："不动妄念，便自结案。"杨甲仁因此感叹道：非存神过化，不能语此③。一日杨甲仁写字，风吹字纸，甲仁说不干风事，是自己没压好，但悟性说："心一莽荡了，就是风。"杨甲仁惊叹曰："奇哉此言，至哉此言！"④又如周氏："眼前尽头就尽头，又待何时尽头，只一待，便千万年也不见尽头。"杨甲仁称此是上上神悟境界⑤。

另外，《愧庵遗集》中也记录大量取材于日常生活场景的谈道内容，这种类似禅机的对话，发生在一对清初四川乡居的夫妻之间，是理学文献中很特别的例子。这类例子太多，以下仅举数例参考。周氏看到猫好游山，便说："你好山上广大，这房也有无边广

---

① 杨甲仁，《下学录》，卷一，页62a。
② 杨甲仁，《下学录》，卷一，页38b。
③ 杨甲仁，《自验录》，卷上，页8b。
④ 杨甲仁，《自验录》，卷上，页43b。
⑤ 杨甲仁，《自验录》，卷下，页3a。

大"①；看到灯里许多扑灯蛾，便说它们只为贪明丧身，甲仁因而联想到"君子暗然，而立命于无声无臭"②；见到关门时纸桌围发出声音，就想到是气相感召、神不可度思③；看到黄蚁从细缝中进入菜罐，想到"人身中不见之欲，阴流密布，无微不入，是以哲人下手全在不见是图"④。两夫妻发现打纸的老鸦枕头内有只虫安稳地过它的日子，便联想到宇宙间神气聚会⑤；晨起观阶前草芽方生，则想到"一念私萌，弥天盖地"⑥；折衣服时看到衣服皱了，就说到人心皱处⑦；看大雾弥漫，想到雾散不散全非人力可为，又想到人心猛然开悟亦然⑧。

虽然周氏说自己不识文义，她对道体或工夫体悟的抒发也确实很少引用儒家典籍或理学套语，但此并不妨碍杨甲仁与之谈道的深度，其实往往在她陈述之后，杨甲仁会补上自己所阅读的圣贤之语。而且他还经常与之谈论古人古事或朋友的书信，包括文王蒙难、屈原远游、朱子和白沙诗句、杨洪才论箕子，以及苏两之来信内容等⑨。他们反复谈论的工夫境界大多属于左派阳明学的论调，并没有太多新意，然而以历史研究的角度而言，难得的是，他们生活化的讲学实践让我们看到阳明学落实于庶民生活的图景，尤其儒

---

① 杨甲仁，《自验录》，卷上，页5b。
② 杨甲仁，《自验录》，卷上，页17b—18a。
③ 杨甲仁，《自验录》，卷上，页77a。
④ 杨甲仁，《自验录》，卷上，页59a。
⑤ 杨甲仁，《自验录》，卷上，页46a。
⑥ 杨甲仁，《自验录》，卷上，页51b。
⑦ 杨甲仁，《自验录》，卷上，页105a。
⑧ 杨甲仁，《自验录》，卷上，页104b—105a。
⑨ 杨甲仁，《自验录》，卷上，页48b、52b、74b、85b、105a—b；卷下，页2a；《下学录》，卷2，页122a—b。

第六章　女子与小人可谈道

家性命之学在一个普通家庭内被一名女子热切追求的情形。从周氏口中抒发出自己悟道的光景，明确宣称学道无男女之别，又坚信自己终极归属应是太虚本体，这确实是理学史上突破男女之别的重要例证。

五、主仆共谈道

杨甲仁对众人禀性相同、任道平等的信念，更清楚地表达在他对待仆人、殷殷与之讲道的态度上。在传统中国注重身份等级差别的观念下，尤其清代法律规定奴婢完全隶属于主人、不具独立人格，这要比与四民为友更难得①。杨甲仁之所以有如此表现，当然主要还是与他的思想观念有关，他相信人的良知无贵贱之别，又重视当下本体自然无为的工夫，不看重书本和闻见之知，这些都是他能够跨越社会阶层樊篱与众人谈道的重要因素。而且，他具有一种能够从极平凡事物联想到道学、从平凡人物身上学习的能力。他曾说：

> 道之所在，臣师君，君师臣。子师父，父师子。徒师师，师师徒。妻师夫，夫师妻。弟师兄，兄师弟。仆师主，主师仆。人师人，亦师物。今师古，古亦师今。天地为吾人师，吾人为天地师。②

---

① 经君健指出，清代奴婢像商品一样，可以被买卖，是主人的财产，完全隶属于主人，在社会上属于贱民，也不具独立人格。经君健，《清代社会的贱民等级》（杭州：浙江人民出版社，1993），第7章。
② 杨甲仁，《自验录》，卷上，页47a。

> 至若有一等田夫孺子，僮仆妇女，负贩佣工，樵夫渔子之流，翻可与言道者，盖为他一时天良发露，于本性上不昏迷滞塞。这一息真本体，便与天地圣人无二，故古人于道之所在，不分舆台、皂隶、厮役、臧获之贱，皆有取焉。不宁惟是，一切万物且资之以为师，而况人乎。①

这样的观念并不只诉诸文字，且能在生活中实践。例如：

> 人性皆善，童仆中有可取为师友者。乙亥春，予往京，尝以小心勿放戒其仆长寿。寿曰：小人固要小心，主人更要小心。予揖而谢之。②

杨甲仁出身仕宦之家，熟读儒学典籍，经常出游，与朋友交接，他也和晚明阳明学者一样看重师友之间的论学，并高举友伦的重要性③。然而，他并不像晚明学者那般活跃于地方讲会，他曾说自己"无同志之友切劘讲究，独坐深山，自参自证而已"④。此应主要与清初射洪县学术大环境有关，朋友们也能看出他在射洪县相当寂寞，没有同志道友⑤。或许正因为此，他极力在家人中营造出

---

① 杨甲仁，《北游日录》，页9a—b。
② 杨甲仁，《自验录》，卷上，页100b。
③ 对于朋友之伦的看法，杨甲仁与王畿等阳明学者看法极相似，有高举友伦为五伦之首的倾向。其言论可见《下学芙城录》，页33a—b；关于阳明学者的友论，见吕妙芬，《阳明学士人社群》，第7章。
④ 杨甲仁，《自验录》，卷上，页65b。
⑤ "一中又曰：'先生在射洪也甚觉孤寂。'予曰：'诚然，只有一个刘柱石，每年不过会一二次，会又不敢与之尽言。虽然，天地古今尽吾伴侣，予甚孤寂，却亦不甚孤寂。'"见杨甲仁，《下学芙城录》，页42a。

一种居家学道的环境。除了与周氏师徒相称,互相讲学、黾勉求道之外,对待家中僮仆,他也经常以师的身份指点迷津。我们从他为自家僮仆取名为"良知""良能""性善"①,便能感受到他家中所弥漫的理学氛围。以下几则记载可以让我们窥知甲仁与僮仆互动、讲学的情形:

> 含膏与雀斗,雀坠一雏,性善拾之,无处安顿盘桓逾时,耽搁推磨。予曰:含膏伤雀,竟是伤汝矣,可见人与天地万物本是一体,无一息不相通。但人有私,便处处隔碍真性,不能贯串,至近至亲,且多缺德,况物乎。天地之大犹有所憾,所可为者为之,尽吾心焉已尔。所不可为者,限于时与势也,奈之何哉。博施济众,尧舜犹病,只是这个道理。②

另一则是罗伯敬的使者来福小心谨慎地抱着毡包,告诉良知说:"我今日抱毡包,生怕刺挂着,如拿一条龙一般。"杨甲仁听到此话,便告诉僮仆们:

> 吾人学道不当学来福乎?良知曰:来福也有些神妙,他主人举手微示,便不进篱。予叹曰:难为你一顷间就知他主仆之

---

① 良知、良能为童子名,见杨甲仁,《自验录》,卷上,页83a;卷下,页36a。性善之名,见下引文。
② 杨甲仁,《自验录》,卷上,页38b—39a。

神如此，这也是你良知知到，不是安排得来。①

尽管透过文字书写，我们很难确定到底当时主仆间的对话如何进行，部分话语确实介于教导僮仆与自抒心得之间，不过两段对话仍清楚显示，杨甲仁借着一些平常琐事刻意将话题引到良知本有、不假安排、万物一体之仁等道理，希望启发自己的仆人②。

众仆中与杨甲仁谈道最多的是长寿，长寿本是杨甲仁二侄杨秉泰的仆人，他曾于1695年陪伴杨甲仁赴北京考试，在十个月的旅途中，两人朝夕相处，长寿深受甲仁启发，也逐渐将学道视为自己生命的重要目标。后来他又曾陪伴杨甲仁游成都、黔中，尤其在周氏去世之后，长寿更成为杨甲仁晚年重要的讲学伙伴。

杨甲仁与长寿的互动与谈话，记载最多的是发生于1695年往返京城的旅程中，主要载于《北游日录》和《下学录》。根据记录，我们可见杨甲仁对仆人相当尊重。例如，杨甲仁常教导仆人莫说妄话、莫动妄念，有一日过邯郸野店，买饼却无菜，走里许之后，才遇卖粗豆腐者，杨甲仁不禁说"早间有此便好"，长寿立即回答"这就是妄念了"。闻此，杨甲仁揖而谢之："此言真我师，我能实实体此，不愁德不进。"③或许正因这类举止的鼓励，长寿才敢向杨甲仁说起仆人们背地里说的闲话，仆人崔奇似曾在背后嘲笑杨甲仁：

---

① 来福与主人之间的神应，指罗伯敬拜访杨甲仁时，刚进篱，来福本来要跟进，主人只以手当胸微微示意，来福即止。见杨甲仁，《自验录》，卷上，页22b—23a。同一件事的记录，亦见杨甲仁，《下学录》，卷2，页120b—121a。
② 杨甲仁与仆人说到道学内容，也令当时人感到惊讶，例见杨甲仁，《北游日录》，页13b。
③ 杨甲仁，《北游日录》，页24b。

"他教我们莫动妄念,他老巴巴到京应考中书,这不是妄念?"杨甲仁听后,并未动怒,但表示此说着其痛处,又说:"虽然我却不为中书来也,然奇似之言,实有以针我矣。"①

有一次长寿要去买饼,需十六文钱,信手拿来,不多不少正是十六文,故叹手神妙,杨甲仁就借机指点他此神妙是勉强做不来的,亦即"圣而不可知之谓神",稍涉私意,神即不全的道理②。又一次在途中遇大雨,杨甲仁趁机告诉长寿人心一息不容放肆、一息放肆便迷真性的道理,而长寿也真能因听道而体会到自己身心与感官的变化③。这段旅程中主仆最重要的对话是,杨甲仁告诉长寿,他虽身为人仆,但他的心是自主的,绝不受役于他人。《下学录》记曰:

> 康熙三十三年秋七月,往梓州,遇雨。长寿曰:心要归一,虽行烂泥中,所背行李不觉沉重。又曰:心归一了,觉得广大,有许多轻妙。又曰:若有两个便假了。予曰:然,据你说到此地,身虽是人之仆,心不是人之仆了。你当念念存天理,莫轻贱了自家身子。寿泣下。④

长寿为杨甲仁的态度与说话内容所感动,他曾观察到主人对他

---

① 杨甲仁,《北游日录》,页24b—25a。
② 杨甲仁,《北游日录》,页13a—b;《下学录》,卷2,页116b。
③ 杨甲仁,《北游日录》,页19a—b。
④ 类似记载又可见杨甲仁谓长寿曰:"你莫说你是人之仆,此道不分贵贱,你若存得天理,你身为人仆,心不是人仆。不然,真是人仆。"见杨甲仁,《下学录》,卷2,页127b、121a。

谈道，完全没有因为他的身份而与别人有任何差别待遇①，这种被尊重的感受不仅让他对杨甲仁充满感恩，也激发他更热心求道，并说："主人教小人底话都是真心真意，从里面说出来底，小人死不敢忘恩。"②

在杨甲仁的指点下，长寿自己对心体也有所体验，他曾说：

> 我心忽然开亮，便觉一切物都动不得我，心里就无边广大。一时昏塞，便觉头脑手足千万斤沉重，一步也难行。③

又说："心明亮则眼发光""心正自然光生""心正时一丝不添，一丝不起，就是圣人地位"等④，可见他确有体悟。

康熙三十四年（1695）九月二十一日，在回程途中过新丰瀍桥，宿十里铺。是夜，主仆二人话至三更，杨甲仁告诉长寿不要因此行未获钱财而懊恼，长寿表示自己并不懊恼，并说：

> 今与主人一路受苦，见了这道理，眼明脚轻，行李不觉重，风霜不觉寒，肚里不觉饿，筋骨不觉劳，心中有无边宽广，那财帛小人也不贪他，这就是小人身内千百年用不尽的宝帛。⑤

---

① "寿曰：'主人与某说底话，与小人说底话，元来只是一个。'曰：'只是一个，就使我与千万人说，也是这一个。'"杨甲仁，《下学录》，卷2，页128a。
② 杨甲仁，《下学录》，卷2，页128a。
③ 杨甲仁，《下学录》，卷2，页128a。
④ 杨甲仁，《下学录》，卷2，页129b。
⑤ 杨甲仁，《北游日录》，页24a。

虽然长寿的语言简单，但他清楚表达了自己生命价值的优先次序。他和周氏一样，在杨甲仁的调教下，将生命意义明确定位于心性修养、契悟道体之永恒。回家后，第二年（1696）元月，杨甲仁曾问长寿近来如何①，长寿回答："迩来不得常常发现，要三四日才来一遍"；又说："这半个月就像失落了一般，今日主人到此，又才寻着。"可见长寿回家后仍继续从事心体工夫，但感到不顺遂，杨甲仁也再次向他肯定工夫之根宗在自己心体，不假外求，不倚靠他人，即心即仁，当下便是②。

杨甲仁晚年门下有了心、长寿、罗度，但罗度不能时常相随，在证道事上又较守不住③，了心则去世较早，故1705年之后长寿成为杨甲仁重要讲学伙伴，带给他极大安慰。杨甲仁曾说："近来惟有长寿，频频酬答，神契象先，实出望外，惊叹大慰。"④可见长寿多年来不但能守住儒家心性之学的工夫实践，且实有长进，杨甲仁也以弟子之礼礼之，极看重他⑤。

六、结语

本文主要讨论清初四川儒者杨甲仁的著作、生平、交友与讲

---

① 长寿很可能回到杨秉泰家，故此条记录是前面是"丙子年正月至县，谓长寿尔近何如？"见杨甲仁，《自验录》，卷上，页4a。
② 杨甲仁，《自验录》，卷上，页4a。
③ 杨甲仁，《自验录》，卷下，页31b—32a、33b。
④ 杨甲仁，《自验录》，卷下，页33a—b。
⑤ 杨甲仁说自己对长寿的态度，曰："甲仁以弟子礼之，古称得一人而可胜千万人者，岂知性道之徒更有甚焉。"见杨甲仁，《自验录》，卷下，页33b。其他晚期长寿与甲仁之对话，亦见同书卷下。

学。由于杨甲仁及其著作在学界尚属陌生，故本文首先说明《愧庵遗集》如何在道光年间才被发现、付梓的经过，并详读该书，整理出杨甲仁生平重要经历与交友论学的情形。杨甲仁思想明显属阳明心学一派，尤其接近王畿与泰州学风。尽管他生平最服膺的当代之儒是刘丽虚、杨洪才、李颙，但笔者认为他的学问基本上是得自广泛阅读与自我修养；他对刘丽虚的推崇更多反映自身理想的投射，与李颙相互证学，亦主要在抒发自己为学的心得。

尽管杨甲仁在思想内涵上没有太多创发，他对后来学术发展史的影响也很有限，但其著作在明清理学史上仍具重要意义。主要是透过他详细的文字记录，我们可以看到阳明心学在清初士人、商人、胥吏、僮仆、妇女中被认真讲论、付诸实践的情形。此不仅是理学文献中少见的，也精彩地丰富了我们对于儒家性命之学庶民化的了解。故此，本文详细叙述了杨甲仁与朋友、门生、侧室周氏、仆人长寿间讲学的情形，认为阳明学所强调的人人禀性相同、无贵贱之别、良知自足等的观念，在杨甲仁的讲学中获得充分的实践。杨甲仁在实际生活中所表现出对妇女、奴仆在性命之学上的平等对待与尊重，并鼓励其追求永恒不朽的生命意义，更是突破先贤的不平凡作为，也是理学史上深具意义的一章。

理学与宗教

《以天为本的经世之学：安世凤〈尊孔录〉与几个清儒个案》的写作是因为发现台湾图书馆藏有明代善本《尊孔录》一书，此书保存完整、内容丰富，但少为人知。一般学界认识的安世凤是位晚明山人型的士人，学问博杂，他的《墨林快事》《燕居功课》更为人知。《尊孔录》是安世凤晚年的著作，他晚年对于儒学有一套整体的想法，既有理学的传统，又批评纠正宋明理学的某些思想，并且强调知天事天之学。

阅读《尊孔录》让我想起几年前发现王嗣槐《太极图说论》时的感想，学界所认识的王嗣槐主要是一名活跃于清初诗社的诗人，但是晚年的他勤奋著书立言，三十余万字的《太极图说论》就文本属性而言应是理学著作，但同样有检讨宋明理学、重新诠释儒学的内涵。这些大部头的著作都试图提供一套体系庞大、贯通天人与幽明的儒学思想，这些个案过去都未被学界认真研究过，它们显示明清转型期士人对于儒学的内涵不断反思与重新诠释的学术创造力。

我无法找到安世凤个人的学术师承，但又感到他的某些关怀在十七世纪的中国并非特例，故本文以几个清儒个案作为比较与衬托,希望提供进一步理解《尊孔录》的思想史脉络。此文原刊于《汉学研究》(卷37期3,2019)。

《杜文焕会宗三教》主要根据杜文焕《会宗三教》一书。我是在日本内阁文库读到此书,发现书的作者是一位出身榆林武将世家的将军,纵横沙场、战功彪炳,但他热爱诗歌创作,和江南许多文人有密切交往,又是一位学宗三教、热衷宗教修炼的教主型人物,他把自己家园建造得像三教的道场,定期举办宗教活动。

阅读《会宗三教》让我想起许多前人研究过的主题,我第一个感想是:可惜杜文焕和《会宗三教》少为人知,否则许多作品应该都会援引这个个案。举例而言,对于武将诗作有兴趣的人,杜文焕的诗作非常丰富,内容与战争相关,很值得留意;杜文焕拜师涂宗浚,涂宗浚是李材的弟子,故杜之理学思想与晚明的止修学派有关;杜文焕的道教渊源与忠孝净明道、龙沙谶有关。另外,杜文焕交友广泛,朋友的地理分布广阔,书中大量书信与互赠诗序之作,应是研究晚明士人社群网络的好资料。杜文焕思想所触及如会宗三教的模式、儒将的理想与系谱、英雄与神仙等,也都是许多人关心的议题。基于这样的想法,我尝试以个案的方式介绍杜文焕和《会宗三教》,希望未来有更多人留意此文本。

在这篇文章中,我也以相当的篇幅讨论涂宗浚的思想及其宗教经验,并与李材的思想作比较。涂宗浚的《阳和语录》的记录者之一是王启元,也就是《清署经谈》的作者,而《清署经谈》反对天主教、试图建立孔教的内涵早为学界所知。这些隐约而鲜为人知的线索串起明清知识界的许多人物与讯息,很有意思。此文原刊于《明代研究》(期23,2014)。

第七章
以天为本的经世之学
——安世凤《尊孔录》与几个清儒个案

一、前言

明清之际儒学转型是中国近世思想史上的重大议题，过去学者倾向于从学术典范转移的角度来描述此时期的学术发展，例如从义理学转向考证学、对晚明三教融合思想的批判、经世实学的兴起、重视外在客观礼法、强调日用人伦等。也有人将上述变化理解为由虚返实、去宗教、迎向科学与实证的表现，或引入启蒙的论述，为中国之现代性寻找源头[①]。晚近学者们开始留意到明清之际延续性的思想开展，以及"宗教"所扮演的重要角色，例如王汎森《明末清初儒学的宗教化——以许三礼的告天之学为例》一文以

---

① 这方面的著作和讨论极多，无法全部注出。我曾在《成圣与家庭人伦：宗教对话脉络下的明清之际儒学》（台北：联经出版事业公司，2017）一书的导论中，论及过去学者重要的看法、问题意识和研究方法。

许三礼为例,讨论明清之际儒学宗教化的现象①;李天纲《跨文化的诠释:经学与神学的相遇》一书,对于儒学与天主教神学相互激荡所形成的跨文化的经典诠释有许多精彩的讨论②。吴震《明末清初劝善运动思想研究》以劝善思想、宗教信仰、社会关怀、儒家经世为主轴,讨论从晚明到清初延续性的发展,他在导论中也特别针对20世纪初知识界对宗教的负面看法,及其带出的学术影响进行反思③。刘耘华《依天立义:清代前中期江南文人应对天主教文化研究》探讨晚明天主教入华后,天主教与江南士人之间深刻的交涉与互动④。笔者在《成圣与家庭人伦:宗教对话脉络下的明清之际儒学》一书,则借由考察明清之际理学论述中的几个重要议题,讨论儒学思想发展的延续与变化,并强调宗教对话的语境是解读此时期儒学思想的重要脉络,儒学在与其他宗教对话过程中亦有某种宗教化的倾向⑤。

本文延续上述的关怀,以晚明安世凤(约1557年生)《尊孔录》为主要研究对象⑥。《尊孔录》一书藏于台湾图书馆,学界尚无专文探讨,本文将分析此书强调儒学本天与经世的思想要旨,并试图以许三礼(1625—1691)、王启元(1622年进士)、杨屾

---

① 王汎森,《明末清初儒学的宗教化——以许三礼的告天之学为例》,《新史学》,卷9期2(1998年2月),页89—122。
② 李天纲,《跨文化的诠释:经学与神学的相遇》(北京:新星出版社,2007)。
③ 吴震,《明末清初劝善运动思想研究》(台北:台大出版中心,2009)。
④ 刘耘华,《依天立义:清代前中期江南文人应对天主教文化研究》(上海:上海古籍出版社,2014)。
⑤ 吕妙芬,《成圣与家庭人伦:宗教对话脉络下的明清之际儒学》。
⑥ 安世凤生卒年据《燕居功课题辞》推算,收入安世凤,《燕居功课》,卷首,见四库全书存目丛书编纂委员会编,《四库全书存目丛刊》(台南:庄严文化事业公司,1997),子部,册110。

（1687—1785）等个案，说明十七、十八世纪的思想界有类似呼应的看法，以此提供一些理解《尊孔录》的学术史脉络。

在进入分析《尊孔录》思想要旨之前，先简略介绍安世凤的生平与《尊孔录》写作的背景。安世凤是河南商丘人，万历年间进士，曾任户部主事、山西解州同知、浙江嘉兴府通判等职，他的著作有《燕居功课》《墨林快事》《论存》《尊孔录》等，内容包括金石碑刻、天文历算、各类思想杂文、宗教与儒学，十分博学。安世凤并不是传统理学家，《尊孔录》是他六十四岁时的作品，他自言写作此书时的心得："昼披宵思，乃能深惟于天所以生圣人之意，以得圣人所以代天之心；然后知孔子之立教以其不得治安一世之民物，而思移之于万世。"①可见此书是其晚年思想的心得，旨在阐明孔圣代天立言之道。

从《尊孔录》内容可知，安世凤批判宋明理学的天理观，认为其受到佛、道之影响②，他赞许张载（1020—1077）的《西铭》及程颢（1032—1085）万物一体之仁的观念③，肯定王阳明（1472—1529）的"良知"是"千古传心之真印、一时救敝之良药"④，也欣赏罗汝芳（1515—1588）的思想⑤。安世凤说王阳明、罗汝芳二

---

① 安世凤，《尊孔录·序》，《尊孔录》（晚明天启元年刊本，台湾图书馆藏），页3a—b。
② 安世凤，《尊孔录》，卷2，页14b—15a；卷3，页14a；卷4，页14a—b；卷10，页15a—b。
③ 安世凤，《尊孔录》，卷10，页5b—13b。
④ 安世凤，《尊孔录》，卷10，页15b—16a。
⑤ 安世凤在《题尊孔录后》中说他初接触杨起元、罗汝芳之学时，本有疑问，但在获读罗汝芳全集之后，深服其孝弟之论，也认为杨起元能承其师罗汝芳之学。他说："二先生之旨似乎相成，而符之孟子之良知，孔子之一贯，不差针芒，信乎圣人之微言，未尝一日绝于后觉之心也。"见安世凤，《尊孔录》，卷末。

人思想上接孟子、张载、程颢,也与他自己的体认相契[1]。可见安世凤既承袭又批判与宋明理学的立场。《尊孔录》共十六卷,分别标题为:天命、天性、圣宗、圣学、圣德、圣诲、圣经、圣嗣、圣派、圣途、圣翼、圣泽。下节说明《尊孔录》的思想要旨。

二、《尊孔录》思想要旨

《尊孔录》最鲜明的特色是将儒学首义定位在知天、事天,强调圣学本天,并试图对人生存之目的、学问目标与方法等一系列人生问题提出解答。此书也标举孔子独一无二的贡献与历史地位,描述圣学传承的不同管道,品评先儒并强调尊君思想。以下分四点说明《尊孔录》的思想要旨。

(一) 圣学本天

安世凤说究天人之际是孔门圣学最重要的内涵,孔子是一位深刻知天知人、代天立教万世的圣人[2]。他说儒家先秦经书多言天,上古之人多能洞见天人之际,深知王权天授,即使一介之士也能兢兢业业地对越上帝[3]。后世之儒却逐渐失去对于天的认知,此主要受到佛教"诸天"说与宋儒天理观的影响。他批评佛教以诸天为神护法之说妄自尊大,也反对宋儒以理为天地之大原。他说六合内外

---

[1] 安世凤,《尊孔录》,卷10,页18b—21a。安世凤由友人杨退庵而获读罗汝芳的全集,见氏著,《题尊孔录后》,《尊孔录》,卷末。文中提及杨退庵从罗汝芳的弟子杨起元游,我无法找到杨退庵的名字与生平传记。
[2] 安世凤,《尊孔录·序》,《尊孔录》,页1a—5a。
[3] 安世凤,《尊孔录》,卷1,页1a;卷14,页21b。

唯有一天,天地万物与人类均源于生生不已之天命[1]。简言之,安世凤以"天"作为一切存有与价值的根源,强调知天、事天是孔门圣学的要义;唯有明白天对于人类与万物之命定,且竭力依天命而行,才是行圣人之道。

1. 天与天命

安世凤说天道好生,天命生生不息。天命之中,纯一阳气;阳气所化,纯一生机。人类之传衍与万物之生成变化,均是天命生生不息、仁爱创造力的展现,并非阳生阴杀之象[2]。亦即,天的属性不是阴阳交杂,而是纯阳、纯仁、纯善,具有生生不已的造化能力。既然众人均为天所生,为何富贵福泽、聪明贤善如此不同?安世凤将差异归诸自然之势[3]。他说此正如人身肢体大小尊卑不齐,但肢体各司其职,人始能成人,肢体之间不必相争,亦无所憾。同理,天赋众人之才智与身份不同,各人亦应各司其职,不必相争。即使至愚之人,天赋之本性与聪明贤善,仍足以周其身,即人之善性与尊严并不因才智差异而有所减损[4]。安世凤说:人无论尊卑贤愚,"惟随其所在,共矢一心以完天所命之业,即为肖子"[5]。又说:"盖天地之气,只有此数,各各听造物付予之限而满之,则皆可以相生而无相害。"[6]简言之,人天赋的才质虽有不同,但只要顺己之才性而努力,便能成就生命的意义,且能与天地万物共成不已之天

---

[1] 安世凤,《尊孔录》,卷1,页1b—3a。
[2] 安世凤,《尊孔录》,卷1,页4b。
[3] 安世凤,《尊孔录》,卷1,页11b。
[4] 安世凤,《尊孔录》,卷1,页4a。
[5] 安世凤,《尊孔录》,卷1,页3b。
[6] 安世凤,《尊孔录》,卷1,页16a。

命①。

天是否具有赏善罚恶的意志？安世凤并不否定天道祸福之说，但不认为人可以用自己的想法来摹想天的作为，以为天会像人心一样地下判断或赏善罚恶。他说灾祥之说大多是"就天道已然之迹，必然之理而断言之耳，非天帝之有心而作此分别也"②。不过，他也不否认人的作为会召祥或召殃，此又与人能否知天合天有关。他说：

> 天既以不已之仁为命，则人之合乎天者，其取给于天，则天元有此气，元有此灵，资不穷而导不竭，此其本之方栽者也。何祥不集？抑何必于降？其有行不合于天者，欲取运动思虑于天以济其不善，而天命中元无此物，故计日工而应日左，此其本之已倾者也，何殃不生？又何待于天之降哉？夫果待于天之降，则可谓其有所及，有所不及，乃其祥殃之来，一一人所自召，如食谷之必饱，食毒之必死，自内而发，非自外而至。人亦安能逃于天道之外，而天竟何心哉？③

人若能凭借天所命于己之本性，合天行事，必能集祥；反之，必召灾殃。这是天道必然的结果，未必是有一位人格天帝下令的赏罚。尽管如此，安世凤并不认为天无灵无意，或以为"天果梦梦者"。他只是说天道未必如人心之褊狭，故人不应以人之思想来揣

---

① 安世凤，《尊孔录》，卷1，页16b。
② 安世凤，《尊孔录》，卷1，页5a。
③ 安世凤，《尊孔录》，卷1，页5b—6a。

摩天道；所谓天之灵，也未必需要以人格神决断的方式来表现①。天有其意志与作为，但非人之思想可以完全了然与掌握。

对于人生不顺遂之遭遇和遗憾，安世凤则强调不可怨天尤人，应抱持《西铭》"贫贱忧戚，庸玉汝于成也"的态度，思考患难或许正有"天爱人而欲成其德"的深意。且天道有时，一时之缺憾，未必将来不能满足丰厚②。综言之，安世凤虽未将"天"视为人格神，不过他认为天具有意志，具有创生、命定之能。天道祸福，未必尽合人意，但他相信天既为众善之宗，天道报应最终亦将不离善恶之报③。

2. 天为大父

安世凤说天为人之大父，又以天命来论述人生命之源头与归宿，以及人存在的意义。他说：

> 人一知有父，则必知父之有父，而祖而曾，而五世以及百千世，皆此父也。推及于天地生人之始，天非父乎？知吾最初之父之父天，而吾身乌有不父天者？一明于父天之义，而凡所以为天敬身，为天爱人爱物者可已乎？故孔子言继志述事，而即及于宗庙，又及于禘，而极于事上帝，遂至于治国如视掌，如是而天下有余事乎？而由孝又以生弟，夫知吾同父

---

① "天亦何待于自行剖决，而后不为梦梦乎？人之自召，即所以效天之灵而已。"见安世凤，《尊孔录》，卷1，页10b。
② "及其取足于一时者或歉，而取足于后世者无穷。注厝于一时者未称，而注厝于后世者未艾。天果何负于贤善哉，不如此不足以成其德而厚其施也。"见安世凤，《尊孔录》，卷1，页7b。
③ 安世凤，《尊孔录》，卷1，页19a—b。

之兄弟，则知伯叔诸父之为兄弟，而从祖从曾祖，五世以及百千世皆兄弟也。而推及于天地生人之始，凡人类非父天之兄弟乎？①

人虽从祖先而生，但生命根本的源头是天，故人应以天为大父，应孝敬天，也应向天学习。学天之事并不限于天子或圣贤，人人都应学天，也都可学天②。

格外引人注意的是，安世凤说天与人的关系比血缘父母更加亲密，人虽由父母孕育而生，但终究会与父母分离，但天却与人则始终不离。他说：

> 天之于人不但如父而已，夫人未入母腹之时，与父一也，一入母腹而已与父二矣。未出母腹之时与母二而一也，一出母腹而又与母真二矣。故父之非己身，人所共知也。己之即父身，贤者知之耳。不但惟贤者知之，即贤者之身毕竟不可合父之身为一人也。人之于天则不然，资父母原得于天之气以有生，而当其落地之始，已与父母二，而却与天为一物，其根则系之于上，而呼吸天之气，以养其灵形。则载之于天之地，而渐吮其味以养其胞。是父母不过为天生之，而既出腹则付还于天，而父母又不过为天抚育之而已。自是以后，有知觉则取之于天之知；有才干则取之于天之能，而后还以报父母。是以父母有存亡，而其根之于天者，终身如一日。是举世老幼智愚无

---

① 安世凤，《尊孔录》，卷2，页9b—10a。
② 安世凤，《尊孔录》，卷4，页17b。

一人不上与天为一物。……天之所最贵者人，则为天而尽人之性；天之所最怜者物，则为天而尽物之性。然后有益于天而吾父母亦为有益于天，故不知者谓人能事亲而后为顺天之理；而知者则谓人能事天，而后为顺亲之心。①

人虽由父母所生，但人生命的根源并不在父母，而在天；父母不过是为天生人、为天抚育儿女而已。当人出生之后，便与父母分离成为不同的个体，但赋予人生命、灵性、知觉、才干的天，则与人终身不离，故天（大父）与人的关系，实比肉身父母更亲密。有别于许多儒者认为"人能事亲而后为顺天之理"，强调儒学以亲亲为本的原则，不应躐等而谈事天之学②；安世凤的看法却相反，他认为事天才是事亲之本，说道："人能事天，而后为顺亲之心。"这个翻转明确地将儒学的核心定位在"天"，以天人关系为最优先的伦序。

安世凤又说人类应彼此亲爱、扶持，因为人类都是天所生的兄弟，此即所谓"四海之内皆兄弟"。他因此格外欣赏张载的《西铭》，说《西铭》指出"天乃生我之父，吾人一生须臾不能离此父之侧，终身完不了事此父之职，直待死而后已"③。至于事天之意涵，他认为是"恤吾同胞兄弟，至于人之性无不尽，推之万物莫非吾与，而物之性亦尽，乃为天之能子"④。

安世凤的看法既接近阳明学"明明德于天下"的理想，也与

---

① 安世凤，《尊孔录》，卷10，页8a—9a。
② 相关例子与讨论，参见吕妙芬，《成圣与家庭人伦》，第2章。
③ 安世凤，《尊孔录》，卷10，页7a。
④ 安世凤，《尊孔录》，卷10，页7a。

当时在华天主教的论述有许多呼应之处。天主教强调天主为人之大父，赐人不朽的灵性，使人有明悟、记含、爱欲之能，得以认识天主，故天主与人的关系比血缘父母更亲密，天主与人的关系是在五伦之上的首伦，人首应尽孝于天主。天主教也说天主之爱（仁）是人可以孝顺父母的基础，论点与安世凤"人能事天，而后为顺亲之心"颇接近①。另外，天主教也说众人皆天主所生，四海之内皆兄弟，人不能须臾离开天主，应一生昭事上帝。此虽不足以证明安世凤思想受到天主教影响，然而其与天主教思想相呼应的现象仍值得关注；即使晚明中国士人果真在本土脉络下发展出类似的思维，此对于理解或接引天主教教义，也有重要意义，亦是研究此时期思想史不可忽视的脉络。

3. 人生使命

天对人是否有独特的命定和旨意？生命的意义为何？个人成德与济世安民之间，优先次序如何？对于这些问题，安世凤都有明确的看法。他说：

> 盖天地万物皆吾度内，我欲离他不得，我欲私我亦不得已。生而为人，受造物之付托，自合曲成人物以还天地，参赞天地以还万古，乃是本身正职业，一毫推诿不得。何处可容其

---

① 利玛窦（Matteo Ricci），《天主实义》，卷下，页65a—b，收入王美秀、任延黎编，《东传福音》，册2（合肥：黄山书社，2005）；孙璋（Alexandre de la Charme），《性理真诠》，收入王美秀、任延黎编，《东传福音》，册4，页457—458。亦参见吕妙芬，《耶稣是孝子吗？明末至民初汉语基督宗教文献论孝的变化》，《"中研院"近代史研究所集刊》，期99（2018年3月），页1—46。

厌恶？何处可容其倦怠？①

安世凤说佛老一主厌心，一主倦病。老氏厌其口耳，倦于应酬；释氏厌其四大，倦于生死。他们所追求的无非是个人生命层次的了悟，既不能度人，亦不能成物②。儒学所召示的生命意义大不同，绝不止于了究个人的性命，人承受了天之命定与托付，人应秉持天赋的本性（仁），体悟天心，完成天所交付的职责，即曲成人物、参赞天地。简言之，安世凤不以追求个人成德为人生目标，他认为人应抱持天地万物一体之胸怀，以天普爱众人之心来爱人，竭尽所能去成己成物③。他又说：

> 孔子之学，开眼便学天地，凡天地间所有之物，莫非己物，即莫非己身。责任莫逃，把柄在手，一相遭遇，方慈悯爱护之不暇。暇生厌心，所以安信怀，庶富教之术，未尝一日不展转于胸中，皆学也，皆不厌也。④

此段引文的脉络是为阐明孔子"学而不厌，诲人不倦"的精神，而孔子之所以拥有学习及诲人的热情与担当，乃因他深刻认识到自己与天地万物紧密的关联，故孔子能体知天爱人济物之心，并

---

① 安世凤，《尊孔录》，卷4，页5a—b。
② 安世凤，《尊孔录》，卷4，页5b。
③ 安世凤，《尊孔录》，卷1，页7a—b。
④ 安世凤，《尊孔录》，卷4，页6a。

能以身代天行道①。简言之，孔子因为学天，故能有如此伟大的胸怀。至于如何学天，安世凤说应凭借天赋予人之仁性，不间断地学习，"学孔之不厌不倦，即学天命之不已矣"②。

安世凤心目中的圣人，是"惟思有益于天地万物"，而不拳拳于个人生命之了悟。他说儒者本应怀抱欲明明德于天下的胸怀，济世安民；若不如此，终将导致"吾心死而天下乱，民物残而天地毁"的局面③。以下这段话清楚说明他心目中古代圣学的内涵：

> 自为己为人之说横行，而士君子遂以济世安民为大诟，不知圣人之意，元非此之谓也。古之学者，万事万化虽尽天地万物入其范围，而只就己上为起，所谓古之欲明明德于天下者，却只先修其身也；今之学者，一言一动虽只自己身心上事，而无不就人之睹听赞毁上为作，所谓小人闲居为不善，却见君子而后揜且着也，此其诚伪邪正之关。君子求诸己，小人求诸人，自是圣人成说，无端改为去声，不思孔子如只为己，则安信怀有何所得于己？如不为人，则何必求为可知，及疾没世而名不称？况于千古圣帝明王忠臣良相，卷卷以一夫不获为辜者。④

---

① "圣人惟知天所生人之意，而恭为之代，然后千古之局不容不递变。"安世凤，《尊孔录·序》，《尊孔录》，卷首，页1a。
② 安世凤，《尊孔录》，卷4，页17b。
③ 安世凤，《尊孔录》，卷4，页9b、14a—b。他也反对将"古之学者为己，今之学者为人"之"为"字读为去声，认为此将误导人们以为儒家圣人只是单顾自身的自了汉。见安世凤，《尊孔录》，卷13，页12a—13a。
④ 安世凤，《尊孔录》，卷4，页19a—b。

安世凤认为古代圣王良相都有济世安民的胸怀，他们学问虽立基于自我修身，所关怀的对象则是众人与天地万物。无论孔子"老者安之，朋友信之，少者怀之"之志，或殷高宗所谓"一夫不获，则曰予时之辜"，都充分展现古圣贤悲天悯人、济世安民之心志。安世凤说："孔子之教只要与天下共底于成，而后人之学，只要自己成一好人，此最学问大关系处。"①他批评后儒"斤斤于己身之性命名誉，不肯损坏分毫，任世界之倒塌，人物之沦丧，置之度外，以为能守身即以为能事亲"②。这个批评主要针对宋明理学家，他特别批评理学家受佛教影响："后贤习见释氏禅机，拈花竖拂，以期冥悟，拳喝棒逐以惩下根，胶固胸中，拾人謦欬，全无孔门诚心直道以相诲引不倦家风。"③他也反对宋儒克欲的工夫，认为此乃视天地万物、耳目口体均为有害之物，并不契于孔子与天地万物为一体之心肠。基于上述的理念，安世凤对于"学而仕"也有更积极的看法，他强调圣人用世之心及救世之宏愿④，他也讲"爱人利物"之学，主张人应彼此相爱："人心之所以不死者恃有此爱。"人若没有爱，则无法尽性，更无法知天事天⑤。

综上所论，安世凤虽重视个人道德修养，但强调孔门圣学绝不仅于追求个人成德或爱惜个人名誉，必须真正担负济世安民之责，故认为孔门圣学的内容广博，天文、地理、制度、人事、农、工、兵、商，无一不包。他对于克欲工夫与万物一体之仁的看法，既呼

---

① 安世凤，《尊孔录》，卷11，页8b。
② 安世凤，《尊孔录》，卷8，页7a。
③ 安世凤，《尊孔录》，卷5，页16b。
④ 安世凤，《尊孔录》，卷5，页10a—12a。
⑤ 安世凤，《尊孔录》，卷3，页22b。

应罗汝芳与阳明学的思想,也是在批判佛老二氏的语境中,重新定义儒学,体现一种以天为本、通天人之际的经世之学。

4. 鬼神观与死后想象

安世凤是否也论及生命的结局与最终归宿?综观《尊孔录》全书,并没有太多这方面的论述,不过有几段文字表达了安世凤对于轮回与地狱,以及鬼神、祭祀、生死的看法,在此一并说明。关于轮回地狱观,他说:

> 若轮回地狱之说,三代以前无佛言之日,未尝有也,今则人人信其有矣。惨毒苛细恐非天道之好生者所宜也,是固非君子所宜道。然亦何妨其有之者?圣人之治天下盖有年矣,犯者日以奇,则刑者日以重,斩锉之外,甚有焚骨潴宫之制。夫圣王之代天致治,岂不至仁而犹有取焉者?不得已也。恐惩奸之不尽厥辜也。天之治万生也,亦若是而已矣,何妨于昔无而今有。况于鬼神报应之说,三代之季未始全无,则夫举古昔未详之制而益密之,恐亦造物之所必用也。夫有之而害于人心世道,不存之可也;有之而无损于人心,有埤于世道,如之何其必去之。然此等亦如雷霆下击之类,罪恶深重者当之,若以为天道寻常之刑,亦酷甚矣。①

安世凤认为地狱酷刑的想法,就义理层次而言,与天道好生之本意并不相符,非君子所宜道;就历史发生而言,这些观念也不

---

① 安世凤,《尊孔录》,卷1,页20a—21a。

是中国本有的，乃由佛教传入中国。尽管如此，他却不全然排除地狱存在的可能，也不否定其教化的作用。他以政治治理及历史变化为理据，推论道：圣王虽怀爱民之仁心，但代天治理仍必须使用刑罚，而随着时代与犯罪形式日奇，刑罚方式也日重，此虽不得已，却是圣王代天治理必要的做法，更何况中国上古其实也有鬼神报应之说。因此，他说虽然天道好生，但地狱刑罚未必不存在；古昔未详之制，随着时代变化也可能愈加严密，故认为此"恐亦造物之所必用也"。

另一段是关于《论语》"季路问事鬼神"的发言，《论语》的原文如下：

> 季路问事鬼神。子曰："未能事人，焉能事鬼？"敢问死。曰："未知生，焉知死？"①

一般对此段问答的解释是：孔子重视现世，不涉虚玄未知之事。安世凤的诠释不同，他说子路是站在"不能事鬼神"的立场发问的：

> 盖子路之意以为幽明异趣，人何以能事鬼？事鬼犹有一气感通之机，若神更天地造化之用，尤不相干，何以能事？②

---

① 何晏等注，邢昺疏，《论语·先进》，收入十三经注疏小组编，《十三经注疏分段标点》（台北：新文丰出版公司，2001），册19，页247。
② 安世凤，《尊孔录》，卷6，页18a。

子路因抱持"幽明异趣"之态度，故认为人不能事鬼神。相反地，孔子站在"幽明一贯"的立场，认为人可以事鬼：

> 孔子则以鬼之生元人也，人自可以事人。不能事人，则鬼且不能事，而况于神？[1]

人死为鬼，故以幽明一贯之原则可推知：人可以事人，也可以事鬼；人若不能事人，则不能事鬼，更不能事神。父母生前，为人子者当如何尊敬孝顺父母；父母去世后，人子孝敬的态度与心志，亦未改变，此乃祭祖礼仪之根据。安世凤说："由是由宗庙之事，其先者推之于禘，则事父孝故事天明，事母孝故事地察。可郊、可社、可山川群神，而神亦能事矣。"[2]换言之，祭祖所体现之孝的精神，可贯通天人。关于此，下文再论。安世凤又说孔子"未能事人，焉能事鬼？"与"未知生，焉知死？"之说，正是彰显其能明于天人之故的至精之言；学者若能体悟此圣言，则"当下百行万善具足，直造天人合一地位"[3]。安世凤此说确实和罗汝芳有相近之处[4]。

对于孔子"朝闻道，夕死可矣"的解释也可反映安世凤的生死

---

[1] 安世凤，《尊孔录》，卷6，页18a。
[2] 安世凤，《尊孔录》，卷6，页18b。
[3] 安世凤，《尊孔录》，卷6，页18a。
[4] 罗汝芳对此段经文的诠释如下："未能事人，焉能事鬼？"欲其以事人者事乎鬼。盖以鬼即人也，所谓"祭如在，祭神如神在"，"事死如事生，事亡如事存"者也。其曰："未知生，焉知死？"欲其以知生者知乎死，盖以死犹生也。见罗汝芳著，方祖猷等编校整理，《罗汝芳集》（南京：凤凰出版社，2007），册上，页19。

观及其对人生职责的看法。安世凤认为孔子并非只要人闻知天道，因为天既以道生人，道本就在人身，故闻道并非重点，体道与行道才是重点①。他说：

> 故生而全未闻道，其死也与土石草木同；闻道而不能行且明此道，其死也亦与禽兽夭殇同。圣人何取于此？人而以为可乎？则朝闻夕死之训明之乎？非孔子意也。朝夕之顷，其为道运量阐扬者几何？而遂以为无复遗恨，其自私自利是何心肠面孔。盖圣人以为人生危脆，朝夕不能自保，不得闻道，假如大限夕来，岂不可恨，亟亟求闻，当如死逼之一般。故可之云者，差胜于不闻而夕死也。闻道于将死犹为可，则所以蚤求其闻，而乘天假之岁年以自完其行道明道之责任者，当何如忙矣。此圣人立言之旨，亦其立心之方也。②

"生而全未闻道，其死也与土石草木同"，这种想法在明清之际的儒者中颇为常见，安世凤也同意③。不过，他反对"一旦闻道，很快辞世亦无妨"之想法。他说若闻道而不能行道、明道，其人死后仍只"与禽兽夭殇同"，并无价值。所谓"朝闻夕可"之"可"字，仅聊表其略胜于全不闻道而死，绝非称许之词。人若以此为满足，而不能抱持着尽早闻道，并以有生之年来行道明道者，实不能体会圣人之心与立言之旨。由此可知安世凤反对顿悟之说，

---

① 而所谓闻道，是要"闻千古圣人相传之道也"，唯能世世传承圣人之道，才有益于天地万物。见安世凤，《尊孔录》，卷4，页17b。
② 安世凤，《尊孔录》，卷4，页18a—b。
③ 吕妙芬，《成圣与家庭人伦》，第1章。

他更看重学而行道。

(二) 学以达天

安世凤不仅以"天"为人生命之本源,他也主张"天"是人生命与学问的最高指导,儒家圣学应以知天、合天、达天为目标。人凭什么可以知天?如何才能到合天与达天之境界?这部分主要关系着安世凤思想中的人性论与为学工夫,也是本节拟探讨的重点。

1. 人性论

人之所以能知天,主要凭借着天赋予人的本性;人性论向来是儒学的核心课题,也是明末清初儒者最关心的议题之一[1]。安世凤也不例外,《尊孔录》首卷谈"天命",第二卷紧接着便讨论"人性",他说:"千古学术之差,皆起于不知性。"[2]唯有正确认识人性本源与内涵,为学目标与工夫才能不误。安世凤的人性论高度呼应了当时其他士人关于人性论的思考与主张,但也有差异处。我曾于另文讨论明清之际出现的一波有别于程朱的人性论述,从当时许多儒者的立论中,归纳出以下几点共识[3]:

(1)"性"是在创生的过程中才由天所赋予的,故不能离气质而言性;反对程朱义理之性与气质之性之说。

(2)品类区别、各具其性。每一物类各禀天赋之性,人类禀性异于草木、禽兽,是万物中最灵贵的,孟子所谓性善,乃专就人类而言。

---

[1] 关于明清之际的人性论述及当时反对程朱理气二元的看法,参见杨儒宾,《异议的意义:近世东亚的反理学思潮》(台北:联经出版事业公司,2012),页36。
[2] 安世凤,《尊孔录》,卷2,页1a。
[3] 吕妙芬,《成圣与家庭人伦》,第7章。

（3）所谓"性善"，非意指人初生时本性已完美至善，而是人性中具有道德判断和学习扩充的能力。人凭借天赋的善性，须不断学习扩充，才能尽性至命。

（4）清初人性论的发言语境有明显辟二氏、厘正真儒学的意涵，宗教对话脉络鲜明。

安世凤的人性论与上述各点相近，《尊孔录》辟二氏的立场很鲜明，此处不再举例说明，以下针对前三点说明：

（1—1）对于性的定义，安世凤同样不从天理层次论性，强调只有在人物成形时才可言性。他说："惟此于穆不已之真，天既以为命，故即以之生人，故天与人初相剖判之际，此时可以言性，而一落于人之身，则已为率性之道矣。"① 当人刚被造成形、将与天分离之际，才可以言性；等到人诞生，天命之性已落在人身，此时人应顺着本性而行，即已是率性之道。下引文则说人之善性（仁）亦是在成形时才禀受于天的：

> 其受生之初，即天命之性也。但此人一成形之后，则人方与仁合矣。②

（2—1）安世凤虽强调人与万物之性同本于天，说"性宰于天，万物各资焉，非与之以为一人之性而已者也"③，但也强调"品类区别、各具其性"。他说：

---

① 安世凤，《尊孔录》，卷2，页1b。
② 安世凤，《尊孔录》，卷2，页19b。
③ 安世凤，《尊孔录》，卷2，页23a。

> 只是牛有牛之生，则有牛之性；犬有犬之生，则有犬之性。性各别，而其生之谓性则一也。①

天既创生不同物类，亦赋予不同物类各自不同的本性。

（3—1）安世凤以仁为人性之内涵："仁者，性之德。"②"善也者，天所以生人之天命也，即不已之仁也。"③仁中之明觉乃天赋予人之德，故曰"天德"，亦是人能明善与行善之本④。至于性善与成圣的关系，他也认为性善并非指人初生时本性已完美至善："古人之言性，不过以穷人生之初，而今人之言性，更以要圣学之极，是以讹之又讹。"⑤换言之，天在初生人之际所赋予人的善性，是人之所以能行善知天的根据，并非道德完美的表现。故圣学并非以复性为目标，成圣需靠后天不断学习扩充。安世凤又说：

> 初受天命之始，同一洪炉，有何分别？及其一生或修持，或凿丧，迨至天命归复之日，遂相十百千万，此何等明白易见。⑥

后天之学习才是使人成就不同的关键，即使所谓生知圣人，

---

① 安世凤，《尊孔录》，卷2，页12a。
② 安世凤，《尊孔录》，卷2，页14b。
③ 安世凤，《尊孔录》，卷2，页5a。又曰："夫仁为天性之最真者矣。"见同书，卷2，页19b。
④ 安世凤，《尊孔录》，卷2，页4a—b。
⑤ 安世凤，《尊孔录》，卷2，页1a—b。
⑥ 安世凤，《尊孔录》，卷2，页15b。

仍需靠后天学习而成圣[1]，故曰："万世人人皆生知，千古圣人皆困勉。"[2]

综上所论，安世凤的思想颇符合明清之际人性论述的思潮，显示他与同时代儒者所关怀与思考之事有许多重叠。他虽欣赏王阳明、罗汝芳之学，但对于晚明强调个人悟道或向内静修体证的工夫论，却有严厉的批评。他是在阳明学"万物一体之仁""明明德于天下"的理想下，试图将经世之学与个人道德、家庭伦理、政治秩序等作更紧密的结合。

2. 工夫论：仁孝贯天

安世凤说圣学本天，学问最高的目标是达天，如何可以达天呢？安世凤以"孝"为达天的工夫。天既是人之大父，天人关系如同父子关系，天又以仁爱之心生人，赐人良善的仁性，而仁性中最真诚基本的道德情感便是"孝"，即赤子一念爱亲之良知[3]，故人应以此无伪之孝心来回报天德。他说："孔子之教孝最多，或以父母之恩，或以人子之志，然皆非自我立法，强人以不敢不从。只就人人意中所自然而然，不容不然者，启而道之，令人恍然而自得其本心。"这与晚明许多儒者对孝的论述相近，因孝本具于人之良知，只要人能体悟本心，即可知如何以事父之道敬君、事天。先王制礼与治天下，同样都以孝为本，此即"孝治天下"之理[4]。

安世凤又说：

---

[1] 安世凤，《尊孔录》，卷2，页20b—21b。
[2] 安世凤，《尊孔录》，卷4，页1a—b。
[3] 安世凤，《尊孔录》，卷2，页18b。
[4] 安世凤，《尊孔录》，卷6，页3b—4a。参阅吕妙芬，《孝治天下：〈孝经〉与近世中国的政治与文化》（台北：联经出版事业公司，2011），第3、4章。

> 天道惟一至仁，而人道惟一至孝。天以仁生人，故以其仁而生人之孝；人以仁承天，故以其孝而体天之仁。天不有父母，故所见只一生物之仁；人不生万物，故所见只一事亲之孝。是天命与人相授受交接处，天惟仁而人惟孝，无惑心也。①

仁孝原是一事，然因天为万物之大父，故就天命不已、创生万物而言，天道更多体现仁德；人乃受天命而生，故人道主要体现孝德。再就实践之本末先后而言，孝为百行之本，人透过孝行之扩充实践，才可能到达仁之境界，所谓"孝之达处则为仁"②。简言之，由孝出发，推而能弟、能敬，亲亲而仁民爱物③；由事父出发，上推至祀上帝。此即以孝贯通天人，尽性合天的工夫进路④。

安世凤认为孔子的一贯之学，即以孝之工夫来贯通天人。他批评孟子只从一己识见上生情，不能穷极于宇宙至一以为根宗，故不能契悟孔子所谓的一贯之法：

> ［案指孟子］夫一己之识见，其不足以贯天下之事理也

---

① 安世凤，《尊孔录》，卷8，页9b—10a。
② 安世凤，《尊孔录》，卷8，页9b。
③ 安世凤，《尊孔录》，卷2，页8b—9a。
④ 安世凤，《尊孔录》，卷2，页6a—b。关于此，又可见安世凤对于孔子一贯之学的阐释："盖曾子之孝得于性，生自其孩提一念良知，更无一毫添入改换，延至二十余岁，方可言真积之久。而孔子所以语之至德要道，及圣人之道，更无以加于孝者，皆已深中于曾子之心，是以闻言而即信耳。故性惟一仁，仁惟一孝，孝惟一父，此一也，资父及母，因孝弟事，因孝弟生事君事长，居位治民之道，非一以贯之乎。而由是事地事天，至孝达礼，吾道之全体尽是矣。"同上书，卷3，页15a。

明矣。是以语之人而扞格不入，措之事而龃吾不合，明乎其未能为孔子之一也，以其未尝穷极于宇宙至一之处以为之根宗也。若孔子之道则不然，孔子宪章文武而寤寐周公，盖其道所自出也。夫以武王周公之圣操得为之柄，彼岂无志可从事，而必继人之志而述其事者何也？以我一人之心思，恐不足以贯天下之事理也。于是转而求之文王，而文王正承太王、王季之绪者也，又转而求之其先，其至于后稷、高辛氏，而犹未得其原也。于是又转而求之上帝，然后了然明于万世人物之生，并其所以生，原皆从此至一处贯起。……孔子得此一贯之道于三圣，故其所以治天下国家者本于身之道之仁之亲亲，而事亲以修身必求知于天之德，诚身以顺亲必求明乎天之道，正所以明乎郊社之礼，禘尝之义者。以此为政，尚何不视诸掌而一以贯之乎。①

安世凤认为孟子的学说主要从人一己之识见出发，不能根究至宇宙最终根本，缺乏以天为本的高度。相对地，孔子所谓的一贯，是在求诸三圣之后，又"求之上帝"，是从天的高度来定礼乐政教之制，故能代天立言、垂教万世。

另外，安世凤对于孝的重视，也反映于其对孔门弟子的品评。他最推崇颜回与曾子，认为颜子真能学孔子达天之学，是"于乾父大宗上为一体"；曾子则能爱亲尽孝，是"于父母小宗上做成一体"，且下开子思《中庸》之教②。他极赞许闵子骞，说他是处于逆

---

① 安世凤，《尊孔录》，卷14，页19a—b。
② 安世凤，《尊孔录》，卷9，页2b、6a。

境之中而能孝，困难程度甚于曾子①。

综上所论，安世凤强调儒家圣学首应追求达天，而人之所以能够知天达天，主要因人具有天所赋予的仁孝善性，此善性即联系天人的关键。天既为人类之大父母，人即应孝天，故"孝"不仅是一种天生的道德情感、父子之伦，更是修身工夫及贯通天人的途径。事实上，安世凤的人性论与工夫论相当程度反映了儒学从晚明到清初的变化，既有接近王阳明、罗汝芳的一面，也与清儒强调不离气质而言性，以及本于善性而不断扩充学习等特色相呼应。

（三）孔子：代天立心的万世圣人

从《尊孔录》的书名即可知孔子在安世凤心中无与伦比的地位。他说古代尧舜等圣王以治兼教，其治可开数十百年之局；孔子虽无王权，但其以教兼治，影响万世，故曰："自有孔子，一世万世之治教合。"②安世凤又说：

> 且天之生仲尼与生他圣人不同，其生尧舜禹汤文武，并以君师之权付之，令之完其数十百年之局而已。自生孔子以后，则以万世师人之柄，全付之孔子，以故汉唐以来，即有道之世，不过仅尽其为人君之责任，凡计及于教人淑世者，惟有宣扬孔子之法而已。是自仲尼以后，极于天地之终，其天下已尽为仲尼有之矣。③

---

① 安世凤，《尊孔录》，卷11，页4a—b。
② 安世凤，《尊孔录·序》，《尊孔录》，卷首，页2a。
③ 安世凤，《尊孔录》，卷5，页22a—23a。

我们一般认为，古代圣王集治统与道统于一身，自孔子则治统与道统分流。安世凤的看法却不同，他说古代圣王虽以治兼教，但教化影响随其政亡而亡；孔子以教兼治，反而能影响万世万代。后代君王都必须宣扬孔子之教法以淑世，故孔子才是真正使治教合一的圣人。因此，孔子是圣人中之集大成者，他立下的治教原则，是代天立心、万世不移的真理。安世凤称孔子为"万世帝王之师[①]"，又说：

> 盖造物之生孔子，正藉之以通天人之故，曲成万世之上中下根，故开此一种法门，实天地之微权，亦宇宙之定理。[②]

安世凤认为，造物之天对于孔子有特殊的命定，要借着孔子向人类开启一种引渡众人的新法门，也借着孔子之教昭示宇宙之定理。孔子是一位"通贯天人"的人子，彰显天之仁、人之孝，是代天立心的楷模。孔子如何接引天人、彰显贯通天人之学的典范？安世凤说：

> 孔子者，人而天者也。人而不天，不足以示人伦之极，而见天命之全。天而不人，亦不足以辟入圣之途，而垂接引之法。故孔子亦自名曰下学而上达。盖孔子之依乎中庸，自不睹不闻而达之于无声无臭者，乃自好合和乐而达之于祀先、祀上帝，为天下国家中来。盖中庸者，天与人之中也，愚不肖夫妇

[①] 安世凤，《尊孔录》，卷16，页3a。
[②] 安世凤，《尊孔录》，卷4，页3b。

之知能在于此中之下，故下而学之，而天命之性及天地之化育，则贯澈于此中之上下，故由此夫妇之知能而上达之。惟其下学，故愚不肖皆可以企而及；惟其上达，故大贤亚圣皆不可以强而化。①

孔子既是"人而天者"，又是"天而人者"。所谓"人而天者"，乃因孔子之学能合天达天，故其生命能够尽人伦之极，活出彰显天命之全的精神样貌；所谓"天而人者"，意指孔子之学能够为世人指引入圣之途。总之，孔子是联系天人的独特中介人物。如此的描述不禁令人想到耶稣，颇有教主的意味②。安世凤笔下的孔子，确实有儒教教主的意味，孔子不仅创立万世不变之治教法则，也开启历史的新纪元，他说：

> 自孔子以来，数千年无非孔颜之世，以后千百世之生民，无非孔颜之物。则是天地未毁之日，皆其进德修业之时，而混沌重冥之后，乃其治定功成之日。③

安世凤说在天地未毁之时，孔子之教是世间秩序之原则，也是指导世人进德修业的教诲；等到混沌重冥之后，则是孔教治定功

---

① 安世凤，《尊孔录》，卷4，页2b—3a。
② 《圣经·希伯来书》说耶稣是天地间唯一能够联系神与人的中保。耶稣因为是神，故能完全彰显神的荣耀；又因为道成肉身，取了人的样式，故能体恤人的软弱，成为帮助人与神和好的大祭司。《圣经·希伯来书》（香港：圣经公会，1984），第四章第14—16节、第七章第20—25节。
③ 安世凤，《尊孔录》，卷1，页8a—b。

成之日。此处所谓"天地未毁"和"混沌重冥"应与邵雍（1011—1077）"元会运世"的观念有关。安世凤在另一本著作《论存》中论及"元会运世"，他虽并不完全赞同邵雍之说，不相信一元为129600年之说，也不认同明末已处在午之末、下距闭物之期仅三万年之说，又说"天"无终灭之时[①]，但是他基本赞同邵雍所言宇宙天地与人类文明之生成与变化，认为人类文明始于伏羲，到唐虞三代文明之治大启，到孔子更是奠定永不更改的治教原则。这样的看法，赋予孔子在人类文明中相当独特的地位。

（四）尊君思想

安世凤虽尊孔，认为孔子是万世帝王师，创立千百世之治教原则，但他并不落入治统与道统二分之格局，他更强调天赋君权、忠孝一致。他说：

> 君臣之义，齐于父子，等于天地，非可以道德自倨慢也。自君臣以义合之言出，而士始自尊大。斯敝也，滥觞于孟子，而滔天于程叔子。不知孔子之法元不如此。孔子曰：资于事父以事君，则事父之不敢萌诸心者，自不敢施于吾君之侧，臣得

---

① 在本文引文中安世凤说到天地未毁之日，又说混沌重冥之时，似乎有天地毁灭重生之意，但是他在《论存》中则说："天无终，即有终皆天也，必混沌澌灭而后再生，愚亦未之敢信。"不知此是否意味其思想经过变化？或者"混沌重冥"并不意指天地毁灭重生，而是文明的生成变化，朱熹也说天地不会坏，"只是相将人无道极了，便一齐打合，混沌一番，人物都尽，又重新起"。此或与安世凤"混沌重冥"之说接近。见安世凤，《论存》（明万历三十九年序刊本，日本东京宫内厅图书馆藏），卷1，页56—58；黎靖德编，王星贤点校，《朱子语类》（台北：文津出版社，1986），卷1，页7。感谢"中研院"历史语言研究所祝平一研究员提供《论存》的史料。

以德抗君，则子亦可以德抗父，所以晚近之世全养成一番不忠不孝世界者，皆孔子之道不明所致也。[①]

父子是天伦，不可能更易。君臣关系如何？孟子视其为一种相互对待、以义合的关系；为人臣者遇残暴君王时，可据理以反叛，即所谓"残贼之人，谓之一夫，闻诛一夫纣矣，未闻弑君也"的革命想法[②]。而在理学传统中，士人虽然尊君，但道统与治统区分的想法，也提供士人以道统抗衡治统的资源。安世凤对于尊君的信念更强，他强调"君臣之义，齐于父子，等于天地"，认为臣之事君须如子之事父一般，永远顺承，不可动摇，也绝不容许士人以道德倨慢或抗议君权。这样的思想与其天命观密切相关，既然天命人作君、作师，天对君王有特殊的命定和旨意，人即应尊重天命，不可私自更改。人的社会身份来自天命，君臣关系与父子关系无异，都是天命所定。安世凤也举《孝经》"资于事父以事君"说明孝忠一致，尊君原是孔门圣人教化的重要内容。

又如上文所述，安世凤虽肯定个人成德的重要性，但他更重视曲成万物，参赞天地，安世济民之事，认为经世治理比了究个人性命更有价值。也因此，他对于实际担负治理之权的君王极为尊崇。明清时期与安世凤一样，抱持敬天尊孔的态度，试图建立类似孔教思想者，也多有君权天授、高度尊君的思想倾向。关于此，下文再论。

[①] 安世凤，《尊孔录》，卷3，页19b—20a。
[②] 《孟子·梁惠王下》，《孟子集注》卷2，页11b，收入朱熹，《四书集注》（台北：艺文印书馆，1980）。

综上所论，我们从安世凤《尊孔录》梳理出其关于孔门圣学的几个思想要旨：

1. 圣学本天：（a）人与万物均源于天，天命生生不已；（b）天为人之大父；（c）人应担负起天所托付的职责，即济世安民、参赞化育的经世之学，不能只求自了性命；（d）持幽明一贯之原则，论述鬼神与祭祀之事。

2. 学以达天：（a）天赋人仁性，此乃人可以知天的凭据；（b）仁孝一理，孝为达天的工夫，此即孔门一贯之学。

3. 特尊孔子：孔子是代天立教、开创历史新局的大圣人。

4. 尊君思想：君权天赋，人必须尊君，圣人亦教人尊君。

三、呼应的声音：清儒类似的敬天尊孔论

安世凤并非传统的理学家，我们无法从其师承或学派的角度来理解他的思想，因此本节尝试提供一些思想史呼应的声音，作为进一步理解《尊孔录》的背景。本节主要根据上文整理《尊孔录》的四个思想特点，来检视王启元、许三儒等清儒的思想，说明各家思想虽不尽相同，但有高度呼应之处。这些学者并没有师承、学派、地域等直接关联的因素，他们主要是针对时代的问题与需求，提出自己的见解。他们共同之处在于：回到儒学长远的传统，突出天人之际的向度，并试图寻求治统与道统间的平衡，兼顾群己理想与职分的圆满。他们的思想也有相异处，这些相异之处则充分彰显个人在反思传统与融会新思维过程中的独特性与创发性。

（一）王启元《清署经谈》

王启元《清署经谈》成于1623年，因陈受颐的研究而较早为学界所知，陈受颐说王启元在天主教刺激下有意建构儒学成为孔教[1]。《清署经谈》一书确实是在鲜明宗教对话的语境下书写，文中虽也批评二氏[2]，但最严厉的批判是针对天主教[3]。王启元认为天主教对儒学的威胁比释道二教更大，因为天主教所传的上帝与鬼神，很容易与中国本土上帝观、鬼神观混淆，挑战中国自三皇三帝以来的教化[4]。王启元对天主教的主要质疑在于三位一体、道成肉身等教义，他也不认为天主教论文之全局能超越儒学，他强调儒学有事天之学，亦有天文知识，儒者亦能知天道[5]。《清署经谈》具有浓厚的宗教意涵，此先前的研究者多已论及。此处主要欲以上一节从《尊孔录》中整理出的思想要旨，来检视《清署经谈》与说明两书有许多相似的论点。

1. 圣学本天

王启元在《唐虞盛治篇》中对"圣学本天"有详细的论述，他说尧舜二圣均"事天如父"，尧命羲和钦若昊天，历象日月星辰，

---

[1] 陈受颐，《三百年前的建立孔教论——跋王启元的清署经谈》，《"中研院"历史语言研究所集刊》，本6分2（1936年1月），页133—162。
[2] 王启元批评二氏之学欲求之天地之外、超出帝王之上，他说孔子之道以天子为主、以天地为准、以父母为本，重视孝道、家庭教育、政治治理之事。参见王启元，《清署经谈》（明天启三年刊本，"中研院"傅斯年图书馆藏），卷5，页24a—28b。
[3] 王启元说："近世以来讲学之徒乃有张大佛氏，斥小孔子者，而西洋之人复倡为天主之说，至使中国所素尊之上帝亦几混而莫辨。呜呼，此儒者之过，亦中国之羞也。"王启元，《清署经谈·序》，《清署经谈》，卷首，页1b—2a。
[4] 王启元，《清署经谈》，卷5，页47a。
[5] 王启元，《清署经谈》，卷5，页44b—45b。

敬授人时，舜之璇玑玉衡以齐七政，都是以敬天为首务。圣人祭祀上帝、遍于群神，也是敬天地的表现；俯察土地山川、治水分州等，则是敬地表现①。又说尧舜之学主要从天而来，非后世博文稽古之学：

> 其学以天为宗，即从钦若昊天中来者也。何以征之？尧曰：天之历数在尔躬，允执其中。夫天之历数所贵一中耳，考之天文而然，考之历数而又然。乃继之曰在尔躬，则示以反身自得，所谓天之中矣。夫吾身原自有中，此中原出于天，则其中也，乃自然之中，而其执也为不思不勉之执矣，此所以为圣学之宗也。夫谓之曰天，是众人之所公共，何其大也。谓之曰在尔躬，则一己之所各具，又何其精而一也。合天人为一，又何神也。②

圣人之学以天为宗，不仅表征于天文历数，也表征于天命之人性，故曰："吾身原自有中，此中原出于天。"这种强调宇宙自然与人的本性均源于天，故儒家圣学应包括天文历算之天学，以及圣人法天之学的看法，普遍存在清儒论述中，本文论及的几位儒者也都抱持这样的看法。

王启元也以父子关系来阐述天人关系，他说"圣人之于天，犹子之于父母"，故圣人事天地如事父母。他说人若能体认到自己的生命是父母之遗体，便会有所顾忌而不苟且。同理，人若知道天意

---

① 王启元，《清署经谈》，卷6，页9a—b。
② 王启元，《清署经谈》，卷6，页10b—11a。

乃在敬贤爱民，便能推天心以为爱敬，而有仁民爱物之胸怀①。王启元论到天爱众民时，强调天兴起君、师来治理教化众民，故君王与圣人都是受天特别托付，代天立教治民之圣人。又说孔门圣学具有宇宙大观之视野，圣王代天立治、圣人代天立言，故圣学本天，这种以天为本的圣学也是所有人都应立志学习的目标。与安世凤的思想相近，王启元也强调儒家圣学不只于个人性命之追求，更应有经世济民的宏伟胸怀，他说：

> 世之儒者专以性命为言，而不及经济，固已失六经之旨矣。②

又说：

> 讲学者专讲性命，而不及天下国家，使孔子仅为教读先生，岂不为二氏所抚掌而笑？又安能免赋诗退虏之讥耶？所以然者，以专求孔子于一字或一书，而不能合六经四书以通贯为一故也。③

言下之意，六经四书中政治、经济、礼乐、教化、农兵等事，均是孔门圣学的内容，宋明理学家专注道德性命之学，反已偏离圣学正道。

---

① 王启元，《清署经谈》，卷6，页25a—26a。
② 王启元，《清署经谈》，卷4，页5a。
③ 王启元，《清署经谈》，卷4，页7b—8a。

另外，为了辨析孔门圣学之"上帝"不同于天主教之天主，王启元也说明孔门圣学之"上帝"的属性乃至仁、至尊、至神、至公，上帝为天地神人之主，是生生之本；上帝也鉴察世界，怜悯国与民之失教。他笔下的儒家上帝其实颇有人格神的意味[①]。

2. 孝为一贯之学

王启元虽没有直接说"仁孝达天"，不过从其文集可发现相近的观念，尤其重视孝的工夫。他说：

> 不深考《春秋》，不知先圣之教以天子为主；不溯求《孝经》，不知先圣之教以父母为重；不反约《大学》，不知先圣之教以修身为本；不究及《中庸》，不知先圣之学以天命为宗。[②]

孔门圣学以天命为宗、以修身为本、以父母为重、以尊奉天子为主。王启元在《春秋证圣篇》与《孝经证圣篇》中阐发圣王王道之大业与全局，他根据《春秋》，说明王道不仅于人事，更包含天地鬼神、万物宇宙、古今之变，并说明孝道的重要。王启元和晚明许多儒者一样，将《春秋》与《孝经》合论[③]，说道：

> 孔子曰："吾志在《春秋》，行在《孝经》。"此人伦王政之全局，所以与天地合德者乎。又合而论之，《春秋》辨

---

① 王启元，《清署经谈》，卷16，页2a—4b。陈受颐，《三百年前的建立孔教论——跋王启元的清署经谈》；吴震，《明末清初劝善运动思想研究》，第9章。
② 王启元，《清署经谈》，卷4，页18a。
③ 关于晚明《春秋》与《孝经》合论，参见吕妙芬，《孝治天下》，第3章。

异,本于礼者也;《孝经》统同,本于乐者也。帝王之治莫大于礼乐,而二书足以兼之,是合帝王为一也。《春秋》上下外内之制,无一不明,是本于后天之形下者也;《孝经》小成大成之理,无一不备,是本于先天之形上者也。天地之道,莫备于先后二天,而二书又足以兼之,是合天地为一也。①

《春秋》讲王道政治治理之原则,是本于后天形下者;《孝经》讲天赋予人之道德内涵,则本于先天形上者。孝又是一切德行之本,也是教化最重要的内涵,上自天子、下至庶民均应遵行。王启元格外重视孝,曾有人问他:宋明理学大兴,高明者各出所见,皆自谓发千古未发之秘,子为何独守孝之一言②?王启元的回答是:孝行虽浅近平常,但其义至广大,孔门所谓"一贯之一,即贯之孝也"③。又说:

> 敬天,敬之至矣,而不本于敬亲,其敬是耶?非耶?又如主知,诚是矣,假令不知事亲而知性命,其知是耶?非耶?无论知性命也,即如知天,知之至矣,而不本于知孝,其知是耶?非耶?④

王启元认为敬天须本于敬亲;不知孝,无以知天。孝虽是卑近平常之事,却是能领引人知性、知天的一贯工夫。孔门圣学主张天

---

① 王启元,《清署经谈》,卷4,页21b—22a。
② 王启元,《清署经谈》,卷4,页24a。
③ 王启元,《清署经谈》,卷4,页24a—b。
④ 王启元,《清署经谈》,卷4,页24b。

人无二道、圣凡无二性，六合之内与六合之外同一道，也主张"六合之外不离君亲之道"①。又说：

> 天下之道岂复有出于孝者乎？故知孝之能贯，然后知圣道之一，亦必知圣道之一，乃贯以孝，然后知圣人之教为二氏百家所不能混也。②

他说"孔子行道，不出孝之一字"，并总结道：

> 此正所谓一孝立而万善从也。然则一以贯之，其贯以孝之一字乎，是圣门之一粒灵丹也。……所谓孝之一字，则孔子一生之心事也。③

3. 尊孔思想

孔子在王启元思想中占有极特别的地位，他说孔子是"万世帝王之师"④，立"万世之功，为生民未有之盛"⑤。王启元更以长篇文字说明天生孔圣之意，摘述如下：（1）以天地运数而言，孔子是应期而生，以为宇宙斯文之主的圣人；（2）上古群圣有以君道显者，有以相道显者，独师道未著，故天生孔子以承担师道重责；（3）孔子奉天以正百家，其功厥伟，故所谓"天不生仲尼，万

---

① 王启元，《清署经谈》，卷4，页25b。
② 王启元，《清署经谈》，卷4，页27a。
③ 王启元，《清署经谈》，卷16，页63b。
④ 王启元，《清署经谈》，卷8，页2b。
⑤ 王启元，《清署经谈》，卷1，页3b。

古如长夜";(4)天意为后世帝王设师,乃生孔子;(5)孔子处顺境则安常明道,处逆境亦自安无变志,天意借之为后世豪杰之典范;(6)孔子著述经书,彰显天人之大全,古今之通变,可用以出世,亦可用以经世,故孔子之功与天地同。

简言之,孔子是天纵至圣,是承三皇、二帝、三王群圣之后,应天运而生以"结正局"之大圣人①。此处所谓"结正局",反映了王启元对孔子之历史定位的看法,他说"天生孔子以折衷群圣,而立万世之极";要知孔子之成就,必须知天地,因为天是"以其全局而尽畀之孔子"②。又说:"天盖以道之全局授孔子,故孔子亦以天之全局教万世,学孔子即学天地矣。"③在王启元笔下,孔子既是立乎天地与历史之外、体现天道之先天圣人;又是位乎天地之中,范围天地之化,在历史中开创新局的后天圣人。孔子是众圣中最独特的一位④,王启元论到孔子的历史定位曰:

> 始于天地开辟,而合古今以为规模。次三皇,次二帝,次三王,至春秋而古今之变备矣。三皇,神道也,而其时如冬之方始;二帝,德化也,而其时如春之正盛;三王,礼法也,而其时如夏之大备;孔子素王,经教也,而其时如秋之万宝告成矣。是天运之一终也,后天宇宙之一全局也。⑤

---

① 王启元,《清署经谈》,卷8,页2b—5a。
② 王启元,《清署经谈》,卷8,页13b。
③ 王启元,《清署经谈》,卷8,页5a。
④ 王启元,《清署经谈》,卷8,页13b—15a。
⑤ 王启元,《清署经谈》,卷8,页15a。

王启元以冬春夏秋四季之运行，说明孔子的历史地位正如丰收之秋，其教立万世之极，是万宝告成，天运之一终。接着又说：三皇以天地之神道，开辟道统之源，标志天人之盛；二帝以德化而致盛治，标志君臣之盛；文武周公以继述立家法，标志父子之盛。论到孔子的功业，王启元说：孔子以圣神而定经教，当春秋末年之际，天人之盛未显，他赞《易》以溯道统之源；当时拨乱之略未彰，他作《春秋》以继礼乐之后，以补经济之缺；又以《孝经》笃父子、《论语》明师弟，立万世之极①。他在《圣功列叙篇二》中更列举了孔子的伟大功绩，强调孔子之教以天子为主，因其身体力行正名，又能体经于身，传经于人，贻经于后世，故孔子之功即在世道人心②。简言之，在王启元的笔下，孔子是一位代天立教，开创历史新局，又能体现天地全局之圣者，"孔教教主"的形象颇鲜明。

4. 尊君思想

相较于安世凤，王启元的尊君思想更强，论述也更多。上文已

---

① 王启元，《清署经谈》，卷8，页15b—16a。
② 王启元，《清署经谈》，卷16，页11a—18a。王启元在《圣功列叙篇二》中列举孔子十二项伟大功绩：1. 孔子之教始于夫妇、止于天地，教诲众庶，其大功在立现在之大中者；2. 孔子祖述尧舜、宪章文武，其大功在定千古之大中者；3. 孔子之教重人伦与王政，以伦政为表，以圣学为里，明善诚身，不涉玄虚，其大功合千古现在而指其实者；4. 孔子正名分，特标天子以为主，其大功合治统道统而一，归其权于天子者；5. 孔子不仅立经教，亦以己身体现圣经之道，使后世为师者必先身教而后可衍经教，其大功及于后之师道自任者；6. 孔子宗周公、尊周制，其大功及于后之圣相为志者；7. 孔子之功不仅及于前代与后世，他于当世亦能以圣人之才，德聚群贤，故其大功及于当世之天下者；8. 孔子有王天下之德而自安于臣节，有神人之道而以人道立教，有作者之才而自居于述，此乃圣心至公之表现，故其大功及于术之赖以不亡者；9. 孔子以身教而辅经教，使人人各怀己立立人、己达达人之心，其大功及于现在之大贤者；10. 孔子之教不仅施于贤智者，亦为庸愚之人而设，故其大功及于后世远近之民；11. 孔子教孝教忠，其有功于后世之忠孝合一者；12. 孔子作《春秋》而乱臣贼子惧，是其大功及于后之纲常世教者。

说到他表彰孔子之功时,强调孔子之教以天子为主,绝不以道统抗治道。他说孔子作《春秋》,旨在"收天下之权以归之天子"①。圣人立教以天子为主,六经之总义为正天子而设②。他从《春秋》得出八点有关经纶天下之义:(1)名分界限分明;(2)先自治以立本,而尊王即是立本之主;(3)自治之法以君身、君家、朝廷、宗庙、邦国民事、郊社鬼神六事为重;(4)天子奉天统治天下;(5)谨遏恶取善之义;(6)志天地万物之变,以备修省;(7)谨华夷之辨,以尊中国;(8)严令将之诛,以讨乱贼。总结曰:"圣治网领,奉天以正王,而天子先自正矣。奉王以正天下,而天下莫不正矣。"③

王启元说明以天子为中心的王道格局:

> 竖而言之,天也,天子也,天子之公卿也,诸侯也,诸侯之大夫也,夷狄之居长也,而上下之等备矣。平而言之,天子之身也,天子之家也,天子之国也,天子之朝廷也,天子之中国也,天子之四夷也,而中外之序备矣。④

从上下名分阶序而言,天子乃天之下,万民之上的至尊者;以天下世界的关系而言,王道政治由天子之身、家、国、朝廷向外扩展。如此经纬交错的视角,正展现出"天子为天地神人之主"的特殊身份。不仅于此,王启元相信天地鬼神与万物之变,亦与人伦王政有关,故天不仅将人道托付给天子,更是将天人之全局托付给天

---

① 王启元,《清署经谈》,卷4,页10a。
② 王启元,《清署经谈》,卷4,页12a。
③ 王启元,《清署经谈》,卷4,页15b—17b。
④ 王启元,《清署经谈》,卷4,页19a。

子①。

王启元又引《尚书》"天降下民,作之君,作之师"论证天意乃是要君师交相尊重:

> 君师并重所从来矣,然非谓师之立教,遂与君分权而移天下之人心也。……君之与师交相重者也,以天子之尊而不能不下有道德之师,人将曰以尊如天子,而犹若此,吾侪可无重道德乎?是师以君而重也。以圣人之圣而不能不事有天下之君,人将曰以圣如圣人而犹若此,吾侪可无重名分乎?是君亦以师重也。②

圣人不应与君分权,圣人应率领教化天下人尊君、重名分;天子也应以至尊的身份来尊崇圣人,此将率天下人重视圣人之道。综上所言,王启元极推尊孔子,以其为古今第一大圣,其教为万世立极;又宣称孔子之教乃以尊王为大纲,故尊君之思想亦在孔门圣学的支持下,获得不可动摇的地位。

(二) 许三礼《天中许子政学合一集》

许三礼(1625—1691)与安世凤同为河南籍士人,且同样有仕宦浙江的经历,两人思想十分相近,上述《尊孔录》要旨几全见于许三礼的主张。许三礼是清初以理学谈经济、强调政学合一的重

---

① 王启元,《清署经谈》,卷4,页19b。
② 王启元,《清署经谈》,卷8,页1a—2a。

要学者①,他的学问同样强调天人关系,他说儒学与圣学不同:儒学仅谈及民为邦本等人间事物的层次,圣学则要从天的高度来看事物,体会天作君师、为民谋福之意;而懂得圣学精义的圣人更要为上帝立心、为民谋事②。在许三礼眼中,无论程朱或陆王之学,均未能达天,仍欠上一着③。

许三礼敬天、事天的态度,充分表现于每日朝夕的告天礼仪实践。他说自己翻转了孟子"尽心知性则知天,以存心养性为事天"之说,而强调"以知天事天为存养工夫,每日晨夕,定省家祠前,随即礼拜上帝"④。关于许三礼的告天礼,研究已夥,此处不再赘述⑤。以下仅援引许三礼之言,说明其与安世凤《尊孔录》相近的主张。

许三礼讲学的宗旨为"顾諟天之明命",即强调为学要能寻道之源头、窥见道岸,要从天赋予人的心性中去照见天命之原⑥。他说:

---

① 许三礼,《海昌讲学集注·言农事》,页10a—b;耿介,《读许西山先生政学合一集答书》,页1a;许三礼,《读礼偶见》,页21a—b,以上皆收入许三礼,《天中许子政学合一集》,见《四库全书存目丛书》(台南:庄严文化事业公司,1997),子部,册165。
② 许三礼,《海昌讲学集注·言农事》,页9a—b,收入《天中许子政学合一集》。
③ 许三礼,《戊午同人问答》,页29a—30a,收入《天中许子政学合一集》。
④ 许三礼,《读礼偶见》,页25a—b,收入《天中许子政学合一集》。
⑤ 王汎森,《明末清初儒学的宗教化:以许三礼的告天之学为例》,《新史学》,卷9期2(1998年6月),页89—122;刘耘华,《依天立义:许三礼敬天思想再探》,《汉语基督教学术论评》,8期(2009年12月),页113—145;吕妙芬,《孝治天下》,页188—196。
⑥ 许三礼,《戊午同人问答》,页29a—30a;《正学宗传》,《讲院铭言》,页2b,以上皆收入《天中许子政学合一集》。

> 天之明命非他，即此仁也。太极中间一点，统元亨利贞四者而名为乾元，总此物此志也。然入手须从孝起，孝为百行之原，又为五常之首，由此充其量则为仁，还其元则为达天。……可知达天德不过仁孝二端，而既达天德，则圣学无余事矣。①

从上引文可知，天命之性、仁孝达天是许三礼思想的重要内涵。关于此，他又以三则会语详细阐发：（1）体由极见，即从天之明命处见本体；（2）量由学充，即从天地万物为一体处见仁；（3）施由亲始，即从爱物仁民而溯至亲亲处见孝。以下分别就此三点说明其与《尊孔录》思想要点呼应处：

第一，所谓"体由极见"，即推源到无极而太极，天地万物之根源处，亦即从天之明命处见本体，即天命观。许三礼说：

> 无极而太极者，生天生地生人生物之根也。自太极判，天地为人大父母，为万物大真宰，由是生生不已其德也，气化不齐其势也。②

对许三礼而言，天不只是苍苍之天，也是"吾心之天"③。宇宙自然与人禀赋之天性，同源于天；天命人之性，即孔子所谓之"仁"，孟子所谓"良知良能"。众人与万物均同源于生生不已之天

---

① 许三礼，《仁孝达天发明》，页1b，收入《天中许子政学合一集》，页460。
② 许三礼，《圣学》，《海昌讲学会语》，页1a，收入《天中许子政学合一集》。
③ 许三礼："苍苍之天与吾心之天自然是一个，无疑矣。"见氏著，《丁巳问答》，页20b，收入《天中许子政学合一集》。

命，同通于一息①。许三礼也以天为人之大父，强调人应担负天所托付之责：

> 天，吾大父；地，吾大母。此心不为天地分忧，便是两间不肖之子。民，吾同胞；物，吾同与。此身不为［民］物立命，即系一方有罪之人。②

又说：

> 吾之言圣学本天，就在家庭人子之于父母，体认出来。天系人之大父母，系实理，非比语也。③

许三礼说人以天地为大父母，并非比喻，而是实理。他每日朝夕就像面告父母一般地行告天之礼，遇旱灾等困难时，他也向天呼求，相信天必然眷顾回应子民的呼求，又说若能聚集更多人的呼求，必能更快见到天地大父母之感应④。

第二，许三礼解释"量由学充"的意涵："儒者为学要识得大本领，又要识得大作用。本领工夫须收敛入来，作用工夫须扩充出

---

① 许三礼，《圣学》，《海昌讲学会语》，页1a—2a，收入《天中许子政学合一集》。
② 许三礼，《随处体认天理》，《讲院铭言》，页1b，收入《天中许子政学合一集》。
③ 许三礼，《圣学问答》，页11a，收入《天中许子政学合一集》。
④ 许三礼："人之于天，犹子之于父母，是一样的。子有疾痛，则呼父母，呼之者何，必应也。人有疾痛，则呼天，其应也必矣，无异也。"见氏著，《海昌讲学集注·言农事》，页6a，收入《天中许子政学合一集》。

去。"① 所谓本领工夫，即体用一原之心性本体工夫；作用工夫，则是从本领中推致出去、成己成物的工夫。换言之，内在的心性修养要与外在实践工夫并重。他和安世凤一样，都反对宋明理学家空谈性命、自了身心②，也都强调天对人有所托付，人必须要承担起自己生命的责任。他说：

> 人生七尺躯，皆有安天下万物之性分，皆有使天下万物各得其所之责任，皆有能使天下万物各得其所之能事。③

清初河南学者耿介（1622—1693）读许三礼《天中许子政学合一集》后，对此深有感触，说道：

> 天地生一人，便以天地之心予之，便以天地万物之责寄之。人不能心天地之心，即不能尽得天地万物之责，即不能有济于天地万物之事。此事此责须有一副真精神力量方克担荷。④

既然人负有使万物各得其所的责任，学问就不能只求个人生命的安顿，而应有更远大的眼光，看见万物间彼此的关联，以及人对于宇宙万物的责任。人也必须有广博的知识，知道如何济世安民，

---

① 许三礼，《圣学》，《海昌讲学会语》，页4a，收入《天中许子政学合一集》。
② 许三礼，《圣学源流》，页1a—b，收入《天中许子政学合一集》。
③ 许三礼，《圣学》，《海昌讲学会语》，页6a—b，收入《天中许子政学合一集》。
④ 耿介，《读许西山先生政学合一集答书》，页1a，收入许三礼，《天中许子政学合一集》，页603。

以及付诸实践的能力①。许三礼主张人能补天之憾,圣学应追求富强之经济,能够有救乱开治的作为,他说:"此身不为民物立命,即系一方有罪之人。"②又说:

> 最可厌者,守经之儒生,执定先王先圣之言,而不顾君国急难之计,生民涂炭之苦,宁坐困而鲜知变通,则亦焉用此学术哉。③

和安世凤、王启元相近,许三礼主张圣学经文而纬武、重视礼乐农兵,要能开治救乱、救苍生、扶名教④。他自己在海宁县的宦迹卓著,从讲学教化到练兵平乱,均有治绩;在海昌讲院中不仅有讲学和语录刊行,也言兵事和农事,并纂有《希圣达天全书》等⑤。他所推崇的历代儒士则是张良(公元前250—公元前186)、董仲舒(公元前179—公元前104)、扬雄(公元前53—公元18)、诸葛亮(181—234)、王通(584—617)等,都是既能洞悉天人关系,又能实际经世的人物⑥。

第三,所谓施由亲始,即从仁民爱物的理想回溯到亲亲人伦

---

① 许三礼,《圣学》,《海昌讲学会语》,页6a—7b,收入《天中许子政学合一集》。
② 许三礼,《随处体认天理》,《讲院铭言》,页1b,收入《天中许子政学合一集》。
③ 许三礼,《海昌讲学集注·言农事》,页7a,收入《天中许子政学合一集》。
④ 许三礼,《纂希圣达天全书问答》,《海昌讲学集注》,页11b,收入《天中许子政学合一集》。
⑤ 许三礼,《言兵事》,页1a—9a;《丁巳问答》,页5b,以上皆收入《天中许子政学合一集》。
⑥ 许三礼,《戊午同人问答》,页31b,收入《天中许子政学合一集》。

为,以"孝"作为孔门圣学工夫的入门。他说:"天地之大德曰生,仁其达好生之量于无尽,而孝又生生之根蕴积于不已者也。"①孝是天赋人性的道德内涵,也是众德行之本;仁既是道德的本体,也意指极广至高的道德境界。就本体而言,仁孝一旨;就道德实践次序而言,孝是入手处,由孝推致才能达仁。这是儒学亲亲、仁民而爱物的道德伦序,也是许三礼主张圣学应由亲始的理据②。

许三礼以"告天"和"孝"作为圣学入门工夫,在他看来,两者并不矛盾,因为天人原是一体,天事与人事本不相离③。人知天命之原、行告天之礼,最终仍是要治理人事,使万物各得其所。而且事天即事亲,仁人与孝子无别,他说:

仁人格帝,孝子飨亲,一以贯之矣。④

仁人为能飨帝,与孝子为能飨亲,总是一气相通,一诚所感,何尝有二?⑤

许三礼对于孔子的看法也和安世凤相近,他相信上天生圣人有特殊的命定,圣人"口代天言,心代天意,手代天工,身代天事",直以天自处⑥。孔子生于春秋乱世,天未授其君相之职,而使

---

① 许三礼,《仁孝达天发明》,页2b,收入《天中许子政学合一集》。
② 许三礼,《仁孝达天发明》,页1b—2b,收入《天中许子政学合一集》。
③ 许三礼认为天事即人事,见许三礼,《圣学问答》,页4a—b,收入《天中许子政学合一集》,页484。
④ 许三礼,《丁巳问答》,页15a,收入《天中许子政学合一集》。
⑤ 许三礼,《圣学》,《海昌讲学会语》,页8b—9a,收入《天中许子政学合一集》。
⑥ 许三礼,《圣孝广义》,页9a;《圣学问答》,页9b—10b,以上皆收入《天中许子政学合一集》。

其成为"主持道化一个素王,以终皇帝王霸之运"。①孔子是开创新世纪的圣人:

> (孔子著《春秋》)立下千万世为君为父为臣为子,治统道统确然不易的章程,岂不似天地重新一番开辟,民物重新一番造化哉。②

许三礼叙"道统图",以孔子为道统之祖,将之置于前庙,伏羲、黄帝、尧、舜等圣王置于后寝,由此亦可见孔子在许三礼思想中的特殊地位。

另外,许三礼也看重尊君思想,他同样以王权天授为理据,以天意是王权的保障,他说天地以生为德,君王和圣人之降生都有天特殊的旨意,天将任道救世之重职托付他们③。君王应讲求一切治世之学问,为生民立命,为上帝立心④。不过,许三礼也说王权之上尚有天,人君必须法天。他说孔子《春秋》笔法,指陈人主法天以自正其礼乐征伐之大权;《春秋》中"明称天王、天子,又于每事之上纪春纪秋,书年书月,是在在隐合一天字,照临在王者一身之上"⑤。君王必须依天命治理天下,臣民则不敢不尊王如天,如此才能杜绝乱源⑥。

---

① 许三礼,《历叙数千年而着经事要言》,页3b,收入《天中许子政学合一集》。
② 许三礼,《历叙数千年而着经事要言》,页3b;亦参见《宪天圣学》,页14a—15b,以上皆收入《天中许子政学合一集》。
③ 许三礼,《北山问答》,页3a,收入《天中许子政学合一集》。
④ 许三礼,《北山问答》,页7b—8a,收入《天中许子政学合一集》。
⑤ 许三礼,《北山问答》,页8b—9a,收入《天中许子政学合一集》。
⑥ 许三礼,《北山问答》,页9a—b,收入《天中许子政学合一集》。

（三）其他清儒类似的观点

类似敬天尊孔，强调儒学本天、理学经世的想法，在清儒中并不少见，也是明清之际思想变化的一个重要面向。吴震以陆世仪（1611—1672）、陈瑚、文翔凤、王启元、谢文洊（1616—1682）、魏裔介（1616—1686）等个案，说明明清儒家敬天、事天之学，以及下层士人经世的实践[①]。刘耘华说清初有一股"敬天"的思潮，著名儒者如孙奇逢（1584—1675）、李颙（1627—1705）、陆世仪、陈瑚、魏裔介、魏象枢（1617—1687）、汤斌（1627—1687）、李光地（1642—1718）、许三礼、黄宗羲（1610—1695）、李塨（1659—1733）、谢文洊等，均或显或隐地具有敬天的思想。他指出这些学者思想的共通性，如相信天与上帝具有意志主宰，相信神存在，表彰董仲舒、王通、邵雍等人，接触过西学等。他也认为天主教是清初儒学"敬天"思潮的重要学术背景[②]。此处也特别说明，无论吴震或刘耘华，都不是要说明上述士人的思想属同一学派或没有差异，而是欲揭示过去学界较少注意到的现象：清代理学思潮中强调儒学本天、理学经世的面向，值得格外留意。本文论旨呼应吴震、刘耘华二人的研究，以下再举两个十八世纪的例子，说明清中叶仍有类似的想法。

汪绂（1692—1759）是徽州婺源人，皖派经学大师。汪绂24岁时赴江西浮梁景德镇工作，26岁由江西入福建，27岁又赴浙江，

[①] 吴震，《明末清初劝善运动思想研究》，页341—505。
[②] 刘耘华，《天主教东传与清初文人的思想重构——以"敬天"思潮为中心》，《北京行政学院学报》，期1（2014年），页113—119。

馆于枫溪沈蟠家①。汪绂在枫溪停留二十余年间,其间著成多部著作,包括《物诠》《戊笈谈兵》《诗韵析》《礼或问》《乐经或问》《琴谱》《四书诠义》《书经诠义》《易经诠义》《礼记章句》《孝经章句》等②。汪绂50岁那年回到婺源开馆授徒,陆续完成《理学逢源》《乐经律吕通解》《乐经集传》《策略》等书;64岁馆于休宁朱德辉家,又陆续著成《医林纂要探源》《读阴符经》《读参同契》《山海经》等书③。汪绂终身布衣,但知识广博,除了儒家经典诠释,阐发理学义理外,亦涉猎天文、律算、舆地、兵法、医药、卜筮等,为一代之通儒,嘉靖十七年入《清史·儒林传》,道光年间从祀乡贤④。

汪绂与江永(1681—1762)大约同时,两人曾有书信往来论学,但从未晤面⑤。江永专治汉学,下开戴震(1724—1777)等皖派汉学,汪绂则折中于朱子学。钱穆说汪绂之学多尚义解,不主考订,与江氏不同;不过,钱穆也说二人之学皆汲江浙余波,且受到耶稣会引入欧洲历算学的影响⑥。汪绂虽宗主朱子学,但重视阐扬"四书""五经"之大义,其学范围也比一般理学家宽广,且强调天人之际,性命之源,充分体现理学经世之风。从钱穆之言,已

---

① 余龙光编,《双池先生年谱》,收入北京图书馆出版社古籍影印编辑室辑,《乾嘉名儒年谱》(北京:北京图书馆出版社,2006),册3,页173—174。
② 余龙光编,《双池先生年谱》,收入《乾嘉名儒年谱》,册3,页173—314。倪清华,《汪绂及其学术地位考辨》,《黄山学院学报》,2011年第4期,页10—12。
③ 余龙光编,《双池先生年谱》,页314—404。
④ 余龙光编,《双池先生年谱》,页412—415。
⑤ 余龙光编,《双池先生年谱·凡例》,收入《乾嘉名儒年谱》,册3,页144。
⑥ 钱穆,《中国近三百年学术史》(台北:台湾商务印书馆,1990),页309—310。关于江永与汪绂二人书信往返、学风差异,以及雍乾之际学风变化,参见林存阳,《汪绂与江永之书信往还》,《徽学》,2010年第6期,页266—280。

可见汪绂和本文所论的学风颇相近,以下再举《理学逢源》为例说明。

《理学逢源》成于1743年,此书是汪绂辑经书与先贤语录而成,有欲矫治当时"俗学"与"异端",阐明儒家圣学之用意。汪绂在自序中说不应将此书视为寻常的类书,此书选辑的内容与章节有其精心的安排,自天人性命之微,及于日用伦常之著,欲引人反求身心,以探天命之本,窥圣学之旨,如此便能阻挡异端邪说[①]。由于书的内容主要辑录前人之言,故汪绂的想法也体现于他对全书的安排和辑录的内容。此书分为内、外二篇;内篇以明体,外篇以达用。内篇又分为圣学类、物则类:圣学类"言理之本然,与其所以用功之当然",包括天、性、情、心、敬、诚、格致、仁义礼知信等条目;物则类"言日用常行,为用功之所依据",包括五伦、五事、经学、史学等。外篇分为王道类、道统类:王道类"言人君所以治天下之大法",包括君道、王霸、用人、治历、经野、理财、立学兴教、制礼作乐、备兵、明刑;道统类"则著唐虞三代治统之传,而后世所以失之之故,然其道尚存于先儒,万世之所以维人心而立民极者"。亦即,言历朝政治得失与道术之关系、辨异端与儒家师儒传统[②]。

《理学逢源》卷首有"中和即直方君子敬义以致中和图""天以阴阳化生万物图""鬼神情状之图""天德王道之图""三德合五常图"等图,从这些图的内容可见,汪绂试图将天地自然、理气

---

① 汪绂,《理学逢源・自序》,《理学逢源》,收入王德毅主编,《丛书集成三编》(台北:新文丰出版公司,1997),册15,页255。
② 余龙光编,《双池先生年谱》,收入《乾嘉名儒年谱》,册3,页322。

阴阳、术数方位，与人之身体性情、人伦关系、道德教化、社会秩序、政治治理等各层面连接统合的思维。亦即，全书含括从天人性命到日用人伦各领域，且归本于"天"。不同于一般《性理》类书借以"太极"为卷首，此书以"天"为首目；汪绂说明自己编辑此书的重点是："合天人，原终始，缉此篇以明身心性命之理。"

至于尊孔方面，汪绂虽不像安世凤般努力将孔子形塑成教主型的人物，但他说孔子是师儒之始，下开后世道统传承，孔子地位之尊崇，亦不必多论①。综上所论，汪绂是一位宗主朱子学的通儒，他注重经学，知识广博，宗教色彩不强，不过他强调一切事物与学问之源头在天，儒学本天，其结合天、理学、经世的学风特色，则与本文所论学风有所呼应。

另一位值得一提的是清中叶关中士人杨屾，关于杨屾的思想，我曾有专文讨论，此处仅就与本文相关者略加说明②。杨屾《知本提纲》著于1730年代，首刻于乾隆十二年（1747），是一部试图将宇宙创生、自然万物、人生目的、人性与身体、生死与鬼神、养身与修德，以及人世间一切分工职能、专业知识统合的书籍。杨屾自己是农业专家，精通医学，也通读各类书籍，其学问特色与《知本提纲》广博的内容，都体现注重天人关系与学问经世的风貌。

《知本提纲》首卷从"上帝"谈起，杨屾笔下的"上帝"是一位类似天主教的人格神，上帝创造宇宙万物和人间秩序，是天地万物之共父。上帝纯灵无形，上帝之"元世"也是纯灵无形、永不幻

---

① 关于孔子师儒地位，参见汪绂，《理学逢源》，卷12，页46a—b。
② 吕妙芬，《杨屾〈知本提纲〉研究：十八世纪儒学与外来宗教融合之例》，《中国文哲研究集刊》，2012年3月第40期，页83—127。

灭之世；人间有形的"着世"，是理气阴阳五行假合、变化不息的世界。杨屾强调元世是著世之本，认识上帝的命定是一切学问之大本，他也和安世凤一样，清楚指示人生命之本原与最终归宿，说人首先应明白自己生命乃上帝所赐，人生的作为应顺服帝命，以修业全仁，又说人死后灵魂将按着在世所为之善恶，进入不同的永恒境域。《知本提纲》同样以上帝之命来强化皇权的不可动摇性，强调师道本于君道，应佐君布教，也推尊孔子以天纵之圣立教，为万世师道之首。

杨屾的思想虽杂糅外来宗教及其自身的创见，有其特殊之处，但他以上帝为人类之大父、为学问之准则与目标，人应昭事上帝等想法，其统括礼乐农工、教养兵刑、天文地理等广博知识于一思想体系的做法，以及尊君敬师的思想，均与本文所讨论的儒学本天、理学经世的学风，有高度的呼应。

四、结语

本文以安世凤、王启元、许三礼等人的著作为主，说明明末清初有一股深具宗教意涵的敬天思想；这些学者并没有明确的师承或学派关系，而是在明清政治社会巨变、学术转型的大时代中，重新思考并诠释儒学的一些呼应的声音。由于安世凤《尊孔录》尚未受到学界的关注，本文以较长篇幅讨论《尊孔录》的思想要旨，指出安世凤重视天学，强调儒家圣学本天，以天为人之大父，认为人应体念天心、彼此相爱，完成天所托付"曲成万物、济世安民"之职责。安世凤说人为学的最高目的是知天、达天；人可凭借天赋之仁性而追求知天，工夫入手处即是孝。他也推尊孔子为代天立心的万世圣人，安世凤笔下的孔子是一位能接引天人、彰显通天人之学的典范，颇具教主的形象。《尊孔录》也强调君权天赋，提倡尊君思想。类似的思想亦可见于王启元、许三礼、杨屾、汪绂的著作。

过去我们熟知明清之际的思想转型或断裂，也熟悉理学衰微、礼学兴起、回归经世实学等现象，但晚近一些学者从宗教信仰、劝善思想、天主教与士人交涉等面向，描述了明清之际的思想界更复杂多元的现象。本文呼应学者对于十七世纪儒学宗教化、敬天思潮的观察，借由对安世凤等个案研究，说明当时一些士人强调儒学是以"天"作为价值根源与为学之目标，他们的思想从天命观、人性观、工夫论，到对于儒学传统及孔子的定位，体现深具宗教意涵的学说。他们的论述既未完全脱去理学话语，又能超越理学而进行批判，且试图重构。他们将宇宙万物、天地文人的各种知识涵括在一个庞大的思想体系，并赋予宇宙创生与终末的架构，也因此具备了与其他宗教对话或竞争的潜力。

第八章
杜文焕会宗三教

一、前言

本文以晚明杜文焕（1581—？）[①]这位久战沙场的大将军为主要研究对象，说明他如何会宗三教、兼顾英雄事功与讲学求道。杜文焕出身榆林武将世家，战功彪炳，有"白彪将军"之称；他又自称函三逸史，建造会教庵奉祀三教圣人，俨然为一教派之教主。杜文焕也热衷文学，与晚明江南文坛多有往来。下文将从杜文焕的生平、交友、思想与宗教实践谈起，再追溯其三教师承，说明与道教龙沙谶信仰的关系。由于杜文焕在儒学方面师承涂宗濬（1550—1621），本文除了简要说明涂宗濬的思想外，也将比较涂、杜二人思想之异同，希望根据这两个个案一窥晚明儒学与宗教的复杂交

[①] 杜文焕有诗题为"庚辰元日时年六旬将游江海留题会庵"，庚辰年为崇祯十三年，据此推知杜文焕生年。见杜文焕，《庚辰元日时年六旬将游江海留题会庵》，《三教会宗》（明泰昌元年刊本，日本内阁文库藏），卷5，页11b。

涉,也对晚明文化研究略做讨论。

二、函三逸史杜文焕

(一)白彪将军

杜文焕,字弢武,出身武将世家。杜氏家族祖籍昆山,明初迁徙至陕西榆林卫。榆林卫设于成化初年,因地险防严,是明朝北方边防的重镇[①]。杜文焕的父亲杜桐,由世荫官拜署都督佥事,充总兵官,是万历年间镇抚保定、延绥、宁夏的勇将[②]。叔父杜松(?—1619)也是著名武将,曾镇守延绥、辽东、山海关,最后在辽东进攻赫图阿拉时,因冒进于萨尔浒遇伏殉难,天启年间获追赠少保左都督,世荫千户,立祠赐祭[③]。杜文焕自幼秉承家学,展露武学天分,他自言幼时"因睹战图,便好兵事,潜引同学小儿,刻木为枪,缅羽为帜,嬉戏勒兵,井井合法。通人见而奇之,自是遂置诗书于高阁,惟以骑射为能事。左右命中,三札俱穿,纵控驰驱,

---

[①] 魏焕,《九边考》,见孟森等著,《明代边防》,收入包遵彭主编,《明史论丛》(台北:学生书局,1968),册6,页71—77。

[②] 《明史》记其"积首功一千八百,时服其勇"。见张廷玉等著,郑天挺点校,《明史》(北京:中华书局,1974),卷239,页6217。

[③] 张廷玉等著,《明史》,卷239,页6219。谷应泰,《明史纪事本末》(北京:中华书局,1977),卷20,页328—329;《补遗》,卷1,页1409—1416;卷3,页1439—1440。万历四十七年杨镐援辽,分兵四路,中路左翼、中路右翼、南路、北路的总兵官分别为杜松、李如柏、马林、刘铤,杨镐坐镇沈阳指挥全局。一说杜松之死肇因于杨镐贪功与李如柏的计谋,见沈国元,《万历四十八年九月二十六日庚子条》,《两朝从信录》,卷2,页63b—64a,收入王有立主编,《中华文史丛书》(台北:华文书局,1968),辑2,册10。

如捷猿翔集"①。杜文焕十三岁承荫,十六岁从戎,精通《六韬》《孙子兵法》与《左氏春秋》②。历延绥游击将军,累进参将、副总兵。万历四十三年(1615)擢署都督佥事、宁夏总兵官,镇守延绥,屡平寇患,后因疾引退③。

天启年间,杜文焕屡进屡退。天启元年(1621)杜文焕再镇延绥④,因奉命援辽而出兵河套,导致延安被围,遭掠十余日。同年春,四川永宁司宣抚奢崇明(?—1629)叛反,围成都,朝廷诏令杜文焕赴川救援,当他带兵抵川时,奢崇明军队已撤,他留兵重庆,并未追赶。杜文焕后擢升总理,统管川贵湖广之军,但不久后又谢病归隐⑤。天启七年(1627)杜文焕再度被起用镇守宁夏、宁远,进官右都督;同年他以宁夏提督援辽,即擢儿子杜弘域为总兵官,代镇宁夏⑥。

崇祯年间,陕西叛兵蜂起。当时主抚派杨鹤(?—1635)命杜文焕镇守延绥,兼督固原军。但主抚无功,叛兵入据河套,此时朝

---

① 杜文焕,《函三逸史传》,《三教会宗》,卷6,页17b—18a。
② 杜文焕,《函三逸史传》,《三教会宗》,卷6,页18a。
③ 杜文焕《太霞洞集》中有《六去辞》,写于万历四十五年,是六篇表达欲辞官归家之作;又其《己未王正移疾隐居二首》曰:"仆自丙午(万历三十四年,1606)复出,及今己未(万历四十七年,1619)重归,前后凡十有五年矣。"可知杜文焕以疾归隐年事当在1619年。见杜文焕,《太霞洞集》(台北故宫博物院据明天启刊本摄影,"中研院"傅斯年图书馆藏),卷2,页10a—12a;卷8,页14b—15a。
④ 杜文焕天启元年的诗作中有《辛酉三月闻命复领镇西,病不能出,移文控辞且调大儿弘域东援,赋此见志》与《叙延宁大捷,蒙诏进秩荫子,赐飞鱼服,置酒寿家特进》。见杜文焕,《太霞洞集》,卷12,页21b;卷9,页2a。
⑤ 根据杜文焕《总理川贵湖广三省四镇军务谢恩请告疏》可知,至此之前,杜文焕有十六年居官经历,约有七年时间告病家居。见杜文焕,《太霞洞集》,卷22,页8a。
⑥ 张廷玉等著,《明史》,卷239,页6220—6221。徐鼒,《小腆纪传》(北京:中华书局,1958),卷21,页221。

廷部议设一大将军，兼统山、陕军，协助镇压叛兵。杜文焕受命为提督，与曹文诏（？—1635）并驰河曲，绝饷道以困敌军①。此时神一元（？—1631）攻陷宁塞，毁杜文焕家，杜氏家人十余口受害，于是曹文诏留守河曲、杜文焕西还杀敌②。崇祯四年（1631）神一元被杀，神一魁（1584—1632）继任为首领，被杜文焕与张应昌在庆阳击败，进而请降，为杨鹤所接受，但杜文焕认为神一魁是诈降，于是举族迁行③。同年，陕西巡按吴甡（1589—1670）参劾杜文焕诸多罪状，包括骄玩宴乐、杀敌不力、奢靡嫖妓、抢掠百姓、杀延川难民以冒功等，杜文焕因此褫职下狱④。崇祯十五年（1642）杜文焕再度复官讨贼⑤，然因无功，寻谢病归。甲申（1644）南都建国，命杜文焕督巡捕，此时杜文焕之子杜弘域也受命分统五军、神枢、神机三营。弘光帝（1607—1646，1644—1645年在位）被俘

---

① 张廷玉等著，《明史》，卷239，页6219—6221。
② 杜文焕记此事曰："先是贼恨蓁深，袭破焕宁塞，祖家婶兄弟侄被害者十余人，亲友之死者甚众。今则三方第宅尽为贼有，六世坟茔顿成徂绝。姊妹族党有俱焚之痛，亲姻友朋无孑遗之望。"见氏著，《寓留七歌仿少陵寓同谷体》，《太霞洞集》，卷7，页9a—b。
③ 杨鹤接受神一魁投降，安置其众四千余人于宁塞，杜文焕不以为然，叹曰："宁塞之役，贼畏我而逃，今者贼伪降，杨公信之，借名城为盗资，我宗人可与贼逼处此土乎？"遂以其族行。见胡林翼，《明纪·庄烈帝四年》，《胡林翼集》（长沙：岳麓书社，1999），卷10，页934—935。
④ 吴甡，《惊闻新命敬剖愚忠疏》《直参玩寇憸懦大将以肃军纪疏》，《柴庵疏集》，卷8，收入四库禁毁书丛刊编辑委员会编，《四库禁毁书丛刊》（北京：北京出版社，2005），史部，册51，页477—478、479—481；《故事赈使奉钦命出条》，《忆记》（台北：伟文图书公司，1976），卷1，页64。杜文焕下狱时间在崇祯五年二月，见吴伟业，《滇池渡·崇祯五年壬申二月条》，收入氏纂辑，《绥寇纪略》（台北：广文书局，1968），卷1，页10b。
⑤ 杜文焕有诗《崇祯壬午春仲承简命复起讨贼河南，秋仲得旨改征江北凤皖诸寇志感》，见杜文焕，《太霞洞集》，卷15，页7b—8a。

后，杜文焕即带着儿子杜弘域归昆山原籍，后卒于当地①。

纵横沙场的杜文焕曾如此描述自己的丰富历练与彪炳战功：

> 故自十九专城，三十登坛，以及于今。凡四佩讨蔺、援黔、剿寇、督捕关防；七佩镇西、征西、平辽、征房将军印；十八命总理川、贵、湖、河，经理辽东、关内，提督京城内外，暨云南、广西、山、陕、临、固、土汉各军务，镇守延绥、宁夏、越嶲、宁远、蓟东、江北，协剿凤皖，防护皇陵总兵官，少师兼太子太师，实管中军都督府事左都督。累赐飞鱼坐蟒服三世五承诺，授勋左柱国，特进光禄大夫。前后六征不庭，大小数十百战，九膺捷叙，计功五万四千有奇。西征、北征则勒铭河套之阴；南讨东平，则标铜川溟之阳。②

杜氏家族在榆林是显赫的武将世家，除了杜桐、杜松、杜文焕以外，杜文焕的两个儿子、三个侄子，俱阶一品。杜文焕说到自己家族五代的荣耀曰：

> 子二人，侄三人，各金五府，俱阶一品。伯爵一人，宫保、总兵各二人，俱授勋左柱国特进光禄大夫。荣及五代，泉台生色，文武十荫，阀阅增光。玉衮与金紫交辉，节钺与旌旗相望，至荣显矣。③

---

① 张廷玉等著，《明史》，卷239，页6219—6221；徐肅，《小腆纪传》，卷21，页221。
② 杜文焕，《函三逸史传》，《三教会宗》，卷6，页18b—19a。
③ 杜文焕，《函三逸史传》，《三教会宗》，卷6，页19a。

在金紫交辉、旌旗飘扬的武功世界中，杜文焕有其独特的风采。据称他五官俊美、两眸有神，有良将风范。他在战场上的装扮更是以素白为主，此应与其出生前一系列异梦瑞征有关——白鹤翔庭、白螭入室、白衲比丘振锡登堂，又因彪悍无比，故有"白彪"之称。他的传记描绘其装束曰：

> 每临阵好披白兽锦铠，跨大宛白骥[①]，左右指麾勇如彪虎，军中号为白彪，敌人避其素纛。[②]

这位白彪将军不仅武术与兵学造诣过人，战功彪炳，在文学创作、诗社雅集，乃至三教修炼上，都极为投入而有特殊的表现。据其自言年轻时：

> 与友人谈及古今名将，慕杜当阳、郭定襄之为人，复以绛、灌无文为耻，乃出囊中金，遍构（购）宇内名书，发愤披诵。浃岁之间，涉猎殆遍，尤精《太公六韬》《孙子兵法》，兼通《左氏春秋》内外传，以至起处不离怀袖。[③]

杜当阳即杜预（222—284），为西晋名将，不仅于军事战略、政治经济展现长才，在学术上更以注疏《左传》留名，又同样姓杜，是杜文焕所崇拜的儒将典范。郭定襄即平定安史之乱的中唐名将郭子仪

---

① 杜文焕的骏马名白兔，他曾有诗作述及此事。见杜文焕，《骏马篇》，《太霞洞集》，卷6，页1b—2a。
② 杜文焕，《函三逸史传》，《三教会宗》，卷6，页19a。
③ 杜文焕，《函三逸史传》，《三教会宗》，卷6，页18a。

（697—781），一生战功主要成就于北方战场，也是杜文焕心仪的对象。杜文焕因为出身、职业、性格与喜好，更多认同历史上文武双全之士，他在《私淑俎》一文中罗列了许多"古昔名将之兼通三教者"，标举历史上文武双全的典范人物。他进一步区分"儒将"与"将儒"，前者意指以文人而通武略，后者则是以武夫而通经术；他又以周朝尹吉甫为古今儒将之首，以春秋晋国郤縠（公元前682—公元前632）为后世儒将之表率[1]。其他则包括：汉代高密侯邓禹（2—28）、征虏将军颍阳侯祭遵（？—33）、武威太守张奂（103—181）；魏丞相武阳侯司马懿（179—251）、郑侯张郃（？—231）、破虏将军李典（174—209）、吴屠陵侯吕蒙（约178—219）；晋尚书羊祜（221—278）、征南将军杜预（222—285）；梁豫州刺史韦叡（442—520）；宋代太尉刘锜（1098—1162）、刑部尚书杜杲（1173—1248）、知枢密院事马知节（955—1019）[2]。

杜文焕又举学仙佛而能武者各四人，说明武学与佛、道二教的密切关系。学仙者四人为：汉留侯张良（约公元前250—公元前

---

[1] 郤縠是春秋晋国公族，拥护重耳回国即位为晋文公，晋文公以郤縠为中军将，执掌国家大政。杜文焕说："郤縠说礼乐而敦诗书，达御兵之道，凡后世称儒将者多拟之。"此论主要根据《左传》赵衰推荐郤縠为元帅之言："郤縠可。臣亟闻其言矣，说礼乐而敦《诗》《书》。《诗》《书》，义之府也；礼乐，德之则也；德义，利之本也。"见杜文焕，《私淑俎》，《三教会宗》，卷4，页9a；左丘明，《僖公二十七年》，《左传》，卷16，收入十三经注疏小组编，《十三经注疏分段标点》（台北：新文丰出版公司，2001），册6，页687。

[2] 杜文焕，《私淑俎》，《三教会宗》，卷4，页8b—11a。

186）、大将军钟离权（168—256）①、晋伏波将军葛洪（284—363）、唐鄂国公尉迟恭（585—658）。杜文焕举《老子》"以正治国，以奇用兵"说明道家本重兵学，又以张良从赤松子游、钟离权于正阳洞修炼登仙、葛洪入罗浮山修养仙去、尉迟恭学延年术杜门十六载，说明"兵不障道"②。

杜文焕所举学佛者四人为：北齐太尉陆法和、隋中郎将华智威（？—680）、宋福国公韩世忠（1089—1151）、太师吉国公孟珙（1195—1246）③。佛教不杀生与武将之职看似不兼容，但杜文焕说"护生须用杀"，强调兵杀不是目的，而是为谋求更多人安居的必要手段，又说华智威、韩世忠、孟珙最后均"舍杀业而入净业"，证果于佛法中。

杜文焕更转记四则有关武将得道成仙的奇迹异闻：（1）张良最终登仙，位为太玄童子，常从老君于太清之中；（2）唐卫国公李靖（571—649）长生不死，大历年间（766—779）有人于深山中遇之；（3）郭子仪曾遇织女，赐其长寿富贵；（4）明代的万表

---

① 钟离权，后改名觉，字寂道，号和谷子，一号正阳子。原是晋朝大将军，统兵出战，在战场上迷路奔逃山谷而遇一胡僧指引，最后得异人传授，终于修道成仙。事见《钟离权》，收入赵道一编修，《历世真仙体道通鉴》，卷31，见胡道静、陈莲笙、陈耀庭主编，《道教要籍选刊》（上海：上海古籍出版社，1989），册6，页180—181。
② 杜文焕，《私淑姐》，《三教会宗》，卷4，页11a—12b。
③ 杜文焕，《私淑姐》，《三教会宗》，卷4，页12a—13a。

（1498—1556）兼通三教，垂言不朽①。

从上述杜文焕所列举的人物，可见他认同的典范是允文允武，能在历史上建立伟大功业而又修道有成者。此当与他出身武将世家、长期在帝国边疆战场上出生入死有关。杜文焕曾在家中兴建纬文馆、经武堂，同样体现文武合一的精神②。值得注意的是，他更努力在传统儒学、文人文化、宗教修炼及其军人本色中，寻求统合与自我定位。综观杜文焕的作品可知，他确实比其他文士展现更多武将的英雄本色，他对自己军人的出身与际遇颇自豪，常自言"我本将门子"，在诗文中详述自己的大小战功③。朝廷的重用、家族的荣耀也让他心怀感恩，他曾改写屈原（公元前352—公元前281）《离骚》而作《盍愉》，赞咏"君恩世及，天性常亲"之乐④。他也留下许多描写军队和战争的文字，如《军容赋》颂赞军队的壮观车骑、旌旗、各式武器，及兵士行阵变化之有序与奇观⑤；其他尚有许多歌咏战争和武器的诗歌⑥。明代中后期武臣好文的风气颇盛，沈德

---

① 杜文焕，《私淑俎》，《三教会宗》，卷4，页13a—15a。前三则主要引自《太平广记》，第四则引自屠隆的《鸿苞》。见李昉等编，《张子房》，《太平广记》（北京：中华书局，1961），卷6，页38—39；《郭子仪》，卷19，页131—132；《李卫公》，卷29，页190—191。屠隆，《鹿园居士》，《鸿苞》，卷28，页540—541，收入四库全书存目丛书编纂委员会编，《四库全书存目丛书》（台南：庄严文化事业公司，1997），子部，册89。万表为明中后期著名的武将，除了能文，也参与讲学论道，关于万表诗的研究，参见廖肇亨，《诗法即是兵法：明代中后期武将诗学义蕴探诠》，《明代研究》，期16（2011年6月），页29—56。
② 何伟然，《纬文经武箴》，见利瓦伊桢，《李本宁先生小品》，收入何伟然、丁允和选，陆云龙评，《皇明十六名家小品》，卷2，页477，见《四库全书存目丛书》（台南：庄严文化事业公司，1997），集部，册378。
③ 例见杜文焕，《庚辰秋仲南游遄志六首·其二》，《太霞洞集》，卷5，页8a—b。
④ 杜文焕，《盍愉》，《太霞洞集》，卷2，页1a—4a。
⑤ 此文写于杜文焕三十五岁。见杜文焕，《军容赋》，《太霞洞集》，卷1，10a—12b。
⑥ 杜文焕，《西征赋》，《太霞洞集》，卷1，页14b—17b。

符（1578—1642）已有述及①。廖肇亨也专文讨论明代武将诗的义蕴，并指出当时文人武将交流的密切，武将诗作颇受诗坛注目②。

另一方面，杜文焕也表明自己终极的人生志愿乃在宗教修炼，而非武功战绩。他说："志在报二亲之鞠育，便为二氏之徒侣，以怡神而延命焉。"又云："所乐不在人中，尝欲投闲胜地，托慕隐人，养志事亲，以遣余年。"③然而，他生在武将之家，自幼学兵法，又以荫受武职，上战场杀敌是其本分工作，他也十分彪悍善战，战争中又"不能无妄杀之过"。杜文焕如何看待自己的职业与处境？除了平乱保民、效忠朝廷这些大目标外，他说自己谨守"先仁义而后权谋，首训诰而后征战"的原则，绝不伤上帝好生之德，尽力做到"于杀伐之中存生全之义"，他相信如此可不负皈依二氏之本心④。

杜文焕仕宦生涯中有不少隐退居家的时光，当他从杀戮战场解职隐退时，便积极从事艺文及宗教方面的活动，其精彩的程度绝不逊于纵横沙场的白彪将军。下一节就让我们看他如何褪去武将的风姿，摇身一变而为函三教主。

（二）函三教主

杜文焕隐退时居于太霞精舍。太霞精舍的建制相当有规模，东有将军楼，西有廷尉圃，南有都统别业，北有中丞乌台，中有止

---

① 沈德符，《兵部·武臣好文》，《万历野获编》（北京：中华书局，2004），卷17，页434—435。
② 廖肇亨，《诗法即其兵法：明代中后期武将诗学义蕴探诠》，页29—56。
③ 杜文焕又言："少而善病，性不乐仕。矢志遗荣，冥心入道。"见杜文焕，《绪纪姐》，《三教会宗》，卷4，页16a；《九怡》，《太霞洞集》，卷2，页4b；《七畅》，《太霞洞集》，卷21，页1a。
④ 杜文焕，《绪纪姐》，《三教会宗》，卷4，页16a。

戈堂、经武台、琅嬛楼。精舍中并建有广弢别馆、会教逸庵馆。园中有造景，包括五岳、八溪、岩穴、回廊、密室，其中遍植各式花卉、木实，畜养各类鸟兽虫鱼，甚至在八溪别渚上还造船泛游①。太霞精舍既是杜文焕的私人宅第花园，也是他结社会友、推广三教会宗的道场。在此，杜文焕脱去将军的形象，成为赋诗说文、谈玄修道的山人雅士，甚至教派宗主。他描述自己隐居的生活曰："或味道以怀仙，或开尊以延客，或散步以乘兴，或高枕以读书。居起咸宜，动静两适。"又说"自觉将军第，还同道士家""有客相过数，无言即会三"②。

杜文焕会宗三教，并不只于思想和文字的传播，他更具体建设修炼的道场，且定期聚集信众，俨然有教派的规模。他会宗三教的主要道场即"会教庵"，位于太霞精舍的东方，始建于万历三十二年（1604）③，据杜文焕自述：

> 惟余小子蚤遇圣真，默受大道，内修厥身，肇执一而入三，既函三而为一，追韦氏之清芬，仿会宗之特室，建会庵于榆溪，妍三教之妙术，乘暇日以摛词，阐胜情于彩笔。④

此处言"蚤遇圣真"，可见杜文焕闻道甚早；他另有"忆昔

---

① 详见杜文焕，《太霞隐居赋》，《太霞洞集》，卷1，页1a—8a。关于杜文焕排除众议，造制新船一事，见《咏新制四宜船十八韵》，《太霞洞集》，卷16，11b—12a。
② 杜文焕，《太霞隐居即事二首》，《太霞洞集》，卷8，页5a；《答唐昭甫题会教庵》，《太霞洞集》，卷8，页6b。
③ 杜文焕，《会教庵赋》，《三教会宗》，卷5，页1a。
④ 杜文焕，《会教庵赋》，《三教会宗》，卷5，页1b—2a。

辛壬初度日"之句，可知万历辛丑（二十九年，1601）、壬寅（三十年，1602）年间大约就是他宗教立场确定时，当时杜文焕约二十二三岁。他在1604年便着手兴建会教庵作为修道场所。引文中"追韦氏之清芬"之"韦氏"即唐代的韦渠牟（744—796），韦渠牟是大历年间隐居钟山的隐士，颜真卿（709—784）题其所居曰"三教会宗堂"①，杜文焕三教会宗之名即受此启发②。

会教庵占地约五亩，造景八处，空间规划体现涵容三教之意：入门有星榆径；东边有雨花廊；西边有池，跨池有云杏桥；桥北有香茅亭（或作香茆亭），是坐钓、读兵书之处；亭的北方有止善斋，乃儒学讲学之所；斋后右转建存真馆，是体道探玄的道场；馆旁则有参禅的观空洞，洞上又有函三阁，有四圣之肖像及三教之名书③。

会宗三教的函三阁内为什么有四圣之肖像？四圣是谁？此主要与杜文焕的出身与学思背景有关。除了儒、释、道三教之外，杜文焕出身武将世家，以兵学为家学，因此除了孔子、老子、释迦牟尼三教圣人的肖像之外，函三阁中也有《六韬》作者姜太公吕望的肖像。杜文焕曰："会庵本为三教，而尚父亦同其供，是曰四圣。"④

---

① 韦渠牟在唐大历年间曾隐于钟山，号遗名子，颜真卿题其所隐之堂曰"遗名先生三教会宗堂"。见张敦颐编，吴管校，《形势门第二·钟阜》，《六朝事迹编类》（台北：广文书局，1970），卷上，页60。
② 利瓦伊桢在为会教庵题赞时亦言："唐大历中有韦居士，隐居钟山，号遗名子，三教会宗其堂。"见利瓦伊桢，《函三逸史会教庵赞为杜日章题》，收入杜文焕，《赠言录上》，《三教会宗》，页12a。
③ 杜文焕，《会教庵赋》，《三教会宗》，卷5，页1a—3a；《会教庵记》，《三教会宗》，卷6，15b—17a。咏星榆径等八景，见《三教会宗》，卷5，《会教庵八咏》，页14a—15b。
④ 杜文焕，《会教庵八咏》，《三教会宗》，卷5，页14a。

《会宗乐曲》又写道:"堂堂四圣人,寔为万法祖。处世与出世,随地为教父。释老化方外,孔吕显中土。遗书溉后贤,分门复异户。"①由此亦可见,杜文焕所推举的是文武兼备的儒学,吕望与孔子共同作为儒学的圣人,《六韬》与《大学》共同被奉为儒教的经典②。

会教庵中有定期的宗教活动,据称:"金铙玉磬,日有六时之参。布素缁黄,月有三斋之集。"③可见是僧道和俗众、士人与庶民俱可参与的道场。杜文焕描述斋会期间,群庶聚集的场面颇为可观:

> 若夫八关有斋会之期,六时有礼诵之盛。缁衣与黄冠俱来,华幡与宝(幢)交映。众香秘其扬烟,群嚣因之顿净。尔乃吐珊瑚之宝舌,振木铎之金口,发贝编之苦空,阐玉笈之妙有,归万法于三乘,函三教于一部。于是天女散蔓陀之花,四众矢皈依之愿,咸大欢喜,得真实见,三教逸史,默然自怡,为说逸庵之偈,以为梵放之辞。④

我们从"四众矢皈依之愿"可见,斋会有相当人数的聚集,杜文焕以函三逸史的身份主持道场,为众人说教。从杜文焕的作

---

① 杜文焕,《三教四经赞五首》《会宗乐四曲》《庵居会教四首》,《三教会宗》,卷5,页4a—b、6a—b。
② 杜文焕,《三教四经赞五首》,《三教会宗》,卷5,页4a—b。
③ 杜文焕,《会教庵赋》,《三教会宗》,卷5,页1b。
④ 杜文焕,《会教庵赋》,《三教会宗》,卷5,页2b。

品可知，他经常邀集道友、禅侣于会教庵①，文人墨客走访亦勤，著名文人陈继儒（1558—1639）、范允临（1558—1641）、萧如熏（？—1628）、何白（1562—1642）②均曾为会教庵留下诗作③。沈德符曾指出，明中晚期武臣与山人密切往来、山人充塞塞垣，我们从杜文焕的作品亦可清楚看到此情形④。赠送杜文焕诗文、为其作序的晚明士人更多，包括王穉登（1535—1612）、焦竑（1540—1620）、于慎行（1545—1607）、憨山德清（1546—1623）、董其昌（1555—1636）、虞淳熙（1553—1621）、屠隆（1542—1605）、赵南星（1555—1627）、顾起元（1565—1628）、袁宏道（1568—1610）、冯时可（1571年进士）、邹迪光（1574年进士）、文在中（1574年进士）、汤宾尹（1595年进士）、何湛之（1589年进士）等⑤。而从杜文焕向会众募缘扩建会教庵，也可知其拥有一定的信

① 例见杜文焕，《春朝邀同道友禅侣共集会庵》《腊月立春会庵集道释净侣》，《三教会宗》，卷5，页10b。
② 何白，字无咎，明末著名诗人，万历三十二年曾应郑汝璧聘请在榆林住了一年多，此时与杜文焕交往，并组诗社。利瓦伊桢："友人永嘉何无咎，东南词人巨擘，晚游榆林而奇日章，与之结社，谈艺甚欢。"见利瓦伊桢，《杜日章太霞洞集叙》，收入杜文焕，《太霞洞集》，卷首，页4a—b。关于何白的研究，见吴振汉，《明末山人之社交网络和游历活动：以何白为个例之研究》，《汉学研究》，卷27期3（2009年9月），页159—190。
③ 各家诗作见《会教庵四咏为函三逸史杜彀武先生题》，收入杜文焕，《三教会宗》，《赠言录下》，页9a—10b。
④ 沈德符，《兵部·武臣好文》，《万历野获编》，卷17，页434—435。
⑤ 参见杜文焕，《赠言录上》《赠言录下》，《三教会宗》，卷末；焦竑，《杜日章集序》，《焦氏澹园集》，卷16，页159—160，收入续修四库全书编纂委员会编，《续修四库全书》（上海：上海古籍出版社，2002），册1364；董其昌，《榆林杜日章三教逸史序》，《容台文集》，卷1，收入氏著，叶有声校，《容台集》（台北：台湾图书馆，1968），页185—188；《杜日章将军榆溪钓隐图》，《容台诗集》，卷3，收入《容台集》，页1543—1544；虞淳熙，《太霞秘籍序》，《虞德园先生集》（北京：北京出版社，2000），卷5，页218—219；赵南星，《五岳志咏序》，《赵忠毅公诗文集》，卷8，页3b—5a，收入《四库禁毁书丛刊》（北京：北京出版社，2005），集部，册68。

众①。

据方志记载，榆林地区原只有寺庙而无道观，杜文焕筹经建玉景观，又请《道藏》一部奉琅函阁，此是榆林有道观与《道藏》之始②。杜文焕又约众筹资建金刚寺，寺内正殿供老子、释迦牟尼、孔子塑像，金刚寺位于今榆林城东约三里处山上，今日尚存③。（见图1、2）④ 金刚寺应即是《三教会宗》中所言的金光寺，寺中藏有藏经一部⑤。

杜文焕和许多宗教领袖一样，宣称自己亲见某种神秘异象与托付，其出生也有神迹祥瑞。根据《函三逸史传》，杜文焕尚在母腹时，他的父母亲曾梦见"白鹤翔庭，白螭入室"的异象，这是异人将降世之瑞征⑥；白螭为神兽，也预示着杜文焕战功彪炳的一生。在杜文焕出生之际，他的父母亲又梦见"白衲比丘，振锡登堂"，这个梦征则预示着杜文焕未来身为函三教主的身份⑦。至于杜文焕

---

① 杜文焕，《会教庵募缘疏》，《三教会宗》，卷6，页12b—13b。
② 郑汝璧等纂修，榆林市地方志办公室整理，《延绥镇志》（上海：上海古籍出版社，2011），卷4，页279—280。徐兆安指出晚明一些士人收藏《道藏》，甚至有炫博的意味，杜文焕藏《道藏》于玉景观，并作有《玉景观检道藏榜》一文。见杜文焕，《玉景观检道藏榜》，《三教会宗》，卷8，页20a—b。徐兆安，《证验与博闻：万历朝文人王世贞、屠隆与胡应麟的神仙书写与道教文献评论》，《中国文化研究所学报》，期53（2011年7月），页249—278。
③ 文史资料研究委员会编，《榆林文史资料·名胜古迹专辑》（榆林：中国人民政治协商会议榆林县委员会，1984），页34—35、图31。
④ 照片由林乐昌教授提供，特此致谢。
⑤ 郑汝璧等纂修，《延绥镇志》记金刚寺曰："杜公文焕约诸檀越鼎新，请藏经一部，建贝编阁以供之。"见该书卷4，《庙寺·金刚寺》，页279。金光寺资料，见杜文焕，《金光寺碑》《金光寺检法藏榜》，《三教会宗》，卷8，页15a—16a、页19a—20a。
⑥ 小说《飞剑记》记吕洞宾之生，也有"白鹤飞入帐中"的瑞征。参见李丰楙，《邓志谟道教小说的谪仙结构》，《许逊与萨守坚：邓志谟道教小说研究》（台北：学生书局，1997），页287—312。
⑦ 杜文焕，《函三逸史传》，《三教会宗》，卷6，页17b。

相貌秉异,从小才气非凡,见识举止超异等,更不在话下,传记也强调他的聪明、德行与军事方面的才华①。

杜文焕虽分别有三教的师承,但其身份与才华的肯定主要得于梦中异象。他自称曾夜梦"太霞垂天,状如雕绘",他取而食之,芳甘异常,结果文思大进②。杜文焕的文学造诣在武将中相当著名,他作品风格丰富,除了近体诗,也有仿照《诗经》《楚辞》体创作,著作包括《五岳志概》《餐霞漫笔》《餐霞秘籍》《三教会宗》《六韬广义》《弢武全集》《太霞洞集》《八溪集》《太霞集选》。杜文焕又曾在梦中觐见三圣,三圣嘉其奉道乐善,未坠本真,故"授以九光之诰,十赍之资,原厥二尊嘉梦,锡号函三逸史"③。可见"函三逸史"的称号也是得于梦中三圣之赐④。另外,杜文焕又有梦游五岳的经历:

> 壮游夜宿,伏几假寐,睹羽人乘黄鹤自空而下,冠七星之危冠,披九霞之仙被,腰茧绶之若若,足凫舄之蹁蹁。左荫桂旗,右拥绛节,徘徊庭际,容与阶除。顾请不肖曰:"子前身元鹤散仙,职厕五岳,金简玉字,五松三花,能无忆乎?小山固自称胜,然亦摹写而已。讵若自然之岳足酬夙愿乎?尔盍从我游焉。"不肖曰:"诺。"⑤

---

① 杜文焕,《函三逸史传》,《三教会宗》,卷6,页17b—18a。
② 杜文焕,《函三逸史传》,《三教会宗》,卷6,页18a。
③ 杜文焕,《函三逸史传》,《三教会宗》,卷6,页20b。
④ 徐绪化,《函三逸史十授文》,《三教会宗》,卷首,页2b。
⑤ 杜文焕,《五岳仙游述》,《三教会宗》,卷8,页13a。

梦中，乘黄鹤之仙人告诉杜文焕，他的前身乃"元鹤散仙"，因此杜文焕又自号"元鹤子"。仙人邀杜文焕一同神游五岳，杜文焕允诺，乘上白鹄，随仙人神游后寤归，醒后纪梦游而有《游仙》诗曰：

> 凌晨上五岳，举手拂云烟。云中见飞阙，往来皆通仙。长跪告仙宗，所愿得长年。仙人顾我笑，遗我餐霞篇。归来勤服食，颜色自倏然。①

这些神秘游仙的异梦，对于杜文焕修道者的身份有重要意义。根据杜文焕自述，其称号、才华、道场、图经、服饰等一切，都是三圣降旨亲授，三圣又告诉他，因他原本就名列仙籍、天赋异禀，故能以非凡之姿在世间建立功绩、体道修玄、布善人间，且最终将重返天界。此均清楚记于《函三逸史十授文》。以下仅录一段三圣告谕之文：

> 越惟绛宫，三圣若曰：咨尔杜文焕，植根佛所，纪名仙籍，以九皋之姿，处五浊之世，顾能超然拔俗，遥然绝群，瞻依日月，啸咏烟霞。方将悟金函玉笈之文，游玄阙丹台之上，咀嚼琼芝蓉与珠树，朝谒帝释，弘友仙灵，顾以世缘未尽，暂现大将之身。清福方隆，聊缀逸人之迹，故能出处休明，文武昭著，享百龄之纯嘏，布十善于人间。而后证诸天之妙因，返

---

① 杜文焕，《游仙》，《太霞洞集》，卷4，页19b。

极乐之业林。兹授尔夷光之诰,十资之事。俞哉,都哉,上帝临汝,幸尔心之无二。弘道在人,惟朕言之不再。尔其敬之,毋或怠焉。①

另外,杜文焕的服饰与使用物品也具有高度象征意涵。脱下军服、退隐于太霞精舍的杜文焕,自然也换上更能代表其函三逸史的服饰装扮;会教庵中的摆设也充分显示融合三教的意味。在《会教庵净侣赞并序》一文中,杜文焕为会教庵中十八件重要日用图经服什物品做赞。这十八件物品件件来历不凡,均是三圣神灵所授②;它们既是他平日使用的图书器物,也是会宗三教的象征器物。杜文焕一一给予拟人化的名称,例如,称三教元经为"函三教主"、称五岳真形为"缘图真君"③、称《六韬》为"玉璜丈人"、称《艺林二范》为"雕龙先生"、称玄绮巾为"华阳伯"、白鹤氅为"青田长"、黄组绦为"绮里氏"等④。

至于杜文焕的装扮,他描述自己远游时的穿着如下:

乃戴璃鱼之冠,披白鹤之氅,绾玉螭之绶,曳绛罗之履,

---

① 徐绪化,《函三逸史十授文》,《三教会宗》,卷首,页2a。
② 十八件物品为:三教元经、五岳真形、渭滨六韬、艺林二范、玄绮巾、白鹤氅、黄组绦、绛绚鞾、素雪之琴、白霓之剑、玉尘尾、铁如意、云雷熏炉、风火茶竈、紫铜钵、頳瘦瓢、青衣、白卫。见杜文焕,《函三逸史十授文》,《三教会宗》,卷首,页2a—5a。
③ 五岳真形图,托言太上大道君所绘,据称由西王母传汉武帝,是道教入山修道者佩带的重要物品。关于五岳真形图,参见https://www.epochtimes.com/b5/18/7/6/n10543543.htm(2020年10月5日检索)。杜文焕有诗云:"真形初降王母,负图复出李充,敬供太霞精舍,时时灵气相通。"见杜文焕,《右三教元经》,《太霞洞集》,卷18,页13a—b。
④ 杜文焕,《会教庵净侣赞》,《三教会宗》,卷6,页21b—22a。

跨白卫，携苍头，……常于杖头挂青钱数百文以为酒资。①

这身装扮除了仍保有他武将的风姿外，又多了以具体"披服三教"来表述自己会宗三教立场之意。杜文焕说：

> 昔傅大士被衲顶冠靸履，朝见梁武帝，帝问是僧耶？士以手指冠。帝问是道耶？士以手指履。帝问是俗耶？士以手指衲衣。又玉山居士有"儒衣僧帽道人鞋"之句，其意亦同。兹因南游，遂戴黄冠、被氅裘、躧僧鞋，赋此纪事，并简同社及方外诸友云。②

傅大士（497—569）是南北朝时著名佛教居士，除了如引文所言，在服饰上表达其融合三教的作风；玉山居士则是元遗民文学家顾德辉（1310—1369），顾德辉在元亡后削发为在家僧，自称金粟道人，有"儒衣僧帽道人鞋"之句③。杜文焕举两位会通三教的前辈为例，自己也刻意以"戴黄冠、被氅裘、躧僧鞋"披服三教的穿戴来突显函三逸史的身份。

（三）三教会宗

至于杜文焕会宗三教的思想，他主要是以"道"来统合一切分殊，他相信若能究终极之道一，则能函融一切。他说：

---

① 杜文焕，《函三逸史传》，《三教会宗》，卷6，页19b—20a。
② 杜文焕，《披服三教自述》，《三教会宗》，卷5，页12a。
③ 张廷玉等著，《明史》，卷285，页7325—7326。

夫道者，一元至理，万事通途。剖之则有三有九，会归则惟精惟一。盖不一则杂矣，不精则驳矣，惟驳与杂，俱非道极。虽然原道之极，一尚无之，又何三何九之有哉？噫，我知之矣。①

又说：

夫道，本非三也，阐教者三之；教，本非一也，原道者一之。教固不同，道匪异也。故原道者之不得不一，亦犹阐教者之不得不三也。三之、一之，存乎人焉而已。②

杜文焕虽然同尊三教，对于各教之阐教者也十分礼敬，但他自己显然以"原道者"的身份来会宗三教，此也隐涵他认为自己具有更深刻把握本源之道的能力，具有超越各教派宗主之意。杜文焕认为三教只是一切教化（或宗教）的代表，不必固执于"三"这个数字，各教又能歧出更多流派，如儒之三种九流、道之三品五等、释之三乘四果等，故谓："若缕分而细剖之，则十百未足也。"③因此，杜文涣虽倡言会宗三教，实则相信所有不同教化系统，最终都可被涵摄于道一之中。

人凭什么可以洞悉三教本原、把握终极道一？杜文焕相信关键就在心。他说：

---

① 杜文焕，《原道枢》，《三教会宗》，卷1，页1b。
② 杜文焕，《原道枢》，《三教会宗》，卷1，页2a。
③ 杜文焕，《原道枢》，《三教会宗》，卷1，页2a—b。

> 夫为儒、为道、为释，总不离乎一心，而成圣、成仙、成佛，亦岂乎二道？①

杜文焕说众人同有此身心、同有此性命，此即会通三教之关键。三教教法虽有不同，如儒称正心、尽性、知命；道言修心、炼性、理命；释曰明心、见性、证命，但三教工夫均以身心性命为主，则无异，故他认为三教是"同出异名，殊辙共归"②。杜文焕当然明了三教的差异及其互相批评的论点，例如，三教信徒在外形与服饰上有明显不同，儒家经常以三纲五伦来批判二氏之出家弃伦，或二氏在修道终极观的表述上也有差异。然而，对于这种种三教自异而互异的说法，他都认为只是行迹之不同而已。简言之，杜文焕倾向于合同而非辨异，他忽略相同或相近字词在不同宗教系统内的意义差异，取"身心性命"作为会宗三教之枢纽，并说："若究其源流，归其根蒂，原本身心，溯流性命，夫曷常不同耶？"③

事实上，类似的看法在晚明相当普遍，例如，《性命圭旨》便以"性命"④为根源来融合三教工夫修为，提出"教虽分三，其道一也"。周汝登（1547—1629）也说儒、释二教虽不同，但"心性之根宗无二"⑤。吴孟谦研究"身心性命"一词在晚明的流行及其与三教融合的关系，指出该词在万历年间才广泛流行，且与阳明学

---

① 杜文焕，《三教论》，《三教会宗》，卷6，页2a。
② 杜文焕，《三教论》，《三教会宗》，卷6，页2b。
③ 杜文焕，《三教论》，《三教会宗》，卷6，页3a。
④ 傅凤英注译，《元集·大道说》，《新译性命圭旨》（台北：三民书局，2005），页8。
⑤ 周汝登，《佛法正轮序》，《东越证学录》，卷7，收入沈云龙编，《名人文集丛刊》（台北：文海出版社，1970），册25，页575。

中的某种解脱意识及其对二氏的开放态度有密切关系,当时不少士人向往的安身立命智慧,正是剥落社会、文化、制度等现实环境,赤裸裸地面对生命,寻求生命之终极安顿①。而荒木见悟也说晚明之三教一致,主要是欲超越三教、探究三教成立之前更根本的源头②。这些有关晚明三教论述的研究,让我们更清楚看见杜文焕会宗三教的主张,虽看似奇特,实相当契合晚明学术与宗教思潮。

杜文焕在《三教源流述》一文中,更创造了三位代表三教立场的人物:玄玄道士、如如释子、止止儒生,透过他们的论辩来表述三教之教旨与差异。由于三人都只能"自是其所是",无法说服对方,最后请函三逸史来解惑。函三逸史响应的方式是举古典与今贤之语,来说明三教同出、同明、同道。他说道:

> 吾尝读内典玄经有云,太昊即应声大士,孔子即儒童菩萨,摩诃迦叶即太上老子,又云孔子为太极上真公,颜子为三天司直,此言三教之所以同出也。又尝读《北史》有云,李士谦善谈玄理,有客问三教优劣,士谦曰:"佛日也,道月也,儒星也,此言三教之所以同明也。"吾又问诸博通之士曰:"仙释可通于儒乎?"曰:"可。"曰:"恶乎可?"曰:"儒者立教要归于尽心知性耳,道家修心炼性者也,释氏明心

---

① 吴孟谦,《晚明"身心性命"观念的流行:一个思想史观点的探讨》,《清华学报》,卷44期2(2014年6月),页215—253。
② 荒木见悟,《邓豁渠的出现及其背景》,收入氏著,廖肇亨译,《明末清初的思想与佛教》(台北:联经出版事业公司,2006),页189—214。杜文焕对于忠孝的重视,与邓豁渠之舍离家庭、乡里、友人而锐进求道,并不相同,但两人相信心能把握终极道原的信念,颇相近。

见性者也。法门虽殊，会归则一，安在其不可同也？"此言三教之所以同道也。①

如此解释当然牵强附会，对于文献的理解，并未加反思批判，也未读出文字中原有的判教意味，而仅以泛泛之"同出、同明、同道"来合同三教。然而，尽管身为读者的我们不满意这样的答案，但文中玄玄道士、如如释子、止止儒生三人对此却都同感莫逆于心，满意地退场②。由此及《三教会宗》全书看来，我们可以说，杜文焕会宗三教的理论谈不上精到深刻，有许多个人的附会和联想，但是他清楚表达自己的看法，且诉诸神迹异梦与神灵启示，来宣示自己的信念及教主的身份，并借此保证教义的可信度；他也能够兴建道场，吸引一定的信众。

杜文焕除了在异梦中亲自领受三圣的开示外，他在三教中也各有师承，他交代自己三教思想来源及老师如下：

> 一曰止善之道。止善修身也，止修妙合，体用皆如此。此吾镜源先生之教也，治世之大道。
>
> 二曰体真之道。道真复命也，体复极致，形神俱妙。此吾一炁真人之教也，出世之大道。
>
> 三曰观空之道。观空证性也，观证圆满，法空不二。此吾乌思大师之教也，世出世之大道也。大哉三教备于是矣。③

---

① 杜文焕，《三教源流述》，《三教会宗》，卷6，页9a。
② 杜文焕，《三教源流述》，《三教会宗》，卷6，页9b。
③ 杜文焕，《原道枢第一》，《三教会宗》，卷1，页1b—2a。

以下先简介杜文焕道、释二教的师承，下一节再专论儒教方面的传授。据杜文焕自述，他从一炁真人主要学习《心印经》《胎息经》及《入药镜》①。一炁真人传授他"吸炁录精，炼气化为"的体真口诀，以求复归天命的内丹学②。后来杜文焕又将吸气法扩充为三种修炼法门，分别为：（1）积真精以累真气；（2）炼真气以合真神；（3）化真神以复天命③。至于谁是一炁真人？

杜文焕有如下的描述：

> 真人不知何许产，听其言，类江右人。观其貌，古秀而多文。发稍如鹤而颜才如童子，众称二百岁。能为诗，善草书，俱有飞扬之势。凡有馈者一无所受，而挥金如土，莫知所自来，逮神于黄白之术者。常携家数十人及行李甚重，往来大江南北，数更姓名，人不能测。戊申春，为陈、许二兵宪邀致五原，文焕得拜杖下。真人怜余诚恳，乃受此道焉。且许丹成则分我一粒以并证隆砂八百之数，而不知果得如愿否。④

这位一炁真人显然是个异人，不仅年纪容貌非凡，能诗、善草书、通炼金术，而且精于内丹之学。杜文焕是万历三十六年（1608）在五原与他相识，并拜入其门下。一炁真人显然相信龙沙谶，答应在炼丹有成之后，将分一粒予杜文焕，共证"隆砂八百之数"。龙沙谶的预言与忠孝净明道有关，是以许逊飞升后1240年为期，预言世

---

① 杜文焕，《体真枢第三》，《三教会宗》，卷1，页6b—7a。
② 杜文焕，《诠教枢第五》，《三教会宗》，卷1，页17a。
③ 杜文焕，《体真枢第三》，《三教会宗》，卷1，页7b。
④ 杜文焕，《诠教枢第五》，《三教会宗》，卷1，页17b。

界将大乱,届时将有八百地仙来平息乱事。根据张艺曦研究,晚明龙沙谶预言流行,因为预言的时间刚好落在明中晚期,故当时有许多附会龙沙谶应验的传闻,连王守仁(阳明,1472—1529)平宸濠乱(1519)之事都曾被认为是应验许真君斩蛟的预言。而且因预言中有"豫章之境,五陵之内,当出地仙八百人,其师出于豫章,大扬吾教"之说①,故江西南昌更是龙沙谶流行之地②。杜文焕没有告诉我们一炁真人是谁,只说从声音辨识其为江右人,不过清代《陕西通志》则指出一炁真人即彭幼朔:

> 一炁字幼朔,号海侗子,不知何许人,貌甚古,数更姓名,人不能测。万历四十六年春,副使陈性学、许汝魁,镇将杜文焕,敦请邀致,授以服气炼神,存真知命之道,云能修此则可征隆砂八百之数。每于指光中见未来事,后一旦飘然去。③

这条史料在年代方面与杜文焕所言差了十年,方志毕竟是二手史料,因此我们根据杜文焕所言,仍将他与一炁真人相遇时间

---

① 施岑编,《小蛇化》,《西山许真君八十五化录》,卷上,收入白云观长春真人编纂,《正统道藏》(台北:新文丰出版公司,1985),页663。
② 张艺曦,《飞升出世的期待:明中晚期士人与龙沙谶》,《新史学》,卷22期1(2011年3月),页1—56。另外,黄周星记载康熙年间陆芳辰曾请乩仙,叩问八百地仙姓名,得七百九十八字,据称即七百九十八位地仙之名,又称另有王、赵两君已登仙籍,故不编入。后黄周星以此七百余字做成《龙沙八百地仙姓名歌》一文。见黄周星,《龙沙八百地仙姓名歌》,《夏为堂别集》,收入清代诗文集汇编编纂委员会编,《清代诗文集汇编》(上海:上海古籍出版社,2010),册37,页1a—4b。
③ 刘于义修,沈青崖纂,《陕西通志》(南京:凤凰出版社,2011),卷65,页429。

订在万历三十六年春天,而且文中所言陈性学逝于万历四十一年(1613),更可确定方志所记年代有误。不过,方志数据进一步告诉我们"陈、许二兵宪"即陈性学(1546—1613)①、许汝魁(1586年进士)②。至于彭幼朔,本名彭龄,是活跃于万历年间的术士,其传记颇多奇异事迹,如寿数百岁、医术神奇、能炼金术、有一妾屡世(转世多次)服侍他、化去后传已尸解为仙等③。张艺曦指出,彭幼朔不仅预测龙沙谶应谶的时日,且常以名列仙籍来吸引士人和信徒,杨涟(1572—1625)、钱谦益(1582—1664)、支如玉(1600年举人)等均与之往来④。李鼎(1588年举人)是另一位跟随彭幼朔学仙、相信龙沙谶的文人。李鼎是李材(1529—

---

① 陈性学,字所养,号还冲,浙江诸暨人,曾任陕西左布政使,榆林东部兵备兼按察司副使。其传见《通奉大夫陕西等处承宣布政使司左布政使整饬榆林东路兵备兼按察司副使还冲陈公传》,收入陈志械等修,《宅埠陈氏宗谱》,(北京:中华全国图书馆文献缩微复制中心,2000),页585—587。
② 许汝魁,字贞甫,江西湖口人,万历丙戌(十四年,1586)进士,授常山令,约万历三十二年迁榆林兵备,在榆林颇有战功。其传见殷礼等修,周谟等纂,《湖口县志》(南京:江苏古籍出版社,1996),卷8上,页452—454。另见黄体仁,《许侯德政碑记》,《四然斋藏稿》,卷1,页567—569,收入《四库全书存目丛书》(台南:庄严文化事业公司,1997),集部,册182。
③ 范凤翼,《书李海岳忆周姬诗附述并引》,《范勋卿诗集》,卷18,页4b—5a,收入《四库禁毁书丛刊》(北京:北京出版社,2005),集部,册112。钱谦益,《续彭仙翁登高诗》,《牧斋初学集》,卷4,页18a—b,收入《清代诗文集汇编》(上海:上海古籍出版社,2010),册1;钱谦益,《彭仙翁幼朔》,《闰集第三》,收入氏著,许逸民、林淑敏点校,《列朝诗集》(北京:中华书局,2007),册12,页6380—6382。
④ 钱谦益撰集,许逸民、林淑敏点校,《彭仙翁幼朔》《九日登高有感寄怀虞山钱太史》,《闰集第三》,收入《列朝诗集》,页6380—6382。亦见张艺曦,《飞升出世的期待:明中晚期士人与龙沙谶》,页1—57。

1607）的同族、邹德泳（1586年进士）的门生①，他和杜文焕一样在认识"异人"彭幼朔后由儒转道，并热切相信龙沙谶②。

晚明龙沙谶预言也常与扶鸾、乩仙等活动有关，又有飞升登仙的传说，这类活动与信仰也是杜文焕常有的经验，相关记载弥漫在他的书中。上述杜文焕在《五岳游仙述》文中记载自己于梦中见乘黄鹤之仙人，与之共同仙游五岳的经过③。五岳在道教信仰中是群仙修真之神仙灵地，其中各有尊神，掌管自然人物。杜文焕深慕五岳之游仙，曾兴建五岳园④，作《五岳志咏》⑤，又拥有"五岳真形图"。据李远国研究，"五岳真形图"是道教入山修道者必备之符图，它象征五岳山川的生灵仙真，能接引修道者与神灵交通⑥。而龙沙谶预言也有"五陵之内出地仙"五陵为教主之说⑦，其中五陵又有五岳之说，此都显明杜文焕与道教修炼及龙沙谶信仰的关系。

另外，杜文焕也相信万表死后成仙之事，他转引屠隆的《鸿

---

① 李鼎世居新建之禹港，与丰城李材家是远房亲族。见李鼎，《明故特进荣禄大夫柱国守备南京掌南京中军都督府事丰城侯绍东李公行状》，《李长卿集》（明万历四十年豫章李氏家刊本，"中研院"傅斯年图书馆藏），卷12，页10b。邹德泳为其座师，见李鼎，《邹师母彭孺人诔》，《李长卿集》，卷14，页11b。
② 李鼎，《与张林宗书》，《李长卿集》，卷10，页13b—15a。张艺曦，《飞升出世的期待：明中晚期士人与龙沙谶》，页1—57。
③ 杜文焕文中之五岳即西登太华、南上朱陵、中眺嵩丘、东陟岱宗、北游恒山。见杜文焕，《五岳游仙述》，《三教会宗》，卷8，页13a—b。
④ 五岳园的建筑规制如下：东方筑土以像东山，建有五岳草堂；南方有岣嵝洞，像衡山；西有莲花庵，三峰缥缈，像华岳；草堂前凿石为池曰天中馆，像嵩山，东北迤西有莲玄阁、太乙楼，二翼八山吞吐回合，像恒山。见焦竑，《五岳园记》，《焦氏澹园续集》，卷4，页599—600。
⑤ 赵南星，《五岳志咏序》，《赵忠毅公诗文集》，卷8，页181—182。
⑥ 李远国，《道教五岳崇拜》，参见http://www.ctcwri.idv.tw/INDEXA3/A302/A3003/A3—03014.htm（2012年12月6日检索）。
⑦ 王士性《江南诸省》，收入氏著，吕景琳点校，《广志绎》（北京：中华书局，1981），卷4，页83。

苞》曰：

> 皇明都督同知万表，字民望，别号鹿园居士。虽历将坛，留心禅悦，退居一室，翛然幽寂，不异丛林。晚年解印，隐武林西溪，与罗洪先、唐顺之为友，以自然阇黎为师，朝夕造膝密语，人无得闻者。后无疾而化，有人往往于金陵富春山中见之。我明士大夫学道而有证悟者，以居士为首座。①

晚明这类有关士人得道成仙不死的传说不少，王阳明、罗洪先（1504—1564）均有成仙不死的传说，此又与当时士人求道修炼的风气密切相关②。徐兆安研究十六世纪士人的经世功业、文辞习气与道教经验，特别留意晚明士人对于英雄与神仙的追求，指出当时士人虽致力经世功业之追求，但也有超脱的意识，"神仙"所代表的超脱往往是士人最终的理想归宿。所谓"英雄回首即神仙""英雄起手，神仙结局"都是描述这种心态③。杜文焕不仅提供给我们一个有关这种心态的鲜明个案，让我们看见他如何致力于英雄功业与得道成仙的双重追求，而且他与屠隆、袁宏道、黄辉（1555—1612）等热衷修道的江南士人也确有交往④。

---

① 杜文焕，《私淑俎》，《三教会宗》，卷4，页14a—b。屠隆，《鹿园居士》，《鸿苞》，卷28，页540—541。
② 屠隆，《王威宁》，《鸿苞》，卷31，页615。
③ 徐兆安，《英雄与神仙：十六世纪中国士人的经世功业、文辞习气与道教经验》（新竹：台湾清华大学历史学系硕士学位论文，2009）。
④ 公安三袁的佛教修行葡萄社是晚明居士禅修的社团，黄辉是其中的重要成员，屠隆为昙阳子信徒，他与王世贞在文坛与宗教领域的关系，见徐兆安，《十六世纪文坛中的宗教修养：屠隆与王世贞的来往（1577—1590）》，《汉学研究》，卷30期1（2012年3月），页205—238。

若再回到龙沙谶斩蛟的预言，斩蛟的预言除了可以联想到道教内丹修炼外，更与除寇平乱、开创新局有关，也因此宸濠和丰臣秀吉（1537—1598）会被联想为作乱之蛟，王阳明的武功成就会被视为应谶事迹。杜文焕一生在边疆战场上杀敌平寇，他的功绩与龙沙谶斩蛟的预言相扣合，是很容易想象的。冯时可（1571年进士）在《太霞洞集叙》中也表达了这种联想："尝考旌阳太史真班最重，而荡妖缚蛟事，比于人世战功，尤为劳烈，岂郁箫天宫亦有麟阁，非度世勋满不得书名耶？"①显然把人世间平乱战功与灵界荡妖缚蛟之事相提并论。

杜文焕在佛教方面师承乌思大师，主要受《波罗蜜多经》，应属于藏传佛教系统。杜文焕说道：

> 乌思大师之教，以离相观空为因，以即空证性为果，今直以观空为名者标其因也。大师自西竺来，自言常受菩萨戒于乌思藏，其貌修长而清癯，一经之外更无长物，常随众二人，皆类有道者。欲往清凉山寻文殊遗迹，主于城西之西方境，诵经持咒昼夜不辍。不受布施，不行乞化，惟日中一食而已。常为焕摩顶受记，传以持咒观空之空，更命持三斋为月之初、八、十五，晦日戒诸妄杀邪淫，云行此可得生天之果，能进而至于因空证性，可直证西方果位。②

"乌斯藏"是元明时期对西藏之称，这位乌思大师来自印度，

---

① 冯时可，《太霞洞集叙》，收入杜文焕，《太霞洞集》，卷首，页4a—b。
② 杜文焕，《诠教枢第五》，《三教会宗》，卷1，页17b—18a。

在西藏地区受菩萨戒，他带着二位随众，欲往山西五台山寻文殊菩萨之遗迹。元、明时期西藏僧侣往来中国频繁[①]，五台山更是佛教朝圣圣地。这位佛教大师显然与一炁真人携带数十家眷、挥金如土的作风极不同，他日仅一食，不受布施，昼夜诵经持咒。他传授杜文焕《般若心经》观空证性之旨，及持咒斋戒之法；杜文焕在会教庵中每月有三斋之集，应即得自乌思大师之教。《三教会宗》关于佛教教义的说明，也主要根据《心经》，修炼法门则分顿渐与粗细。粗修之法有二：离相观空之法、即空证性之法；细修之法有六：观身空、观相空、观心空、观性空、观法空、观空空[②]。此应是杜文焕从佛教修炼法门所学习的重点。杜文焕交友的僧人亦不少，包括月川法师、秋潭禅师、镜亭上人、憨山德清（1546—1623），从《福慧庵赞为从伯檀林居士》与《延寿寺碑》等则可知其家人信奉佛教的情形[③]。

至于儒教方面，杜文焕说他师承镜源先生的止善修身之学，镜源先生是谁？其学内容为何？则是下一节讨论的重点。

三、隆砂子涂宗浚

杜文焕在儒学方面，主要师承镜源先生，镜源先生即涂宗浚。涂宗浚是江西南昌人，曾先后巡按广西、河南、山西、顺天，后擢大理寺丞，万历三十四年（1606）升都察院佥都御史，巡抚延

---

① 张廷玉等著，《明史》，卷331，页8571—8582。
② 杜文焕，《观空枢第四》，《三教会宗》，卷1，页12b—16a。
③ 杜文焕，《福慧庵赞为从伯檀林居士》《答月川法师书》《与秋潭禅师书》《延寿寺碑》，《三教会宗》，卷8，页1b—2a、3a—5a、13b—15b。

绥。直到万历四十三年（1615）养疴归里前，涂宗濬都为北边封疆大吏，官至兵部尚书右副都御史，约卒于天启元年。涂宗濬不仅在维护明朝与蒙古双方和平和互市上有贡献①，他更笃志儒学，也是重要的讲学领袖。据其自述，他十余岁即接触性理之学，先从阳明良知学入手，后才转师李材（1529—1607）止修之学②。至于讲学方面，刘勇指出涂宗濬先后在慈溪、蕲水、江陵、黄冈诸县任职期间，均提倡讲学不遗余力，重要门人有苏惟霖（1598年进士）、尤大治（1588年举人）、吴士瑞（1592年进士）、王同谦（1601年进士）、曹光德（1601年进士）等③。他在延绥的讲学，除了刊行《圣学源流》，更有修学宫、创书院、建文塔、置学田等系列政绩，并与榆林士人讲学论文④。另外，涂宗濬也支持冯从吾（1556—1627）在关中书院的讲学。涂、冯两人早年曾在北京共同讲学，后

---

① 涂宗濬在各地的政绩及战功，见江召棠修，魏元旷等纂，《南昌县志》（北京：北京图书馆出版社，2007），卷32，页239—243；《尚书涂恭襄公宗濬》，见徐开任辑，《明名臣言行录》，卷75，页11—19，收入周骏富编，《明代传记丛刊》（台北：明文书局，1991），册54。
② 涂宗濬十二岁丧父，十五岁以后专读性理诸书，多至通夕不寐，四五年间似觉有见。其学思历程，详见下文。涂宗濬跟随李材的时间可能很短，李材之子李颖所撰《李见罗先生行略》记道："如镜源涂公宗濬，受学方五日，遂竟为海宇宗盟。"见李颖，《李见罗先生行略》，收入刘家平、苏晓君主编，《中华历史人物别传集》（北京：线装书局，2003），册22，页244。
③ 刘勇，《晚明士人的讲学活动与学派建构：以李材（1529—1607）为中心的研究》（香港：中文大学历史学系博士学位论文，2008），页329—335。光绪《南昌县志》记其门人包括章正岳、罗汝元、刘聪、龚大钦、龚一振、易应昌、李又说、蔡赞、杜希登、艾嘉征、王时熙、涂宗灏、饶先春、陈应元、魏光国等凡数十人。见《南昌县志》，卷32，页242。
④ 涂宗濬巡抚延绥时期，刊《圣学源流》、修学宫等记录，见李熙龄纂修，《榆林府志》（台北：学生书局，1968），卷26，页868。涂宗濬于万历三十五年改创兴文书院，群学之子弟而教之，每月会文三次，会讲二次。见郑汝璧纂修，《延绥镇志》，卷4，页295。亦见刘勇，《晚明士人的讲学活动与学派建构：以李材（1529—1607）为中心的研究》，页334。

来仍保有书信论学的往来，万历三十七年（1609）关中书院修建时，当时巡抚延绥的涂宗濬也给予金钱上的资助①。刘勇也指出，李材、涂宗濬的讲学活动是当时全国性讲学网络的一部分，涂宗濬与万历中后期的重要讲学领袖余懋衡（1561—1629）、冯从吾、邹元标（1551—1624）均有往来②。

虽然杜文焕师承涂宗濬，但两人对于三教关系的看法并不同。涂宗濬比较坚守儒学立场，力排佛教，我们从他巡抚河南时的讲学语录《隆砂证学记》可清楚看出③，他的学说以"知止"为宗旨、以修身为入学之本，基本上源于李材对《大学》的解读。有别于阳明学者以"明德"为良知心体，讲究明明德的致良知工夫，李材和涂宗濬都更重视"止于至善"。至于以修身为本，则是根据《大学》本末之说，以身为家、国、天下之本；以诚、正、修、齐为治平之始，强调人应禀孝悌慈之道德情感，去行齐家治国之事业④。

涂宗濬基本上接受李材强调本性至善、批评"无善无恶"之说。他对《大学》三纲目的解读，也以"至善"指性体，以"明

---

① 冯从吾，《关中书院记》，《少墟集》，卷15，页1b、5a，收入纪昀等总纂，《景印文渊阁四库全书》（台北：台湾商务印书馆，1983），册1293。
② 刘勇，《晚明士人的讲学活动与学派建构：以李材（1529—1607）为中心的研究》，页341。
③ 萧良干，《隆砂证学记后序》，收入涂宗濬，《隆砂证学记》（明万历三十二年刊本，日本内阁文库藏），卷5，页2b。
④ 关于此的讨论散见涂宗濬之语录，此处仅举一例。涂宗濬曰："我修此孝弟慈之身以齐家，则家齐；修此孝弟慈之身以治国，则国治；修此孝弟慈之身以平天下，则天下平。"见涂宗濬，《隆砂证学记》，卷2，页8b。另外，为矫正王门末流之弊，晚明有强调性善、性宗的思潮，包括东林学者、李材、涂宗濬等人均可视为这波思潮的代表。参见侯洁之，《晚明王学宗性思想的发展与理学意义：以刘师泉、王塘南、李见罗、杨晋庵为中心的探讨》（台北：台湾师范大学中国文学学系博士学位论文，2010）。

德""亲民"为性体之表现,他说:

> 圣人之学,性学也,故大学之道在明明德、在亲民,必在止于至善焉。至善者,性体也。明德、亲民皆至善中物,而至善者,明德亲民之真体也。大学之道,止至善焉,尽之矣。大学之道既在止于至善,故入道者必先于知止。知止者,知至善之所在而止之,知所止矣。①

所谓"知止",意指知道自己至善本性之所在,且能由工夫达到归止于至善性体之境界。因此,"知止"既是工夫之入门,也是工夫的究竟②。涂宗浚又说:

> 其实只一止字便可了得,何取更着修字?盖缘经世之学,错综于人伦事物之交,牵掣于声色货利之取,无奈漏泄者多也。又入门之方固是止,造道之极亦是止,故不但归本是止,即从事于格致诚正,其旨意之归亦只是一止而已。③

"止"既是初学入门之方,又是造道之极;既是工夫归本处,亦可指格物、致知、诚意、正心、艮背、精一、慎独各阶段、各

---

① 涂宗浚,《大学古义述》,《隆砂证学记》,卷2,页1a。涂宗浚又说:"后世明明德而不止于至善,却有释氏之空虚;亲民而不止于至善,却有功利之夹杂。"见涂宗浚,《阳和语录》(明万历二十七年刻本,江西省图书馆藏),卷1,页2a。此数据蒙刘勇提供,特此致谢。
② 涂宗浚,《阳和语录》,卷1,页3a。
③ 涂宗浚,《奉见罗李老师》,《隆砂证学记》,卷5,页23b—24a。

类型的工夫①。涂宗濬又说"知止"可以平息意根浮动与心思之妄想，工夫层层进深，则能渐入于定、静、安、虑，最终达到"万感万应，显微动静浑然至善"之境②。

涂宗濬重视"知止"，曾对李材"止为主意，修为功夫"之说感到怀疑，他认为李材的说法将两者分得太开。不过，后来他读到李材也说"其实只一止字便可了得，何取更着修字"后，终于释疑③。但值得留意的是，涂宗濬在另一处则强调不能一味说"止即是修，真修只是止"，还需有格、致、诚、正的工夫，才能逐渐养到"止"的境界④。从几处文字，我们隐约可以读出涂宗濬试图对李材学说做出补正⑤，不过基本上仍不离师教范围⑥。

李材对于程朱、陆王均有批评，希望在两派间建立自己的为学宗旨，并避免两派的缺失。涂宗濬继承这样的精神，他既批评阳明学者"说虚说灵说圆说妙，如对塔说相轮"⑦，也批评朱子学不契

---

① 涂宗濬，《大学古义述》，《隆砂证学记》，卷2，页3a、6b—7a。
② 涂宗濬，《大学古义述》，《隆砂证学记》，卷2，页1b。
③ 涂宗濬，《奉见罗李老师》，《隆砂证学记》，卷5，页23b—24a。
④ 某人问："李见罗先生说《大学》全在知止，格致诚正不过就其中点照提撕，使之常归于止耳。今如子之言，则是止的功夫全在格致诚正，微觉不同，如何？"涂宗濬的回答也很明确强调格致诚正工夫的重要，并说："须用格致诚正工夫，渐渐养成止处，方得自然。"见涂宗濬，《大学古义述》，《隆砂证学记》，卷2，页15b—16a。类似之说，亦见涂宗濬，《阳和语录》，卷1，页2b。
⑤ 例见涂宗濬，《答洪懋仁讳启鸿》，《隆砂证学记》，卷6，页13a—b。
⑥ 涂宗濬，《奉见罗先生》，《隆砂证学记》，卷5，页8a—9a。刘勇指出较之李材止修双揭的说法，涂宗濬更倾向于"知止"。李材曾质疑涂宗濬，涂也去信释疑。详见刘勇，《晚明士人的讲学活动与学派建构：以李材（1529—1607）为中心的研究》，页325—329。涂宗濬也强调知止即修身："修身为本即知止。""修身为本与知止，只是一句。"
⑦ 涂宗濬，《大学总论》，《隆砂证学记》，卷4，页5b。

圣人直透性宗之教，茫然格物难免支离之病①。他自己则一面强调知止乃直透性宗之工夫，另一面又比阳明学更强调实际修身与外在规范的重要。例如，在回答某人"今一入门便要知止，何时读书穷理"之问时，涂宗浚会强调读书的重要，以及读书的真正目的②，又说"若已入知止法门，不废博学多闻，开发培养，印正此学，方得不差"③。虽然他的工夫论在直透性体、不拘形式、动静一如、体用一原等，均与阳明致良知工夫相近，但他也更明确要求外在的规矩与准则：

> 大学虽教人明明德、亲民、止至善，若不把个止至善的样子做个准则，终亦不能止于至善。所以铺设许多圣人在此，要见明明德、亲民者，必与尧、舜、汤、文等比对得过，才叫止于至善。不到此地，谓之止于至善，未也。④

换言之，圣人具体的行为典范对于学问之判准是重要的。只是涂宗浚也说"以圣人为师要看得活"，不是要人仿效其行事，而是学习圣人如何尽己之性、如何尽事亲之道等大原则⑤。这些说法主

---

① 涂宗浚言："若不先知止，而茫茫格物致知，则天地之间，物无尽，理无尽，何处下手？"他也批评宋儒将居敬穷理分作两事、两时，不契圣人直透本性之教。见涂宗浚，《大学古义述》《大学总论》，《隆砂证学记》，卷2，页6a；卷4，页6b—7a。
② 涂宗浚言："圣人教人知止，若不要人读书穷理，则是异端偏枯之学。如何能止于至善？只是圣人得与人不同，所谓物有本末，事有终始，知所先后，则近道矣。读得来只是要知止，只是要培养我的本原，不是要夸多斗靡。"见涂宗浚，《大学古义述》，《隆砂证学记》，卷2，页10b—11a。
③ 涂宗浚，《大学总论》，《隆砂证学记》，卷4，页13a。
④ 涂宗浚，《大学古义述》，《隆砂证学记》，卷2，页10b。
⑤ 涂宗浚，《阳和语录》，卷2，页14a。

要都是欲救正王学末流"日骛虚谭，茫无实际"之学风①。

涂宗浚也承袭李材讲"孔曾之传"②，又说孔子立教有仁、圣两宗，分别以《孝经》和《大学》为代表，他说：

> 孔子授曾子，《孝经》在前，《大学》在后。孔子立教原有仁、圣两宗。仁则人人当学；圣则未必人人能至也。既为仁人，亦可以至于圣人；既为圣人，未有不仁者也。孔子曰："何事于仁，必也圣乎。夫仁者，己欲立而立人，己欲达而达人。"状仁之体，莫切于此。孔子未尝言圣是，唯孟子言："大而化之之谓圣。"即此二言观之，仁与圣必有分矣。曾子最孝，故与言《孝经》先要学仁，至于唯一贯之后，可与言圣矣，故以《大学》传之。③

涂宗浚以"仁"为人人当学、可学的目标，以"圣"为极高境界，未必人人可至。《孝经》教人学仁，主要因孝弟乃为仁之本。涂宗浚和许多晚明学者一样，都以孝弟为至善本性的内涵，强调仁孝一理，为仁先要孝弟，他说："盖孝弟与仁不可分说也。圣门之学，只是求仁，求仁只是孝弟，这个方叫做学。"④《大学》则是儒

---

① 涂宗浚言："挽近日骛虚谭，茫无实际，视孔曾家法相去何啻天渊，未有日用伦常，一切驾漏，而圣神阃域可以躐跻者也。"见涂宗浚，《与汪萃甫讳之涣》，《隆砂证学记》，卷5，页11a。
② 李材早年体悟知本之宗旨，告诉父亲李遂，父亲跃然起曰："此真孔曾心旨，惜前儒见不及此。"并要他不要轻易向人吐露。时人亦称李材之学乃孔曾嫡传。事见李颖，《李见罗先生行略》，收入《中华历史人物别传集》，册22，页244。
③ 涂宗浚，《阳和语录》，卷6，页5b—6a。
④ 涂宗浚，《隆砂证学记》，卷3，页2b。

学之圣经,传授知止宗旨。涂宗浚认为《大学》宗旨最细密、严整而圆神,"包罗宇宙,统一圣真,无论诸子百家,不能闯其奥窔,即二氏玄妙,举不能出其范围",是孔子知命之后的垂世之笔,他也相信书中蕴藏"一切圣圣相传宗要",指引人借此而直接洙泗嫡传①。

涂宗浚坚守儒学、力辟佛教的立场十分明确,他承继李材严辨宗旨的做法,在毫厘之间辨析儒释之异②。他说儒释最主要的区别可归为"有无"二字,即"吾儒宗旨处处归实,释氏宗旨处处归空。处处归实须用得许多积累功夫,处处归空一悟本性便都无事事矣"③。他也说释氏是"专提未发之旨",离却伦物以求空,故愈玄愈妙。相对地,他心目中的儒家正学则是要能兼顾未发性体与已发之一切意念言行,既能直透性宗,又能不离日用伦常:

> 圣人执中止善,归根复命,全在未发,全在性体,然又不离伦常日用,随时随处,事事物物,发皆中节。④

另外,涂宗浚也强调儒学可以了究生死:

---

① 涂宗浚,《大学总论》《奉见罗先生》,《隆砂证学记》,卷4,页17a—b;卷5,页8b。
② 涂宗浚言:"盖学问所辨在宗旨,毫厘千里,于此焉分。此地分别不清,执持不定,未免或出或入,枉费精神,不容不力辨之。"至于辨明的内容,除了说明其"知止"的要义外,也包括儒学的生死观和修养论等。见涂宗浚,《大学总论》,《隆砂证学记》,卷4,页9b—11a。
③ 涂宗浚,《答杨司理讳正芳》,《隆砂证学记》,卷5,页7b。
④ 涂宗浚,《示举儿》,《隆砂证学录》,卷6,页6b。

吾儒未尝不以了生死为大，但圣贤不轻言，俗儒不能察耳。何也？释氏见性，则可超生死，吾儒尽性，正是超生死。生死者，气也，非性也。性也者，命也，不因生而生，不因死而死，原与太虚同体，故与太虚同寿。儒学入门即知止，知止即知性，知性而尽性，达天德矣，超而上之矣。是则自始学入门，即是了生死的根。因到得止时，便是超生死的结果。率性之为道，闻道者知性也。性一也，不可二也，不二所以立命也。如此，则塞乎天地之间皆我矣，何生死之有哉？①

涂宗浚相信人的形体会随着死亡而消散，但人性却是与太虚同体，不会因生死而有变化。"知止"既是尽性的工夫，其最终的目标就是超越生死，与太虚同寿。又说："人言佛寿长，不知天之寿更长。人能知止，则太虚即我，我即太虚，方且与天同寿，佛何足言？"②"学非为当时称名，后世有述，原为一己了性命死生。"③这种追求超越生死且与佛教一较短长的态度，都让涂宗浚的学问带有某种宗教性的意涵。

有时涂宗浚也会用类似道教修养工夫的字眼来描述"知止"工夫，例如，他说："学问到诚意一关最难，毋自欺三字，方结下圣胎。"④又说：

人自有身以来，百骸九窍，五脏六腑，七情六欲，皆生

---

① 涂宗浚，《大学总论》，《隆砂证学记》，卷4，页10b—11a。
② 涂宗浚，《阳和语录》，卷6，页17a。
③ 涂宗浚，《阳和语录》，卷3，页2a。
④ 涂宗浚，《阳和语录》，卷1，页5a。

死之根。富贵贫贱，夷狄患难，声色贷利，是非毁誉，作止语默，进退行藏，辞受取与，皆生死之境。若顺事无情，摄末归本，一而不二，凝而不流，即是出生死的法门。盖真性本寂，声臭俱无，更有何物？受彼生死，然了此固非一日可能。讲此亦非一言可尽。只并精止，直透性原，知本知先，妙用无迹，他日当有得力时候，力到功深，光景又别。①

涂宗浚也会用"反观内照""见性分之内，断有不容自己者"来描述这种直透性原的知止工夫②，或说"天根月窟闲来往，正是儒学得手处""人于静养之时，须彻底消融，将天地万物富贵功名身家之念一切扫荡，不挂丝毫"③，这都让其工夫带有强烈个人向内证悟本体的意味。

对涂宗浚而言，与超越生死的终极求道目标相比，其他的事功都成为第二义，他说："即功业熏天，文章盖世，譬如石火电光，倏归泯灭，非豪杰所甘心也。"④他甚至说人有事功一念不化，将成心体之累，最终反而为事功之害，古人建立功名皆是"当其时遇，其事不得已而有为耳"⑤。就这方面而言，涂宗浚与杜文焕有相似的精神样态。

涂宗浚学问中的宗教向度颇值得留意。他精于《易》学，著有《续韦斋易义虚裁》一书。《易》学是他修养的基础，他说："学易

---

① 涂宗浚，《大学总论》，《隆砂证学记》，卷4，页11b。
② 涂宗浚，《答成都太守吴待之讳士瑞》，《隆砂证学记》，卷5，页2a。
③ 涂宗浚，《阳和语录》，卷6，页9b—10a。
④ 涂宗浚，《答成都太守吴待之讳士瑞》，《隆砂证学记》，卷5，页2a—b。
⑤ 涂宗浚，《阳和语录》，卷1，页6b。

不在逐卦逐爻上去求，只在自己心身间磨勘体验。"①又说：

> 至善是太极，事物本末始终是八八六十四卦，三百八十四爻。止于至善本体，凝然不动，遇事遇物，分别一个本末始终，知所先后。若此，则浑身是易，易方为我用矣。此是学易真诀。②

涂宗濬也切实从事静坐工夫，他曾说儒者亦不废静坐，只是不可心如槁木死灰，必须"时时刻刻若有个上帝在面前，此心一味主敬，毫不敢放，久之自然得力"③。又一次，有人问他："静坐是何境界？曾见黑影子否？"涂宗濬回答自己静坐时"洗心密藏，寂然不动，虚悬而无倚，绝无所见"，而且他认为许多静坐中所见之象，其实是"幻妄"④。

另外，我们从涂宗濬的《阳和语录》卷首可见，录者王启元（1559—？，1585年举人）自称门人。王启元是广西柳州人，而涂宗濬于万历二十年至二十三年（1592—1595）曾巡按广西，两人很可能于此时相识。王启元一直到天启二年（1622）始成进士，他先后留京长达二十年，完成《清署经谈》一书。关于此书透露王启元对"上帝""天"的特别关注，及其欲以孔子为孔教教主的思想，

---

① 涂宗濬，《阳和语录》，卷6，页13a—b。关于明代易学与心学的关系，参见贺广如，《明代王学与易学之关系——以孙应鳌"以心说〈易〉"之现象为例》，《周易研究》，2008年第2期，页75—89。
② 涂宗濬，《阳和语录》，卷6，页15a。
③ 涂宗濬，《阳和语录》，卷5，页15b。
④ 涂宗濬，《阳和语录》，卷6，页12b。

前人已有研究①。虽然王启元的思想与涂宗浚不尽相同，但此也提醒我们，涂宗浚的行为与思想可能存在启发门人进一步将儒学带向宗教化的元素。下文将试着说明。

涂宗浚自述生平学问转折与所历之境的变化曰：

> 余平生以不自是、不自足六字，时时策励。方十二时先君见背，即有志圣人之学，苦无所入。十五读诸儒性理，二十一学阳明良知，三十一闻李先生止修，四十二在粤中悟性，不敢自是，因舍去。五十时已见光景，亦舍去。盖平生所历之境凡五变矣，惟其不敢自是，不敢自足，一意以先圣为宗，故梦中屡蒙接引。如此每一次梦觉，一次不同，然发愤忘食，先圣之矩则在，焉敢自足。学以孔子为宗，然孔子不可见，开眼见天，天即是师。……法天亦即是法孔子。②

从涂宗浚这段自述，以及他写给管志道（1536—1608）的信可知③，他自十五岁始勤读性理诸书，四五年时间的累积，虽有所见，却苦无得手处。二十一岁那年，他接触阳明致良知之学，"自是通昼通夜，惟良知之为致，历十有二年"，但因感"知体易于转动，难以捉摸"，故又转师李材止修之学④。不过，涂宗浚并不以李

---

① 陈受颐，《三百年前建立孔教论——跋王启元的清署经谈》，《"中研院"历史语言研究所集刊》，本6分2（1936年6月），页133—162。吴震，《明末清初劝善运动思想研究》（台北：台大出版中心，2009），页461—470。
② 涂宗浚，《阳和语录》，卷3，页11a—12a。
③ 涂宗浚与管志道论学书，收入管志道，《论学三札》（明万历三十五年刊本，日本尊经阁文库藏），页1a—31b。此数据蒙吴孟谦提供，特此致谢。
④ 管志道，《论学三札》，页23b。

材门人自我定位,而是以自身修炼探索的经验来证印李材之说。涂宗浚自述四十二岁那年在广东悟道的神秘体验曰:

> 至壬辰(1592)八月初二日夕,正襟独坐署中,时可二更。忽然大汗自顶至踵涌出如注,当时形骸尽化,觉与天地万物合成一片,上无盖,下无底,四方无边际,广大虚空,妙不容言。三更就寝,梦吾宣圣临顾,发气满容,所居堂不类今时居第,有阼阶,有西阶,吾先师由阼阶入,弟恭迎就东楣坐。弟以所悟《大学》知止知本之义请正,先师喜动眉宇,直指要诀。弟恭受心佩,浑身如在太虚,相对半夜。五更觉来,别是一乾坤也。急起盥漱更衣,焚香拜谢。恐其遗忘,援笔直书梦中所闻,即今《隆砂记》中所解《大学古义》是也。自是历勘先圣遗言,无不洞然可晓。即后世术数之书,如孔明八阵图等类,皆能照知其意。又巡历两河、三晋及畿辅,无一而非勘学之地,亦无一而非勘学之人。①

同样在这封信中,涂宗浚又说自己四十九岁那年,在"晋中复露一景,则非言之所敢泄矣"②。显然又是另一次无法用言语表达的神秘经验,可能即上一段引文所言:"五十时,已见光景。"涂宗浚一意学孔子,屡次在梦中梦见先圣接引启发,每次梦觉,均感到工夫有所精进。他虽也师法孔子所留下经典与教义宗旨,但他更体悟到以天为师的重要,亦即从天地自然中学习体验,最终悟到"法

---
① 管志道,《论学三札》,页23b—24a。
② 管志道,《论学三札》,页24b。

天即法孔子"。

涂宗浚的经验与杜文焕有许多类似处，两人都有因梦中受到先圣接引启示而工夫精进的经验，可能由于职务的关系，两人学问也均有文武兼具的特色。文人出身的涂宗浚，因梦中先圣的指引而精熟术数阵图之学；武将出身的杜文焕，则反过来，因梦而开启文学才华。在两人的学思历程中，虽也都有得于人师传授，但他们显然都更看重带有神秘色彩的异梦启示，或者可以说，他们都援引某种神灵的启示作为自己学问的保证①。

另外，涂宗浚和杜文焕在论述的手法上也有相近处。例如，涂宗浚会以模拟的方式来说明三教：

> 佛家所谓性，乃儒者所谓心。佛家所谓心，乃儒者所谓意。儒者所谓性，佛氏尚摹不着在。
>
> 佛言六根……，言六欲……，言六通……。吾儒只消把正心一格，就对过了他正心地步，乃退藏于密，寂然不动境界，其感而遂通，神以知来，岂不是六通三明。儒学家常茶饭而不知反求，何也？②

涂宗浚固然要说儒学比佛教高明，但他却也同时呈现两者具

---

① 涂宗浚说自己平日不敢向人轻易言此，怕人以为伪，但他又认为以自身经历验证，颇为真实。管志道年长涂宗浚约十四岁，他对于涂宗浚的学思历程曾下评论，认为二十一岁致力阳明学时称得上是志学，但仍未达一间；三十二岁悟及知止二字，类似曾子之唯一贯而入志学真际；四十二岁之悟，则近颜子一日归仁之境。管志道也勉励涂宗浚勿执着于梦中宣圣的启示，应进深于知命之学，以孔圣从心所欲不逾矩之境为目标。参见管志道，《论学三札》，页26b—30a。
② 涂宗浚，《阳和语录》，卷6，页19a。

有某些类似的观念和想法，这样的手法与杜文焕会宗三教不完全相同，有相近处。例如杜文焕说：

> 儒曰天性之身，道曰身外有身，释曰百亿化身，其身一也。儒曰正心，道曰修心，释曰明心，其心一也。儒曰尽性，道曰炼性，释曰见性，其性一也。儒曰知命，道曰理命，释曰证命，其命一也。是则不肖所谓同出异名，殊辙共归之言，非诬矣。①

当然，杜文焕是通过三教共同使用身、心、性、命等字组成的概念去会通三教，此与涂宗濬着重区分不同教义脉络中的不同意涵有异。不过，涂宗濬仍认为佛学之"性"与儒学之"心"相当，儒学的正心工夫可达佛教六通三明的境界，故即使其最终目的在判教，但仍肯承认儒学与二氏之间具有某种可互相比附、比较、联结的可能性。

至于涂宗濬和王启元，我们也可以看到某些类似处。例如，王启元特尊孔子，认为天以道之全局授孔子，孔子亦以天之全局教万世，故"学孔子即学天地矣"②，而涂宗濬也认为孔子是宇宙以来第一人③，他一意效法孔子，并说"孔子真是如天""法天即法孔

---

① 杜文焕，《三教论》，《三教会宗》，卷6，页2b。
② 王启元，《天纵至圣篇》，《清署经谈》（明天启三年刊本，"中研院"傅斯年图书馆藏），卷8，页5a。
③ 涂宗濬，《阳和语录》，卷2，页5a。

子"①；两人都坚守儒学立场、严辟二氏、重视儒家经典②。不过，两人的差异也明显，涂宗浚更突出《大学》作为儒学圣经的地位，王启元则强调要合六经以求《大学》，并说："以《大学》一书为足了圣道，而不知《大学》者，第圣道之提纲，非实之以六经，固不足以尽《大学》之变也。"③王启元批评宋明理学的经典诠释④，也批判当时讲学者（包括李材、涂宗浚）好拈宗旨、各立门户，环绕着《大学》版本与解释所引发的争议⑤。王启元认为必须对经典的作者（案：指孔子）之为人有更深刻的理解，才能洞悉经典之深义；而他认为孔子之学志在天下国家，绝不仅于文章或性命之学，故必须合六经四书以求儒学通贯之理⑥。

至于涂宗浚是否也相信龙沙谶？是否与忠孝净明道有关涉？他出生江西南昌，正是龙沙谶传说应验之地，其书以《隆砂证学记》为名，刘梦雷为其所作之序又有"以终隆砂之盟"之句⑦，而杜文焕在写到一炁真人时即用"隆砂八百之数"，可见"隆砂"与"龙沙"可互用。涂宗浚《阳和语录》全书也归结于净明道最重视的"忠孝"，加上他本人的宗教倾向与修炼，以及身为封疆大吏，长期在战场上平定寇乱，同样都不免让人联想到与龙沙谶斩蛟平乱的关系。不过，因没有看到明确的证据，故笔者不敢过分强调。

---

① 涂宗浚，《阳和语录》，卷3，页12a、22b。
② 王启元论儒学与二氏之异，可见氏著，《圣宗正本篇》，《清署经谈》，卷15，9a—13a。
③ 王启元，《圣宗正义篇》，《清署经谈》，卷4，页6a。
④ 王启元，《诸儒公论篇》，《清署经谈》，卷15，页14a—17b。
⑤ 王启元，《圣教实事篇》，《清署经谈》，卷15，页24a。
⑥ 王启元，《圣宗正义篇》，《清署经谈》，卷4，页5a—8a。
⑦ 刘梦雷，《隆砂证学记序》，收入涂宗浚，《隆砂证学记》，卷首，4a。

四、一些观察：代结语

涂宗浚和杜文焕的个案研究，提供我们有关晚明儒学与经世、以及儒学与其他宗教交涉的一些观察。涂宗浚和杜文焕在明代儒学史上都称不上名家，但他们也绝非默默无名之辈，两人都是长期驻守边疆的大将，立下不少战功，即使仅就儒学思想史而言，两人也都有著名师承可循。涂宗浚从学于李材，《明儒学案》对其也有记载，他甚至有自立宗派之意，俨然为一代讲学盟主；杜文焕除了传涂宗浚止修之学，同时以会宗三教的教主自立，又广交当时的文人墨客，他对宗教与文学的热衷、三教一致的观点、以身心性命之学把握道原的信念、龙沙谶的信仰，甚至英雄事功与神仙之道的双重追求等，都有浓厚的晚明文人文化的底蕴。正因为如此，他们的个案可以提供我们对晚明学术与文化作进一步观察的线索。以下仅以几点引申的观察作为本文的结语。

第一，涂宗浚和杜文焕都是文武双全、事功与讲学兼顾的学者，与那些致仕后投入讲学、强调以讲学作为经世管道的文士学者不同；比起谨守师教和学派分际之人，他们更多了一分自创宗旨、建立宗盟的气派。涂宗浚、杜文焕两人虽有师徒名分，但思想和作风颇多差异，对于儒学的认同及对其他宗教的排斥程度也不同。涂宗浚进士出身，在军旅中倡导讲学，作风接近王阳明和李材，承续着明代理学家讲学的传统，他也坚持辨明儒学与二氏之异，且以儒者自居。杜文焕以武将的身份，强调儒学中文武兼具的内涵，他热衷于修炼求仙和诗文创作，其作风更接近文人雅士和宗教教主，他相信三教一致，也不独尊儒学。我们从涂宗濬个人的宗教倾向，再到其门人杜文焕、王启元的发展，可见晚明儒学与其他宗教密切的交涉关系，以及儒学内涵的可塑性。

　　第二，我们从杜文焕和江南文人交往的情形，可见当时文人士子借着旅行或书信往来，跨越地域限制，建立朋友社群的情形。杜文焕一生主要活动于北方，晚年才到江南，但他与许多江南文人均有交往，留下的互赠诗文数量相当可观。除了某些江南文人曾走访榆林，到太霞精舍做客外，杜文焕更多时候是借着书信与其他地区的文人建立情谊，他经常主动寄送作品求序。为其著作写序或赠诗的著名文人相当多，包括董其昌、焦竑、袁宏道、文在中、屠隆、虞淳熙、黄辉、何白、冯时可、邹迪光、赵南星、汤宾尹、利瓦伊桢等。这种借由书信往来搭建起来的人际网络，虽不同于定期讲会结社的文人集团，但也具有某种社群的关系。就杜文焕的例子而言，倾向三教融合的求道者与活跃于文坛诗社的文人，是他交友中最重要的两大群体，而事实上许多人都同时具有上述两种身份[①]。举例而言，屠隆、虞淳熙、黄辉、袁宏道都是晚明活跃于江南具三教融合倾向的学者，艾静文（Jennifer Eichman）曾透过这些学者的往来书信研究他们学术社群的活动与思想[②]，杜文焕虽远在北方，但因着对宗教和文学的共同热诚，并透过主动的文字邀约，也能跨

[①] 例如屠隆、袁宏道、邹迪光、冯时可等，均是晚明诗坛领袖级人物，也热衷求道。

[②] Jennifer Lynn Eichman, *A Late-Sixteenth Century Chinese Buddhist Fellowship: Spiritual Ambitions, Intellectual Debates, and Epistolary Connections* (Leiden & Boston: Brill, 2016). 至于屠隆、虞淳熙的三教论述与杜文焕之异同，因与本文主旨较不涉，故不深入讨论。

越距离的障碍，与当时江南文坛建立友好的关系。

第三，杜文焕讲究文武合一，认同历史上许多能建立伟大功业的人物，此也有一定的时代背景。沈德符说，嘉靖以降，文人论兵的情形日益普遍[①]；马明达也说，明末清初习武之风在南北士人中兴起，一时蔚为风气[②]。王鸿泰则指出，晚明社会危机让文人更重视兵事，谈兵论剑蔚为风气，尚武任侠成为士人自我表述的方式，也创造更多文武兼修的侠士[③]。这样的时代背景应有助于杜文焕与江南文坛关系的建立。若我们将杜文焕与屠隆略作比较，会发现屠隆也标举英雄人物并热衷求道，不过屠隆心目中的英雄是能在时势穷难之际，调停斡旋而终济大事者，故文臣亦不妨建立英雄功业[④]；屠隆也认为"始为元戎，终作居士"才是万古将军之师表，他也以此期勉杜文焕[⑤]。杜文焕在《私淑俎》的将儒系谱，与屠隆在《持论》中对古今三教英雄人物的评论，颇值得进一步研究。尽管杜文焕与屠隆的看法不尽相同，但他们同样重视能建立功业、转移世运之英雄，推崇像张良这类能兼顾入世与出世的人物，这样的

[①] 沈德符，《兵部·文士论兵》，《万历野获编》，卷17，页435。
[②] 马明达，《颜李学派与武术》，《说剑丛稿》（北京：中华书局，2007），页108。
[③] 王鸿泰，《倭刀与侠士——明代倭乱冲击下江南士人的武侠风尚》，《汉学研究》，卷30期3（2012年9月），页63—98；王鸿泰，《武功、武学、武艺、武侠：明代士人的习武风尚与异类交游》，《"中研院"历史语言研究所集刊》，本85分2（2014年6月），页209—267。
[④] 屠隆，《大英雄》，《鸿苞》，卷9，页56—58。
[⑤] 屠隆，《与元鹤子论文书》，收入杜文焕，《三教会宗》，卷首，页1a—2a。

想法不仅反映时代的需要，也挑战理学家的价值①，建构儒学经世的不同典范。

第四，从杜文焕与龙沙谶信仰的关系，我们可以看到彭幼朔的门人群体同样能够跨越地域限制，活跃于大江南北，深入南京朝廷与漠北军旅。晚明龙沙谶八百地仙应谶斩蛟传说的活络情形，传递着乱世中人们企盼英雄靖寇平乱的期待心理。而对于某些特具英雄气概、相信自己可能就是应谶之地仙者，则往往体现一种特殊的生命观与心理意识。杜文焕更多属于后者，他的传记充满传奇色彩，透过卜算预言和异梦启示，他相信自己出身非凡，名列仙籍，降世乃为度世救人，功勋完满后将重回天界。这种想法呼应着中国传统长期流传的谪仙意识，也可以在明清时期许多小说中找到类似的想法，据李丰楙研究，明清谪仙故事的基本模式包括谪仙降生为解救人间灾危的道教祖师、谪仙降生为名将与名臣、谪仙降生为绿林好汉、谪仙降生为才子佳人②。从杜文焕的个案，我们当然看不到回归天庭的故事结局，不过他自我表述的文字具有丰富的道教色彩，也符合谪仙故事的主题，体现晚明士人、武将、宗教、文学高度杂糅的文化特色。

---

① 屠隆批评宋儒曰："宋儒拘曲而不通方，褊陋而立门户，自非高巾大袖阔步徐行者，虽旷代异人，振古豪杰，必苛求而丑诋之。"又说宋儒虽自以为闻道，但其实"一进身则执拗而难行，遇大事则束手而无策，国有巨议则聚讼不决，金人入寇则抱影而潜藏。声容徒盛，议论空多，北辕遂南，卒以弗振，视古人之风采功烈亦远矣"。见屠隆，《持论》，《鸿苞》，卷10，页59—60。
② 李丰楙，《许逊与萨守坚：邓志谟道教小说研究》，页287—352。

《西铭》诠释史

《〈西铭〉为〈孝经〉之正传？——论晚明仁孝关系的新意涵》是我在从事中国近世《孝经》学术文化史研究期间的作品，当时我阅读大量与《孝经》有关的文本，发现从晚明开始愈来愈多人引《西铭》批注《孝经》，认为两本书应该合读并论，又说《西铭》是一篇论仁孝的伟大作品，是《孝经》最好的批注。《西铭》的主旨是论孝吗？我想起《朱子语类》中朱子和门人的问答，朱子清楚说《西铭》主旨并不在说孝，而是论仁与事天，只是用孝作为比喻，因此我希望厘清从宋到晚明《西铭》诠释史的变化。既然晚明学者对于《西铭》论万物一体之仁的看法并没有改变，当他们强调此书同时是论孝之书，是否意味着他们对于孝的理解有所变化？本文采取论域分析的方式来回答上述问题，我广泛搜集关于晚明《孝经》诠释、"仁孝"的论述，以及《论语》"孝弟也者，其为仁之本与"的不同解释，尝试说明晚明关于仁孝论述有异于程朱学的新意涵。此文原刊于《"中研院"中国文哲研究集刊》（期33，2008）。

《〈西铭〉诠释的现代转折》是上文的续作，我广泛搜集了从清代到民国初年关于《西铭》的讨论，希望整理出诠释史上的变化。我本预期当西学和西方价值成为主流时，《西铭》所蕴含的平等观及"四海之内皆兄弟"的概念，可能会被基督宗教大大援引、阐发。经过仔细考察后发现，此现象虽然存在，但仅为其中一部分，整个清代的论述仍以传统儒学正统与异端之辨为主轴，儒家亲亲为主的伦序观仍是主要的关怀，直到民国时期才出现比较大的变化；宗教界人士在援引《西铭》以比附其教义时，只是一种求同存异的表述，并不代表他们忽略不同宗教与文化间的差异。民初关于《西铭》的论述突破传统血缘宗法的限制，正统和异端之辨也不再重要，《西铭》成为表彰中国文化之崇高境界，以及与世界文明接轨的媒介。此文曾于南开大学主办的"纪念郑天挺先生诞辰120周年暨第五届明清史国际学术研讨会"中发表（2019），并刊于《南开史学》（2020年第1期）。

第九章
《西铭》为《孝经》之正传？
——论晚明仁孝关系的新意涵

一、前言

我在从事明、清时期《孝经》研究时，经常看到学者全篇援引《西铭》以批注《孝经》，或将两个文本相提并论，认为《西铭》是《孝经》之正传。自从张载（1020—1077）写作《西铭》之后，这个文本一直受到理学家的高度重视，也引发许多讨论，但在我模糊的记忆中，宋、元时期并未出现将《西铭》与《孝经》合论的情形，因此本文的出发点是希望透过仔细考察《西铭》诠释史的变化，确定是否真的从晚明开始，以《西铭》和《孝经》合论才蔚为一种风气？对此问题的考察及描述历代对《西铭》解释的变化，即为本文第一部分的主要内容。

在确定从晚明开始出现《西铭》与《孝经》合论，《西铭》的主旨愈来愈与"孝"扣联之后，本文第二部分主要希望能够对此变化提出一些解释，我试图从当时《孝经》学复兴、倾向以阳明学（尤其罗汝芳思想）观点诠释《孝经》等学术史脉络加以解释。另外，由于此议题涉及对仁孝关系的看法，本文也进一步检视历代学者对《论语》"孝弟也者，其为仁之本与"的注释内容，查看是否也有呼应的变化情形。简言之，本文认为阳明后学罗汝芳（1515—1588）等人把"孝"提升到形上本体义的看法，不仅有别于程、朱仁孝关系的论述，其观点也影响晚明部分《孝经》和《论语》的解释，并拉近《西铭》与《孝经》的关系。

二、宋到晚明的《西铭》诠释史

（一）《西铭》以孝说仁

张载的《西铭》是宋明理学最著名的文本之一，受到包括程颐（1033—1107）、朱熹（1130—1200）等历代学者的高度重视①。宋代李耆卿的《文章精义》赞其为"圣贤之文，与《四书》、诸经相表里"②；程巨夫（1249—1318）说其为"继三代者"③；康熙朝出版的《御纂性理精义》亦说："周子《太极图说》《通书》，张子《西铭》乃有宋理学之宗祖，诚为《学》《庸》《语》《孟》以后仅

---

① 程颐和朱熹对《西铭》的看法，见下文。
② 李耆卿，《文章精义》，页430，收入新文丰出版公司编辑部编，《丛书集成新编》（台北：新文丰出版公司，1985），册80。
③ 程巨夫，《李仲渊御史行斋谩藁序》，《雪楼集》，卷15，页24a—b，收入上海书店出版社编，《丛书集成续编》（上海：上海书店出版社，1994），册108。

见之书。"①

尽管程颐、朱熹对张载的学问时有批评②，但对《西铭》却推崇备至。程子称赞此文"言极纯无杂，秦汉以来学者所未到""意极完备，乃仁之体"③；又说孟子之后，只有韩愈《原道》一篇，但《西铭》更是《原道》的宗祖④。《西铭》以其规模宏大而分明，被誉为《孟子》之后的第一书，程门并专以此书开示学者，认为学者若能反复玩味《西铭》而自得，必能"心广理明，意味自别"⑤。

不过程门弟子杨时（1053—1135）却怀疑《西铭》言之太过，有类墨家兼爱之病，杨时致书程子曰：

> 某窃谓：道之不明，智者过之，《西铭》之书其几于此乎。昔之问仁于孔子者多矣，虽颜渊、仲弓之徒，所以告之者，不过求仁之方耳。至于仁之体，未尝言也。孟子曰："仁，人心也；义，人路也。"言仁之尽最亲无如此者，然本

---

① 《凡例》，收入清圣祖御纂，李光地等编校，《御纂性理精义》，页2a，见纪昀等总纂，《景印文渊阁四库全书》（台北：台湾商务印书馆，1985），册719。清代学者刘绍攽也说《太极图说》《西铭》《定性书》《颜子所好何学论》四篇是理学传统中最精要之文，参见刘绍攽，《自序》，《卫道编》，卷首，页2a，收入四库未收书辑刊编辑委员会编，《四库未收书辑刊》（北京：北京出版社，2000），辑6，册12。对《西铭》重要影响的讨论，亦见何炳棣，《儒家宗法模式的宇宙本体论——从张载的西铭谈起》，《哲学研究》，1998年第12期，页64—69。
② 例如程子说张载谨严，有迫切气象，却无宽舒之气；又说张载之言不能无失，但《西铭》一篇，则"谁说得到此"。见程颢、程颐，《河南程氏遗书》，卷18、23，收入氏著，《二程集》（台北：汉京文化事业公司，1983），册1，页196、308。
③ 程颢、程颐，《二程集》，卷2上，页22、15。
④ 程颢、程颐，《二程集》，卷2上，页37。
⑤ 朱熹，《答汪尚书》，《晦庵先生朱文公集》，卷30，页13a，收入商务印书馆编，《四部丛刊初编》（台北：台湾商务印书馆，1965），册58。

体用兼举两言之，未闻如《西铭》之说也。孔、孟岂有隐哉，盖不敢过之，以起后学之弊也。且墨氏兼爱固仁者之事也，其流卒至于无父，岂墨子之罪耶？孟子力攻之，必归罪于墨子者，正其本也。……《西铭》之书，发明圣人微意至深，然而言体而不及用，恐其流遂至于兼爱，则后世有圣贤者出，推本而论之，未免归罪于横渠也。①

杨时并不是批评《西铭》有墨家兼爱之意，他是认为《西铭》陈义过高，专言"仁体"，不能体用兼具，恐起后学之流弊，因此说此文有"过"的缺点。程颐不同意他的看法，他承认张载之言确有"过"的毛病，但说那是在《正蒙》，《西铭》则完全没有这个问题。他更进一步称赞此文能发先圣所未发，极有功于圣学：

《西铭》之为书，推理以存义，扩前圣所未发，与孟子性善、养气之论同功，岂墨氏之比哉。②

为了回应杨时，程颐进一步以"理一分殊"阐释《西铭》要旨③，从此"理一分殊"成为宋明理学诠释《西铭》极重要的观点。朱子便说："《西铭》要句句见理一而分殊。""《西铭》通体是

---

① 杨时，《寄伊川先生》，《龟山集》，卷16，页6a—7a，收入《景印文渊阁四库全书》（台北：台湾商务印书馆，1985），册1125。
② 程颐，《答杨时论西铭书》，收入程颢、程颐，《河南程氏文集》，卷9，见《二程集》，册1，页609。
③ 朱熹："《西铭》本不曾说理一分殊，因人疑后，方说此一句。"见黎靖德编，王星贤点校，《朱子语类》（台北：华世出版社，1987），卷95，页2457。

一个理一分殊，一句是一个理一分殊。"①何谓"理一分殊"？《西铭》文意又蕴涵着怎样的"理一分殊"？

程颐以"理一分殊"讲解《西铭》，主要针对杨时之疑而发，即要说明《西铭》的精神完全符合儒家宗旨，强调其与墨氏的差异②。所谓"理一分殊"，简言之，即从道的观点看，万物不是个别独立的存在，具有共同来源与基础；但同时万物又各禀其分，并非毫无分别、一律平等。程颐认为，人若只看到各自分殊的一面，往往会陷入自私争胜的景况，故以为《西铭》一文能帮助人从万物各自分立私胜的视域中超脱出来，对超越义的仁体有所领略。他也特别强调《西铭》的要旨完全符合儒家亲亲仁民、仁民爱物之精神，绝不同于墨氏无差等的兼爱③。由此可见，程颐讲"理一分殊"，旨在确立儒家亲疏有别、上下尊卑秩序井然，却又能从己身、己家出发，超越一己之私，以致仁民爱物的基本立场。

朱子承袭程颐的观点，对《西铭》之"理一分殊"有很多阐发。他有时从分析文字表述的角度，说明"分殊而理一"的道理④，也屡次用"直看"和"横看"来说明。简言之，"直看"取贯通之义，强调要能从分殊处见理一；"横看"取分别义，要从理一

---

① 黎靖德编，《朱子语类》，卷98，页2522。
② 程颐："《西铭》明理一而分殊，墨氏则二本而无分。"见程颐，《答杨时论西铭书》，《河南程氏文集》，卷9，页609。
③ 程颐，《答杨时论西铭书》，《河南程氏文集》，卷9，页609。蔡仁厚，《张子西铭开示的理境》，《鹅湖》，卷1期3（1975年9月），页24—28。
④ 例如他说："《西铭》一篇，始末皆是理一分殊。以乾为父，坤为母，便是理一而分殊；'予兹藐焉，混然中处'，便是分殊而理一。'天地之塞，吾其体；天地之帅，吾其性'，分殊而理一；'民吾同胞，物吾与也'，理一而分殊。逐句推之，莫不皆然。"见黎靖德编，《朱子语类》，卷98，页2523。

处见分殊①。与程颐相较,朱子对于"分殊"的说解更多,也更详细,此可能与其觉得程颐之释义未能完全解杨时之惑有关。杨时在程颐提出理一分殊的说明后,虽写信表示自己已"释然无惑",但信中也再提《西铭》言理一处多,没有明言"亲亲之杀",即所谓"有平施之方,无称物之义"②。也因此,朱子觉得杨时没有真正释疑,故有必要再阐释《西铭》"分殊"的意涵,回应杨时之疑③。朱子说:

> 《西铭》大纲是理一而分自尔殊,然有二说。自天地言之,其中固自有分别;自万殊观之,其中亦自有分别。不可认是一理了,只滚做一看,这里各自有等级差别。且如人之一家,自有等级之别。所以乾则称父,坤则称母,不可弃了自家父母,却把乾坤做自家父母看。且如民吾同胞,与自家兄弟同胞又自别。龟山疑其兼爱,想亦未深晓《西铭》之意。《西铭》一篇正在"天地之塞,吾其体;天地之帅,吾其性"两

---

① 黎靖德编,《朱子语类》,卷98,页2524—2525。
② 据杨时自己的解释,"称物"意指亲疏远近各当其分;"平施"意指施之其心一焉。杨时在书中也再度解释自己并非意指《西铭》为兼爱而发,而是恐其流弊至于兼爱。杨时,《答伊川先生》,《龟山集》,卷16,页8a—b。
③ 朱熹:"龟山第二书盖欲发明此意,然言不尽而理有余也,故愚得因其说而遂言之。"又曰:"龟山有论《西铭》二书,皆非,终不识理一,至于称物平施,亦说不着。"见张载撰,朱熹注,《张子全书》(台北:中华书局,1965),卷1,页7b;黎靖德编,《朱子语类》,卷98,页2527。朝鲜李滉:"杨龟山上伊川第一书,疑《西铭》言体而不及用,恐流弊遂至于兼爱,伊川答书深言其理一分殊,仁义兼尽,非墨氏之比,以晓之,龟山稍悟前非,于第二书引此语以明《西铭》推理存义之意,意虽不失,语有未莹,故朱子特举其说而复说之如此,以发明龟山未尽之意,则伊川指示龟山之微旨始无余蕴矣。"见李滉,《西铭考证讲义》(江户刊本,日本内阁文库藏),页16a—b。

句上。①

又说：

> 盖乾之为父，坤之为母，所谓理一者也。然乾坤者，天下之父母也；父母者，一身之父母也，则其分不得而不殊矣。故以民为同胞、物为吾与者，自其天下之父母者言之，所谓理一者也。然谓之民，则非真以为吾之同胞；谓之物，则非真以为我之同类矣。此自其一身之父母者言之，所谓分殊者也。②

朱子强调"理一"并非弭平人伦、物我的区别，而是在众多分殊有差等的人际关系以及上下尊卑的秩序中，能够具有一超然的视域，洞见"所谓理一者，贯乎分殊之中，而未始相离耳"③。换言之，在儒家"万物一体"视域中，人伦位分的差等之序始终不可抹杀，这也是维系儒家家族与政治伦理的关键所在。朱子也特别强调，自身的父母并不真的等同乾坤父母，人应该对自身父母尽孝，绝"不可弃了自家父母，却把乾坤当自家父母看"。手足之亲的兄弟也绝不等同于"民吾同胞"意义下的万民，其间亲疏分际的差异，绝不容抹杀。这里也可再次让我们看到朱子坚持对家庭的义务

---

① 黎靖德编，《朱子语类》，卷98，页2524。
② 朱熹，《与郭冲晦》，《晦庵先生朱文公集》，卷37，页32a。
③ 朱熹，《与郭冲晦》，《晦庵先生朱文公集》，卷37，页32a。

和责任的儒家立场①。同样地，虽说"物吾与也"，但人与禽兽禀性自有贵贱之差异，此亦完全合乎儒家的人性观。然而，有差别并不意味毫无关联，从乾坤大父母的角度看，则又可见天地万物之中具有共同的来源与基础，故人的存在，既有天道性命相贯通的尊贵，又应视天下之民物犹如同胞党与，让仁爱周遍无遗②。综言之，对程、朱而言，《西铭》虽主在讲述天道性命相贯通之仁体，但它完全符合儒家肯定差序的人伦关系，以及从自身和家庭起手，逐次推致到宗族、乡党、民、物的道德实践次序③。

除了从"理一分殊"的角度解释《西铭》符合儒家亲亲、仁民、爱物的精神之外，程、朱对《西铭》的推崇，更在于它谈及"人与天地同体"的宏大气象，他们对《西铭》的评价极高，以下仅几条程门对其评价之言：

---

① 从程、朱之论可以推到对家庭伦常的肯定，并以此辟佛。此在王夫之的《乾称篇》中有更清楚的说明，但因为朱子并未强调《西铭》以孝道尽穷神知化之致，王夫之也对其有所批评，认为朱子仅"引而不发"，"发明其体之至大，而未极其用之至切"。见王夫之，《乾称篇》，《张子正蒙注》，卷9，收入氏著，船山全书编辑委员会校，《船山全书》（长沙：岳麓书社，1992），册12，页351—357。唐君毅也主张载的《西铭》，强调儒家的孝具有超越自我、通向对宇宙天地乾坤之向度，但同样强调人只能透过对父母之孝思以展现对宇宙天地之孝思。见唐君毅，《文化意识与道德理性》（香港：友联出版社，1958），页48—52。
② 关于朱熹说人物并天地间，同禀天地理气，但唯人得形气之正，故其心最灵等，见朱熹注，《西铭》，收入费余怀，《性理汇编》（清刊本，日本内阁文库藏），页2a。
③ 朱子肯定儒家伦常关系的意涵，与其辟佛的立场相符。日本学者室鸠巢在《西铭详义》中也发挥程、朱之说，并反驳佛教："若特以天地为父母而平视己之父母，则其弊恐陷于二本兼爱乃已，且如浮屠以佛为父母，而以其父母为假，亦其误之甚者也。"见室鸠巢，《西铭详义》（日本天明四年刊本，日本内阁文库藏），页5b。

观子厚所作《西铭》，能养浩然之气者也。①

人本与天地一般大，只为人自小了，若能自处以天地之心为心，便是与天地同体，《西铭》备载此意，颜子克己，便是能尽此道。②

《西铭》只是要学者求仁而已。③

基本上，程门学者都认为《西铭》讲人之体性禀自天，亦即天道性命相贯通之义，故能把人的视野和精神层次提升到乾坤父母的高度，以天地之心为心。人若真能识仁、求仁，养浩然之气而充极乐天践形、穷神知化之妙，便是学圣的旨归，故《西铭》即是一部指引圣学旨归的文本。程子甚至说人若能依《西铭》，到充得尽时，便是圣人④。朱熹也强调《西铭》的要旨在"天地之塞，吾其体；天地之帅，吾其性"两句，他说人若能体会自身禀受天地之正气，性体与天道相贯通，与天地万物相联属，便是学的关键，由此才能继志践形以事天⑤。

从以上的引述，我们也清楚看见：对程门学者而言，《西铭》的主旨并不在说孝或教人行孝，而是阐明人与天道之关系，让人能反身求仁。朱子也特别强调不能将乾坤父母与自身父母，或将事亲与事天混为一谈。尽管《西铭》中确实说及事亲之事，但朱子说那

---

① 张载，《张子全书》，卷1，页12b。
② 此为尹焞之言，见张载，《张子全书》，卷1，页12b。
③ 此为杨时之言，见张载，《张子全书》，卷1，页13a。
④ 程颢、程颐，《河南程氏遗书》，卷18，收入《二程集》，册1，页196。
⑤ 黎靖德编，《朱子语类》，卷98，页2520—2521。

只是一种譬喻,只是借事亲来形容事天①。我们从以下朱子与门人的对话,可以清楚地看见这一点:

> 林闻一问:"《西铭》只是言仁、孝、继志、述事。"
> (朱子)曰:"是以父母比乾坤,主意不是说孝,只是以人所易见晓者,明其所难晓者耳。"②

朱子又说:

> 他(案指《西铭》)不是说孝,是将孝来形容这仁,事亲底道理,便是事天底样子。③
>
> 《西铭》本不是说孝,只是说事天,但推事亲之心以事天耳。④

可见朱子并不认为《西铭》的旨意与"孝"有关,即使《西铭》的文字说及父母、兄弟,具有宗法制度下孝的意涵,但这被理解为一种譬喻的手法,目的是要通过人所熟悉的孝道人伦来阐明较难理解的"仁"。

综上所论,程、朱所理解的《西铭》,其旨意并非在说"孝",它是一部文气磅礴、阐明"理一分殊"、天道性命相贯通之义,能

---

① 朱子与门人问答,问:"横渠只是借那事亲底来形容事天做个样子否?"曰:"是。"黎靖德编,《朱子语类》,卷98,页2525。
② 黎靖德编,《朱子语类》,卷98,页2521。
③ 黎靖德编,《朱子语类》,卷98,页2526。
④ 黎靖德编,《朱子语类》,卷98,页2522。

指示学者循天理、反身求仁的重要文本。程、朱的观点相当程度地主导了元、明以后的论述，成为《西铭》诠释史上极重要的声音，无论饶鲁、吴澄（1249—1333）①，或薛瑄（1389—1464）②均明显承袭了程、朱的看法。这情形要直到晚明，随着《孝经》学的兴盛，才有了变化。

（二）《西铭》说孝

在《西铭》的诠释史上，晚明出现了新的发展，一种有别于程、朱的新观点酝酿而生。此时《西铭》《孝经》两个文本经常被相提并论，并以《西铭》解释《孝经》经文。在这种趋势下，《西铭》与"孝"的关系变得愈来愈密切，不可能再像程、朱所言，《西铭》不是一部说孝的文本。以下仅举明清之际《西铭》与《孝经》合论的例证进一步说明。

晚明虞淳熙（1553—1621）的《宗传图》（附图一）记录了历代对《孝经》学有贡献的帝王、圣贤与学者，是一幅以孝为核心价值的学统之图，也是虞淳熙心目中的文明传承系谱，对于每位受到图记的人物，虞淳熙均有文字加以说明③。在《宗传图》中，张载被置放在核心的位置，上承孔、曾、思、孟，下启王阳明。对于张

---

① 见张载，《张子全书》，卷15，页7b—10a。
② 薛瑄："张子《西铭》理一分殊，指仁义而言，《西铭》示人以求仁之体，专言之仁也。"、"《西铭》大旨即孟子存心养性所以事天之意。"又说："朱子太极、《西铭》解至矣尽矣。"薛瑄，《读书续录》，卷5，页16b、20a；卷3，页20a，收入《景印文渊阁四库全书》（台北：台湾商务印书馆，1985），册711。
③ 关于虞淳熙的孝论及《宗传图》的讨论，见吕妙芬，《晚明〈孝经〉论述的宗教性意涵：虞淳熙的孝论及其文化脉络》，《"中研院"近代史研究所集刊》，期48（2005年6月），页1—46。

载何以能够居此核心地位,虞淳熙有所说明:

> 张子,名载。《西铭》一书明事亲、事天之孝,此《孝经》之正传,即天明地察语也。①

可见张载之所以能够在"孝"的宗传系谱上占据中心地位,主要取决于《西铭》。虞淳熙将《西铭》定位为《孝经》之正传,认为其阐述事亲、事天之孝,正符合《孝经》经文"昔者明王事父孝,故事天明;事母孝,故事地察;长幼顺,故上下治。天地明察,神明彰矣"的意涵。

同样的看法也反映在杨起元(1547—1599)的《孝经引证》中。《孝经引证》的写法是先引述古籍中有关孝的言论或事迹,再引一段《孝经》经文呼应之。杨起元在《孝经引证》中抄录了《西铭》全文,文末所附的经文也是:"事父孝,故事天明;事母孝,故事地察。"②我曾在另一文章中讨论杨起元对"孝"与《孝经》的看法与虞淳熙十分接近③,此处也再度印证两人以《西铭》配《孝经》的观点是相一致的。

吕维祺(1587—1641)的《孝经大全》中包含《古今羽翼孝经姓氏》一章,首列明太祖、成祖、宣宗、崇祯四位极力表彰孝道

---

① 虞淳熙,《宗传图》,收入朱鸿,《孝经总类》,申集,页2b,见《续修四库全书》编纂委员会编,《续修四库全书》(上海:上海古籍出版社,2002),册151。
② 杨起元,《孝经引证》(台北:艺文印书馆,1965),页26a。
③ 吕妙芬,《晚明〈孝经〉论述的宗教性意涵:虞淳熙的孝论及其文化脉络》,《"中研院"近代史研究所集刊》,期48。

的明代帝王，再依次列举历代表彰《孝经》有贡献的帝王和儒臣。其中大多数的儒臣都是因为注疏《孝经》而得以留名，但张载却因《西铭》而被认为是羽翼《孝经》者，吕维祺对此安排说明如下："张载，著《西铭》以天地为大父母，明大孝之理。"①吕维祺在《孝经大全》中也同样引述《西铭》全文以批注经文，并强调《西铭》阐发了"孝弟即事天""神明孝弟不是两事"的道理②。另外，温纯（1539—1607）曾为朱鸿《孝经总类》作序③，他在阐述孝之于教与学的重要性后，也说《孝经》和《西铭》同载此理④。

清初《孝经》学虽然在诠释观点上有明显的变化⑤，但是学者以《西铭》注释《孝经》的做法则持续，例如李之素的《孝经内传》⑥引录《西铭》全文，并附以朱子、饶鲁、吴澄对《西铭》的评论；吴之騄（1638—1709）的《孝经类解》亦然，并明确说"《西铭》一篇，《孝经》之义疏也"⑦，应是（1638—1727）的

---

① 吕维祺，《古今羽翼孝经姓氏》，《孝经大全》，卷首，页12a，收入《续修四库全书》（上海：上海古籍出版社，2002），册151。
② 吕维祺，《古今羽翼孝经姓氏》，《孝经大全》，卷11，页5a—6b。
③ 见朱鸿辑，《孝经总类》，子集，页6a—8b。
④ 温纯，《赠雷公偕寿序》，《温恭毅集》，卷8，页41a，收入《景印文渊阁四库全书》（台北：台湾商务印书馆，1985），册1288。
⑤ 主要变化在于从阳明学观点转向程朱学，参见吕妙芬，《晚明到清初〈孝经〉诠释的变化》，收入林维杰、邱黄海编，《理解、诠释与儒家传统：中国观点》（台北："中研院"中国文哲研究所，2010），页137—191。
⑥ 此书《内传》采孝子之嘉言，《外传》采孝子之实行，合正文，共六卷。著于康熙十五年（1676）左右，出版约在康熙六十年（1721）。见李之素，《序》，收入氏辑，《孝经内外传》，页1a—3b，见《续修四库全书》（上海：上海古籍出版社，2002），册152。
⑦ 吴之騄，《孝经类解》，卷16，页2a，收入四库全书存目丛书编纂委员会编，《四库全书存目丛书》（台南：庄严文化事业公司，1997），经部，册146。《孝经类解》出版于康熙三十年（1693），是一部博采经、史、子、集以验经文，体制内容博杂之书。

《读孝经》同样以《西铭》注《感应章》①。康熙朝颁布的《御定孝经衍义》在"衍至德之义"中也征引《西铭》全文及朱子的解释，负责修纂的朝臣并加按语曰②：

> 臣按：经曰圣人之德，无以加于孝。《西铭》之作，惟以孝子之事亲，明仁人之事天，亦言乎无可加也。但以事亲为事天之样子，而无余事矣。先儒谓《通书》言诚，《西铭》言仁，臣以为《西铭》一书乃经文"事父孝，故事天明；事母孝，故事地察"之敷言耳。③

可见叶方蔼（1629—1682）等修撰《御定孝经衍义》的学者，亦认为《西铭》适切地发挥《孝经》经文的意涵，而将两个文本相提并论。

康熙朝的雷于霖对于《西铭》有深刻的体悟和重视④，并著有

---

① 应是的《读孝经》始著于康熙五十九年（1720），雍正四年（1726）成书。注引《西铭》，见应是，《读孝经》，卷4，页16b，收入《四库全书存目丛书》，经部，册146。
② 负责修纂《御定孝经衍义》的儒臣主要为叶方蔼、张英、韩菼。
③ 叶方蔼等编，《御定孝经衍义》，卷2，页5b—6a，收入《景印文渊阁四库全书》（台北：台湾商务印书馆，1985），册718。
④ 雷于霖，字午天，又字柏霖，朝邑举人。著有《孝经神授篇》，未见。据其自述，他自从获得《西铭》后，"每日之间，或立而诵之、或坐而诵之、或夜卧而诵之，至月朔月望则跪而诵之。每诵一句，即现一境，即生一心，俨若乾父坤母之在上，宗子家相之在侧，圣德賢秀者继其志而述其事，老幼茕疾者企其养而告其苦，令我生尊敬心，生哀矜心，生一切密修实证心，惟恐为悖贼，为不才，以忝吾所生。"见雷于霖，《西铭续生篇序》，《雷柏霖西铭续生篇》（清道光乙未年朝邑刘氏刊本，"中研院"傅斯年图书馆藏），卷首，页1a—b。雷于霖的传，见张骥，《关学宗传》，卷3，页1b—2a，收入四川大学古籍整理研究所编，《儒藏》（成都：四川大学出版社，2008），史部，册164。

《西铭续生篇》,他也将《西铭》和《孝经》合论比观。在《西铭孝经合解本意》一文中,他说《孝经》言孝子事亲事,《西铭》言仁人事天事;他认为事亲即事天之义,事天之"诚"与事亲之"敬",是消解欺慢、远离罪过、招致百福的关键,故以二书合解便能理会圣人所教导的"至德要道"①。另外,朱用纯(1627—1698)为纪念父亲朱集璜(?—1645),每日"晨起谒家祠,退即庄诵《孝经》"②,他也经常手抄《孝经》送人③,我们从彭绍升(1740—1796)《柏庐朱先生字册跋》一文可知,朱用纯曾将《孝经》《西铭》两文一并书写④,此应也反映当时学者普遍将两个文本合观并论的情形。

另外,我们从学者的文集也看到不少将两个文本合论的情形,例如董其昌(1555—1636)说若欲为《孝经》下注,则"张横渠《西铭》尤是一家眼目"⑤;黄道周(1585—1646)说:"《订顽》

---

① 雷于霖,《西铭孝经合解本意》,《雷柏霖西铭续生篇》,页19a—b。
② 彭绍升,《二林居集》(台北:石门图书公司,1976),卷19,页8b。类似之语亦见《苏州府志》中的《朱柏庐先生传》与彭定求的《朱柏庐先生墓志铭》。见朱用纯编,金吴澜补编,李祖荣校辑,《朱柏庐先生编年毋欺录》,收入北京图书馆编,《北京图书馆藏珍本年谱丛刊》(北京:北京图书馆出版社,1998),册77,页370、388。
③ 因为父亲生前手书《孝经》教导他们兄弟,告诉他们《孝经》的教诲是列祖列宗以为传家之要,故朱用纯不仅妥善保存父手书的《孝经》,以为传家之宝,也仿效父亲的做法,经常手书《孝经》赠人,后又在门人的要求下,将所书《孝经》镌诸石,便于传播。朱用纯,《石刻孝经跋》,《愧讷集》(民国十八年刊本,"中研院"傅斯年图书馆藏),卷10,页13a—14b。
④ 彭绍升,《柏庐朱先生字册跋》,《二林居集》,卷9,页3b—4a。
⑤ 见张照、梁诗正等著,《石渠宝笈》,卷3,页21b,收入《景印文渊阁四库全书》(台北:台湾商务印书馆,1985),册824。

之戒戏妄，与四勿同规；《西铭》之阐爱敬，与《孝经》同旨。"①孙承泽（1592—1676）说："横渠《西铭》极得《孝经》大意。"②王夫之（1619—1692）对《西铭》的诠释，亦有别于程、朱，特别强调"以孝道尽穷神知化之致"的一面，认为"孝"是《西铭》的核心意旨③。

许三礼（1625—1691）也曾阐明《西铭》与《孝经》同旨，曰：

> 及细读张子《西铭》一篇，其言父天母地、仁民爱物之意，实与《孝经》一书相为表里。……《孝经》自天经地义竖起，《西铭》亦自乾父坤母溯来，此是□□□自始处。《孝经》以孝事父母为明天察地，以孝□□□为通于神明，《西铭》以穷神为善继，以知化为善述，□归于存顺殁宁，此是说亲所自终处。《孝经》谓爱亲不敢恶于人，敬亲不敢慢于人，谓教孝以敬人父，教弟以敬人兄。《西铭》言民吾胞、物吾与，言长其长、幼其幼，言兄弟颠连而无告，此是说亲所自推处。窃尝三复此旨，始信敬天敬地，当如亲父亲母；其事父事

---

① 黄道周，《洪尊光箴》，《黄石斋先生文集》，卷13，页15a，收入《续修四库全书》（上海：上海古籍出版社，2002），册1384。又孙承泽记黄道周书《孝经》云："《孝经》后复书《西铭》，先生云：'看《孝经》如食米稻，要下盐豉者，且看《西铭》。'"见孙承泽，《庚子销夏记》，卷7，页26b，收入《景印文渊阁四库全书》（台北：台湾商务印书馆，1985），册826。
② 孙承泽，《庚子销夏记》，卷7，页26b。
③ 王夫之，《乾称篇》，《张子正蒙注》，卷9，收入《船山全书》，册12，页353。王夫之对朱子之批评，见注22。

母，当如高天厚地。①

许三礼的思想具有明显超越的向度，他认为学的目的是要能奉天治民，发挥参天地化育之功，他所追求的是一种能够学贯天人、德格幽明、顺天治民、通权达变的超凡见识；但他同时也强调"施由亲始"，即由孝弟入手，再逐渐扩充，以仁孝达天的为学历程。故其论学往往以事亲事天、仁人孝子并论，每天自省的十六句《心铭》亦明白揭示此意："小心翼翼，昭事上帝，上帝临汝，毋贰尔心。父兮母兮，生我劬劳，欲报之德，昊天罔极。"②他从《西铭》读出与《孝经》互为表里的思想，也正是他自己思想的投射，主要表达的是，相信人之孝弟乃禀赋自天地的本性，人对父母的敬爱与慎独敬天之心并无二致，故修身养性与行孝只是一事，即所谓："仁人为能飨帝与孝子为能飨亲，总是一气相通，一诚所感，何尝有二？"③

李光地（1642—1781）在《进性理精义表》中也说道："体仁

---

① 许三礼，《圣学》，《海昌讲学会语》，收入氏著，《天中许子政学合一集》，卷1，页8b—9b，收入《四库全书存目丛书》（台南：庄严文化事业公司，1997），子部，册165。
② 许三礼，《海昌讲学集注》，收入《天中许子政学合一集》，页1a—11b；《北山问答》，收入《天中许子政学合一集》，页1a—26a；《圣学》，《海昌讲学会语》，《天中许子政学合一集》，卷1，页9b。关于许三礼之学，参见王汎森，《明末清初儒学的宗教化——以许三礼的告天之学为例》，《新史学》，卷9期2（1998年6月），页89—122；吕妙芬，《做为仪式性文本的〈孝经〉：明清士人〈孝经〉实践的个案研究》，《"中研院"近代史研究所集刊》，期60（2000年6月），页1—42。
③ 许三礼，《圣学》，《海昌讲学会语》，《天中许子政学合一集》，卷1，页8b—9a。

孝者,莫如《西铭》,乃《孝经》之要义。"①他明确地联系《西铭》和《孝经》两个文本,并指出朱熹未能见此:

> 程、朱极推《西铭》,不知却从《孝经》脱出。如云:"事父孝,故事天明;事母孝,故事地察。"是"乾坤大父母"也;"通于神明"即"穷神达化,以继志述事"也;"光于四海"即"民胞物与"也。②

李光地又说:

> 前儒谓《西铭》乃《原道》宗祖,吾谓《孝经》又《西铭》宗祖。③
> 《西铭》是一部《孝经》缩本,缩得好。……《孝经》是就孝上说全了为人的道理,《西铭》是从孝上指点出一个仁来,知乾坤一大父母,则天下一家,生意流通矣。④

另外,张叙(1690—1775)著有《孝经精义》,曾说:"周子《太极图说》、张子《西铭》,尤抉《孝经》之精蕴焉。"⑤他在

---

① 李光地,《进性理精义表》,《榕村集》,卷25,页9a,收入《景印文渊阁四库全书》(台北:台湾商务印书馆,1985),册1324。
② 李光地,《孝经》,收入氏著,陈祖武点校,《榕村语录》(北京:中华书局,1995),卷17,页303。
③ 李光地,《榕村语录》,卷17,页304。
④ 李光地,《宋六子二》,《榕村语录》,卷19,页32。
⑤ 张叙,《孝经精义》,册1,页1b—2a,收入《续修四库全书》(上海:上海古籍出版社,2002),册152。

《孝经或问》中也同样将《西铭》与《孝经》经义互观比论①。

综上所论,程、朱认为《西铭》的主旨并不在说孝,而是借孝以说仁体,这种看法到了晚明出现了明显的变化,不少《孝经》注释书与学者的言论,都明确将《西铭》与《孝经》合论,并以《西铭》诠释《孝经》经义。在这样的论述脉络里,《西铭》也有了新的意涵,除了指涉仁体,它更成为一部论述"孝"的重要文本。

三、晚明的"仁孝"论述

为什么晚明对《西铭》的诠释会出现如此的变化?这样的变化在怎样的学术思想脉络中发生?这是本节主要讨论的内容。我认为这主要与当时有一股《孝经》学复兴的风潮,以及学者们普遍以阳明学观点,尤其是以罗汝芳的思想来诠释《孝经》有关。关于晚明《孝经》学复兴的历史,我已在其他文章中讨论。简言之,十六世纪末从浙江一带开始涌现一股搜集《孝经》版本、论述并出版《孝经》、提倡《孝经》学的风潮,学者们也屡次上疏朝廷要求应重视《孝经》并将其纳入科举考试范围。在阐释《孝经》方面,除了强调此书对政教的重要性,传统纬书和宗教意涵的论述与实践也有复苏迹象,并相当程度地以阳明学作为诠释观点②。由于晚明学者经常引《西铭》以注释《孝经》,故我认为《孝经》学的复兴是造成两个文本被合论的重要学术背景,亦即当学者更深刻思索、阐释

---

① 张叙,《孝经或问》,收入《孝经精义》,册6,页4a—b。
② 吕妙芬,《晚明士人论〈孝经〉与政治教化》,《台大文史哲学报》,期61(2004年11月),页223—260;吕妙芬,《晚明〈孝经〉论述的宗教性意涵:虞淳熙的孝论及其文化脉络》。

《孝经》时,《西铭》提供给他们一个深化孝义的重要文化资源。

既然《西铭》主旨在讲究仁体,现在又被频频用以诠释"孝"义,此是否意谓晚明学者对仁孝关系的诠释也有新的看法?为了回答此问题,下文将首先讨论阳明后学对于仁孝的论述,再进一步检视学者们对《论语》"孝弟也者,其为仁之本与"的批注内容,说明晚明在《论语》解释上也出现类似的变化。

(一)阳明后学的"仁孝一体"论述

阳明学泯除体用二元,强调即体即用的为学特色,在仁孝的论述上也清楚可见。不过就反对程、朱对仁孝的解释这方面而言,在王阳明(1742—1528)本身的言论中还不太明显,到了阳明后学罗汝芳、焦竑(1541—1620)、杨起元,则愈发明显,他们的观点也清楚反映在晚明学者对《论语》"孝弟也者,其为仁之本与"的注释中。本节先整理阳明后学对于仁孝的论述,再进入对《论语》注释的讨论。

王阳明的《年谱》记载他学道历程中的一个重要转折,即在修行中始终无法放下对祖母及父亲的爱念,在因循未决之际,他终于领悟到:"此念生于孩提,此念可去,是断灭种性矣。"①亦即体悟到人的孝思是根于本性,不可断绝,此也正是人之所以为人的根本。也因此,王阳明终于从释、道二氏回转,持定儒家的立场,后来他也以此本具的"爱亲本性"指示坐关的禅僧,令其归家②。可

---

① 《王阳明年谱》,收入王守仁著,吴光、钱明、董平、姚延福编校,《王阳明全集》(上海:上海古籍出版社,1992),册下,页1226。
② 《王阳明年谱》,收入王守仁,《王阳明全集》,册下,页1226。

见对王阳明而言,爱亲和孝思的确是良知性体的内涵,他说:

> 知是心之本体,心自然会知,见父自然知孝,见兄自然知弟。……此便是良知,不假外求。①
>
> 盖良知只是一个天理自然明觉发见处,只是一个真诚恻怛,便是他本体,故致此良知之真诚恻怛以事亲便是孝。②

亦即良知心体具有明觉的能力,在不受蔽的情况下,能够直接自然地"见父知孝",良知的道德内涵得以全体朗现。由此可见,在阳明思想中,"孝"作为良知心体的意涵,其意义是不同于程、朱的理解③。尽管如此,王阳明并没有反驳程、朱以体用说仁孝的观点,反而明白表示赞同程子的说法,他说:

> 明道云④:"行仁自孝弟始,孝弟是仁之一事。谓之行仁之本则可,谓是仁之本则不可。"其说是矣。⑤

到了阳明后学,我们则愈多看见学者着力阐发"孝"的本体

---

① 陈荣捷,《王阳明传习录详注集评》(台北:学生书局,1983),页40。
② 陈荣捷,《王阳明传习录详注集评》,页270。王阳明又说:"孟氏'尧舜之道,孝弟而已'者,是就人之良知发见得最真切笃厚,不容蔽昧处提省人。"同前书,页271。
③ 此处虽然使用了代表心体发用的语言,但在阳明思想中,体用一元,是不同于程、朱理学体用二元的架构。参见陈来,《有无之境——王阳明哲学的精神》(台北:佛光文化事业公司,2000),第4章。
④ 从《朱子语类》所记朱子与门人的讨论看来,此应为程颐之言。黎靖德编,《朱子语类》,卷20,页471—479;卷119,页2870。《河南程氏遗书》亦标为伊川语,见程颢、程颐,《河南程氏遗书》,卷18,收入《二程集》,册1,页182。
⑤ 陈荣捷,《王阳明传习录详注集评》,页271。

义,并且更明确反驳程、朱的看法。尤其罗汝芳和弟子杨起元有极突出的表现,罗汝芳曾说:

> 孝弟之不虑而知,即所谓不思而得也。……孝弟之不学而能,即所谓不勉而中也。故舍孝弟之不虑而知,则尧舜之不思而得必不可至;舍孝弟之不学而能,即尧舜之不勉而中必不可求。①

又说:

> 彼赤子之出胎而即叫啼也,是爱恋母之怀抱也,孔子却指此爱根而名之为仁,推充此爱根以为人,合而言之曰,仁者人也,亲亲为大。②

对罗汝芳而言,爱亲敬长的孝弟是与天俱来的,此即是赤子之心,亦即不学不虑的良知本体。故儒家圣贤之学的根基即在孝弟,儒家所谓求仁、复初之学,也离不开孝弟,亦可说孝的工夫即本体的工夫。《孝经宗旨》也记载罗汝芳与弟子曾有如下的问答:

> 问:"仁与孝亦有别乎?"罗子曰:"无别也。孔子云仁

---

① 罗汝芳著,杨起元辑,《孝经宗旨》(台北:艺文印书馆,1965),页33a。
② 罗近溪,《盱坛直诠》(台北:广文书局,1977),卷上,页32a。罗汝芳又说:"圣门宗旨的在求仁,而曰仁者人也,亲亲为大。夫人生之初,则孩提是矣,孩提所知,则爱其亲,敬其长焉是矣,爱敬不失其初,则举此加彼,自可达之人人,联属家国天下以成其身。"见同书,卷上,页9b。

者人也，盖仁是天地生生之大德，而吾人从父母一体而分，亦纯是一团生意，故曰形色天性也，惟圣人而后能践形。……人固以仁而立，仁亦以人而成，人既成，即孝无不全矣。故生理本直，枉则逆，逆非孝也。生理本活，滞则死，死非孝也。生理本公，私则小，小亦非孝也。"①

罗汝芳晚年讲学以"孝弟慈"为宗旨，他以《周易》"生生"的原理作为孝弟的根源，也因此将"孝"提升到宇宙本体论的层次立说，而人与生俱有的爱亲之情则是天地生生道体的体现。他说人之生禀赋自此生生道体，故"纯是一团生意"，天赋予人的孝也是生生道体的内涵，圣人道德性命的完满只在能充分体践此天赋的形色而已，亦可说只是孝德的完满彰显而已，任何有违于生生道体的表现，则是"非孝"。也因此，他明确表述了仁、孝无别的立场②。

对于罗汝芳"孝"的观点，杨起元评论道：

若吾罗子所说孝道，直究根原，本之不学不虑，则包裹六极，兼总万法，深乎深乎，未可以寻常测矣。③

故其（案即罗汝芳）言孝也，以仁言孝；其言仁也，以孝言仁。④

---

① 罗汝芳，《孝经宗旨》，页29b—30a。
② 关于罗汝芳孝弟慈的思想，参见陈来，《宋明理学》（上海：华东师范大学出版社，2003），页290—292；吴震，《罗汝芳评传》（南京：南京大学出版社，2005），页211—223。
③ 杨起元，《孝经序》，《太史杨复所先生证学编》（东京：高桥情报，1990），卷4，页4a。
④ 罗汝芳，《孝经宗旨》，页41a，卷末杨起元识语。

杨起元自己也完全认同罗汝芳的观点，说道："性体莫大乎孝弟，而推至于经礼三百、曲礼三千，中和位育皆性体之自然。"①他选辑了罗汝芳论孝与仁的文字，完成《孝经宗旨》《识仁编》《仁孝训》等书②，并在《仁孝训序》中，清楚阐明仁孝一旨的道理③。当时与他一同讲学的朋友们在获悉其论之后，也都认同了这样的看法，并发出"孝者，仁之本也"之叹④。

焦竑也持同样的看法，他在《焦氏笔乘》中曾引述罗汝芳论孝之言⑤。他认为孝弟、仁、良知、礼这些名词所指涉者并没有本质上的差别，所不同的只是名称。焦竑说："盖人心一物，而仁也，良知也，孝弟也，则皆其名耳。""仁者，一名孝弟，一名良知，一名礼。"⑥

清初的潘平格（1610—1677）学问受到罗汝芳深刻的影响，也十分重视《孝经》⑦，他对于"孝"的论述，同样具有形上本体义。他说：

---

① 杨起元，《太史杨复所先生证学编》，卷2，页12b。
② 杨起元，《太史杨复所先生证学编》，卷4，页6a—11a。
③ 《仁孝训序》："赤子之心知有父母而已，不亦孝乎。赤子之心不失，即可以为大人，是孝固所以成其仁也；惟至于大人，然后能不失赤子之心，是仁又所以成其孝也。然则仁与孝一而已矣，必兼举而言之，其义始备。"杨起元，《太史杨复所先生证学编》，卷4，页10a—b。
④ 杨起元，《太史杨复所先生证学编》，卷4，页11a。
⑤ 焦竑，《罗先生论仁孝》，收入氏著，李剑雄点校，《焦氏笔乘》（上海：上海古籍出版社，1986），卷4，页139。
⑥ 焦竑著，李剑雄点校，《澹园集》（北京：中华书局，1999），卷12，页87—88。
⑦ 关于潘平格之学，参见方祖猷，《论潘平格的求仁哲学》，收入朱子学刊编辑部编，《朱子学刊》（合肥：黄山书社，1991），总辑4，页121—136；王汎森，《潘平格与清初的思想》，《晚明清初思想十论》（上海：复旦大学出版社，2004），页291—329；吕妙芬，《做为仪式性文本的〈孝经〉：明清士人〈孝经〉实践的个案研究》。

盖孝弟乃孩提稍长不学不虑之真心，本浑然天地万物一体，学者但能纯心于爱亲敬长，则不忍之心盎然满腔，浑然一体，真性全体贯彻，故孝弟乃为仁之本。①

潘平格又说：

只一孝已尽仁，故孟子曰："亲亲仁也。"曰："仁之实，事亲是也。"尽力于孝弟，只是求仁，故有子曰："孝弟也者，为仁之本。"②

学孔孟之道，止竭力于孝弟尽之，孝弟乃人子人弟之本分，孝弟只求仁复性之工夫。……呜呼，夫孰知愚之言孝言弟，语语性善之面目，字字仁义之良心乎。夫孰知愚之言孝言弟，语语圣学之真脉，字字儒道之骨髓乎。③

由引文可见，潘平格和罗汝芳一样，都把孝弟等同于不学不虑的良知本体，与仁体并无差别。圣学求仁复性的工夫，都本于孝弟，圣学真谛亦不离日用人伦，故有所谓"人伦即性，尽人伦即尽性"之说。这种本于日用人伦处说道体的学问，便是晚明泰州讲学的重要特色，在他们的论述中，作为人伦之首的"孝"更是生生道

---

① 潘平格，《潘子求仁录辑要》，卷6，页1b，收入《四库全书存目丛书》（台南：庄严文化事业公司，1997），子部，册19。潘平格又说："爱亲敬长为不学而能之良能，不虑而知之良知，则自不当舍爱亲敬长而别求心性；爱亲敬长即是仁义，则自不当舍爱亲敬长而别求妙道；即此爱亲敬长达之天下，则自不当舍爱亲敬长而别有政教。"同前书，卷6，页5b。
② 潘平格，《潘子求仁录辑要》，卷6，页20a。
③ 潘平格，《潘子求仁录辑要》，卷6，页21b。

体的同义词。

另外，我们从王夫之的批评亦可见晚明仁孝一体的论述精神，王夫之说阳明的心学传统，倾向将"仁与孝弟并作一个"，当孝被提高到本体的层次（以孝弟慈为明德），孝的工夫便等同求仁尽性的本体工夫，而"保赤子之心"之尽孝、尽弟、尽慈即被许为明明德。王夫之认为如此并不能解释何以历史上许多孝子于他德仍有亏欠，并非全德之备者，亦即反对把孝的范围扩大到涵括众德。王夫之又指出阳明心学学者倾向越过身、家、国之实践次第，以及儒家讲究由近而远之推致工夫，转而强调立志"明明德于天下"的大襟怀，他批评这样的思想是心学乱禅的表现，是"屈孟子不学不虑之说以附会己见，其实则佛氏呴呴呕呕之大慈大悲而已"①。此处王夫之虽没有直接点名罗汝芳，但从其批评的内容很清楚可知罗汝芳等晚明泰州学思想是其批评的主要对象，其批判的内容也反衬了晚明阳明心学某种论孝的特点：把孝提升到本体义而涵盖众德、孝的工夫即本体工夫、以心体工夫涵括一切工夫，遂导致抹杀儒家层层推致、理一分殊的精神，甚至无视（或颠倒）人伦家国之间渐进的实践次第。

晚明这种具形上本体义之孝的思想被充分援引以诠释《孝经》，形成当时《孝经》论述的重要观点。例如，虞淳熙就把"孝"提升到宇宙自然和人间应然秩序的源头，认为人若能体认自己是太虚之遗体，便会发现天地间无处不能尽孝，无处不能遇本生

---

① 王夫之，《读四书大全说》（北京：中华书局，1975），册上，页38—39。王夫之所批判的晚明心学现象，可参见吕妙芬，《儒释交融的圣人观：从晚明儒家圣人与菩萨形象相似处及对生死议题的关注谈起》，《"中研院"近代史研究所集刊》，期3（1999年12月），页165—207。

父母,其《全孝心法》基本上即斋戒洗心的心性工夫,并不讲究日常孝行,也不强调行孝的对象①。

(二)"孝弟也者,其为仁之本与"的解释

晚明阳明后学的仁孝观点不同于程、朱,反映在《孝经》注释中,也反映于《西铭》与《孝经》合论的现象上。下文将进一步考察《论语》"孝弟也者,其为仁之本与"的注释内容,查看是否也出现类似的观点变化。在进入讨论晚明注释内容之前,我们有必要简要说明前代学者的诠释,尤其是程、朱的看法。首先,何晏(190—249)《论语集解》、皇侃(488—545)《论语义疏》和邢昺(932—1010)《论语注疏》,都是就行为层次言"孝是仁之本",即仁道之成就以孝弟为基础,他们对于"仁"的理解主要是"推爱及物"之仁道,"孝"则指善事父母②。到了宋明理学,因引入体用、理气、形上和形下等观念重新诠释儒学经典,也创发了许多新的看法,对于仁孝的论述便是一例③。程、朱基本上是以体用、性情二分的架构来了解仁孝关系,这一点我们从以下程颐和门人的问答,可清楚看出:

---

① 吕妙芬,《晚明〈孝经〉论述的宗教性意涵:虞淳熙的孝论及其文化脉络》。
② 何晏集解,邢昺疏,《论语注疏》(台北:艺文印书馆,1982),卷1,页2b。皇侃说:"善事父母曰孝,善事兄长曰弟。"并引王弼:"自然亲爱为孝,推爱及物为仁。"见姚永朴著,余国庆点校,《论语解注合编》(合肥:黄山书社,1994),页9;程树德著,程俊英、蒋见元点校,《论语集释》(北京:中华书局,1990),页15。另外,汉、唐学者也有将"仁"解释为"人",即孝弟是为人之本。明末的王恕和清代的许多学者也采此解释,见程树德,《论语集释》,卷1,页10—16。
③ 从汉、唐到二程的不同诠释,见刘玉敏,《二程对"孝悌其为仁之本"的解读及其伦理意义》,《兰州学刊》,2007年第4期,页15—16。

> 问:"孝弟为仁之本,此是由孝弟可以至仁否?"曰:"非也,谓行仁自孝弟始。盖孝弟是仁之一事,谓之行仁之本则可,谓之是仁之本则不可。盖仁是性也,孝弟是用也,性中只有仁、义、礼、智四者,几曾有孝弟来。仁主于爱,爱莫大于爱亲,故曰:'孝弟也者,其为仁之本欤。'"①

对程颐而言,仁、义、礼、智是属于性体的内容,其中"仁"又总括其他三端,故"仁"可说是"性"的等同词,其他喜、怒、哀、乐、爱、恶、欲都是情,不属性体。孝是爱亲之情,不能混同于性体之仁,故程颐明白表示:"仁是性也,孝弟是用也";"(性中)曷尝有孝弟来"。又因严格区分体用和性情,程颐也不认为从属情的孝弟出发,人可以体悟性体。

朱熹承袭了程颐的看法,也说:

> 仁者,爱之理。只是爱之道理,犹言生之性,爱则是理之见于用者也。盖仁,性也,性只是理而已。爱是情,情则发于用。性者指其未发,故曰:"仁者,爱之理。"情即已发,故曰:"爱者,仁之用。"②

基于这样的想法,程、朱对《论语》"孝弟也者,其为仁之本与"的解释,也必然有些曲折。关键就在"为仁"两个字,此处"为"不训作"是",即不解读为"孝弟是仁之本",而是以"行

---

① 程颢、程颐,《河南程氏遗书》,卷18,收入《二程集》,册1,页183。
② 黎靖德编,《朱子语类》,卷20,页464。类似的许多解说,可见同卷。

仁"训"为仁",并以"始"训"本",故解读为：孝弟是行仁之始。程颐对此有详细的说明：

> "孝弟也者，其为仁之本与。"非谓孝弟即是仁之本，盖谓为仁之本当以孝弟，犹忠恕之为道也。①
>
> 孝弟于其家，而后仁爱及于物，所谓亲亲而仁民也，故为仁以孝弟为本，论性，则仁为孝弟之本。②

简言之，程、朱是从道德实践的角度来论述，强调孝弟是行仁之始，此亦完全符合儒家"亲亲而仁民，仁民而爱物"的理想③。根据《朱子语类》的记载，朱熹在与门人的对话中，解说的重点也多放在实践的行为上，说明如何从孝弟起始，逐渐扩大实践者的胸怀去落实亲亲、仁民、爱物。例如：

> 或问："孝弟为仁之本。"曰："这个仁是爱底意思，行爱自孝弟始。"又曰："亲亲、仁民、爱物三者，是为仁之事。亲亲是第一件事，故'孝弟也者，其为仁之本与'。"④

---

① 程颢、程颐，《河南程氏外书》，卷17，收入《二程集》，册1，页395。程子又说："'孝弟也者，其为仁之本与'，言为仁之本，非仁之本也。"见程颢、程颐，《河南程氏遗书》，卷11，收入《二程集》，册1，页125。
② 程颢、程颐，《河南程氏经说》，卷6，收入《二程集》，册2，页1133。
③ 故朱熹说："盖能孝弟了，便须从此推去，故能爱人利物也。"见黎靖德编，《朱子语类》，卷20，页461。
④ 黎靖德编，《朱子语类》，卷20，页461。其他类似的说法，见同书，页461—479。

为了进一步说明行仁之始末关系，朱子还用水流为譬喻，说："仁如水之源，孝弟是水流底第一坎，仁民是第二坎，爱物则三坎也。"①这个意象清楚地表达了在程、朱的观念里，仁才是道德本体，一切道德行为都源自仁。爱亲敬长的孝弟之情，乃仁之发用②，因其亲切自然，则是道德实践的起首。由此也可见，程、朱的仁孝观点与其对《西铭》的诠释是完全呼应的。

由于程朱学在南宋以降逐渐成为主流的学术观点，元代以后又因成为科举教本而主宰士人对经典的诠释，故其仁孝观点及其对《论语》的诠释，基本上也是元、明儒者的主要观点。我们从陈淳（1159—1223）的《北溪大全集》、真德秀（1178—1235）的《西山读书记》、虞集（1272—1348）的《道园学古录》、胡炳文（1250—1333）的《四书通》以及许多《论语》集注的书籍，均可见程、朱的解释被直接援引、申论③。

到了晚明，呼应着上文所说阳明后学的仁孝论述及《西铭》成为论孝文本的现象，我们同样发现学者对于《论语》的解释也有变化，出现了反驳程、朱的观点，其中一些更可以明显看出正是受到阳明后学的影响。以下举例说明：

---

① 黎靖德编，《朱子语类》，卷20，页463。
② 朱子："仁是根，爱是苗。""仁是未发，爱是已发。"黎靖德编，《朱子语类》，卷20，页464。
③ 陈淳，《北溪大全集》，卷18，页4b—5b，收入《景印文渊阁四库全书》（台北：台湾商务印书馆，1985），册1168；真德秀，《西山读书记》，卷6，页2a—7b，收入《景印文渊阁四库全书》（台北：台湾商务印书馆，1985），册705；虞集，《书仁本堂记后》，《道园学古录》，卷10，页20b—21a，见《景印文渊阁四库全书》（台北：台湾商务印书馆，1985），册1207；胡炳文，《论语通》，收入氏著，《四书通》，卷1，页6b—9a，收入《景印文渊阁四库全书》（台北：台湾商务印书馆，1983），册203。

丘橓（1550年进士）的《四书摘训》著于万历年间，虽没有直接批评程、朱对仁孝的说法，但反对以"始"训"本"，认为不能只把孝弟当作是行仁第一件事，主张"本"应解为"根本"①。沈守正（1572—1623）同样反对从行为层次上说施由亲始，并在《四书说丛》中批评程颐以性、情区分仁、孝的看法：

> 《论语》曰："孝弟也者，其为仁之本与。"分明以孝弟为性中之故物，而仁统之也。……程叔子泥谓性中只有个仁、义、礼、智四者而已，曷尝有孝弟来，便说得太煞。②

沈守正又强调应在本体工夫上说孝弟：

> 本以言此心之根（抵）〔柢〕处，人惟孝弟，与生俱来，一念包孕，千枝万叶，无不摄入，故曰为仁之本。此只就当体说，方见完足，若说施由亲始，便是枝叶各离，反不圆满矣。③

沈守正可能相当程度受到罗汝芳的影响，他在书中也引述了罗汝芳对仁孝的说法④。

---

① 丘橓，《四书摘训》（明万历间刊本，"中研院"傅斯年图书馆藏），卷5，页7a。
② 沈守正，《四书说丛》，卷14，页17a，收入《四库全书存目丛书》（台南：庄严文化事业公司，1997），经部，册163。
③ 沈守正，《四书说丛》，卷5，页3a。
④ 引文见沈守正，《四书说丛》，卷5，页3a—b。

汪渐盘（1619年进士）的《四书宗印》①也引述罗汝芳论仁孝之言："仁是天地间生生大德，而吾人从父母一体而分，亦只是一团生意。故生理本直，枉则逆，逆非孝也；生理本活，滞则死，死非孝也；生理本公，私则小，小非孝也。"②汪渐盘又说：

> 仁不过谓此生理，夫孝弟乃生理最初发动处，孩提不学虑而自知自能者。人能克养着这个真念不息，则氤氲化醇，资生资始，万物育焉。是孝弟也者，其推行仁道之根本与。③

汪渐盘显然接受了罗汝芳的观点，从宇宙生生道体的层次来论仁孝，强调孝弟就是生理最初发动处，就是不学不虑的良知良能，人若本此良知孝弟而行，则一切恻隐仁爱之心皆是心体的自然流露，由此便能达到氤氲化醇、万物位育的境界。这明显不同于程子认为行孝无以至仁的观点。这种观念也让汪渐盘批评程、朱只从行为层次描述道德实践的看法，他说："从此一孝弟做将去，仁民爱物，非不在为仁之中，但添出来做孝弟枝叶，则似蛇足也。"④

寇慎（1578—1670）在《晚照山居参定四书酌言》曰：

---

① 赵怀玉为《四书宗印》作序，序中特别指出汪渐盘此书博采诸家的风格："时而考亭，时而姚江，时而金检，时而梵筴，时而盱江，时而姚安，上下古今，无所不供其渔猎，而要以理皆为我用，皆为经用。"见赵怀玉，《四书宗印序》，收入汪渐盘，《四书宗印》（明天启间刊本，"中研院"傅斯年图书馆藏），册1，页2b—3a。
② 汪渐盘，《论上》，《四书宗印》，册3，页3a—b。
③ 汪渐盘，《论上》，《四书宗印》，页3b—4a。
④ 此处"添出来做孝弟枝叶"指程、朱以树木从根本发育到枝叶茂密来说明孝是行仁之始。汪渐盘，《论上》，《四书宗印》，页4a。

此有子从良知良能处，不假造作，指点为人之道，非教天下为仁而以孝弟为推行之始也。本立则全体都活了，便遍世界都为同体，不是渐渐生出来。孝弟为仁之本，不要说到推广民物上。云只立了此爱亲爱长一点念头，而天清地泰，万物咸和，机趣时觉在腔中蔼蔼有生意。故天下有孝子悌弟的襟怀，不患无仁人事业。①

寇慎这段话同样具有鲜明的阳明学色彩，展现了知行一体、即本体即工夫的特色。他反对程、朱从逐渐推广民物的角度去解释"孝弟为仁之本"，认为必须从孝弟良知心体上去把握才妥帖；他强调孝是性体的工夫，只要一念爱敬，就顿时觉得天清地泰、万物咸和、腔中蔼蔼有生意。这种理解相当符合罗汝芳等阳明后学的看法。而寇慎可能确有阳明学的背景，《四库提要》贬其为"明末狂禅"，清楚点出他不同于程、朱的学术立场，并说其"学出于姚江，故是编多与朱子立异"②。另外，张自烈的《四书大全辩》也批评程颐"性中曷尝有孝弟来"之说窒碍，认为程子以仁为孝弟之本的看法，不是忠实批注《论语》，只是发明自己的道理而已③。

泯除仁孝差异、把孝提到心体层次或把行孝说成心体工夫的看

---

① 寇慎，《论语》，收入氏著，《晚照山居参定四书酌言》，卷上，页2a，见《四库全书存目丛书》（台南：庄严文化事业公司，1997），经部，册164。
② 提要见寇慎，《晚照山居参定四书酌言》，卷末，收入《四库全书存目丛书》，经部，册164，页542。
③ 张自烈，《论上》，《四书大全辩》，卷1，页13a—19a，收入《四库全书存目丛书》（台南：庄严文化事业公司，1997），经部，册168。

法，在明代《论语》诠释中其实相当普遍，以下再举数例[①]：

湛若水（1466—1560）：

> 所谓本者，何也？天理是也，吾心之本体也，所谓天下之大本也。……故指孝弟以为仁之本者，盖孝弟乃人之初心也，乃人之真心也，孟子所谓良知良能，此天理之本体也。[②]

聂豹（1487—1563）：

> 孝弟是初心萌芽至真切处，孩提不待学习而自知自能者。人能充养得这个真念不息，则氤氤化醇，资生资始，万物育焉，故曰为仁之本。……孝弟之道其至矣哉，一念非天，一事非理，一物失所，皆非孝也。[③]

鹿善继（1575—1636），《四书说约》：

> 要明孝弟为仁之本，须放下别念，独自个澄心静观，讨出

[①] 其他尚可参见，王肯堂，《论语义府》，卷1，页11a—13a，收入《四库全书存目丛书》（台南：庄严文化事业公司，1997），经部，册161；陈禹谟，《经言枝指》，卷6，页7b—8a，收入《四库全书存目丛书》（台南：庄严文化事业公司，1997），经部，册158。

[②] 湛若水，《格物通》，卷27，页8b—9a，收入《景印文渊阁四库全书》（台北：台湾商务印书馆，1985），册716。

[③] 罗洪先的批注则曰："说得务本之学，不落影响，而孝弟为仁之本始有着落。注谓孝弟是为仁的始事，则误矣。"明显反对程、朱注。聂豹，《双江先生困辩录》，卷6，页1a—b，收入《续修四库全书》（上海：上海古籍出版社，2002），册939。

孩提稍长的知能来，不学不虑的天根自露。①

桑拱阳（1599—1644），《四书则》：

总之有子看得孝弟极大，凡一念不是天理，一物失所，皆非孝弟。……只此爱敬一点念头而天清地泰，万物咸和，机趣从此包孕流通，可见有孝子悌弟的襟怀，不患无仁人的事业。②

我们从上述引文可清楚看见：虽然程、朱对《四书》的解释在晚明仍是主导士人教育的主流观点③，但其体、用（性、情）二分的架构在当时已受到以阳明学为主的挑战，用这套观点所诠释的仁孝关系，也受到了质疑。晚明许多对《论语》的注释，都倾向于从"仁孝一体"的角度来理解仁孝关系，"孝"被提升到宇宙生生道体的高度，孝的实践即是本体工夫的实践，他们格外反对程、朱把"孝"只看作行为层次上的起始工夫。据毛奇龄（1623—1716）所言，明代科举的八股文在结尾时允许考生发挥己意，崇祯壬午

---

① 鹿善继，《论上》，《四书说约》，卷1，页5a—b，收入《四库全书存目丛书》（台南：庄严文化事业公司，1997），经部，册164。
② 桑拱阳，《论上》，《四书则》，页6a—b，收入《四库全书存目丛书》（台南：庄严文化事业公司，1997），经部，册166。
③ 许多晚明《论语》注仍是承袭程、朱观点的。也有人认同程、朱以仁为性、孝为情的看法，反而批评有子"孝弟为仁之本"的说法不契孔子之传者，如李材便说："仁自是本，孝弟是仁一事，先儒之说不谬，孔门讲仁最熟，辨仁之旨详矣，乃尚以孝弟为仁之本也，岂不谬哉。"李材批评有子只能以言行气象上求圣学，不能见道。李材，《见罗先生书》，卷3，页2a—3a，收入《四库全书存目丛书》（台南：庄严文化事业公司，1997），子部，册11。

（1642）科浙江乡试，就有考生在回答"君子务本"之题时，发挥了不同于程、朱的看法，于文章结尾处明白写道"孝弟是仁本，仁不是孝弟本"的看法①。这也显示晚明浙江地区对于仁孝的看法确实存在着异于程、朱的观点。我们知道晚明浙江地区同时也是《孝经》学复兴的重镇，此时对《孝经》的诠释也充分反映了阳明学的观点②，而且崇祯皇帝也曾圣谕学官要重视《孝经》教育，并要定期考论③。这些应该都是晚明出现新仁孝论述的重要学术背景。

晚明这种新仁孝观点也延续到清初，例如康熙年间文应熊（文平人）的《孝论》就明确反对程、朱之注，认为程、朱注与《论语》原文文意相反，他并批评时人不能平心以论理，"徒取程、朱之名以御人，是为名所蔽"④。文应熊把"孝"推到道体的高度，他说"天下之道，孝而已矣"；"三才之道，一孝而已矣"⑤。又说：

    道之名目虽多，莫非孝也。是故仁者，孝之爱也；义者，孝之宜也；礼者，孝之敬也，序也；知者，孝之明也；信者，孝之实也；乐者，孝之乐也，和也。以及忠、节、廉、耻、

---

① 毛奇龄，《圣门释非录》，卷1，页2a—b，收入《四库全书存目丛书》（台南：庄严文化事业公司，1997），经部，册173。毛奇龄，《四书改错》，卷18，页17a—18b，收入《续修四库全书》（上海：上海古籍出版社，2002），册165。
② 关于此，见吕妙芬，《晚明士人论〈孝经〉与政治教化》。
③ 崇祯六年颁行的圣谕，收入江元祚订，《孝经大全》，卷首，收入孔子文化大全编辑部编，《孔子文化大全》（济南：山东友谊书社，1990），经部，册9，页11—20。
④ 文应熊，《孝论》，《真学易简》（清道光乙未年朝邑刘氏刊本，"中研院"傅斯年图书馆藏），页3a。文应熊，字梦叶，号平人，别号抱愧子，关中三水人。传见张骥，《关学宗传》，卷36，页2a—b。
⑤ 文应熊，《孝论》，《真学易简》，页1a—b。

公、平、中、正，若大若小，一言一动莫非孝也。①

对文应熊而言，孝是道体的别名，仁、义、礼、智、信等一切德性皆源于孝，仁也是出于孝，故他说："仁从孝弟出矣。"②又说："圣人道全德备，止完一孝。"③

清初学者中批评程、朱注释《四书》最激烈者，应属毛奇龄，他的《四书改错》主要是针对朱子《四书章句集注》而发的批判性言论，总数达四百余条④。关于"孝弟也者，其为仁之本与"的注释，毛奇龄也对朱注多有质疑，包括从训诂的角度，指出古书从未有将"本"训为"始"者，孟子明言"孝弟是仁本"，以及广泛引述《管子》《吕览》以及延笃（？—167）、李延寿和房玄龄（578—648）之言，说明孝弟是仁之本，指出程、朱以仁为孝弟之本是颠倒文意⑤。他说：

古无言仁、义、礼、智者，惟《易·文言》始有仁、义、礼三字，而无智字。至孟子始增一智字，名为四德，是仁、义、礼、智之名创自孟子，然而孟子明言孝弟是仁、义、礼、智之本，并未言仁、义、礼、智是孝弟之本。⑥

---

① 文应熊，《孝论》，《真学易简》，页1a—b。
② 文应熊，《孝论》，《真学易简》，页2b。
③ 文应熊，《孝论》，《真学易简》，页1b。
④ 《四书改错》共32门，计451条，合22卷。出版后流传不广，嘉庆年间重刊。见毛奇龄，《四书改错》，序目页1a，跋页1a。
⑤ 毛奇龄，《四书改错》，卷18，页17a—b；卷20，页3b—4b。
⑥ 毛奇龄，《四书改错》，卷20，页3b—4a。

他又认为程子"人性曷尝有孝弟"之说，完全背反《孟子》良知良能、孩提亲长、尧舜之道孝弟而已之说，也不符合《论语》开卷立说宗旨（案：指孝弟为仁之本）。既然孔、孟不可能错，那么程、朱批注之误，不辨自明①。他也引用延笃"夫仁人之有孝，犹四体之有心腹，枝叶之有根本也"支持自己以孝是仁之根本的看法②。

清代学者，避开程、朱观点，直接回到古籍诠释的倾向，也愈来愈明显，反映清儒逐渐脱离理学心性体用观及考证学兴趣转强的学术现象③。此亦有助于摆脱宋明理学的理论，将《孝经》与有子之言做直接联系，例如孙奇逢（1584—1675）在《四书近指》中引蒋中完之言：

> 有子之学，本于《孝经》。孝赅忠，道摄治，祖述《孝经》，兼治《春秋》。甚矣，有若之言，似夫子也。④

胡簋在《明明子论语集解义疏》中也说：

> 惟是《孝经》举天下之理皆归之于孝，而有子则举孝弟以达天下之理、救天下之乱，其言贯彻本原，实与《孝经》《春秋》之义相发明，此有子之言所以为似夫子也。⑤

---

① 毛奇龄，《四书改错》，卷20，页4a—b。
② 毛奇龄，《四书改错》，卷20，页4b。
③ 必须说明的是，清儒中引述程、朱注释者仍然很多，故不是完全取代的关系，而是不同看法并陈的现象。
④ 孙奇逢，《四书近指》（台北：文物供应社，1953），页15。
⑤ 胡簋，《明明子论语集解义疏》，卷1，页14a—b，收入王德毅主编，《丛书集成续编》（上海：上海书店出版社，1994），册14。

朱舜水（1600—1682）的《孝说》也以《孝经》与有子之言合论①。当学者直接让先秦孔圣经典互相对话，以《孝经》经文与《论语》有子之言互释时，宋明理学家们辛苦建构的一套学理和解释，也就更显得迂晦而不切圣人原意。清代汉学家返回汉代古注，反对程、朱解释的例子更普遍，惠士奇（1671—1741）、阮元（1764—1849）、俞樾（1821—1906）都明显反程、朱对于"孝弟为仁之本"的解释②。此时受质疑的不仅是程、朱"仁为本体，孝为发用"的观点，甚至扩及理学的论述和思维方式③，故虽同样反驳程、朱观点，实异于晚明具阳明学特色而高扬形上本体孝义的仁孝论述。

四、结语

张载的《西铭》是宋明理学的重要文本，有理学宗祖之称，后世学者对该文的论述与发挥极多，其中以程、朱的解释最重要，也是最具影响的诠释观点。程、朱主要以"理一分殊"来阐述《西铭》，除了强调其符合儒家"亲亲而仁民，仁民而爱物"的精神，

---

① 朱之瑜，《孝说》，《舜水先生文集》，卷13，页31b—34b，收入《续修四库全书》（上海：上海古籍出版社，2002），册1384。
② 惠士奇，《惠氏春秋说》，卷15，页23a—b，收入《景印文渊阁四库全书》（台北：台湾商务印书馆，1983），册178；阮元，《揅经室集》，集1，卷2，页18b—20b，收入《续修四库全书》（上海：上海古籍出版社，2002），册1478；俞樾，《群经平议》，卷30，页1b—2a，收入《续修四库全书》（上海：上海古籍出版社，2002），册178。
③ 阮元认为后汉延笃之说最平正纯实，后儒对此章的批注因求之太深，反失圣人本义。俞樾也持同样看法，认为"后人耻事功而虚谈心性"，才使得批注纷纭，不切文意。阮元，《揅经室集》，卷2，页19b；俞樾，《群经平议》，卷30，页2a。

也赞扬其宏道的伟大气象,重视其能指示学者反身求仁的价值。在程、朱的理解中,"孝"并不是《西铭》的宗旨,而是指示学者识仁的譬喻。对于《西铭》的解释,到晚明发生了明显的变化,此时《西铭》开始成为注释《孝经》的重要文本,学者们屡屡将这两个文本相提并论,甚至以《西铭》作为《孝经》之正传。在这样的论述脉络下,《西铭》不只指涉仁体,更是论孝的重要文本。

我认为晚明《孝经》学复兴,以及当时《孝经》诠释相当程度倚赖阳明学观点,应是理解此变化的重要学术背景。为了进一步说明此变化发生的学术思想脉络,本文先讨论阳明后学的仁孝论述,说明罗汝芳、杨起元、焦竑、潘平格等学者都将"孝"提升到良知本体的层次上立论,视仁孝为一体。由于阳明后学的思想相当程度地影响了晚明《孝经》的诠释,在此仁孝一体的观念下,就不难想象何以此时会出现将《西铭》与《孝经》合论的情形。又为了更全面考察当时学者对仁孝关系的讨论,本文也检视历代学者对《论语》"孝弟也者,其为仁之本与"的注释内容,发现在《论语》注释中也看到相呼应的变化,亦即阳明后学"仁孝一体"、孝为良知的观点同样反映在《论语》注释中。不少晚明学者反驳程、朱以"仁为孝之本""孝为行仁之始"的看法,强调孝的实践即良知本体工夫的实践,并得出"孝弟是仁之本"的结论。

至于程、朱和阳明后学不同的仁孝观是否也相应地造成在行为或社会生活上的明显差异?对于此问题,我认为彼此对应的关系并不明显,至少没有必然或系统性的差异。换言之,上述思想观念的差异不宜被轻易地联系到行为上的必然差异,或认为必然造成对孝重视程度之差异。因为程、朱学者虽不认为孝即是仁,但他们强调行仁必须由行孝起始,已充分显示对孝行的重视;在阳明后学仁孝一体的观念中,孝即是仁、良知的同义词,也是一切道德行为的根本,其重要性更不在话下。因此,很难在具体行为层次上区分何者较看重孝;事实上,两个观点都十分强调孝行的重要。不过饶富意味的是,程、朱和阳明后学不同的仁孝观确实有可能影响到对于"孝之工夫"的界定。在程、朱的解释中,儒家人伦远近、家国殊等的秩序观始终被强调,现实生活中的父子关系和家庭人伦始终占据道德工夫的重要位置,亦即离开家庭的场域,儒者的道德心性之学便无法真正落实。相对地,在阳明后学的仁孝观中,由于"孝"被提升到本体的高度,孝的工夫也被理解为心性本体工夫而涵括众德,强调人若能克养孝念不息,则"氤氲化醇,资生资始,万物育焉"。从虞淳熙《全孝心法》这类修养工夫看来,确实有可能越过日常生活行为层次而强调直接体证心体,而造成对道德实践的次第性与现实家庭人伦的忽略[①]。这种隐含的差异不仅关涉到实际孝行或修养工夫论,也关乎儒学与佛教异同的立场,所触及的问题与晚明阳明后学所引发的许多学术辩论相似,由此我们也能理解何以王夫之对晚明阳明后学的仁孝论述有如此严厉的批判。

[①] 当然这绝不意味阳明学者必然忽略生活行为层次上的孝行,类似问题的讨论,见吕妙芬,《阳明学士人社群——历史、思想与实践》(台北:"中研院"近代史研究所,2003),第8章。

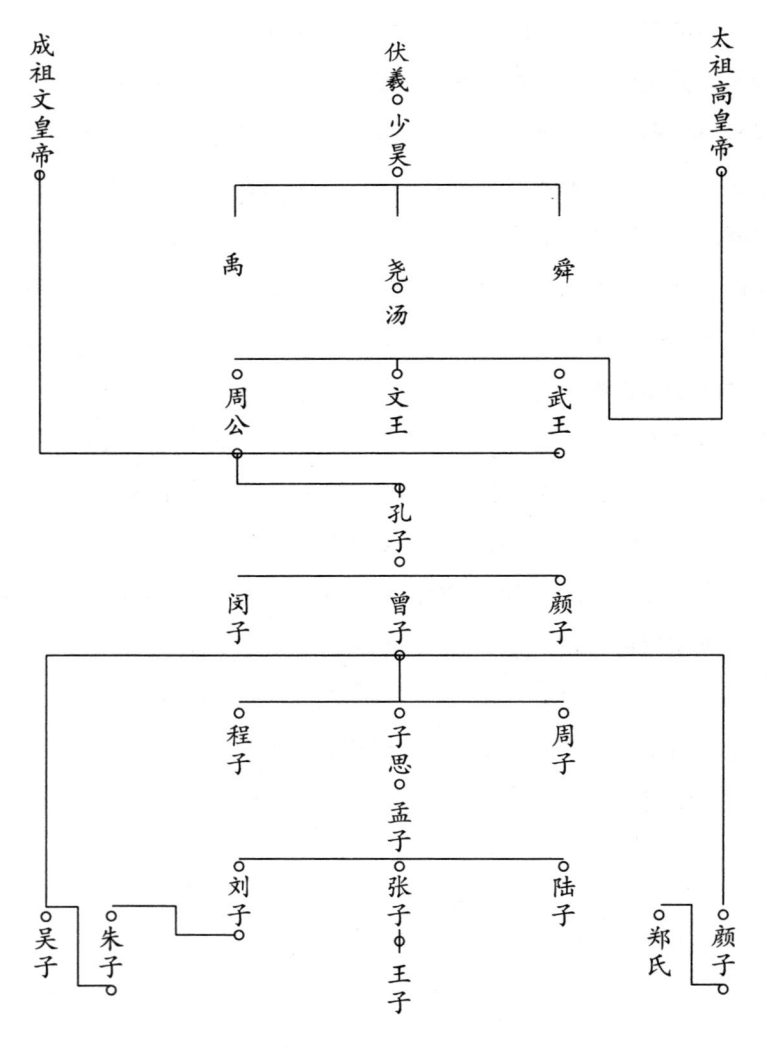

```
                         伏羲○少昊○                           太祖高皇帝○
成祖文皇帝○
                    禹      尧      舜
                           汤
                   ○      ○      ○
                   周      文      武
                   公      王      王
                          ●
                          孔子○
                   ○      ○      ○
                   闵      曾      颜
                   子      子      子
                   ○      ○      ○
                   程      子思○    周
                   子      孟子     子
                   ○      ○      ○
                   刘      张子◆    陆
   ○   ○          子      王子     子        ○    ○
   吴   朱                                   郑    颜
   子   子                                   氏    子
```

附图　宗传图

第十章
清初至民国《西铭》的多元诠释

一、前言

何炳棣在《儒家宗法模式的宇宙本体论：从张载的〈西铭〉谈起》一文中说道：

> 《西铭》所构绘的宇宙本体论不可能是基于博爱和泛平等的理念，无疑是宗法模式的。①

何炳棣郑重地提醒读者《西铭》的宇宙本体论并不是平等或

---

① 何炳棣，《儒家宗法模式的宇宙本体论——从张载的〈西铭〉谈起》，收入氏著，范毅军、何汉威整理，《何炳棣思想制度史论》（台北：联经出版事业公司，2013），页385—398。

博爱，而是宗法制度，这是他1995年重读此文的发现①。事实上，在清代以前《西铭》的诠释史中，该篇文章从未被认为是提倡"平等"，甚至还曾因被质疑近似墨家兼爱、佛家平等而有异端之虞，引发学术史上许多论辩。至于《西铭》一文中，运用宗法制度和家庭人伦、强调孝的意涵，也为众人所知。晚明以降，《西铭》常与《孝经》合论，被认为主要阐明大孝之理②，直到民国初年，严复（1854—1921）仍说："盖读《西铭》一篇，而知中国真教，舍孝之一言，固无所属矣。"③何炳棣之所以到了晚年才读出《西铭》中的宗法模式，想必因此文本在现代的诠释中更常被赋予平等、博爱的意涵吧，他在论文中也举了季羡林（1911—2009）、韦政通的论点来说明此看法④。

　　本文主要探究《西铭》一文在近世经历的不同诠释观点，我曾于另文探讨《西铭》从宋代专言"仁"之书，到晚明更多被视为言"仁孝"之书的诠释变化。本文希望探讨清代到民国的情形，特别着重检视清代几个重启异端之辩的论述，以及从晚清到民国，《西

---

① 何炳棣谈到自己从1948年起在海外讲授中国通史，也一贯以《西铭》代表传统儒学天人合一意境与个人修养的高峰，直到1995年才对《西铭》有一番新的解读，认为该文所构绘的本体论不是基于博爱和平等理念，而是宗法模式。
② 相关讨论见吕妙芬，《〈西铭〉为〈孝经〉之正传？——论晚明仁孝关系的新意涵谈》，《"中研院"中国文哲研究集刊》，期33（2008年9月），页139—172；亦收入本书第9章。
③ 严复，《〈支那教案论〉按语》，收入氏著，王栻主编，《严复集》（北京：中华书局，1986），页850。
④ 韦政通以《西铭》民胞物吾之说，说明此文的博爱精神，季羡林则强调博爱和泛平等精神。何炳棣，《儒家宗法模式的宇宙本体论：从张载的〈西铭〉谈起》，《何炳棣思想制度史论》，页388—389。韦政通，《中国思想史》（上海：上海书店出版社，2012），页758—759；季羡林，《对21世纪人文学科建设的几点意见》，《文史哲》，期1（1998年），页7—16。

铭》如何摆脱传统诠释架构，成为接引世界普遍价值的过程。而在进入主要讨论之前，以下先简述《西铭》从宋代到晚明主流诠释的看法，以此作为理解清代与民国时期论述的学术史背景。

《西铭》是张载（1020—1077）的作品，受到程颐（1033—1107）的极力推崇，认为此文规模宏大，是《孟子》之后第一书①。但杨时（1053—1135）却质疑《西铭》言体而不及用，其流弊恐至于墨家之兼爱②。这一质疑引发程颐进一步以"理一分殊"来诠释《西铭》，说明万物并非毫无分别，除了再次肯认儒家远近亲疏、上下尊卑之伦序外，也强调《西铭》能从万物分殊与互相争胜的角度超拔而出，超越一己之私，展现万物一体之仁之伟大规模③。朱熹（1130—1200）沿袭了程颐的论点，强调读《西铭》必须在分殊处见理一，同时从理一处见分殊；又说所谓民胞物与，并非真以众民为吾之手足同胞，亦非真以万物为吾人之同类；虽说以乾坤为父母，但也不是要人"弃了自家父母，却把乾坤做自家父母看"④。简言之，程朱赞许《西铭》讲仁体之规模宏大，能提升人之见识与精神，人若能以天地之心为心，便能与天地同体。他们以"理一分殊"来诠释《西铭》，主要强调此文的论旨在讲仁，且完

---

① 程颢、程颐著，王孝鱼点校，《二程集》（北京：中华书局，2004），页22、15、37。
② 杨时，《寄伊川先生》，《龟山集》，卷16，页6a—7a，见纪昀等总纂，《景印文渊阁四库全书》（台北：台湾商务印书馆，1985），册1125。
③ 程颐，《答杨时论西铭书》，收入《二程集》，页609。
④ 黎靖德编，王星贤点校，《朱子语类》（台北：华世出版社，1987），卷98，页2524；朱熹，《与郭冲晦》，《晦庵先生朱文公集》，卷37，页32a，收入商务印书馆编，《四部丛刊初编》（台北：台湾商务印书馆，1965），册58。夏炘认为朱熹理一分殊之学主要受到李延平的影响，而李延平是杨时的学生。夏炘，《述朱质疑》，卷2，页4a—6b，收入王德毅主编，《丛书集成三编》（台北：新文丰出版公司，1997），册16。

全符合儒家亲亲、仁民、爱物的伦序，绝不同于墨家兼爱。这样的看法成为日后《西铭》诠释的主流观点①。

南宋林栗（1142年进士）曾对《西铭》质疑，而与朱熹有所论辩。林栗认为"以乾坤为父母、以大君为宗子"的说法，有别于《尚书》"元后作民父母"之说，且将君王从父母的位置降到宗子，是"易位乱伦，名教之大贼"②。面对如此严厉的批评，朱熹的响应是：林栗"全错读了"，林栗因为未晓文义，才会生疑，张载的原意是"人皆天地之子，而大君乃其适长子，所谓宗子有君道者也，故曰大君者乃吾父母之宗子尔"③。

朱熹言《西铭》主旨在讲仁体，文中虽用孝、事亲等语，但仅是以孝来形容仁，借事亲来形容事天而已。换言之，"孝"只是譬喻，"仁"才是主旨④。这个看法到了晚明有所改变，许多晚明士人认为《西铭》不仅旨在说仁，它同时也阐明孝，当时将《西铭》与《孝经》合论的例子非常多。关于此，我另有专文讨论，认为此一变化与晚明的仁孝论述有关，尤其是阳明后学如罗汝芳（1515—1588）、杨起元（1547—1599）等人将"孝"提升到形上本体的高度，强调"仁孝一体"，此观点在当时具有相当的影响力⑤。不过，即使晚明士人对《西铭》的解读因牵涉对"仁孝"的理解而略不同

---

① 何炳棣，《儒家宗法模式的宇宙本体论——从张载的〈西铭〉谈起》；吕妙芬，《〈西铭〉为〈孝经〉之正传？——论晚明仁孝关系的新意涵谈》。
② 朱熹，《记林黄中辨易西铭》，《晦庵集》，卷71，页5a—b，收入《景印文渊阁四库全书》（台北：台湾商务印书馆，1985），册1145。
③ 朱熹，《记林黄中辨易西铭》，《晦庵集》，卷71，页4a。亦参见杨瑞松，《从"民吾同胞"到"我四万万同胞之国民"：传统到近现代"同胞"符号意涵的变化》，《台湾政治大学历史学报》，期45（2016年5月），页109—164。
④ 黎靖德编，《朱子语类》，卷98，页2522。
⑤ 吕妙芬，《〈西铭〉为〈孝经〉之正传？——论晚明仁孝关系的新意涵谈》。

于朱熹，但对于理一分殊、肯定儒家人伦尊卑秩序，强调《西铭》不同于兼爱等看法，并没有太大差异，这些主流的观点也一直延续到清代。以下就让我们来看几个清代重启的论辩。

二、清代再起异端之辨

作为宋明理学的经典性文本，《西铭》在清代仍备受重视。康熙皇帝推尊程朱理学，他曾手书《西铭》数百本[1]；康熙《御纂性理精义》也说："张子《西铭》乃有宋理学之宗祖，诚为《学》《庸》《语》《孟》以后仅见之书，盖悉载全文，附以朱子解说，使学者知道理之根源、学问之枢要。"[2]根据搜索数据库所获的初步印象，清代文献中对于《西铭》的看法多承袭前代，重申程朱"理一分殊"的观点，强调《西铭》与《孝经》的关系，是一本言仁孝之书[3]。许多士人也都在主张仁孝一旨的前提下，论述"事亲

---

[1] 李光地，《御书太极图说西铭刻石恭纪》，《榕村集》，卷14，页9a—10b，收入《景印文渊阁四库全书》（台北：台湾商务印书馆，1985），册1324。

[2] 《凡例》，《御纂性理精义》，卷首，页2a，收入《景印文渊阁四库全书》（台北：台湾商务印书馆，1985），册719。

[3] 《西铭》为清代科场取士用书，也是士人教育的读本，见清高宗敕撰，《选举一》，《清朝文献通考》，卷47，页5306，收入王云五主编，《万有文库》（上海：上海商务印书馆，1936），集2，"十通"第九种；陈弘谋辑，《养正遗规补编》，页13b，收入氏辑，《五种遗规》，见《续修四库全书》编纂委员会编，《续修四库全书》（上海：上海古籍出版社，2002），册951。清人持续强调理一分殊，文献极多，此处仅举数例：魏裔介，《西铭理一分殊解》，《兼济堂文集》，卷16，页22b—24b，收入《景印文渊阁四库全书》，册1312；纪大奎，《读西铭》，《双桂堂稿》，卷9，页9a—11b，收入《续修四库全书》（上海：上海古籍出版社），册1470；蔡衍锟，《合题太极西铭》，《操斋集》，卷22，页9a，收入清代诗文集汇编编纂委员会编，《清代诗文集汇编》（上海：上海古籍出版社，2010），册208；蔡世远，《鹤山祖祠碑记》，《二希堂文集》，卷5，页15a—16b，收入《清代诗文集汇编》（上海：上海古籍出版社，2010），册250；陈梓，

即事天",并不特意凸显事亲与事天孰先孰后的问题。例如,窦克勤(1653—1708)说:"《西铭》之意在即事亲以明事天。愚谓非熟于事亲之道,则事天之道固不可得而知也;非得乎事天之道,则事亲之道亦固不可得而尽也。"①胡煦(1655—1736):"仁人之事天如事亲,孝子之事亲如事天,圣人郊禘制义,实由此出。《西铭》有见于此,故合仁孝而一之,是诚有见于天人妙契之微,与体用一原之合矣。"②都是并提事亲与事天重要性,而不刻意强调先后本末。

江永(1681—1752)的《西铭论》也从身、性两方面,平衡地诠释事亲与事天的关系,以下征引全文以供参考:

> 记礼者之言曰:"仁人不过乎物,孝子不过乎物。仁人之事亲也如事天,事天如事亲。是故孝子成身。"此数言者,《西铭》之根柢也。从身上看来,父母生我之身,由父母而分者为兄弟,上推之有同祖之亲,下推之有子孙之亲,以及于族人外亲,皆与吾身相关。事亲者战战兢兢,敬其身,乃能事其亲;隆于其亲,而后能及于诸亲。此孝子一边道理。
>
> 从性上看来,吾性为天地之理,吾体为天地之气,则天

《胞与堂记》,《删后文集》,卷3,页22a—23a,收入《清代诗文集汇编》(上海:上海古籍出版社,2010),册254。关于明清士人论《西铭》与《孝经》的关系,参见吕妙芬,《〈西铭〉为〈孝经〉之正传?——论晚明仁孝关系的新意涵》。

① 窦克勤,《事亲庸言》(清康熙六十年刊本,东京日本公文书馆内阁文库藏),卷1,页40a—b。
② 胡煦,《三原图》,《周易函书约存》,卷3,页32b—33a,收入《景印文渊阁四库全书》(台北:台湾商务印书馆,1983),册48。

地是大父母。凡为天地所生之人，皆犹吾兄弟。其中分之，有君，有臣，有老，有幼，有圣，有贤，有颠连无告，即至昆虫草木，亦并生于天地，犹吾侪辈之人，皆与吾性相关。事天者必孜孜矻矻，能全吾性，乃能无愧于天；既尽其性，而后能及于民物。此仁人一边道理。

《西铭》从此推出。前半篇推亲亲之厚以大无我之公，天地民物与父母兄弟，一理也。后半篇因事亲之诚以明事天之道，仁人事天与孝子事亲，一理也。不知前半篇道理，则一膜之外犹胡越，安知更有乾坤？若无后半篇功夫，则一身之理多缺陷，何能及于民物？记礼之言引而未发，张子为之阐明，其有功于来学大矣！林栗之徒，肆口而讥，何损于《西铭》哉！[①]

江永认为《西铭》全篇阐明"仁人之事亲也如事天，事天如事亲"，他分别从身、性两方面，来探讨孝、仁的意涵。孝是关乎身体血脉的家庭人伦，人性则由天所命，本具天理（仁）。由于人与万物均由天生，从天与性的高度说，人与万物为一体，仁人应尽性事天，并及于民物。《西铭》讲究从亲亲人伦扩充以至于仁民爱物，也讲究因事亲之诚以明事天之道，阐明"仁人事天"与"孝子事亲"原是一事一理。江永的诠释基本上符合明清士人的主流观点，他虽用"天地是大父母"的说法，但我们无法就此断定他受到

[①] 江永著，林胜彩点校，《善余堂文集》（台北："中研院"中国文哲研究所，2013），页4—5。

天主教的影响而推演平等观[1]。

尽管清代士人多肯定《西铭》，对此文的诠释也大致延续前朝，在理一分殊的架构下，肯定儒家以亲亲为主的伦序，不落入墨家兼爱之疑，且秉持仁孝一旨的信念，强调事亲与事天不二，并不刻意凸显两者间可能的冲突，但仍有士人批评《西铭》或质疑其不符儒学正统。例如，陈确（1604—1677）说："宋儒之学出入二氏，病亦只在夸也，观《通书》《正蒙》《西铭》《皇极经世》等书可见矣。"[2]姚际恒（1647—约1715）也说《西铭》是本于老、墨之学而作[3]。也有人极力辨析"事天"与"事亲"的优先次序，以及"民胞物与"的意涵，这些讨论都再次召唤杨时之疑，深刻关系到儒学与异教之辨。以下举数例说明。

（一）王夫之：事亲先于事天

王夫之（1619—1692）钦慕推崇张载之学，曾言自己为学志向是"希张横渠之正学而力不能企"[4]。他在《张子正蒙注》之《乾称篇》（即《西铭》）中重提杨时之疑，又说周敦颐《太极图说》究

---

[1] 江永的观点与天主教以天主为首伦，人首当孝敬天主、次国君、再父母的论点不同；江永对《西铭》的诠释近似程朱。将江永与天主教联系之例，见：纪建勋，《明末天主教Deus之"大父母"说法考诠》，收入吴昶兴主编，《再——解释：中国天主教史研究方法新拓展》（新北：台湾基督教文艺出版社，2014），页107—145。黄芸对纪建勋说法质疑，黄芸，《哪种儒学？谁的传统？——明清"大父母"说考》，收入陶飞亚主编，《宗教与历史》（上海：社会科学文献出版社，2018），辑8，页127—146。
[2] 陈确，《老实说》，《陈确集》（北京：中华书局，1979），卷11，页257。
[3] 姚际恒，《古文尚书通论辑本》，收入林庆彰主编，《姚际恒著作集》（台北："中研院"中国文哲研究所，2013），册2，页343。
[4] 王夫之，《自题墓石》，《姜斋文集补遗》，收入氏著，船山全书编辑委员会编校，《船山全书》（长沙：岳麓书社，1995），册15，页228。

天人合一之原，但易引发疑虑，使人以为人皆天地所生，故轻忽父母亲亲人伦。王夫之接着说：

窃尝沉潜体玩而见其立义之精。其曰"乾称父，坤称母"，初不曰"天吾父，地吾母"也。从其大者而言之，则乾坤为父母，人物之胥生，生于天地之德也固然矣；从其切者而言之，则别无所谓乾，父即生我之乾，别无所谓坤，母即成我之坤。惟生我者其德统天以流形，故称之曰父；惟成我者其德顺天而厚载，故称之曰母。故《书》曰"唯天地万物父母"，统万物而言之也；《诗》曰"欲报之德，昊天罔极"，德者，健顺之德，则就人之生而切言之也。尽敬以事父，则可以事天者在是；尽爱以事母，则可以事地者在是；守身以事亲，则所以存心养性而事天者在是；推仁孝而有兄弟之恩、夫妇之义、君臣之道、朋友之交，则所以体天地而仁民爱物者在是。

人之与天，理气一也；而继之以善，成之以性者，父母之生我，使我有形色以具天性者也。理在气之中，而气为父母之所自分，则即父母而溯之，其德通于天地也，无有间矣。若舍父母而亲天地，虽极其心以扩大而企及之，而非有恻怛不容已之心动于所不可昧。是故于父而知乾元之大也，于母而知坤元之至也，此其诚之必几，禽兽且有觉焉，而况于人乎！故曰"一阴一阳之谓道"，乾坤之谓也；又曰"继之者善，成之者性"，谁继天而善吾生？谁成我而使有性？则父母之谓矣。继之成之，即一阴一阳之道，则父母之外，天地之高明博厚，非可躐等而与之亲，而父之为乾、母之为坤，不能离此以求天地之德，亦昭然矣。

> 张子此篇，补周子天人相继之理，以孝道尽穷神知化之致，使学者不舍闺庭之爱敬，而尽致中和以位天地、育万物之大用。诚本理之至一者以立言，而辟佛、老之邪迷，挽人心之横流，真孟子以后所未有也。惜乎程、朱二子引而不发，未能洞示来兹也！此篇朱子摘出别行，而张子门人原合于全书，今仍附之篇中，以明张子学之全体。①

从引文可见王夫之非常重视"事天"与"事亲"的先后关系，并认为事亲更优先。虽说人与万物均为天地所生，但实际上是通过父母而生，故父母与人更切近，人之有善性实因父母而可能，父母即人之乾坤，故曰："别无所谓乾，父即生我之乾；别无所谓坤，母即生我之坤。"他强调人应以事父来事天、以事母来事地，此伦序绝不能混淆。人由父母所生，人的形气分自父母，而理就在气中，故人只要即父母而溯之，其德即能通于天地而无间。人也只有凭借着天生亲亲爱敬之情，才能修德尽性以事天。若舍父母而想直接与天地相亲，虽极力扩大其心以企及之，但实不可得。

王夫之说张载作《西铭》是补充天人相继之理，使学者知道当即闺庭之爱敬（孝），而尽致中和、位天地、育万物之大用。他也感叹程朱未能从孝道的角度来阐释《西铭》，教导后学。由王夫之之论可见，无论《西铭》宗旨多么崇高伟大，儒学亲亲为本的立场绝不可动摇，人不应躐等而妄谈事天，"孝父母"才是致中和、贯通

---

① 王夫之，《乾称篇》，《张子正蒙注》，收入《船山全书》（长沙：岳麓书社，1992），册12，页352—353。

天人的入门工夫。王夫之又说：

> 太极固为大本，而以远则疏；父母固亦乾道、坤道之所成者，而以近则亲。繇近以达远，先亲而后疏，即形而见性，因心而得理，此吾儒之所谓一本而万殊也。①
>
> 张子《西铭》理一分殊之旨，盖本诸此父母者，吾之所生成者也。因之而推其体，则为天地；因此而推其德，则为乾坤。天地大而父母专，天地疏而父母亲，故知父母而不知乾坤者有矣，未有不知父母而知乾坤者也。②

人的生命形体得自父母，尽管生命本原可上推至天地乾坤，但父母与乾坤之道不二，且父母与人更亲近，人唯有透过事亲尽孝可以尽性知天。王夫之这样的坚持实有与"异端"区辨的用意，他说佛、墨二家的人观基本上是性／形二分的二本之学：

> 要其所谓二本者，一性，本天地也，真而大者也；一形，本父母也，妄而小者也。打破黑漆桶，别有安身立命之地。父母未生前，原有本来面目，则父母何亲？何况兄子？而此朽骨腐肉直当与粪壤俱捐，其说大都如此。③

---

① 王夫之，《滕文公上》，《读四书大全》，收入《船山全书》（长沙：岳麓书社，1991），册6，卷8，页975。
② 王夫之，《说卦传》，《周易内传》，收入《船山全书》（长沙：岳麓书社，1988），册1，卷6下，页631。
③ 王夫之，《滕文公上》，《读四书大全》，收入《船山全书》，册6，卷8，页975。

王夫之说佛、墨等宗教学说都将人的组成视为性、形两部分，以为性本于天地，真而不妄，是人较尊贵的部分；形体由父母所生，也将随死亡而消散，故小而妄。他们相信在形体之外别有安身立命之地，故欲追求父母未生前的本来面目，因此也较不珍视形体，以及与自己血脉相连的亲人。相对地，王夫之强调儒学是一本之学："形色即天性，天性真而形色亦不妄；父母即乾坤，乾坤大而父母亦不小。"他认为张载深得此一本之旨而作《西铭》①。简言之，王夫之强调事亲的优先性，实与其反对其他宗教的人观与天人观有密切关系。

（二）王嗣槐：《西铭》论仁太过

大约与王夫之同时的浙江士人王嗣槐（1620年生），在《太极图说论》中用了三篇专论来讨论《西铭》，这三论的主题都是"辨仁"②。王嗣槐站在批评的立场，质疑《西铭》论仁太过，不符合孔孟论"仁"之旨。以下说明三论的内容。

王嗣槐在《太极图说辨仁论十九》中申论《西铭》"民胞物与"失却圣门论仁之大根本，认为即使程颐"理一分殊"之说亦无法为之释疑。王嗣槐批评《西铭》言体而不言用，言理一而不及分殊③。他说《西铭》言仁，非但未能扩前圣所未发，反与古圣贤之教相违背。因为"仁之功用难穷，仁之体量难尽"，古圣帝明王亦

---

① 王夫之，《滕文公上》，《读四书大全》，收入《船山全书》，册6，卷8，页975。
② 关于王嗣槐写作《太极图说论》的用意及书的内容，参见吕妙芬，《王嗣槐〈太极图说论〉研究》，《台大文史哲学报》，期79（2013年11月），页1—34。
③ 王嗣槐，《太极图说论》，卷4，页1a—8b，收入《续修四库全书》（上海：上海古籍出版社，2002），子部，册933。

未必能做到满仁之量，故孔子不敢自称圣与仁，又说博施济众尧舜犹病难之。相较之下，《西铭》说得过高，欲推仁之体量到极致，如此反不符合圣贤之教①。

王嗣槐又说，若强调天下之民均吾同胞，必导出"视民之父一如吾父，视民之子一如吾子"的结论，此将落入墨子兼爱之说；若说"吾与民为兄弟，是有同胞之名，不必有同胞之实"，则又不能达至仁之体量，亦不符同胞之意。因此，程朱试图用"理一分殊"来解套是行不通的。王嗣槐认为张载"民吾同胞"之说，远不如孟子"亲亲而仁民，仁民而爱物"和孔子"仁者人也，亲亲为大；亲亲之类，礼所生也"来得适切妥当②。

王嗣槐在《太极图说辨仁论二十》继续批评《西铭》"以无分殊为大"的想法。他说《西铭》讲父天母地、民胞物与，很容易落入"以天地为至公、以无所分殊为大"的想法，因而视人各亲其亲、各长其长的自然仁爱之情为小，贬其为"私"，要人去追求四海之内皆兄弟、万物一体之仁③。他说这种无差序的至公之仁，是墨氏与释氏之仁，非儒家圣贤所言之仁。他坚持儒学之公私观不能违离亲亲之仁的原则：

> 盖以前之墨氏，后之释氏，其言仁也，不知仁之理者也。

---

① 王嗣槐："不知此其言（案：指《西铭》），似古圣人自求体仁之言，而非古圣人自求体仁之言也；似古圣人教人以体仁之言，而非古圣人教人以体仁之言也；似古圣人有德无位者所能任之言，而非古圣人有德无位者所能任之言也；似古圣人有德有位所能尽之言，而非古圣人有德有位所能尽之言也。"收入氏著，《太极图说论》，卷4，页4b—5b。
② 王嗣槐，《太极图说论》，卷4，页5b—8b。
③ 王嗣槐，《太极图说论》，卷4，页12a—13a。

其言仁，不知仁之理者，由其不知公之所以为公，而无私之所以为无私也。不知公之所以为公者，不知至公之如不公也；不知私之所为无私者，不知至无私之如至私也。尧之传贤，公也；禹之传子，私也，亦公也。虞不郊瞍，公也；夏后郊鲧，私也，亦公也。周公诛管，公也；舜封有卑，私也，亦公也。卫伋与寿俱死，公也；伍员不与尚俱死，私也，亦公也。由是言之，公者固公，其公而似私者，非公矣，而孰知其私之为公也；似私而公者，固公矣，而孰知私之至之为公之至，且为大公而至无私也。故人至于父子兄弟之间，不患其私，患其不私耳；不患私之至，患其私之不至耳。夫私而至于父子兄弟，不谓之私，而反谓之公者，以父子兄弟之私乃天性之私耳，犹天地无私而私善人。天地私善人，尤私孝子悌弟之为善人也。夫天地且为善人、为孝子悌弟之为善人易其无私之大德而独私之，而况于人乎？况于鬼神乎？①

王嗣槐说儒家之仁观不同于墨、佛两家，公私观亦不同。儒家不是以无所不爱为公，而是"以有所爱，有所不爱为公"，此即"仁者能爱人，能恶人"；儒家不是以兼爱为无私，而是"以专所爱为无私"，此即儒家讲仁以亲亲为大之意②。父子兄弟之亲亲之情，看似私情，却是仁德之根本；本于亲亲之情而施于事，如禹之传子、夏后郊鲧、舜封象有痺、伍员不与尚俱死等，看似私的表现，却是大公而无私。简言之，王嗣槐批判无差等的亲爱观，以及

---

① 王嗣槐，《太极图说论》，卷4，页13b—14b。
② 王嗣槐，《太极图说论》，卷4，页14b。

用仁爱之量来衡量公私的看法，强调儒学本于亲亲之情，有好恶与等杀之仁，才是可以践履且是至公无私之仁①。

《太极图说辨仁论二十一》主要批评《西铭》物与之说，又将之联系到佛教：

> 嗟乎，余之推论及此，亦以《西铭》好仁之过，即孔子所为好仁之蔽之过也。使非从事佛氏之教，又安得有是言乎？盖佛氏之为佛氏，其教本无与于仁者也，舍色身，空人世，以生为幻，以死为真，彼乌知仁为何物者耶？今释氏之徒日以慈悲为仁矣，吾谓其不知仁为何物者。……《西铭》言物与，其言尤谬于民胞，不足论也，然非本佛氏割己肉以喂饥鹰及四生轮回食吾父母之说，安得有是言耶？……以世之饥鹰无穷，而己之肌肉有尽，一割再割而不已，鹰未饱而身已亡矣。吾止一父母也，吾能知轮回中此二物是吾父母，吾哀而舍之可也，吾又安知百千万亿物，日在轮回中，何者是吾父母，何者非吾父母，而皆如吾父母哀而舍之耶？夫推释氏之言仁，不过摩顶放踵，利天下为之之说耳，其言岂不加于君子远庖厨之仁哉？然究不免于君子之嗤而小人之疑者，亦以其徒言不可言之仁、言不可行之仁理而已矣。②

王嗣槐认为"物吾与也"之说是受到佛教佛陀割肉喂鹰、四生轮回、食吾父母之说的影响。佛陀割肉喂鹰的故事出自《大智

---

① 王嗣槐，《太极图说论》，卷4，页14b—15a。
② 王嗣槐，《太极图说论》，卷4，页21a—22b。

度论》,是讲述释迦牟尼佛做尸毗王时,为救护鸽子而割尽己肉喂鹰,直到完全舍身的程度①。四生意指胎生、卵生、湿生、化生,佛教因为相信轮回,一切动物都可能是人过去的父母,故不杀生。他说佛教这种仁爱观与墨家摩顶放踵的精神相似,但不同于儒家之仁。儒家圣贤虽也会对饥饿之鹰与待毙之兽产生恻隐之心,但绝不会割己肉来救它们,因为世之饥鹰无穷,纵使人割尽己肉到身亡的地步,也无济于事。若说天地间百千万亿之物都可能是人过去的父母,人如何分辨?有可能完全舍之不杀不用吗?王嗣槐认为这些都是"言不可言之仁,言不可行之仁理",人不可能践履,也与儒家思想不符。

王夫之和王嗣槐对于《西铭》的评价不尽相同,王夫之认为《西铭》是张载极重要的作品,也同意程朱所提的"理一分殊"观,他只是再次强调人伦秩序的重要;王嗣槐则重提杨时之论,质疑《西铭》的正统性,认为此文与儒家圣贤之教不符。尽管如此,他们的看法仍有相当的呼应,都反映了明清之际儒学修正晚明学风、重视人伦日用的学风。从两人的发言,我们看到佛教、墨学是主要批判和比较的对象,除此之外,明清之际其他思潮是否也可能提供我们一些参照的脉络呢?

首先,明清天主教以天主为人之大父母,强调以昭事天主为优先的想法,颇值得留意。明清天主教并不排斥中国五伦观,也未宣扬平等观,而是在认同儒学有差等之伦序观的前提下,在五伦之上,加入以天主为首伦,强调众人应以孝敬、顺服天主为优先,确

---

① 龙树菩萨造,鸠摩罗什译,《大智度论》,卷4,页79—81,收入新文丰出版公司编辑部编,《新编缩本乾隆大藏经》(台北:新文丰出版公司,1991),册76。

立了"先天主、次国君、再家父"的伦理序次。对天主教而言,事天主理当优先于事亲,故即使天主教抱持与儒学调适合会的态度,对于儒学基要义理仍有重大冲击①。

再者,明清之际在一波强调敬天、畏天、知天、事天的思潮下,儒家士人也确实出现主张"事天先于事亲"的看法。举例而言,安世凤(约1557年生)曾说:"不知者谓人能事亲而后为顺天之理;而知者则谓人能事天而后为顺亲之心。"②安世凤的看法很值得和王夫之作比较,安世凤基本上站在形、性分离的立场,认为人之形体虽得自父母,但灵性却是由天所赋;父母虽亲近,但人在离开母腹之后便是独立个体,唯有赋人灵性之天与人始终不离,故天与人的关系实比父母更亲密。在这些论点上,安世凤的想法都更接近天主教,而远于王夫之。安世凤认为"天实一大父也,由父以推之兄,则人皆一同胞也"③。他称赞《西铭》是《孝经》《中庸》以降未曾有之言,但反对"理一分殊"之说,认为程朱不能真正体会张

---

① 吕妙芬,《耶稣是孝子吗?明末至民初汉语基督宗教文献中之论孝的变化》,《"中研院"近代史研究集刊》,期99(2018年3月),页1—46。既然天主教以天主为大父母的思想与《西铭》有相近处,明清之际的传教士和信徒是否曾援引《西铭》文本来阐述教义呢?我翻阅了许多明清天主教汉语文献,发现传教士并未特别引用《西铭》,我想主要与《西铭》是宋明理学的产物有关,利玛窦等耶稣会士认为宋明理学受到佛道等异教的污染,已非纯正儒学,加上他们从上古经典中即可找到类似意涵的经文,不必引用一部北宋的作品。不过,中国信徒并未完全忽略《西铭》,徐光启以"民吾同胞"来说明普天下之人类原同一祖,再由始祖亚当上推天主创造之原;韩霖则以四海一家、万物一体来说明天主教敬天爱人之教义。徐光启,《论奉教人不设神主木牌非是毁宗灭祖》,收入胡璜,《道学家传》,见于钟鸣旦、杜鼎克、黄一农、祝平一主编,《徐家汇藏书楼明清天主教文献》(台北:方济出版社,1996),册3,页1219—1220、1039;韩霖,《铎书》,收入钟鸣旦、杜鼎克、黄一农、祝平一主编,《徐家汇藏书楼明清天主教文献》(台北:方济出版社,1996),册2,页714。
② 安世凤,《尊孔录》(晚明天启元年刊本,台湾图书馆藏),卷10,页8a—9a。
③ 安世凤,《尊孔录》,卷13,页21。

载作《西铭》的原意,张载的意思是"天乃生我之父,吾人一生须臾不能离此父之侧,终身完不了事此父之职,直待死而后已"①。

许三礼也以天地为大父母②,以告天为圣学入门,每天行告天之礼③,虽然他也强调仁孝一旨,并未忽略孝亲人伦,但他鼓励人直接寻求与天地大父母亲近的看法④,也与王夫之不同。许三礼说:"天,吾大父;地,吾大母。此心不为天地分忧,便是两间不肖之子。民,吾同胞;物,吾同与。此身不为民物立命,即系一方有罪之人。"⑤这样的想法明显是王嗣槐所反对的。另外,顺治年间出版的《西铭续生篇》是关中雷于霖晚年的作品,雷于霖承继晚明以来将《西铭》与《孝经》合论的传统,且以近乎宗教修行的态度来面对《西铭》,他在序中说道:

> 余自志学之时,一见是篇若获固有,每日之间或立而诵之,或坐而诵之,或夜卧而诵之,至月朔月望,则跪而诵之。每诵一句即现一境,即生一心,俨若乾父坤母之在上,宗子家相之在侧,圣德贤秀者继其志而述其事,老幼茕疾者企其养而

---

① 安世凤,《尊孔录》,卷10,页6。关于安世凤《尊孔录》之思想讨论,见吕妙芬,《以天为本的经世之学:安世凤〈尊孔录〉与几个清初个案》,《汉学研究》,卷37期3(2019年9月),页1—42;此文收入本书第7章。
② 许三礼,《圣学问答》,页11a,收入氏著,《天中许子政学合一集》,收入四库全书存目丛书编纂委员会编,《四库全书存目丛书》(台南:庄严文化事业公司,1997),子部,册165,页488。
③ 关于许三礼的告天礼,参见王汎森,《明末清初儒学的宗教化:以许三礼的告天之学为例》,《新史学》,卷9期2(1998年6月),页89—122。
④ 例见许三礼,《海昌讲学集注·言农事》,页6a—b,收入《天中许子政学合一集》。
⑤ 许三礼,《随处体认天理》,《讲院铭言》,页1a,收入《天中许子政学合一集》。

告其苦，令我生尊敬心，生哀矜心，生一切密修实证心。……尝觉生气生理盈映吾四体间，及今七十二岁，造物者将息我也，卧床一载，思吾生有尽，吾生生之心无尽，遂于伏枕饮药之中，勉作注释五千二百余字，期与天下万世仁人孝子共续此大生之德于永永不穷也。①

雷于霖每日诵读《西铭》时，心境随之而生，俨若乾坤大父母在上，他虽也强调《西铭》不同于佛教和墨学，但与王夫之不同，他并不排拒躐等而亲乾坤大父母，他甚至说："若识得原初父母，则格天配帝"②；又说人若能真实事天地，即使"乡不顾月旦、国不顾青史"，"乾父坤母当直我于冥漠之间"③。他也与王嗣槐不同，直言："凡民秀民，海内海外，但范人之形者，皆与我同受父母之体性，实是共一胎胞而称兄弟焉。""不特人也，即动物植物，有情无情，但具生之貌者，皆与我分受父母体性，实是同一俦偶而称连属焉。"雷于霖每日以虔敬修身的态度诵读《西铭》，他认为人应追求认识并孝敬原始大父母、追求形体之外永恒无尽之生命，及其对于民胞物与之说的解释，均与王夫之、王嗣槐形成鲜明的对比。

综上所论，生于明清之际的王夫之和王嗣槐尽管对于《西铭》的定位看法不同，但他们的论点颇有交会，又都重启了前人对于此文的疑虑。无论是王夫之强调事亲先于事天，或王嗣槐反对民胞物与说，都主要欲重申儒学以亲亲为主的伦序观。他们对于《西铭》

---

① 雷于霖，《西铭续生篇序》，《西铭续生篇》（清道光十五年刊本，"中研院"傅斯年图书馆藏），卷首，页1a—b。
② 雷于霖，《西铭续生篇》，页1a。
③ 雷于霖，《西铭续生篇》，页11a。

的讨论也承继前人论辩的语境，即在辨析儒学与异端的脉络下进行，并以佛教和墨学为主要对话对象。不过，若放在明清之际的学术背景下观察，相关论述的思想史脉络可能更为复杂，晚明以降个人修身实践追求与天道契悟的传统，天主教与儒家士人对于天人关系的讨论与实践等，都可能是形塑这些思考与论辩的学术脉络。

（三）太平天国背景下的论述：罗泽南、吴敏树

罗泽南（1807—1856）是湘军的著名领袖，也是程朱理学的信奉者与教育者，他的理学类著作有《姚江学辨》《人极衍义》《读孟子箚记》《西铭讲义》等，钱穆（1895—1990）论其学之传承曰："罗山之学，大率推本横渠，归极孟子，以民胞物与为体，以强勉力行为用。"[①]《西铭讲义》著于道光二十九年（1849），是罗泽南对弟子讲授《西铭》的讲章，除了图赞和总论外，全书以《西铭》原文、朱子的《西铭解》为主，罗泽南是以按语的方式来阐释个人的理解。范广欣将此书配合罗泽南生平经验与思想发展来解读，认为此书作于太平天国战争之前，标示着罗氏对于政治的态度从批判到参与的转向[②]。然若以罗泽南对《西铭》的诠释内言而言，实未超过程朱理一分殊的架构，义理的新意并不多。他非常重视"由分立而推理一"的概念，他在序中说道：

> 泽南为诸生讲《西铭》，用伊川分立而推理一之旨作讲

---

① 钱穆，《中国近三百年学术史》（台北：台湾商务印书馆，1990），页593。
② 范广欣，《以经术为治术：晚清湖南理学家的经世思想》（南京：南京大学出版社，2016），页130—143。

义示之。每句始言一家之父母兄弟，继乃推到天地民物，因其分立之立者，以明其理之本一，又绘一图，上下推布于理一之中，分之森然者益明，以附于朱子解义之后，为初学设也。夫《西铭》之理一不难知也，分殊难知；分殊不难知也，分殊之中各有其处之之道难知。然而岂知之而遂已哉？人禀二五之精以生，理即从而赋之，天地万物皆吾一体，虽其中亲疏殊情，贵贱异等，而其天理之流行，实未尝有一毫之稍间。……是以古之君子，亲亲而仁民，仁民而爱物，必皆有以尽其当然之则，向使于分殊之处一毫有所未善，则此理一之浑然者，遂有所亏而莫周。义之不尽，又何以为仁之至哉？①

罗泽南强调分殊的重要性，认为要能够充分掌握分殊的细节、处境、脉络，及应然的处置之道，才能不伤于义，做到体用兼备。他引李侗（1093—1163）之言曰："须是理会分殊，毫发不可失，此是《西铭》紧要工夫。若不于分殊处体认得明白，即于理一处有所见，终是个空架子，毫无着落。"②他特别绘了一张"分立而推理一图赞"来表明万物分殊井井有序又有关联的意涵；并援引朱熹横截断看法、直劈下看法，分别说明乾坤民物与父母胞与，互不相混又彼此相连属的关系③。从其书可见，他既强调"乾坤本不是父母、民物本不是胞与"，但也说就理一而言，则又可说"乾坤民物实是

---

① 罗泽南，《叙》，《西铭讲义》，页1a—2a，收入林庆彰、赖明德、刘兆佑、张高评主编，《晚清四部丛刊》（台中：文听阁图书，2011），编5，册63。
② 朱熹，《延平答问》，页23b，收入《文渊阁四库全书》（台北：台湾商务印书馆，1985），册698。
③ 罗泽南，《西铭讲义》，页9b—10a。

父母胞与"①。

罗泽南讲《西铭》基本上重申程朱之意,没有太多创见或批评,但是吴敏树(1805—1873)②在《书西铭讲义后》中却再度把《西铭》置于异端之辨。吴敏树虽承认张载《西铭》阐明儒者之学,异于老、杨、墨、佛,但他也指出《西铭》的文字有过失,即过分强调同一而忽略分殊。他强调民物与同胞绝不相同,孔孟圣人不欲人漫谈广仁,或忽视等级亲疏之辨。吴敏树又说:

> 窃详张子之意,将以救学者自小自私之弊,而扩其偏而不普之心。程子朱子意亦如是,而明理一分殊之旨,以防其所流。独龟山杨氏有兼爱之疑,实亦未为不达也。今世有天主邪教者,直称天为父,而凡人无贵贱老幼,皆为兄弟,无父无君,而足以倡合庸人,以阶祸乱。究其说,类窃《西铭》之似而背其本者。湘乡罗罗山氏,乃申程朱之意,为《西铭讲义》,罗山讲学而用世,为书之旨盖远,未屑一言及于今之邪教,而余窥其意亦在是。并妄议张子之言之过,世之君子,其无遽罪我而试察之。③

---

① 罗泽南,《西铭讲义》,页10a—b。
② 吴敏树,湖南岳阳人,字本琛,号南屏,晚号乐生翁、桦湖渔叟,1832年举于乡,曾任浏阳县训导。其传见钱仪吉、缪荃孙、闵尔昌、汪兆镛编,《清代碑传全集》(上海:上海古籍出版社,1987),册下,页1225。
③ 吴敏树,《书西铭讲义后》,《桦湖文录》,卷2,页20a,收入《清代诗文集汇编》(上海:上海古籍出版社,2010),册620。

吴敏树对《西铭》的质疑与基督宗教有关①，此应与当时受基督教影响的太平天国之乱有关。虽然罗泽南讲《西铭》并未明言，但吴敏树认为《西铭讲义》之所以格外强调分殊，乃有辨明异端邪教之意。吴敏树在《孝经章句序》中说道："近见湘乡罗罗山氏讲学以救时弊，乃有《西铭讲义》之作，始大怪之。《西铭》言乾父坤母，四海之人皆为兄弟，民吾同胞，物吾同与，其言似大矣。程子用之以教，而冒其似者，浸而为西人天主之学。"②吴敏树对于太平天国等以天地为父母之民间教派十分警戒，生怕《西铭》被误用③。他在《又书西铭讲义后》中有更详细的说明：

> 或曰：今之邪教不足道也，愚民惑之，学士笑焉，是乌足与辨？余谓不然。圣人之所以立教者，使天下贤智愚不肖，共由其中。若由之足以惑而不辨，是弃人也，且惑之甚而贤智又恐有不免者，余有所见之。往时有村人佣于余家，至愚之人也，并未尝识一字。一日与舍中诸僮私语曰："人莫止说有父母，天实生汝，地实长汝，日月以照汝，水火田谷百物以养汝，风以吹汝，雨以润汝，是天地之恩至重，不可不报。"余于隔房闻其语，大惊怪之，察其所居屋中，则壁间皆画为舟船

---

① 李元度不赞成吴敏树之见，认为民胞物与之说乃就理而言，不应以辞害意，也认为程朱之说已释杨时之疑，又说吴敏树之疑《西铭》是与受天主教影响的"粤盗"有关。李元度，《与吴南屏年丈书》，《天岳山馆文钞》，卷36，页17a—18b，收入《续修四库全书》（上海：上海古籍出版社，2002），册1549。
② 吴敏树，《孝经章句序》，《柈湖文录》，卷3，页1b。
③ 洪秀全强调自己与天父皇上帝之关系，淡化与父亲洪镜扬的关系，且抱持"视天下为一家，合万国为一体"的看法。太平天国也规定信徒每餐谢饭，感谢天父皇上帝祝福有衣有食，保护照怜。参见盛巽昌，《实说太平天国》（上海：上海世纪出版社，2017），页1—31。

旌旗戈甲之状，而其人又尝背人口中唱诵有词，知其必为斋匪所惑。斥之则怒，而以言相反，乃呼其家人，令以归约禁之，遂发狂以死。①

这位受雇于吴敏树家的村民虽不能读书识字，但能与人讲说天地生养众人之恩、人不可不报恩的道理。这番道理从一位无知的村人口中说出，让吴敏树十分惊讶，他观察其言行，发现他在房间墙上贴了舟船旌旗戈甲之类的画，又常唱诵一些词，故判断这位村人必定是受到"斋匪"的影响。"斋匪"在清代意指吃斋的民间教派信徒从事不法活动者②。根据秦宝琦的研究，嘉道年间秘密宗教会党发展快速，主要与人口增长、移民增加有关，教团提供教徒拟血缘的关系，发挥互助与自卫抗暴等功能。以天地会为例，从福建、广东两省，发展到江西、广西、云南、贵州、湖南等地，吸引许多教友；湖南地区的参与者最多为雇工阶层，其次为小商贩。而天地会在结会时要插五色旗帜，桌上摆放剑、剪刀、尺、铜镜，以及写有"拜天为父，拜地为母"等字样的黄纸③。又例如具有末劫思想的《文昌帝君醒世救劫宝诰》也说，天地一大父母，天地厚爱人、生养人，人应时时敬天地，正人心行忠孝，以救末劫④。

---

① 吴敏树，《又书西铭讲义后》，《柈湖文录》，卷5，页12a—b。
② 庄吉发，《咸丰事典》，收入陈捷先主编，《清史事典》（台北：远流出版社，2008），册9，页156。
③ 秦宝琦，《中国地下社会》（北京：学苑出版社，2004），卷1，页596—658。有关天地会的仪式和神话等，亦见Barend J. ter Haar, *Ritual and Mythology of the Chinese Triads: Creating and Identity* (Leiden: Brill, 2000)。
④ 《文昌帝君醒世救劫宝诰》，收入王见川、侯冲、杨净麟等主编，《中国民间信仰民间文化资料汇编》（台北：博扬文化事业公司，2013），辑2，册15，页115—119。

另外，Lars Peter Laamann和张振国的研究都指出，在清代禁教时期，中国民间天主教继续发展，且有与其他教派混合的现象，不仅仪式和习俗有神秘化和民俗化的趋向，念经吃斋也是天主教教民普遍的行为，朝廷亦将其归为邪教①。上述这些现象均与吴敏树所描述的村民举动相近，我们因此判断吴敏树所害怕的正是当时快速在中国发展的宗教会党团体，包括已经本土化和民间化的天主教信仰。李元度（1821—1887）也说吴敏树之所以批评《西铭》，是因为"外夷天主教有所谓天父、天兄云者，粤盗袭其唾余以毒天下"②。引文中所提及的这位村民受到吴敏树的斥责，不仅不服气，且有能力反驳。这则故事以悲剧收场，吴敏树要求这位村民的家人将其带回并约禁其行为，最后这位村民发狂而死。

事实上，这位村民所说的并不是什么荒谬无稽之谈，而是天地有养人之恩、人应报恩的观念，这样的观念中国本有，不仅普遍流行于民间，即使士人中也有不少接受者。然而这一点却让吴敏树感到担心，他说：

> 夫是人者之所言，征特僮奴筝听之，即令读书粗识道理者，以一言折其非是，其将能乎？否乎？而又将有妄人自奇，反信用之者。天地之恩之于生人，不待言也，而不可报也。惟王者一人为天之所主，天下人之所听命，故称为天子，而有父

---

① Lars Peter Laamann, *Christian Heretics in Late Imperial China: Christian Inculturation and State Control, 1720—1850* (London & New York: Routledge, 2006). 张振国，《神圣与凡俗：明末至鸦片战争前天主教与民间信仰的遭遇》（北京：社会科学文献出版社，2018），页156—197。
② 李元度，《与吴南屏年丈书》，《天岳山馆文钞》，卷36，页17a—18b。

事天、母事地之礼，所以为天下报也，犹尊之而不敢亲也。郊社之事，与宗庙固异矣。至于圣人君子之教，则以存心存性为事天，而他无事焉。天生人而不失其所以为人之理，即曰报之，无出于此。《西铭》之书亦不过发明此理。而父母兄弟之言，为邪者容得借口大儒以相欺诱，故窃论及之。呜呼，邪说之生而足以惑人有由矣。世教衰，父母兄弟宗族乡党之恩薄，民穷而散，而邪者诱之，此真学士大夫之罪也。故圣人之道，主于亲亲而渐推之，天下皆得自尽而无散叛之民，其道亦无俟多言矣夫。①

吴敏树担心教派所传讲的道理不仅一般百姓会信服，连读书人都不易反驳。他之所以认为这道理有危险性，主要因怕人们受宗教影响而脱离儒家宗族礼法，僭越天子之礼，企图通过与天地大父母直接相通，导致政教秩序的破坏。他说虽然天地有恩于人，但只有天子可代表众百姓向天表达报恩之情，一般人若要报天生人之恩，应从修身做起，即以存心存性为事天，不可直接拜天。而《西铭》以乾坤为大父母、众人为兄弟的说法，很容易被民间教派误用。由上可知，吴敏树对《西铭》的批评和警戒主要与当时教民叛乱的大背景有关，为防止宗教义理和教团活动颠覆家庭伦理，他再度强调儒学亲亲伦序，也更重视《孝经》，即欲以儒家宗族礼法来对抗民间教派。

另外，晚清朱一新（1846—1894）也认为《西铭》专言体、言

---

① 吴敏树，《又书西铭讲义后》，《柈湖文录》，卷5，页12b—13a。

仁之全量,若不善体会者,容易流于兼爱,故程子特阐明"理一分殊"。他强调分殊的重要性,认为孟子对兼爱的批评看似过激,却很重要,又说:"今观释氏之书,摩西之教,而其言验矣,择术可不慎欤?"①同样地,除了传统佛教和墨学外,基督宗教也已进入晚清士人有关《西铭》异端之辨的论述之中。

三、民国时期诠释的变异

晚清到民国时期,中国思想界巨变,冲决宗法伦常之网罗,追求平等、自由、博爱等价值之声高涨。此时期《西铭》的诠释呈现最明显的变化是:摆脱传统儒家有差序的伦理观,以及狭义"孝"的束缚。当时人们未必读不出《西铭》文中浓厚的宗法主义,或是不知道此文在学术史上引发的纷争与论辩,但由于传统的"异端"概念已瓦解,《西铭》蕴涵的其他思想向度也获得伸展的动能,进而扮演了联系中国文化与世界的桥梁。

在广泛搜集晚清至民国时期相关史料时发现,尽管有像刘师培(1884—1919)说张载《西铭》之民胞物与虽与"民约"无关,但推之可以得"民约"之意②,或如刘伯明"中国人不是没有这种平等的思想,《礼运》篇孔子讲的大同,以及张载的《西铭》,都很

---

① 朱一新,《问西铭》,《无邪堂答问》,卷4,页1b,收入王德毅主编,《丛书集成续编》(台北:新文丰出版公司,1989),册19。
② 刘师培,《中国民约精义》,收入氏著,《刘申叔遗书》(南京:凤凰出版社,1997),册上,页582—583。亦参见杨贞德,《从"完全之人"到"完全之平等"——刘师培的革命思想及其意涵》,《台大历史学报》,期44(2009年12月),页93—152。

有德谟克拉西的精神"之说①；但直接援引《西铭》去阐论自由、平等、民主的言论其实并不多见，更多还是在比较宗教和比较文化脉络中的发言。另外，新儒家主要承袭宋明理学而赋予新时代的诠释，他们对于《西铭》也有一定的重视。还有一些文章是响应蒋介石（1887—1975）指示国民党党政人员研习《西铭》而作，此又与蒋介石个人的学思有关。以下就这三方面分别讨论。

（一）普世宗教精神

对于宗教界人士而言，不同宗教间的差异当然至为紧要，必要时更是要析毫剖厘，然在不同语境下，有时也会强调彼此具有相似的精神。《西铭》父天母地、仁覆天下的精神，就常被用来与其他宗教精神相提并论，阐明普世宗教的精神。例如，基督徒何璋曾说：

> 上主从天诞降下救普世，万万非人类之比，而其灵异有不超乎人类之上者乎？世人疑之，名与以管窥天者何异？他若耶稣之教所以可大可久者，意其大意旨与张子《西铭》同。能人观书，当求大义微言，不可寻数行墨。②

何璋当然知道基督教教义不同于《西铭》，但他在此强调耶稣的精神和教导大意与《西铭》相同。类似地，赵紫宸（1888—

---

① 《刘伯明博士在职业学校讲演：东西洋人生观之比较》，《申报》，1920年6月3日，第10版。
② 何璋，《论教》，《中西教会报》，卷2期16（1892），页19b。

1979）也清楚《西铭》所谓"乾称父，坤称母"，不同于基督教的人格神[①]，但他同样从《西铭》读出类似耶稣的精神。《学仁》是赵紫宸于1935年写于北京的一本基督徒灵修著作，此书写于中国国难救亡意识极强的年代，当时许多人主张人格救国，赵紫宸也说耶稣的人格精神是救国之重要途径，《学仁》全书涵盖个人、社会、国家、国际、天国各层次，有会通基督教伦理与中国道德伦理的特色。赵紫宸在论人生理想时，并列援引了《西铭》全文与《路加福音》4章18—19节，亦即描述耶稣是弥赛亚、受差遣传福音给普世之人的经文。他接着申论道：

> 人的大觉悟，都是宗教的觉悟。在这宗教的觉悟之中，人恍然激见自己浑然与万物同体，与宇宙同性，与人类同喜乐同悲哀。有了这样的觉悟，人好像在生活中得了一个永恒的真实性，能像释迦一样地有"我不入地狱，谁入地狱"的感想，像范仲淹一样地有"先天下之忧而忧，后天下之乐而乐"的志气，像保罗一样地有"与哀哭者同哭，与喜乐者同乐"的心肠，像耶稣一样地有非我旨意成全，惟求上帝旨意成全的决心。[②]

《西铭》万物一体观是一种宗教的体悟，不仅儒家有，基督

[①] 赵紫宸，《基督教与中国文化》，收入氏著，燕京研究院编，《赵紫宸文集》（北京：商务印书馆，2007），卷3，页273。徐宝谦也说："张载的《西铭》，虽有乾父坤母、民胞物与的说法，与基督教的有神论，意味究不相同。"徐宝谦，《基督教与中国文化》，《大公报》（天津版），1933年12月14日，第13版。
[②] 赵紫宸，《赵紫宸文集》（北京：商务印书馆，2003），卷1，页375。

教、佛学也有。赵紫宸说现代思想家有希腊诡辩家的气味，被演变的思想所蒙蔽，看不见有个不变的真实存在，因此是非混淆。他说：

> 其实，人生何尝没有确定的标准，只是他们求之不得其道罢了。这个标准，在耶稣的宣告里，横渠先生的《西铭》里，已经有很清楚的启示。①

"耶稣的宣告"即基督教普世救赎的福音，赵紫宸认为这种精神可见于《西铭》，是真实的道，不是虚见。他相信只有从天主（天地）的高度，承认全人类与我同性，才能弭平世界的纷乱。他在当天的祷文中也以民吾同胞、人应广爱人类来向耶稣祈祷②。综观赵紫宸对于《西铭》的看法，他一方面认为这是一篇蕴涵伦理、哲学、宗教的伟论，虽全篇所述不过一"孝"字，但具有崇高的宗教精神；另一方面，他也认为中国文化还应向基督教学习，耶稣对天父深刻的体认，及其在十字架上牺牲的大爱，都值得中国人学习③。

其他类似将基督教与《西铭》比附的说法尚有不少，例如1922年李路得在尚贤堂的演讲，说到基督看普天下人民如同弟兄

---

① 赵紫宸，《赵紫宸文集》，卷1，页375。
② 祷文："至圣之神，慈爱之父，你是万族的真源，你是人类的大父，你是众生的标准。因此，凡是人都是兄弟姐妹，都属于一家。父啊，为此，我求你将我心中傲慢仇恨，与夫与人隔绝的罪恶，完全除去，使我能因你而爱人，而行爱人的事。因耶稣，亚们。"赵紫宸，《赵紫宸文集》，卷1，页376。
③ 赵紫宸，《基督教与中国文化》，《赵紫宸文集》，卷3，页275。

姐妹（马太福音12：50），与儒经上"民吾同胞，物吾同与"相近①；范皕海（范子美，1866—1939）说基督教以上帝为天父，人类皆兄弟；若非有同一的天父，则"民胞物与"之说也不成立②。刘仲山说《西铭》民胞物与的胸怀与基督教的博爱相合③；方豪（1910—1980）认为《西铭》"所谓乾坤，所谓天地，皆指宇宙之主宰也"④。将乾坤大父母联系到天主教的天主。谢扶雅（1892—1991）则说《西铭》天地一体、民胞物与、包含万有、解脱差别界而入平等界之经验，是宗教精神之最深奥处⑤。

除了基督宗教外，其他宗教人士也会以《西铭》作比附，丁福保（1874—1952）说《西铭》类似佛教众生平等观⑥；江谦《广张子西铭》则从佛教的立场，借《西铭》来申论佛教不生不灭，无量无边之心性观⑦。儒教人士也有类似的说法，关中士人刘光蕡（1843—1903）将孔子之儒教与其他宗教模拟，认为儒家所言性善即佛教所谓佛性、耶教所谓灵魂⑧；又说孔子为千古教宗，其教生

---

① 《李路得先生演说词》，《尚贤堂纪事》，期13册1（1922），页40—50。尚贤堂由李佳白所建，常邀请各宗教人士前往演说，提供不同宗教对话之平台，李佳白个人倾向宗教联合的思想，相关研究，参见胡素萍，《李佳白与清末民初的中国社会》（广州：中山大学出版社，2009）；孙广勇，《融入与传播——简论李佳白及其尚贤堂的文化交流活动》，《社会科学战线》，2005年第6期，页299—301。
② 范皕海，《中国伦理的文化与基督教》，《青年进步》，期84（1925），页1—10。
③ 刘仲山，《基督教与中国文化的关系》，《希望月刊》，卷5期12（1928），页12—24。
④ 方豪，《论中西文化传统》，收入张西平、卓新平编，《本色之探：20世纪中国基督教文化学术论集》（北京：中国广播电视出版社，1999），页196。
⑤ 谢扶雅，《宗教哲学》（济南：山东人民出版社，1998），页74—75。
⑥ 丁福保，《我之人生观》，《申报》，1939年9月3日，第16版。
⑦ 江谦，《广张子西铭》，《佛学半月刊》，期78（1934），页48。
⑧ 刘光蕡著，武占江点校，《刘光蕡集》（西安：西北大学出版社，2014），页466。

于孝，即孔子之教以天为人之父母，以事天之路径垂示万世。刘光蕡承袭着明清以来将《西铭》与《孝经》合论的传统，称扬《西铭》言仁孝及儒教本天的宏高境界[①]。陈焕章（1880—1933）虽未特别表彰《西铭》一文，但他根据其他儒家经典，说乾坤为人之父母，人人皆为上帝之子，事天即事亲，因而主张孔教应以上帝与祖宗并重，同时祭天、祭孔、祭祖，这些都符合《西铭》之旨[②]。陈焕章对于孔教的主张也有与其他宗教比较的视野，并有大同的思想。

民初的孔教曾主张以《孝经》为世界和平之福音书，以中国孝道教化进于全球大同境界，这些想法经常带有浓厚的比较宗教意涵，1940年代上海尊经会刊刻的《孝经救世》可作为代表[③]。书中在注释《孝经》经文"孝悌之至，通于神明，光于四海，无所不通"时，有一案语曰：

> 张子《西铭》曰："乾称父，坤称母，予兹藐焉，乃浑然中处"；又曰："民吾同胞，物我与也"；又曰："凡天下疲癃残疾惸独鳏寡，皆我兄弟之颠连无告者也"。夫孝悌之至，必如《西铭》之量，父天母地，仁覆天下，若是则天地与吾为一体，而神明之通，有必然者。且佛、道、耶、回各教，皆同此

[①] 刘光蕡，《刘光蕡集》，页375、377、381、469。
[②] 陈焕章、周军标点，《陈焕章文录》（长沙：岳麓书社，2015），页189—190。
[③] 吕妙芬，《孝治天下：〈孝经〉与近世中国的政治与文化》（台北：联经出版事业公司，2011），页303—319。

量，故光于四海无所不通，亦无疑也。①

作者大量引用《西铭》原文，认为此文所揭示的精神具有普世宗教的意义，是佛、道、耶、回各宗教所共有的精神，因此可以光于四海而无所不通。另外，唐文治（1865—1954）《孝经救世编》赞许《西铭》民胞物与之仁，强调人应以弥天地间之缺憾为职志，才是乾坤大孝子；另一方面，他则感叹后世儒学罔知此义，不能推及于同胞民物使万民万物得其所，反须依赖外国宗教家来实践，对此深感痛愧②。一篇1921年发表于《申报》的文章则指出：欧洲人根据"四海之内皆兄弟"和《西铭》认定儒家之精义与基督教有同称善者，久而久之，中国人亦自诩如此，但可惜中国人是能言而不能行③。

以上诸说主要从比较宗教和文化的脉络上发言，《西铭》作为儒家仁爱精神的代表，其仁覆天下与崇尚大同的精神④，足以和基督教、佛教等普世性宗教相提并论，当时许多论述都说基督之爱、孔子之仁、释迦之慈悲，虽有轻重广狭之别，但基本精神是相通的。

---

① 世界不孝子，《孝经救世》，卷16，页33—34，收入林庆彰主编，《民国时期经学丛书》（台中：文听阁图书公司，2009），辑3，册56。
② 唐文治，《孝经救世编》，卷3，页22a—b，收入林庆彰主编，《民国时期经学丛书》（台中：文听阁图书公司，2013），辑5，册58。
③ 老圃，《兄弟说》，《申报》，1921年8月25日，第20版。
④ 将《西铭》与大同思想并论，例如：徐庆誉，《新生活运动与文化》，《大公报》（天津版），1935年6月5日，第4版。

(二) 新儒家：冯友兰、唐君毅的论点

宋明理学是新儒家思想的重要资源，讲论《西铭》的文字也不少①，而且《西铭》以天下为一家的精神，更是新儒家向世界宣传中国传统文化的重点②。在新儒家中，冯友兰（1895—1990）和唐君毅（1909—1978）对于《西铭》的阐释别具特色。冯友兰对《西铭》的评价很高，他在《新原人》中讲到自然、功利、道德、天地四种境界，其中天地境界最高，《西铭》即描述天地境界。他说人若能充分自觉自己是宇宙的一份子，对于宇宙是有责任的，即是知天之人，此等人可称为天民。"天民所应做底，即是天职。他与宇宙间事物底关系，可以谓之天伦。"天民也是社会中的一份子，也当尽社会的责任，然因其对天伦有所觉解，其尽人伦即有事天的意义③。冯友兰又说：

---

① 例如：熊十力，《中国哲学与西洋科学》，收入氏著，景海峰编，《熊十力选集》（长春：吉林人民出版社，2005），页459—460；方东美讲《西铭》历史背景，见氏著，《新儒家哲学十八讲》（台北：黎明文化事业公司，1983），页277—284。
② 牟宗三、徐复观、张君劢、唐君毅四人于1958年联名发表的宣言中，虽然没有特别提及《西铭》，不过谈到五点西人应向东方文化学习的内容，其中第五点即"天下一家之情怀"，也说到东方的"墨家要人兼爱，道家要人与人相忘，佛家要人以慈悲心爱一切有情，儒家要人本其仁心之普遍涵盖之量，而以天下为一家，中国为一人"。见牟宗三、徐复观、张君劢、唐君毅，《为中国文化敬告世界人士宣言——我们对中国学术研究及中国文化与世界文化前途之共同认识》，《民主评论》，卷9期1（1958），页2—21。
③ 冯友兰，《贞元六书》，收入氏著，《冯友兰文集》（长春：长春出版社，2008），卷5，页78。陈焕章也有天民之说，认为人人为天之子，故未来孔教进化之后，破除家界，人直接隶属于天，即为天民。见陈焕章，《陈焕章文录》，页207。

尽人职，尽人伦底事，是道德底事。但天民行之，这种事对于他又有超道德的意义。张横渠的《西铭》，即说明此点。《西铭》云："乾称父，坤称母，余兹藐焉，乃浑然中处。故天地之塞，吾其体；天地之帅，吾其性。民，吾同胞；物，吾与也。……尊高年，所以长其长，慈孤幼，所以幼其幼。圣，其合德；贤，其秀也。……存，吾顺事；没，吾宁也。"这篇文章，后人都很推崇。……不过此篇的好处，究在何处？前人未有确切底说明。照我们的看法，此篇的真正底好处，在其从事天的观点，以看道德底事。如此看，则道德底事，又有一种超道德底意义。由此方面说，就儒家说，这篇确是孟子以后底第一篇文章。因为孟子以后，汉唐儒家底人，未有讲到天地境界底。①

冯友兰说《西铭》具有从宇宙观看事物的眼光，能讲到天地境界的高度，与《中庸》"赞天地之化育""与天地参"相当。又说在天地境界中的人，最高可以达到同天的境界，即一种类似宗教体悟、神秘主义、与天地万物一体的经验；即"我"的无限扩大，最终成为大全的主宰。他认为《西铭》"天地之塞，吾其体；天地之帅，吾其性"，以及张载所谓"为天地立心，为生民立命"，即同天境界与大全主宰的表述②。冯友兰并未否定人伦和道德的重要性，只是强调在人伦和道德之上，还有超越的境界，他也没有《西铭》论仁太过的疑虑。他认为人若有宇宙天地之意识与觉解，在尽人伦

---

① 冯友兰，《贞元六书》，收入《冯友兰文集》，卷5，页78。
② 冯友兰，《贞元六书》，收入《冯友兰文集》，卷5，页81—84。

的同时，即尽天伦；行道德的同时，即可超越道德①。

相较于冯友兰从天地境界来阐论《西铭》，唐君毅则以儒家"孝的形上宗教"来论《西铭》，他的讨论也相当程度上呼应了前述王夫之的看法。唐君毅说中国儒者之天或天地，并非只是自然，尚有具形上之精神生命性的绝对实在；张载以气言天，以乾坤为父母之说，乃承《易传》及汉儒尊天之精神，论天人之究竟关系，以人为宇宙之孝子②。唐君毅认为"孝"是人应有之普遍道德。人为什么应当孝父母？其理据并不在于父母是否爱子女，而是人的生命来自父母，乃"父母之创造"，他说无论人的灵魂是否来自上帝，或未生前是否有阿赖耶识先在，此都不能否认人的生命由父母而生的事实。他说：

> 此现实存在之我之生命与其现实存在性，仍为父母由爱情结合之统一的努力之一创造。我初不在现实世界，父母之在现实世界，生出此现实存在之我，对现实世界言，仍是无中生有。父母未生我，我在此现实世界即等于零。当我在此现实世界等于零之时，则足致我之生之根本动力，惟在我之父母之心身中。③

上文我们看见王夫之坚持对父母尽孝的优先性，而唐君毅的看

---

① 王宝峰，《张载对冯友兰思想的影响》，《西北大学学报》，卷36期4（2006年7月），页135—138。
② 唐君毅，《中国文化之精神价值》，收入氏著，《唐君毅全集》（台北：学生书局，1991），卷4，页466—467；《中国哲学原论·原教篇》，收入《唐君毅全集》，卷17，页76、119—120。
③ 唐君毅，《文化意识与道德理性》，收入《唐君毅全集》，卷20，页79。

法接近王夫之。因为人并非直接由浑沦之自然宇宙所生，而是由父母所生，所以人只能透过对父母之孝思，来表达对宇宙之孝思①。唐君毅又说：

> 故人之返本意识，只能先返于父母之本，由此以返宇宙之本。方显自己之能返本之返之本。唯如此之返本，乃能真返于自己或宇宙之生命精神之本体，而显超越的我之纯生命精神性。唯如此之返本，乃人之最直接而自然之返本之道路。②

他比较基督教和儒学，认为基督教忽略对父母的孝思，要人返于宇宙生命精神之本体（上帝）；又说基督教认为上帝创造宇宙万物，故相信从研究物质可知上帝，此促进了近代科学，然若只以研究物质为本，则破坏人对上帝之虔敬，故中古基督教为了接近上帝，便主张鄙弃物质。相对地，中国儒学是透过孝父母、祭祖宗以拜天地，天地也因此生命化、精神化了。他说这种由孝透入宇宙精神本体的路径，是一条人人可以遵循实践的道路，其中不仅包含道德意识，也包含宗教意识③。

唐君毅又说人之道德始于能超越自爱而爱他人，这种忘我而爱人之心即人性本具之仁；人欲实现其仁心仁性，必然表现于对父母之孝，故中国古人总说"孝即人之仁心最初呈现处发芽处"。他站在儒学的立场，引罗汝芳论"孝弟慈"乃良知内涵，论说人要返回

---

① 唐君毅，《文化意识与道德理性》，收入《唐君毅全集》，卷20，页79。
② 唐君毅，《文化意识与道德理性》，收入《唐君毅全集》，卷20，页79。
③ 唐君毅，《文化意识与道德理性》，收入《唐君毅全集》，卷20，页79—80。

父母未生前之本，到无我忘我之境，而道德的第一步则是在父母前尽孝以忘我，对父母致其爱敬。他又说："此爱敬是爱敬父母，同时即是实现那超越的无我之我。此爱敬可一直通过父母而及于无穷之父母，及于使我有此生之整个宇宙。"如果人不从万物之分殊看，可进一层看万物之全体，那么整个宇宙，整个乾坤，即我之父母，人亦可对整个宇宙致其孝敬。"此即张载所谓对天地乾坤之孝。"①唐君毅基本上遵循宋明理学的思维，尤与罗汝芳的论点相近，以孝为人性本有的道德内涵，又借着与佛教、基督教的比较来凸显儒学的特色。他虽接受了自由、平等、民主等价值，也不再辨析正统与异端，但基本的信念与假设仍是宋明理学式的。

（三）蒋介石与国民党党政教育

在搜集民国时期报纸杂志上有关《西铭》的文章时，会发现1939—1943年间有几篇以"总裁指示党政人员必须研读《西铭》"开场的文章，这些文章显然是响应蒋介石的指示而写，内容主要是阐释《西铭》文意或张载的思想如何对国民党的事业有意义。蒋介石为什么要指定党政人员研读《西铭》？他自己又是如何阅读《西铭》呢？

关于蒋介石的修身及其深受宋明理学的影响，前人已有许多论著②，蒋介石在1930年受洗成为基督徒后，相当程度融摄了儒学

---

① 唐君毅，《文化意识与道德理性》，收入《唐君毅全集》，卷20，页73—77。
② 例见周伯达，《介石先生思想与宋明理学》（台北：学生书局，1999）；杨天石，《蒋介石与宋明理学》，《贵州文史丛刊》，2013年第4期，页25—32；黄克武，《修身与治国——蒋介石的省克生活》，《国史馆馆刊》，期34（2012年12月），页45—68。

修身工夫与基督教灵修生活。我们从国史馆出版的《学记》可见，蒋介石在1930年代很认真地研读明代理学家的语录，经常抄录原文①。他在民国二十九年（1940）12月11日记录了自己平日早晚诵经和静默的工夫：

> 静坐已三十年，默祷亦十余年，未尝一日间断，但至最近方悟灵性生活之高超，而真我即在信仰之中。人生到此天人合一境地，方得真乐，然而余尚未能语此乎？盖人欲妄念，尚不能消除不现，故不能久居于仁爱纯一之中，每用自愧也。②

1940年12月16日记曰：

> 余每朝看圣经一章，十年如一日。每朝静坐中，读《大学》《中庸》各首章一遍。每晚静坐中，读《孟子》养气章一遍。③

在读完经文之后，又继续读养生口诀：

> 读《大学》《中庸》各首章毕，继读：一、一阳初动处，

---

① 例如，蒋介石于民国二十二年（1933）读《明儒学案》，大量抄录明儒语录，民国三十年（1941）又重看《明儒学案》，仍抄录许多明儒语录，之后又看《宋元学案》。蒋中正著，王宇高、王宇正辑录，《学记》，收入黄自进、潘光哲编，《蒋中正总统五记》（台北：国史馆，2011），页37—51、177—298。
② 蒋中正，《学记》，页166—167。
③ 蒋中正，《学记》，页167。

万物始生时。不藏怒也，不宿怨也。仁所以养肝也。二、扩然而大公，物来而顺应。裁之吾心而安，揆之天理而顺。义所以养肺也。三、内而专静纯一，外而整齐严肃。泰而不骄，威而不猛。礼所以养心也。四、神欲其定，心欲其定，气欲其定，体欲其定。智所以养肾也。五、饮食有节，起居有常，作事有恒，容止有定。信所以养脾也。①

从以上引文，我们可以略知蒋介石每日修身的工夫，他大约从1910年开始每日从事静坐，受洗成为基督徒后，静坐和默祷，读圣经和儒家经典并行，十年如一日，未曾间断。每天早晨读《大学》《中庸》首章毕，继续诵读修养身心的文字，此应受到曾国藩（1811—1872）的影响②，蒋介石年轻时即十分喜爱阅读曾国藩集，曾说自己的政治学是以王阳明（1472—1529）、曾国藩二人之书为根底③。

《西铭》是宋明理学的名篇，蒋介石自然也熟读。从其记录可见：他于1939年3月28日读《西铭》，抄录其中文字；1941年7月再读《西铭》，此时是与《太极图说》和欧洲文艺复兴史一起读，此番阅读他深有领悟，故想要约冯友兰、熊十力（1885—1968）一起

---

① 蒋中正，《学记》，页167。
② 蒋介石养生要言应抄自曾国藩，见曾氏道光二十四年致诸弟书信中后附《养生要言》。曾国藩，《养生要言》，《曾国藩家书》（台北：黎明文化事业公司，1986），辑1，页109。
③ 民国四年的记载，见蒋中正，《学记》，页3。另外，从其记载亦可见他分别在民国八年温习《曾文正家书》、民国十三年读《曾国藩全集》、民国十四年手钞曾文正嘉言录、民国十五年读《曾文正嘉言钞》和《曾文正集》、民国十八年在军校中讲曾国藩治兵理念。见蒋中正，《学记》，页4、7、8、13、20。

研究哲学。1941年7月16日早晨不仅抄录《太极图说》和《西铭》内容，又记曰：

> 周、张二子，实继我中华民族道统之绝者也，二子皆以天为父，而以人为天之子，且以民为胞、物为与，是天父之说为我中华一贯之传统，而非出于基督教而始有之也。今之儒者，闻天父之说，乃惊骇而斥之，其诚未闻夫之道之大者也。①

这一段心得可以适度说明蒋介石何以看重《西铭》，同时也反映他在1940年左右对于宗教、黑格尔哲学、自我与宇宙、天人合一的思索②。《西铭》以乾坤为人大父母，以人为天之子的观点，提供蒋介石一种可以紧密联系儒学与基督教的方式，他根据个人的信仰和长期修身的工夫心得，很有自信地说其他儒者拒绝基督教天父之说，实是不能洞悉中华一贯之传统，未能闻道。当时他又从研读黑格尔哲学体悟到，生命需不断地在矛盾与过失中，在自我内心的冲突中超越而创新；生命的目即在追求自我与宇宙（天、太极）合一。这些体悟很容易联系到儒学《中庸》与《西铭》的天人思想。

1940年代初期，蒋介石又多次重温《西铭》，1941年11月1日记曰："本周每朝读周子《太极图说》二遍，而张子《西铭》已能成诵矣。"③1942年1月1日再读《西铭》；同年4月22日："读《西铭》《太极图说》和《通书》略有心得，足自乐也。"④从当时他书写的

---

① 蒋中正，《学记》，页188—189。
② 关于他研习黑格尔哲学的心得，见蒋中正，《学记》，页167—170。
③ 蒋中正，《学记》，页223、225。
④ 蒋中正，《学记》，页229、237。

心得可知,"造化在手,宇宙在握""一人之心即天地之心"这一类关乎天人合一的思想是他主要兴趣与心得所在[①]。

至于以《西铭》作为国民党党政官吏的教育内容,我没有找到确切颁布规定的日期,不过《战时记者》于1939年8月1日刊出"总裁蒋公,为策励党政官吏进德修业,特手定礼记《礼运》篇、张子《西铭》、曾文正《覆贺耦庚书》三文,为平日座右之铭,务期人人诵习力行"[②]。推估当约在此时。至于选择这三篇的原因,据报纸说法是因蒋介石个人以此三文为平日座右铭,故希望党政人员能人人诵习力行。若从文章内容看来,蒋介石视《礼运》是地方自治之圭臬,在其政治哲学中占有重要分量[③];曾国藩写给贺长龄(1785—1848)的《覆贺耦庚书》则以存诚自许,也批评官场上虚文奸弊之恶习,符合对官员品格之教导。另外,我们从《民国二十八年之蒋介石》可知,蒋介石非常看重党政训练班的组织和训练内容,多次去演讲并召见学员。1939年3月28日上午他前往党政训练班,接见百余位学员,下午手拟训练要项条目,晚上又对学员训话二小时。这一天,他书写《西铭》"知化则善述其事,穷神则善继其志,不愧屋漏为无忝,存心养性为匪懈"自我勉励[④]。可见《西铭》确实是蒋介石平日的座右铭。

从报刊的文章看来,《西铭》并不为当时人们所熟悉,故许多

[①] 蒋中正,《学记》,页237。
[②] 见《张子西铭》,《战时记者》,期12(1939),页25。
[③] 台湾政治大学人文中心编,《民国二十八年之蒋介石》(台北:政大人文中心,2016),页156。
[④] 台湾政治大学人文中心编,《民国二十八年之蒋介石》,页167。

文章都主要介绍张载其人及思想，并对《西铭》全文进行释义[①]。查猛济述《张子西铭的抗战哲学》一文则试图阐释《西铭》对于抗战的意义，认为此文是中国民族思想的结晶，也是蒋介石强调对以民族思想对抗外国势力入侵的重要防线。他在文中除了逐句译解《西铭》全文外，也交代了此文在宋代学术史中的论辩，最后更论述张载哲学中"人我一体"的观念对于抗战的意义：

> 倡导实行精神总动员的所谓党务与公务人员，全体军人，全国各界领袖，全国青年，对于全体国民，乃至全体国民相互间，也都应该明白"人我一体"的哲理。再推而至于国际上的友邦，甚之对于敌方的俘虏，以至敌国的上下，我们也应该相信他们是在"人我一体"的范畴里面的分子，我们所以要抗战，所以要推倒敌国的军阀，乃至反抗少数帝国主义国家帮助敌人的行为，也无非因为他们正在破坏"人我一体"的"浑然"形态。……我们的抗战，不但救中国，并且救了世界，就是因为我们的抗战实在是防止了和我们"一体"的世界各国的变乱。所以《西铭》说："天地之塞，吾其体；天地之帅，吾其性。民，吾同胞；物，吾与也。"上面所谓"体"，是从"静"的方面说，所谓"性"，是从"动"的方面说。也就是统制物质界和精神界的意思。[②]

---

① 除了下文引的文章外，亦参见朱逸人，《读西铭》，《服务》，期2（1939年），页7—9。
② 查猛济述，《张子西铭的抗战哲学》，《胜利》，号32（1939年），页6—8。

如同《西铭》具天地宇宙的意识，此文也把中国抗战的意义提升到拯救全世界的高度，以人道主义的精神来对抗各国的变乱。最后，作者又引《西铭》"富贵福泽，将厚我之生也"说明天必助中国，预言抗战最终必胜利，又以"贫贱忧戚，亦天地之爱汝玉成于我也"来勉励国人将苦难视为上天对我们的磨炼，相信只要抱持"存吾顺事，没吾宁也"的胸怀来从事抗战的工作，中国人就不再有耻辱的行为了。类似地，1943年王建新《西铭新诂》也是从发扬民族固有精神、与天地同流的宇宙观与人生观的角度，论说《西铭》与革命的关系，并指责帝国主义的侵略行为是危害人类文明之"天地间的逆子，极大的罪徒"[①]。虽然这类文章宣传的意义可能比真实信念更高，但论述主要标举全人类、全世界、全宇宙的福祉，这种全球和宇宙的视野便是二十世纪《西铭》论述中最鲜明的特色。

四、结语

本文主要探讨《西铭》在清代与民国时期诠释的变化。由于《西铭》是宋明理学的经典作品，从帝王到士人均相当重视，宋到晚明之间也已发展出相当稳定的诠释框架与内容。清儒基本上沿袭前人，在"理一分殊"的架构下，强调《西铭》阐释仁孝之大义。不过，我们从十七世纪王夫之、王嗣槐，与十九世纪吴敏树的论述可见，正统与异端之辨、儒家亲亲原则、维护帝国孝治意识形

[①] 王建新，《西铭新诂》，《湘桂月刊》，卷2期8（1943年），页6—10。

态等，仍是主导不同时期儒家士人质疑或再阐释《西铭》的主因。《西铭》的超越意识具有挑战儒家亲亲人伦、宗法制度的潜力，以天地为大父母的视野也具有接引其他宗教的可能，这些都让维护儒学正统与政教秩序的士人相当警戒。王夫之和王嗣槐的发言虽主要针对佛教、墨家，但天主教的影响及清初儒家士人的敬天思想亦可能是其重要的对话脉络，而身处太平天国之乱的吴敏树，则主要因为基督宗教与民间教派而质疑《西铭》。

民国时期，在新的政治体制与平等博爱等新价值理想下，正统异端之辨已不再重要，"理一分殊"的架构也被扬弃，反而是《西铭》文中所具超越血缘宗族的意识，及其以宇宙为怀抱的胸怀，成为表彰中国文化并与普世宗教对话的重要媒介。无论是蒋介石、新儒家或各宗教领袖，《西铭》这篇短文不仅有力表彰了中国文化的广爱精神与天人合一的崇高境界，显示中国文化并不亚于世界其他宗教文明，也提供中国人在列强侵略的困境中，以世界主义、人道主义和宇宙意识的高度，自我鼓舞并谴责敌人。

征引书目

一、史料

（一）史籍、方志

中华书局编，《清史列传》。台北：中华书局，1964。

文史数据研究委员会编，《榆林文史资料·名胜古迹专辑》。榆林：中国人民政治协商会议榆林县委员会，1984。

方守道初辑、高赓恩复辑，《蜀学编》，收入江庆柏主编，《清代地方人物传记丛刊》，册9。扬州：广陵书社，2007。

牛荫麐修，丁谦等纂，《嵊县志》。台北：成文出版社，1975。

司马光编著，胡三省音注，《资治通鉴》。北京：北京古籍出版社，1956。

四川省射洪县县志编纂委员会编，《射洪县志》。成都：四川大学出版社，1999。

平观澜等修，黄有恒等纂，《庐陵县志》。台北：成文出版社，1989。

申时行等修，《大明会典》，收入续修四库全书编纂委员会编，《续修四库全书》，册789—792。上海：上海古籍出版社，2002。

朱克敬著，岳衡、汉源、茂铁点校，《儒林琐记》。长沙：岳麓书社，1983。

朱衡，《道南源委录》，收入四库全书存目丛书编纂委员会编，《四库全书存目丛书》，史部，册92。台南：庄严文化事业公司，1997。

江召棠修，魏元旷等纂，《南昌县志》。北京：北京图书馆出版社，2007。

何载图，《关中书院志》。明万历年间刊本，台北故宫博物院制缩影资料。

吴元炳辑，《三贤政书》。台北：学生书局，1976。

吴甡，《柴庵疏集》，收入四库禁

毁书丛刊编辑委员会编,《四库禁毁书丛刊》,史部,册51。北京:北京出版社,2005。

吴牲,《忆记》。台北:伟文图书公司,1976。

吴伟业纂辑,《绥寇纪略》。台北:广文书局,1968。

宋濂,《元史》。北京:中华书局,1976。

宋敩等纂修,《宁国府志》。台北:成文出版社,1983。

李元度纂,《清朝先正事略》,收入周骏富编,《清代传记丛刊》,册192—193。台北:明文书局,1985。

李来章,《南阳书院学规》,收入赵所生、薛正兴主编,《中国历代书院志》,册6。南京:江苏教育出版社,1995。

李来章,《连山书院志》,收入赵所生、薛正兴主编,《中国历代书院志》,册3。南京:江苏教育出版社,1995。

李来章,《连阳八排风土记》,收入张智主编,《中国风土志丛刊》,册53。扬州:广陵书社,2003。

李来章、李琇璞纂,《勅赐紫云书院志》,收入赵所生、薛正兴主编,《中国历代书院志》,册6。南京:江苏教育出版社,1995。

李时灿编,《中州先哲传》,收入国家图书馆古籍馆编,《中国古代地方人物传记汇编》,册100—103。北京:北京燕山出版社,2008。

李熙龄纂修,《榆林府志》。台北:学生书局,1968。

李德淦修,洪亮吉纂,《泾县志》。台北:成文出版社,1975。

李颖,《李见罗先生行略》,收入国家图书馆编,《中华历史人物别传集》,册22。北京:线装书局,2003。

李颖,《李见罗先生行略》,收入刘家平、苏晓君主编,《中华历史人物别传集》,册22。北京:线装书局,2003。

李应泰等修,章绶纂,《宣城县志》。台北:成文出版社,1985。

李鸿章等,《钦定大清会典事例》。上海:商务印书馆,1909。

汪道亨修，《陕西通志》。万历年间刊本，"中研院"傅斯年图书馆藏。

沈国元，《两朝从信录》，收入王有立主编，《中华文史丛书》，辑2，册10。台北：华文书局，1968。

孟照等修，黄佑等纂，《建昌府志》。台北：成文出版社，1989。

孟森等著，《明代边防》，收入包遵彭主编，《明史论丛》，册6。台北：学生书局，1968。

金贲亨，《台学源流》，收入四库全书存目丛书编纂委员会编，《四库全书存目丛书》，史部，册90。台南：庄严文化事业公司，1997。

施诚修，童钰、裴希纯、孙枝荣纂，《河南府志》，收入洛阳市地方史志办公室整理，《中国河洛文化文献丛书》。郑州：中州古籍出版社，2013。

洪亮吉、陆继萼等纂，《登封县志》。台北：成文出版社，1976。

胡林翼，《胡林翼集》。长沙：岳麓书社，1999。

范凤翼，《范勋卿诗集》，收入四库禁毁书丛刊编辑委员会编，《四库禁毁书丛刊》，集部，册112。北京：北京出版社，2005。

范晔著，杨家骆主编，《新校本后汉书并附编十三种》。台北：鼎文书局，1987。

计六奇，《明季北略》，收入续修四库全书编纂委员会编，《续修四库全书》，册440。上海：上海古籍出版社，2002。

唐煦春等修，朱士黻等纂，《上虞县志》。台北：成文出版社，1970。

孙奇逢，《中州人物考》，收入周骏富编，《明代传记丛刊》，册141。台北：明文书局，1991。

徐世昌，《清儒学案》。台北：世界书局，1979。

徐世昌辑，《颜李师承记》。台北：文海出版社，1971。

徐世昌纂，《清儒学案小传》，收入周骏富编，《清代传记丛刊》，册5—7。台北：明文书局，1985。

徐开任辑，《明名臣言行录》，收

入周骏富编,《明代传记丛刊》,册50—54。台北:明文书局,1991。

徐𤊹,《小腆纪传》。北京:中华书局,1958。

殷礼等修,周谟等纂,《湖口县志》。南京:江苏古籍出版社,1996。

袁文观纂修,《同官县志》。台北:成文出版社,1969。

马泽修,袁桷纂,《延祐四明志》,收入中华书局编辑部编,《宋元方志丛刊》,册6。北京:中华书局,1990。

张廷玉等著,郑天挺点校,《明史》。北京:中华书局,1974。

张松孙修,沈诗杜等纂,《射洪县志》。海口:海南出版社,2001。

张敦颐编,吴管校,《六朝事迹编类》。台北县:广文书局,1970。

张绣中等纂修,《安福县志》。台北:成文出版社,1989。

张骥编著,《关学宗传》,收入四川大学古籍整理研究所编,《儒藏》,史部,册164。成都:四川大学出版社,2008。

强振志等纂,《宝鸡县志》。台北:成文出版社,1970。

曹梦鹤等修,孔传薪、陆仁虎纂,《太平县志》。台北:成文出版社,1985。

曹养恒等修,萧韵等纂,《南城县志》。台北:成文出版社,1989。

梁凤翔修,李湘等纂,《孝感县志》。海口:南海出版社,2001。

清高宗敕撰,《清朝文献通考》,收入王云五主编,《万有文库》。集2,"十通"第九种,上海:上海商务印书馆,1936。

脱脱等著,《宋史》。北京:中华书局,1977。

陈志械等修,《宅埠陈氏宗谱》。北京:中华全国图书馆文献缩微复制中心,2000。

陈捷先主编,《清史事典》。台北:远流出版社,2008。

陆言辑,《政学录初稿》。台北:明文书局,1985。

彭绍升,《善女人传》,收入卍续藏经会编,《卍续藏经》,册150。台北:新文丰出版公司,1983。

彭际盛等修,胡宗元等纂,《吉

水县志》。台北：成文出版社，1989。

汤斌辑，《洛学编》，收入四库全书存目丛书编纂委员会编，《四库全书存目丛书》，史部，册120。台南：庄严文化事业公司，1997。

焦竑编，《国朝献征录》，收入周骏富编，《明代传记丛刊》，册109—114。台北：明文书局，1991。

鄂尔泰等修，《清世祖章皇帝实录》，收入《清实录》，册3。北京：中华书局，1985。

闵尔昌纂录，《碑传集》，收入周骏富编，《清代传记丛刊》，册106—114。台北：明文书局，1985。

黄允钦修，罗锦城纂，《射洪县志》，收入《中国地方志集成》编辑指导委员会、《中国地方志集成》编辑工作委员会编，《中国地方志集成·四川府县志辑》，册20。成都：巴蜀书社，1992。

黄宗羲著，全祖望补定，《增补宋元学案》。台北：中华书局，1984。

黄宗羲著，沈芝盈点校，《明儒学案》。台北：华世出版社，1987。

黄训编，《名臣经济录》，收入纪昀等总纂，《景印文渊阁四库全书》，册443—444。台北：台湾商务印书馆，1984。

杨芳灿，《四川通志》。台北：华文书局，1967。

杨应诏，《闽南道学源流》，收入四库全书存目丛书编纂委员会编，《四库全书存目丛书》，史部，册92。台南：庄严文化事业公司，1997。

温体仁等著，《明熹宗实录》。台北："中研院"历史语言研究所，1966。

达灵阿、周方烱纂，《重修凤翔府志》。台北：成文出版社，1970。

赵廷瑞修，马理、吕柟纂，董健桥等校注，《陕西通志》。西安：三秦出版社，2006。

赵道一编修，《历世真仙体道通鉴》，收入胡道静、陈莲笙、陈耀庭主编，《道教要籍选刊》，册6。上海：上海古籍出版社，1989。

赵尔巽等著，《清史稿》。北京：

中华书局，1976—1977。

刘于义修，沈青崖纂，《陕西通志》。南京：凤凰出版社，2011。

刘昫著，杨家骆主编，《新校本旧唐书附索引》。台北：鼎文书局，1981。

刘浚修，潘宅仁纂，《孝丰县志》。台北：成文出版社，1975。

郑汝璧等纂修，榆林市地方志办公室整理，《延绥镇志》。上海：上海古籍出版社，2011。

鲁铨等修，洪亮吉等纂，《宁国府志》。台北：成文出版社，1970。

卢崧等修，朱承煦等纂，《吉安府志》。台北：成文出版社，1989。

钱仪吉、缪荃孙、闵尔昌、汪兆镛编，《清代碑传全集》。上海：上海古籍出版社，1987。

骆天骧纂修，《类编长安志》，收入中华书局编辑部编，《宋元方志丛刊》，册1。北京：中华书局，1990。

谢廷钧等修，张尚瀛等纂，《射洪县志》。台北：学生书局，1971。

罗彰彝纂修，《陇州志》。台北：成文出版社，1970。

赞宁等著，《宋高僧传》，收入新文丰出版公司编辑部编，《大正新修大藏经》，卷17。台北：新文丰出版公司，1983。

窦克勤辑，《朱阳书院志》，收入赵所生、薛正兴主编，《中国历代书院志》，册6。南京：江苏教育出版社，1995。

释笑峰等撰，施闰章补辑，《青原志略》，收入四库全书存目丛书编纂委员会编，《四库全书存目丛书》，史部，册245。台南：庄严文化事业公司，1997。

（二）文集、笔记、杂著

《文昌帝君醒世救劫宝诰》，收入王见川、侯冲、杨净麟等主编，《中国民间信仰民间文化资料汇编》，辑2，册15。台北：博扬文化事业公司，2013。

《圣经·希伯来书》。香港：圣经公会，1984。

十三经注疏小组编，《十三经注疏分段标点》。台北：新文丰出版公司，2001。

中国第一历史档案馆整理，《康熙起居注》。北京：中华书局，

1984。

文应熊，《真学易简》。清道光乙未年朝邑刘氏刊本，"中研院"傅斯年图书馆。

方苞考订，杨椿重编，《汤文正公年谱》，收入北京图书馆编，《北京图书馆藏珍本年谱丛刊》，册77。北京：北京图书馆出版社，1999。

毛奇龄，《四书改错》，收入续修四库全书编纂委员会编，《续修四库全书》，册165。上海：上海古籍出版社，2002。

毛奇龄，《圣门释非录》，收入四库全书存目丛书编纂委员会编，《四库全书存目丛书》，经部，册173。台南：庄严文化事业公司，1997。

王士性著，吕景琳点校，《广志绎》。北京：中华书局，1981。

王夫之，《张子正蒙注》，收入氏著，船山全书编辑委员会编校，《船山全书》，册12。长沙：岳麓书社，1992。

王夫之，《姜斋文集》，收入氏著，船山全书编辑委员会编校，《船山全书》，册15。长沙：岳麓书社，1995。

王夫之，《姜斋文集补遗》，收入氏著，船山全书编辑委员会编校，《船山全书》，册15。长沙：岳麓书社，1995。

王夫之，《读四书大全》。北京：中华书局，1975。

王夫之，《读四书大全说》。北京：中华书局，1975。

王夫之注，《张子正蒙注》。台北：广文书局，1970。

王守仁著，吴光、钱明、董平、姚延福编校，《王阳明全集》。上海：上海古籍出版社，1992。

王艮，《王心斋全集》。台北：广文书局，1987。

王廷相著，王孝鱼点校，《王廷相集》。北京：中华书局，1989。

王肯堂，《论语义府》，收入四库全书存目丛书编纂委员会编，《四库全书存目丛书》，经部，册161。台南：庄严文化事业公司，1997。

王时槐，《塘南王先生友庆堂合稿》，收入四库全书存目丛书编纂委员会编，《四库全书存目丛书》，集部，册114。台南：庄严文化事业公司，1997。

王启元，《清署经谈》。明天启三年刊本，"中研院"傅斯年图书馆藏。

王嗣槐，《太极图说论》，收入续修四库全书编纂委员会编，《续修四库全书》，册933—934。上海：上海古籍出版社，2002。

王畿，《龙溪王先生全集》，收入四库全书存目丛书编纂委员会编，《四库全书存目丛书》，集部，册98。台南：庄严文化事业公司，1997。

王龙溪，《王龙溪语录》。台北：广文书局，1986。

丘橓，《四书摘训》。明万历间刊本，"中研院"傅斯年图书馆藏。

冉觐祖，《冉蟫庵先生语录类编》。1881年大梁书局重刊本，"中研院"傅斯年图书馆藏。

冉觐祖，《孝经详说》，收入四库全书存目丛书编纂委员会编，《四库全书存目丛书》，经部，册146。台南：庄严文化事业公司，1997。

安世凤，《尊孔录》。晚明天启元年刊本，台湾图书馆藏。

安世凤，《论存》。明万历三十九年序刊本，日本东京宫内厅图书馆藏。

安世凤，《燕居功课》，收入四库全书存目丛书编纂委员会编，《四库全书存目丛书》，子部，册110。台南：庄严文化事业公司，1997。

朱一新，《无邪堂答问》，收入上海书店出版社编，《丛书集成续编》，册19。上海：上海书店出版社，1994。

朱之瑜，《舜水先生文集》，收入《续修四库全书》编纂委员会编，《续修四库全书》，册1384—1385。上海：上海古籍出版社，2002。

朱用纯，《愧讷集》。民国十八年刊本，"中研院"傅斯年图书馆藏。

朱用纯编，金吴澜补编，李祖荣校辑，《朱柏庐先生编年毋欺录》，收入北京图书馆编，《北京图书馆藏珍本年谱丛刊》，册77。北京：北京图书馆出版社，

1998。

朱庭珍，《筱园诗话》，收入上海书店出版社编，《丛书集成续编》，册158。上海：上海书店出版社，1994。

朱熹，《四书集注》。台北：艺文印书馆，1980。

朱熹，《延平答问》，收入纪昀等总纂，《景印文渊阁四库全书》，册698。台北：台湾商务印书馆，1985。

朱熹，《晦庵集》，收入纪昀等总纂，《景印文渊阁四库全书》，册1143—1146。台北：台湾商务印书馆，1985。

朱熹，《晦庵先生朱文公集》，收入商务印书馆编，《四部丛刊初编》，册58—59。台北：台湾商务印书馆，1965。

朱熹注，《西铭》，收入费余怀，《性理汇编》。清刊本，日本内阁文库藏。

朱熹辑，陈选注，《小学集注》。台北：中华书局，1965。

朱鸿，《孝经总类》，收入《续修四库全书》编纂委员会编，《续修四库全书》，册151。上海：上海古籍出版社，2002。

江元祚订，《孝经大全》，收入孔子文化大全编辑部编，《孔子文化大全》，经部，册9。济南：山东友谊书社，1990。

江永著，林胜彩点校，《善余堂文集》。台北："中研院"中国文哲研究所，2013。

何伟然、丁允和选，陆云龙评，《皇明十六名家小品》，收入四库全书存目丛书编纂委员会编，《四库全书存目丛书》，集部，册378。台南：庄严文化事业公司，1997。

余龙光编，《双池先生年谱》，收入北京图书馆出版社古籍影印编辑室辑，《乾嘉名儒年谱》，册3。北京：北京图书馆出版社，2006。

利玛窦（Matteo Ricci），《天主实义》，收入王美秀、任延黎编，《东传福音》，册2。合肥：黄山书社，2005。

吴之騄，《孝经类解》，收入四库全书存目丛书编纂委员会编，《四库全书存目丛书》，集部，册

146。台南：庄严文化事业公司，1997。

吴廷翰著，容肇祖点校，《吴廷翰集》。北京：中华书局，1984。

吴敏树，《柈湖文录》，收入清代诗文集汇编编纂委员会编，《清代诗文集汇编》，册620。上海：上海古籍出版社，2010。

吕坤，《吕新吾先生去伪斋文集》，收入四库全书存目丛书编纂委员会编，《四库全书存目丛书》，集部，册161。台南：庄严文化事业公司，1997。

吕坤，《闺范》，收入郑振铎编，《中国古代版画丛刊二编》，辑5。上海：上海古籍出版社，1994。

吕柟，《泾野先生文集》，收入四库全书存目丛书编纂委员会编，《四库全书存目丛书》，集部，册60—61。台南：庄严文化事业公司，1997。

吕柟著，赵瑞民点校，《泾野子内篇》。北京：中华书局，1992。

吕维祺，《古今羽翼孝经姓氏》，《孝经大全》，收入续修四库全书编纂委员会编，《续修四库全书》，册151。上海：上海古籍出版社，2002。

宋仪望，《华阳馆文集》，收入四库全书存目丛书编纂委员会编，《四库全书存目丛书》，子部，册19。台南：庄严文化事业公司，1997。

李之素辑，《孝经内外传》，收入续修四库全书编纂委员会编，《续修四库全书》，册152。上海：上海古籍出版社，2002。

李元度，《天岳山馆文钞》，收入续修四库全书编纂委员会编，《续修四库全书》，册1549。上海：上海古籍出版社，2002。

李心传辑，《道命录》，收入续修四库全书编纂委员会编，《续修四库全书》，册517。上海：上海古籍出版社，2002。

李光地，《榕村集》，收入纪昀等总纂，《景印文渊阁四库全书》，册1324。台北：台湾商务印书馆，1985。

李光地著，陈祖武点校，《榕村语录》。北京：中华书局，1995。

李材，《见罗先生书》，收入四库全书存目丛书编纂委员会编，《四库全书存目丛书》，子部，册11—12。台南：庄严文化事业公司，1997。

李来章，《礼山园文集》，收入四库全书存目丛书编纂委员会编，《四库全书存目丛书》，集部，册246。台南：庄严文化事业公司，1997。

李昉等编，《太平广记》。北京：中华书局，1961。

李昌龄著，黄元正图注，《太上感应篇》。北京：北京燕山出版社，1996。

李耆卿，《文章精义》，收入新文丰出版公司编辑部编，《丛书集成新编》，册80。台北：新文丰出版公司，1985。

李塨，《恕谷后集》，收入续修四库全书编纂委员会编，《续修四库全书》，册1420。上海：上海古籍出版社，2002。

李滉，《西铭考证讲义》。江户刊本，日本内阁文库藏。

李鼎，《李长卿集》。明万历四十年豫章李氏家刊本，"中研院"傅斯年图书馆藏。

李贽，《藏书》。台北：汉京文化事业公司，1984。

李颙，《二曲集》。北京：中华书局，1996。

杜文焕，《三教会宗》。明泰昌元年刊本，日本内阁文库藏。

杜文焕，《太霞洞集》。台北故宫博物院据明天启刊本摄影，"中研院"傅斯年图书馆藏。

汪绂，《理学逢源》，收入王德毅主编，《丛书集成三编》，册15。台北：新文丰出版公司，1997。

汪渐盘，《四书宗印》。明天启间刊本，"中研院"傅斯年图书馆藏。

沈守正，《四书说丛》，收入四库全书存目丛书编纂委员会编，《四库全书存目丛书》，经部，册163。台南：庄严文化事业公司，1997。

沈德符，《万历野获编》。北京：中华书局，2004。

阮元，《揅经室集》，收入续修四库全书编纂委员会编，《续修四库全书》，册1478—1479。上海：上海古籍出版社，2002。

周汝登，《东越证学录》，收入沈云龙编，《名人文集丛刊》，册25。台北：文海出版社，1970。

周怡，《周讷溪全集》。据清道光二十年燕翼堂刊本，"中研院"傅斯年图书馆藏。

俞樾，《群经平议》，收入续修四库全书编纂委员会编，《续修四库全书》，册178。上海：上海古籍出版社，2002。

姚名达，《刘蕺山先生年谱》，收入民国丛书编辑委员会编，《民国丛书》，编4，册85。上海：上海书店，1992。

姚际恒，《古文尚书通论辑本》，收入林庆彰主编，《姚际恒著作集》，册2。台北："中研院"中国文哲研究所，2013。

室鸠巢，《西铭详义》。日本天明四年刊本，日本内阁文库藏。

施念曾编，《施愚山先生年谱》，收入北京图书馆编，《北京图书馆藏珍本年谱丛刊》，册74。北京：北京图书馆出版社，1998。

施闰章，《学余堂文集》，收入纪昀等总纂，《景印文渊阁四库全书》，册1313。台北：台湾商务印书馆，1985。

施闰章，《学余堂诗集》，收入纪昀等总纂，《景印文渊阁四库全书》，册1313。台北：台湾商务印书馆，1985。

施闰章著，何庆善、杨应芹点校，《施愚山集》。合肥：黄山书社，1992—1993。

查铎，《毅斋查先生阐道集》。东京：高桥情报，1991。

纪大奎，《双桂堂稿》，收入续修四库全书编纂委员会编，《续修四库全书》，册1470。上海：上海古籍出版社，2002。

胡直，《衡庐精舍藏稿》，收入纪昀等总纂，《景印文渊阁四库全书》，册1287。台北：台湾商务印书馆，1985。

胡直，《衡庐续稿》，收入纪昀等总纂，《景印文渊阁四库全书》，册1287。台北：台湾商务印书馆，1985。

胡炳文，《四书通》，收入纪昀等总纂，《景印文渊阁四库全书》，册203。台北：台湾商务印书馆，1983。

胡煦，《周易函书约存》，收入纪昀等总纂，《景印文渊阁四库全书》，册48。台北：台湾商务印书馆，1983。

胡黉，《明明子论语集解义疏》，收入上海书店出版社编，《丛书集成续编》，册14。上海：上海书店出版社，1994。

胡璜，《道学家传》，收入钟鸣旦、杜鼎克、黄一农、祝平一主编，《徐家汇藏书楼明清天主教文献》，册3。台北：方济出版社，1996。

夏炘，《述朱质疑》，收入王德毅主编，《丛书集成三编》，册16。台北：新文丰出版公司，1997。

孙奇逢，《四书近指》。台北：文物供应社，1953。

孙奇逢，《孝友堂家训》，收入新文丰出版公司编辑部编，《丛书集成新编》，册33。台北：新文丰出版公司，1985。

孙奇逢，《孝友堂家规》，收入新文丰出版公司编辑部编，《丛书集成新编》，册33。台北：新文丰出版公司，1985。

孙奇逢，《夏峰先生集》，收入续修四库全书编纂委员会编，《续修四库全书》，册1391—1392。上海：上海古籍出版社，2002。

孙承泽，《庚子销夏记》，纪昀等总纂，《景印文渊阁四库全书》，册826。台北：台湾商务印书馆，1985。

孙璋（Alexandre de la Charme），《性理真诠》，收入王美秀、任延黎编，《东传福音》，册4。合肥：黄山书社，2005。

桑拱阳，《四书则》，收入四库全书存目丛书编纂委员会编，《四库全书存目丛书》，经部，册166。台南：庄严文化事业公司，1997。

涂宗浚，《阳和语录》。明万历二十七年刻本，江西省图书馆藏。

涂宗浚，《隆砂证学记》。明万历三十二年刊本，日本内阁文库藏。

真德秀，《西山读书记》，收入纪昀等总纂，《景印文渊阁四库全书》，册705—706。台北：台湾商务印书馆，1985。

耿介，《敬恕堂文集》。清康熙间

刊本，"中研院"历史语言研究所藏。

耿定向，《耿天台先生文集》，收入四库全书存目丛书编纂委员会编，《四库全书存目丛书》，集部，册131。台南：庄严文化事业公司，1997。

郝敬，《时习新知》，收入四库全书存目丛书编纂委员会编，《四库全书存目丛书》，子部，册90。台南：庄严文化事业公司，1997。

高攀龙，《高子遗书》，收入纪昀等总纂，《景印文渊阁四库全书》，册1292。台北：台湾商务印书馆，1985。

寇慎，《晚照山居参定四书酌言》，收入四库全书存目丛书编纂委员会编，《四库全书存目丛书》，经部，册164。台南：庄严文化事业公司，1997。

屠隆，《鸿苞》，收入四库全书存目丛书编纂委员会编，《四库全书存目丛书》，子部，册88—90。台南：庄严文化事业公司，1997。

张之洞著，陈居渊编，朱维铮校，《书目答问二种》。香港：三联书店，1998。

张元忭，《张阳和先生不二斋文选》，收入四库全书存目丛书编纂委员会编，《四库全书存目丛书》，集部，册154。台南：庄严文化事业公司，1997。

张自烈，《四书大全辩》，收入四库全书存目丛书编纂委员会编，《四库全书存目丛书》，经部，册167—169。台南：庄严文化事业公司，1997。

张叙，《孝经精义》，收入续修四库全书编纂委员会编，《续修四库全书》，册152。上海：上海古籍出版社，2002。

张照、梁诗正等著，《石渠宝笈》，收入纪昀等总纂，《景印文渊阁四库全书》，册824。台北：台湾商务印书馆，1985。

张载，《张载集》。台北：汉京文化事业公司，1983。

张载撰，朱熹注，《张子全书》。台北：中华书局，1965。

清圣祖御纂，李光地等编校，《御纂性理精义》，收入纪昀等总纂，《景印文渊阁四库全书》，册719。台北：台湾商务印书馆，1985。

许三礼，《天中许子政学合一集》，收入四库全书存目丛书编纂委员会编，《四库全书存目丛书》，子部，册165。台南：庄严文化事业公司，1997。

陈弘谋辑，《五种遗规》，收入续修四库全书编纂委员会编，《续修四库全书》，册951。上海：上海古籍出版社，2002。

陈明水，《明水陈先生文集》，收入四库全书存目丛书编纂委员会编，《四库全书存目丛书》，集部，册72。台南：庄严文化事业公司，1997。

陈禹谟，《经言枝指》，收入四库全书存目丛书编纂委员会编，《四库全书存目丛书》，经部，册158—160。台南：庄严文化事业公司，1997。

陈梓，《删后文集》，收入清代诗文集汇编编纂委员会编，《清代诗文集汇编》，册254。上海：上海古籍出版社，2010。

陈淳，《北溪大全集》，收入纪昀等总纂，《景印文渊阁四库全书》，册1168。台北：台湾商务印书馆，1985。

陈确，《陈确集》。北京：中华书局，1979。

鹿善继，《四书说约》，收入四库全书存目丛书编纂委员会编，《四库全书存目丛书》，经部，册164。台南：庄严文化事业公司，1997。

彭绍升，《二林居集》。台北：石门图书公司，1976。

惠士奇，《惠氏春秋说》，收入纪昀等总纂，《景印文渊阁四库全书》，册178。台北：台湾商务印书馆，1983。

曾国藩，"养生要言"，《曾国藩家书》，辑1。台北：黎明文化事业公司，1986。

湛若水，《格物通》，收入纪昀等总纂，《景印文渊阁四库全书》，册716。台北：台湾商务印书馆，1985。

汤斌，《孙夏峰先生年谱》。台北：广文书局，1971。

汤斌，《汤潜庵集》，收入新文丰出版公司编辑部编，《丛书集成新编》，册76。台北：新文丰出版公司，1985。

汤斌著，沈云龙主编，《汤文正公（潜庵）全集》。台北：文海出版社，1973。

焦竑，《焦氏澹园集》，收入续修四库全书编纂委员会编，《续修四库全书》，册1364。上海：上海古籍出版社，2002。

焦竑著，李剑雄点校，《焦氏笔乘》。上海：上海古籍出版社，1986。

焦竑著，李剑雄点校，《澹园集》。北京：中华书局，1999。

程巨夫，《雪楼集》，收入上海书店出版社编，《丛书集成续编》，册108。上海：上海书店出版社，1994。

程颢、程颐，《二程集》。台北：汉京文化事业公司，1983。

贺龙骧，《女丹合编通俗序》，收入彭定求编，《道藏辑要》，册1。台北：新文丰出版公司，1986。

冯吾，《少墟集》，收入纪昀等总纂，《景印文渊阁四库全书》，册1293。台北：台湾商务印书馆，1985。

冯辰，《清李恕谷先生（塨）年谱》，收入王云五主编，《新编中国名人年谱集成》，辑1，册9。台北：台湾商务印书馆，1978。

冯从吾著，陈俊民、徐兴海点校，《关学编》。北京：中华书局，1987。

黄周星，《夏为堂别集》，收入清代诗文集汇编编纂委员会编，《清代诗文集汇编》，册37。上海：上海古籍出版社，2010。

黄宗羲，《黄宗羲全集》。台北：里仁书局，1987。

黄舒昺编，《中州名贤集》。1891年睢阳洛学书院刊本，"中研院"傅斯年图书馆藏。

黄道周，《黄石斋先生文集》，收入续修四库全书编纂委员会编，《续修四库全书》，册1384。上海：上海古籍出版社，2002。

黄体仁，《四然斋藏稿》，收入四库全书存目丛书编纂委员会编，《四库全书存目丛书》，集部，册182。台南：庄严文化事业公司，1997。

杨甲仁，《愧庵遗集》。清同治三年叶光宇等刊本，"中研院"傅斯年图书馆藏。

杨东明，《山居功课》。东京：高桥情报，1991。

杨时，《龟山集》，收入纪昀等总纂，《景印文渊阁四库全书》，册1125。台北：台湾商务印书馆，1985。

杨起元，《太史杨复所先生证学编》。东京：高桥情报，1990。

杨起元，《孝经引证》。台北：艺文印书馆，1965。

杨起元，《杨复所太史家藏文集》。东京：高桥情报，1991。

温纯，《温恭毅集》，收入纪昀等总纂，《景印文渊阁四库全书》，册1288。台北：台湾商务印书馆，1985。

叶方蔼等著，《孝经衍义》。康熙三十年出版，上海图书馆古籍室藏。

叶方蔼等编，《御定孝经衍义》，收入纪昀等总纂，《景印文渊阁四库全书》，册718—719。台北：台湾商务印书馆，1985。

董其昌著，叶有声校，《容台集》。台北：台湾图书馆，1968。

虞集，《道园学古录》，收入纪昀等总纂，《景印文渊阁四库全书》，册1207。台北：台湾商务印书馆，1985。

邹元标，《邹子愿学集》。东京：高桥情报，1990。

邹守益，《东廓邹先生文集》，收入四库全书存目丛书编纂委员会编，《四库全书存目丛书》，集部，册65—66。台南：庄严文化事业公司，1997。

邹德涵，《邹聚所先生文集》，收入四库全书存目丛书编纂委员会编，《四库全书存目丛书》，集部，册157。台南：庄严文化事业公司，1997。

雷于霖，《西铭续生篇》。清道光十五年刊本，"中研院"傅斯年图书馆藏。

雷于霖，《雷柏霖西铭续生篇》。清道光乙未年朝邑刘氏刊本，"中研院"傅斯年图书馆藏。

管志道，《论学三札》。明万历三十五年刊本，日本尊经阁文库藏。

赵南星，《赵忠毅公诗文集》，收入《四库禁毁书丛刊》，集部，册68。北京：北京出版社，2005。

刘元卿，《刘聘君全集》，收入四库全书存目丛书编纂委员会编，《四库全书存目丛书》，集部，册154。台南：庄严文化事业公司，1997。

刘师培，《刘申叔遗书》。南京：凤凰出版社，1997。

刘绍攽，《卫道编》，收入四库未收书辑刊编辑委员会编，辑6，册12，《四库未收书辑刊》。北京：北京出版社，2000。

欧阳德，《欧阳南野先生文集》，收入四库全书存目丛书编纂委员会编，《四库全书存目丛书》，集部，册80。台北：庄严文化事业公司，1997。

潘平格，《潘子求仁录辑要》，收入四库全书存目丛书编纂委员会编，《四库全书存目丛书》，集部，册116。台南：庄严文化事业公司，1997。

蔡世远，《二希堂文集》，收入清代诗文集汇编编纂委员会编，《清代诗文集汇编》，册250。上海：上海古籍出版社，2010。

蔡衍鎤，《操斋集》，收入清代诗文集汇编编纂委员会编，《清代诗文集汇编》，册208。上海：上海古籍出版社，2010。

黎靖德编，王星贤点校，《朱子语类》。台北：华世出版社，1987。

钱谦益，《牧斋初学集》，收入清代诗文集汇编编纂委员会编，《清代诗文集汇编》，册1—3。上海：上海古籍出版社，2010。

钱谦益著，许逸民、林淑敏点校，《列朝诗集》。北京：中华书局，2007。

龙树菩萨造，鸠摩罗什译，《大智度论》，收入新文丰出版公司编辑部编，《新编缩本乾隆大藏经》，册76—78。台北：新文丰出版公司，1991。

应是，《读孝经》，收入四库全书存目丛书编纂委员会编，《四库全书存目丛书》，集部，册146。台南：庄严文化事业公司，1997。

戴望，《颜氏学记》。台北：台湾商务印书馆，1965。

戴震，《孟子私淑录》，收入氏著，张岱年主编，《戴震全书》。合肥：黄山书社，1995。

薛瑄，《读书续录》，收入纪昀等

总纂，《景印文渊阁四库全书》，册711。台北：台湾商务印书馆，1985。

韩邦奇，《苑洛集》，收入中国西北文献丛书编辑委员会编，《中国西北文献丛书》，册160。兰州：兰州古籍书店，1990。

韩霖，《铎书》，收入钟鸣旦、杜鼎克、黄一农、祝平一主编，《徐家汇藏书楼明清天主教文献》，册2。台北：方济出版社，1996。

聂豹，《双江先生困辩录》，收入续修四库全书编纂委员会编，《续修四库全书》，册939。上海：上海古籍出版社，2002。

聂豹，《双江聂先生文集》，收入四库全书存目丛书编纂委员会编，《四库全书存目丛书》，集部，册72。台北：庄严文化事业公司，1997。

颜元著，王星贤、张芥尘、郭征点校，《颜元集》。北京：中华书局，1987。

颜习斋、李恕谷，《颜李丛书》。台北：广文书局，1989。

魏裔介，《兼济堂文集》，收入纪昀等总纂，《景印文渊阁四库全书》，册1312。台北：台湾商务印书馆，1985。

罗汝芳，《盱江罗近溪先生全集》。据明万历四十六年刊本摄影，国家图书馆善本书室藏。

罗汝芳，《罗明德公文集》。东京：高桥情报，1994。

罗汝芳著，方祖猷等编校整理，《罗汝芳集》。南京：凤凰出版社，2007。

罗汝芳著，杨起元辑，《孝经宗旨》。台北：艺文印书馆，1965。

罗近溪，《盱坛直诠》。台北：广文书局，1977。

罗洪先，《念庵文集》，收入纪昀等总纂，《景印文渊阁四库全书》，册1275。台北：台湾商务印书馆，1985。

罗钦顺著，阎韬点校，《困知记》。北京：中华书局，1990。

罗泽南，《西铭讲义》，收入于林庆彰、赖明德、刘兆佑、张高评主编，《晚清四部丛刊》，编5，册63。台中：文听阁图书公司，2011。

严复著，王栻主编，《严复集》。

北京：中华书局，1986。

窦克勤，《事亲庸言》。清康熙六十年刊本，东京日本公文书馆内阁文库藏。

顾炎武，《顾亭林诗文集》。台北：汉京文化出版公司，1984。

顾宪成，《顾端文公遗书》，收入四库全书存目丛书编纂委员会编，《四库全书存目丛书》，子部，册14。台南：庄严文化事业公司，1997。

顾宪成著，冯从吾、高攀龙校，《小心斋札记》。台北：广文书局，1975。

(三) 报纸、杂志

《李路得先生演说词》，《尚贤堂纪事》。期13册1（1922），页40—50。

《张子西铭》，《战时记者》。期12（1939），页25。

《刘伯明博士在职业学校讲演：东西洋人生观之比较》，《申报》。1920年6月3日，第10版。

丁福保，《我之人生观》，《申报》。1939年9月3日，第16版。

王建新，《西铭新诂》，《湘桂月刊》。卷2期8（1943），页6—10。

朱逸人，《读西铭》，《服务》。期2（1939），页7—9。

江谦，《广张子西铭》，《佛学半月刊》。期78（1934），页48。

牟宗三、徐复观、张君劢、唐君毅，《为中国文化敬告世界人士宣言——我们对中国学术研究及中国文化与世界文化前途之共同认识》，《民主评论》。卷9期1（1958），页2—21。

老圃，《兄弟说》，《申报》。1921年8月25日，第20版。

何璋，《论教》，《中西教会报》。卷2期16（1892），页19b。

查猛济述，《张子西铭的抗战哲学》，《胜利》。号32（1939），页6—8。

徐宝谦，《基督教与中国文化》，《大公报》（天津版）。1933年12月14日，第13版。

皕海，《中国伦理的文化与基督教》，《青年进步》。期84（1925），页1—10。

刘仲山，《基督教与中国文化的关系》，《希望月刊》。卷5期12（1928），页12—24。

二、今人论著

Catherine Despeux著，门田真知子译，《女のタオイスム》。京都：人文书院，1996。

丁为祥，《虚气相即——张载哲学体系及其定位》。北京：人民出版社，2000。

小野泽精一、福光永司、山井涌编，李庆译，《气的思想：中国自然观和人的观念的发展》。上海：上海人民出版社，1999。

井上徹，《中国の宗族と国家の礼制：宗法主義の視点からの分析》。东京：研文出版，2000。

井上徹，《中國の宗族と國家の禮制》。东京：研文出版，2000。

方光华等著，《关学及其著述》。西安：西安出版社，2003。

方东美，《新儒家哲学十八讲》。台北：黎明文化事业公司，1983。

方祖猷，《清初浙东学派论丛》。台北：万卷楼，1996。

王宗沐，《敬所王先生文集》。东京：高桥情报，1990。

世界不孝子，《孝经救世》，收入林庆彰主编，《民国时期经学丛书》，辑3，册56。台中：文听阁图书公司，2009。

古清美，《顾泾阳、高景逸思想之比较研究》。台北：大安出版社，2004。

伊東貴之，《思想としての中國近世》。东京：东京大学出版会，2005。

朱维铮，《走出中世纪》。上海：上海人民出版社，1987。

何炳棣著，范毅军、何汉威整理，《何炳棣思想制度史论》。台北：联经出版事业公司，2013。

何淑宜，《香火：江南士人与元明时期祭祖传统的建构》。台北：稻乡出版社，2009。

余英时，《方以智晚节考》。台北：允晨文化，1986。

余英时，《犹记风吹水上鳞》。台北：三民书局，1991。

佛洛姆（Erich Fromm）著，叶颂寿译，《梦的精神分析》。台北：志文出版社，1971。

吴震，《明末清初劝善运动思想研究》。台北：台大出版中心，2009。

吴震，《罗汝芳评传》。南京：南京大学出版社，2005。

吕妙芬，《成圣与家庭人伦：宗教对话脉络下的明清之际儒学》。台北：联经出版事业公司，2017。

吕妙芬，《孝治天下：〈孝经〉与近世中国的政治与文化》。台北：联经出版事业公司，2011。

吕妙芬，《阳明学士人社群：历史、思想与实践》。北京：新星出版社，2006。

李之鉴，《孙奇逢哲学思想新探》。开封：河南大学出版社，1993。

李天纲，《跨文化的诠释：经学与神学的相遇》。北京：新星出版社，2007。

李纪祥，《明末清初儒学之发展》。台北：文津出版社，1992。

李丰楙，《许逊与萨守坚：邓志谟道教小说研究》。台北：学生书局，1997。

谷云义等编，《中国古典文学辞典》。长春：吉林教育出版社，1990。

周伯达，《介石先生思想与宋明理学》。台北：学生书局，1999。

周愚文，《中国教育史纲》。台北：正中书局，2001。

冈田武彦，《贝原益轩》。台北：东大图书公司，1987。

林存阳，《清初三礼学》。北京：社会科学文献出版社，2002。

林聪舜，《明清之际儒家思想的变迁与发展》。台北：学生书局，1990。

侯外庐，《宋明理学史》。北京：人民出版社，1987。

姚永朴著，余国庆点校，《论语解注合编》。合肥：黄山书社，1994。

姜广辉，《走出理学》。沈阳：辽

宁教育出版社，1997。

姜广辉，《颜李学派》。北京：中国社会科学出版社，1987。

胡素萍，《李佳白与清末民初的中国社会》。广州：中山大学出版社，2009。

胡适，《戴东原的哲学》。合肥：安徽教育出版社，1999。

范文澜，《唐代佛教》。北京：人民出版社，1979。

范广欣，《以经术为治术：晚清湖南理学家的经世思想》。南京：南京大学出版社，2016。

韦政通，《中国思想史》。上海：上海书店出版社，2012。

唐文治，《孝经救世编》，收入林庆彰主编，《民国时期经学丛书》，辑5，册58。台中：文听阁图书公司，2013。

唐君毅，《文化意识与道德理性》。香港：友联出版社，1958。

唐君毅，《唐君毅全集》。台北：学生书局，1991。

夏咸淳，《明末奇才——张岱论》。上海：上海社会科学出版社，1989。

徐扬杰，《宋明家族制度史论》。北京：中华书局，1995。

秦宝琦，《中国地下社会》，卷1。北京：学苑出版社，2004。

荒木见悟著，廖肇亨译，《明末清初的思想与佛教》。台北：联经出版事业公司，2006。

马序，《颜元哲学思想研究》。兰州：兰州大学出版社，1991。

马明达，《说剑丛稿》。北京：中华书局，2007。

马积高，《宋明理学与文学》。长沙：湖南师范大学出版社，1989。

高明士，《中国传统政治与教育》。台北：文津出版社，2003。

高翔，《康雍乾三帝统治思想祈究》。北京：中国人民大学出版社，1995。

台湾政治大学人文中心编，《民国二十八年之蒋介石》。台北：政大人文中心，2016。

常建华，《明代宗族研究》。上海：上海人民出版社，2005。

张世敏，《张载学说及其影响》。网址：https://special.zhexuezj.cn/

mobile/mooc/tocard/127366306?courseId=201754448&name=一、关学的形成与发展,检索日期:2020年10月13日。

张立文,《正学与开新:王船山哲学思想》。北京:人民出版社,2001。

张亨,《思文之际论集——儒道思想的现代诠释》。台北:允晨文化,1997。

张志孚、何平立,《中州文化》。沈阳:辽宁教育出版社,1998。

张振国,《神圣与凡俗:明末至鸦片战争前天主教与民间信仰的遭遇》。北京:社会科学文献出版社,2018。

张寿安,《以礼代理——凌廷堪与清中叶儒学思想之转变》。台北:"中研院"近代史研究所,1994。

张寿安,《礼学考证的思想活力》。台北:"中研院"近史所,2001。

张福清编注,《女诫:女性的枷锁》。北京:中央民族大学出版社,1996。

张福清编注,《女诫:妇女的规范》。北京:中央民族大学出版社,1996。

梁其姿,《施善与教化》。台北:联经出版事业公司,1997。

盛巽昌,《实说太平天国》。上海:上海世纪出版社,2017。

章柳泉,《中国书院史话》。北京:教育科学出版社,1981。

许总,《宋明理学与中国文学》。南昌:百花洲文艺出版社,1999。

陈来,《有无之境——王阳明哲学的精神》。台北:佛光文化事业公司,2000。

陈来,《宋明理学》。上海:华东师范大学出版社,2003。

陈来,《诠释与重建:王船山的哲学精神》。北京:北京大学出版社,2004。

陈芳英,《目连救母故事之演进及其有关文学研究》。台北:台大出版中心,1983。

陈俊民,《张载哲学与关学学派》。台北:学生书局,1990。

陈祖武,《清初学术思辨录》。北

京：中国社会科学院，1992。

陈焕章撰，周军标点，《陈焕章文录》。长沙：岳麓书社，2015。

陈荣捷，《王阳明传习录详注集评》。台北：学生书局，1983。

陈学文，《明清时期商业书及商人书之研究》。台北：洪叶文化事业公司，1997。

陈霞，《道教劝善书研究》。成都：巴蜀书社，1999。

陆宝千，《清代思想史》。台北：广文书局，1983。

傅伟勋，《死亡的尊严，生命的尊严》。台北：正中书局，1993。

傅凤英注译，《新译性命圭旨》。台北：三民书局，2005。

游子安，《劝化金箴：清代善书研究》。天津：天津人民出版社，1999。

程树德著，程俊英、蒋见元点校，《论语集释》。北京：中华书局，1990。

冯友兰，《冯友兰文集》。长春：长春出版社，2008。

黄桂兰，《张岱生平及其文学》。台北：文史哲出版社，1977。

黄进兴，《优入圣域：权力、信仰与正当性》。台北：允晨文化，1994。

杨儒宾，《异议的意义：近世东亚的反理学思潮》。台北：联经出版事业公司，2012。

经君健，《清代社会的贱民等级》。杭州：浙江人民出版社，1993。

詹石窗，《道教与女性》。上海：上海古籍出版社，1990。

熊十力著，景海峰编，《熊十力选集》。长春：吉林人民出版社，2005。

蒙培元，《中国心性论》。台北：学生书局，1990。

赵紫宸，燕京研究院编，《赵紫宸文集》。北京：商务印书馆，2003—2007。

赵园，《明清之际士大夫研究》。北京：北京大学出版社，1999。

刘人鹏，《近代中国女权论述》。台北：学生书局，2000。

刘又铭，《理在气中》。台北：五南图书出版公司，2000。

刘光蕡著，武占江点校，《刘光蕡

集》。西安：西北大学出版社，2014。

刘家驹，《儒家思想与康熙大帝》。台北：学生书局，2002。

刘耘华，《依天立义：清代前中期江南文人应对天主教文化研究》。上海：上海古籍出版社，2014。

蒋中正著，王宇高、王宇正辑录，《学记》，收入黄自进、潘光哲编，《蒋中正总统五记》。台北：国史馆，2011。

蒋国保，《方以智哲学思想研究》。合肥：安徽教育出版社，1986。

邓尼丝·拉德纳·卡莫迪（D. L. Carmody）著，徐钧尧、宋立道译，《妇女与世界宗教》。成都：四川人民出版社，1995。

郑宗义，《明清儒学转型探析：从刘蕺山到戴东原》。香港：香港中文大学出版社，2000。

郑宗义，《明清儒学转型探析》。香港：香港中文大学出版社，2000。

郑振满，《明清福建家族组织与社会变迁》。湖南：湖南教育出版社，1992。

钱穆，《中国近三百年学术史》。台北：台湾商务印书馆，1990。

薛文郎，《清初三帝消灭汉人民族思想之策略》。台北：文史哲出版社，1991。

谢扶雅，《宗教哲学》。济南：山东人民出版社，1998。

谢国桢，《明末清初的学风》。台北：仲信出版社，1980。

罗炽，《方以智评传》。南京：南京大学出版社，1998。

严迪昌，《清诗史》。台北：五南图书出版公司，1998。

龚杰，《张载评传》。南京：南京大学出版社，1996。

Ames, Roger and David Hall. *Thinking from the Han: Self, Truth, and Transcendence in Chinese and Western Culture*. New York: State University of New York Press, 1988.

Bell, Catherine. *Ritual Theory, Ritual Practice*. New York: Oxford University Press, 1992.

Bell, Catherine. *Ritual: Perspective and Dimensions*. New York: Oxford University Press, 1997.

Bol, Peter. *This Cultures of Ours: Intellectual Transitions in T'ang and Sung China*. Stanford: Stanford University Press, 1992.

Bray, Francesca. *Technology and Gender: Fabrics of Power in Late Imperial China*. Taipei: SMC publishing Inc., 1997.

Brook, Timothy. *Praying for Power: Buddhism and the Formation of Gentry Society in Late-Ming China*. Cambridge: Harvard University Press, 1993.

Brown, Peter. *The Body and Society*. New York: Columbia University Press, 1988.

Chang, Kang-I Sun. *The Late-Ming Poet Chen Tzu-lung: Crisis of Love and Loyalism*. New Haven: Yale University Press, 1991.

Chow, Kai-wing. *The Rise of Confucian Ritualism in Late Imperial China*. Stanford: Stanford University Press, 1994.

Ebrey, Patricia Buckley. *Confucianism and Family Rituals in Imperial China*. Princeton: Princeton University Press, 1991.

Ebrey, Patricia Buckley. *The Inner Quarters: Marriage and the Lives of Chinese Women in the Sung Period*. Berkeley & Los Angeles: University of California Press, 1993.

Eichman, Jennifer Lynn. *A Late-Sixteenth Century Chinese Buddhist Fellowship: Spiritual Ambitions, Intellectual Debates, and Epistolary Connections*. Leiden & Boston: Brill, 2016.

Elman, Benjamin A. *Classicism, Politics, and Kinship: The Ch'ang-chou School of New Text Confucianism in Late Imperial China*. Taipei: SMC Publishing Inc., 1991.

Elman, Benjamin A. *From Philosophy to Philology. Intellectual and Social Aspects of Change in Late Imperial China*. Cambridge and London: Harvard University Press, 1984.

Faure, David. *The Structure of*

Chinese Rural Society: Lineage and Village in the Eastern New Territories, Hong Kong. Hong Kong: Oxford University Press, 1986.

Freedman, Maurice. *Lineage Organization in Southeastern China.* London: University of London Athlone Press, 1958.

Haar, Barend J. ter. *Ritual and Mythology of the Chinese Triads: Creating and Identity.* Leiden: Brill, 2000.

Ko, Dorothy. *Teachers of the Inner Chambers: Women and Culture in Seventeenth-Century China.* Stanford: Stanford University Press, 1994.

Laamann, Lars Peter. *Christian Heretics in Late Imperial China: Christian Inculturation and State Control, 1720—1850.* London & New York: Routledge, 2006.

Mann, Susan. *Precious Records: Women in China's Long Eighteenth Century.* Stanford: Stanford University Press, 1997.

Ng, On-cho. *Cheng-Zhu Confucianism in the Early Qing: Li Guangdi (1642—1718) and Qing Learning.* Albany: SUNY Press, 2001.

Ong, Chang Woei. *Men of Letters within the Passes: Guanzhong Literati in Chinese History, 907—1911.* Cambridge and London: Harvard University Asia Center, 2008.

Peterson, Willard J. *Bitter Gourd: Fang I-Chih and the Impetus for Intellectual Change.* New Haven & London: Yale University Press, 1979.

Taylor, Rodney. *The Religious Dimensions of Confucianism.* New York: State University of New York Press, 1990.

Tu, Wei-Ming. *Confucian Thought: Selfhood as Creative Transformation.* New York: State University of New York Press, 1985.

Wakeman, Frederic E., Jr. *The Great Enterprise: the Manchu Reconstruction of Imperial Order in Seventeenth Century China*. Berkeley: University of California Press, 1985.

三、论文

吴振汉,《明末山人之社交网络和游历活动:以何白为个例之研究》,《汉学研究》,卷27期3(2009年9月),页159—190。

吴孟谦,《晚明"身心性命"观念的流行:一个思想史观点的探讨》,《清华学报》,卷44期2(2014年6月),页215—253。

吴有能,《冯从吾理学思想研究:一个意义结构的展现》,新竹:台湾清华大学历史学系硕士学位论文,1991。

蒋竹山,《汤斌禁毁五通神——清初政治菁英打击通俗文化的个案》,《新史学》,卷6期2(1995年6月),页67—112。

黄芸,《哪种儒学?谁的传统?——明清"大父母"说考》,收入陶飞亚主编,《宗教与历史》,辑8。上海:社会科学文献出版社,2018,页127—146。

黄克武,《修身与治国——蒋介石的省克生活》,《国史馆馆刊》,期34(2012年12月),页45—68。

黄俊杰,《试论儒学的宗教内涵》,《台大历史学报》,期23(1999年6月),页395—408。

黄森茂,《论天启年间首善书院讲学之兴废始末》,《中国文学研究》,期20(2005年6月),页211—244。

黄进兴,《作为宗教的儒教:一个比较宗教的初步探讨》,《亚洲研究》,期23(1997年7月),页184—223。

衣若兰,《从"三姑六婆"看明代妇女与社会》,台北:台湾师范大学历史学系硕士学位论文,1997。

王家俭,《晚明的实学思潮》,《汉学研究》,卷7期2(1989年6月),页279—302。

王光宜,《明代女教书研究》,台北:台湾师范大学历史学系硕士学位论文,1999。

王鸿泰,《青楼名妓与情艺生活——明清间的妓女与文人》,收入熊秉真、吕妙芬编,《礼教与情欲:前近代中国文化中的后现代性》,台北:"中研院"近代史研究所,1999,页73—124。

王鸿泰,《武功、武学、武艺、武侠:明代士人的习武风尚与异类交游》,《"中研院"历史语言研究所集刊》,本85分2(2014年6月),页209—267。

王鸿泰,《倭刀与侠士——明代倭乱冲击下江南士人的武侠风尚》,《汉学研究》,卷30期3(2012年9月),页63—98。

王尔敏,《家训体制之传衍及门风官声之维系》,收入"中研院"近代史研究所编,《近世家族与政治比较历史论文集》,册下。台北:"中研院"近代史研究所,1992,页807—845。

王昌伟,《求同与存异:张载与王廷相气论之比较》,《汉学研究》,卷23期2(2005年12月),页133—159。

王汎森,《"心即理"说的动摇与明末清初学风之转变》,《"中研院"历史语言研究所集刊》,本65分2(1994年6月),页333—373。

王汎森,《清初士人的悔罪心态与消极行为——不入城、不赴讲会、不结社》,收入周质平编,《国史浮海开新录:余英时教授荣退论文集》。台北:联经出版事业公司,2002,页441—451。

王汎森,《清初思想中形上玄远之学的没落》,《"中研院"历史语言研究所集刊》,本69分3(1989年9月),页557—583。

王汎森,《日谱与明末清初思想家——以颜李学派为主的讨论》,《"中研院"历史语言研究所集刊》,本69分3(1998年6月),页245—293。

王汎森,《明末清初思想中之"宗旨"》,《大陆杂志》,卷94期4(1997年4月),页1—4。

王汎森,《明末清初儒学的宗教化——以许三礼的告天之学为例》,《新史学》,卷9期2(1998年6月),页89—123。

王汎森,《明末清初的人谱与省过会》,《"中研院"历史语言研究所集刊》,本63分3(1993年9月),页679—712。

王汎森,《潘平格与清初的思想界》,《晚明清初思想十论》,上海:复旦大学出版社,2004,页291—329。

王文东,《清代的文化政策与礼仪伦理建设》,《满族研究》,期3(2005年),页52—60。

王宝峰,《张载对冯友兰思想的影响》,《西北大学学报》,卷36期4(2006年7月),页135—138。

何炳棣,《儒家宗法模式的宇宙本体论——从张载的西铭谈起》,《哲学研究》,期12(1998年),页64—69。

科戴维、刘志伟,《宗族与地方社会的国家认同——明清华南地区宗族发展的意识型态基础》,《历史研究》,期3(2000年),页1—14。

科戴维,《祠堂与家庙——从宋末到明中叶宗族礼仪的演变》,《历史人类学学刊》,卷1期2(2003年10月),页1—20。

贺广如,《明代王学与易学之关系——以孙应鳌"以心说〈易〉"之现象为例》,《周易研究》,期2(2008年),页75—89。

季羡林,《对21世纪人文学科建设的几点意见》,《文史哲》,期1(1998年),页7—16。

纪建勋,《明末天主教Deus之"大父母"说法考诠》,收入吴昶兴主编,《再——解释:中国天主教史研究方法新拓展》。新北:台湾基督教文艺出版社,2014,页107—145。

古正美,《佛教与女性歧视》,《当代》,期11(1987年3月),页27—35。

胡适,《几个反理学的思想家》,《治学的方法与材料》。台北:远流出版公司,1986,页85—141。

胡适,《颜李学派的程廷祚》,《国学季刊》,卷5期3(1926年7月),页351—394。

侯洁之,《晚明王学宗性思想的发展与理学意义:以刘师泉、王塘南、李见罗、杨晋庵为中心的探讨》,台北:台湾师范大学中国文学学系博士学位论文,2010。

洪美华，《清代民间秘密宗教中的妇女》，台北：台湾师范大学历史学系硕士学位论文，1992。

荒木见悟著，廖肇亨译，《郝敬的立场——其气学之结构》，《中国文哲研究通讯》，卷14期2（2004年6月），页143—159。

山下龍二，《陽明学の宗教性》，《陽明学》，号7（1995年3月），页2—22。

史革新，《清顺康间理学的流布及其发展趋势争议》，《福建论坛（人文社会科学版）》，期5（2004年），页53—58。

周振鹤，《从明人别集看晚明旅游风气的形成》，"明人文集和明代研究学术研讨会"，台北：汉学研究中心、中国明代研究学会主办，2000年4月28—30日。

徐兆安，《英雄与神仙：十六世纪中国士人的经世功业、文辞习气与道教经验》，新竹：台湾清华大学历史学系硕士学位论文，2009。

徐兆安，《十六世纪文坛中的宗教修养：屠隆与王世贞的来往（1577—1590）》，《汉学研究》，卷30期1（2012年3月），页205—238。

徐兆安，《证验与博闻：万历朝文人王世贞、屠隆与胡应麟的神仙书写与道教文献评论》，《中国文化研究所学报》，期53（2011年7月），页249—278。

徐泓，《明代社会风气的变迁：以江浙地区为例》，收入"中研院"第二届国际汉学会议论文集编辑委员会编，《"中研院"第二届国际汉学会议论文集·明清与近代史组》，册上。台北："中研院"，1989，页137—159。

钟彩钧，《吕泾野〈宋四子抄释〉研究》，收入龙宇纯先生七秩晋五寿庆论文集编辑委员会编，《龙宇纯先生七秩晋五寿庆论文集》。台北：学生书局，2002，页459—484。

钟彩钧，《来知德哲学思想研究》，《中国文哲研究集刊》，期24（2004年3月），页217—251。

孙广勇，《融入与传播——简论李佳白及其尚贤堂的文化交流活动》，《社会科学战线》，期6（2005年），页299—301。

张金鉴，《清仪封张伯行的生平与政治思想》，《中原文献》，卷15期1（1983年1月），页7—13。

张艺曦，《王学、家族与地方社会——以吉水、安福两县为例》，台北：台湾大学历史学系博士学位论文，2005。

张艺曦，《飞升出世的期待：明中晚期士人与龙沙谶》，《新史学》，卷22期1（2011年3月），页1—56。

张显清，《晚明心学的没落与实学思潮的兴起》，收入中国社会科学院历史研究所明史研究室编，《明史研究论丛》，辑1。南京：江苏人民出版社，1982，页307—338。

张显清，《孙奇逢的以实补虚论》，《中州学刊》，期6（1986年），页50—54。

陈至信，《尊尊与亲亲——试论〈礼记〉所反映的文化模式》，《鹅湖月刊》，期266（1997年8月），页8—20。

陈时龙，《明代关中地区的讲学活动（下）》，《政大历史学报》，期28，2007年11月，页93—130。

陈时龙，《明代关中地区的讲学活动（上）》，《政大历史学报》，期27，2007年5月，页215—253。

陈受颐，《三百年前的建立孔教论——跋王启元的清署经谈》，《"中研院"历史语言研究所集刊》，本6分2（1936年1月），页133—162。

陈秀兰，《关学源流暨清初李二曲派》，台北：台湾大学中国文学学系硕士学位论文，1977。

陈来，《儒学的普遍性与地域性》，《天津社会科学》，2005年第3期，页4—10。

郑培凯，《晚明袁中道的妇女观》，《近代中国妇女史研究》，期1（1993年6月），页201—216。

杜慧卿，《道教女神、女仙观念之演变》，《道教学探索》，号9（1999年12月），页413—424。

方豪，《论中西文化传统》，收入张西平、卓新平编，《本色之探：20世纪中国基督教文化学术论集》。北京：中国广播电视出版社，1999，页185—216。

方祖猷，《论潘平格的求仁哲学》，收入朱子学刊编辑部编，

《朱子学刊》,总辑4,合肥:黄山书社,1991,页121—136。

杨儒宾,《理学家与悟——从冥契主义的观点探讨》,收入刘述先主编,《中国思潮与外来文化——第三届国际汉学会议论文集(思想组)》,台北:"中研院"中国文哲研究所,2002,页167—222。

杨儒宾,《检证气学:理学史脉络下的观点》,《汉学研究》,卷25期1(2007年6月),页247—281。

杨瑞松,《从"民吾同胞"到"我四万万同胞之国民":传统到近现代"同胞"符号意涵的变化》,《台湾政治大学历史学报》,期45(2016年5月),页109—164。

杨贞德,《从"完全之人"到"完全之平等"——刘师培的革命思想及其意涵》,《台大历史学报》,期44(2009年12月),页93—152。

杨天石,《蒋介石与宋明理学》,《贵州文史丛刊》,2013年第4期,页25—32。

杨莉,《"女冠"刍议:一种宗教、性别与象征的解读》,《汉学研究》,卷19期1(2001年6月),页167—185。

杨菁,《张伯行对程朱学的传布及其影响》,收入林庆彰编,《经学研究论丛》,辑11,台北:学生书局,2003,页225—248。

李远国,《道教五岳崇拜》,网址:http://www.ctcwri.idv.tw/INDEXA3/A302/A3003/A3—03014.htm,检索日期:2012年12月6日。

李伯重,《从"夫妇并作"到"男耕女织"——明清江南农家妇女劳动问题探讨之一》,《中国经济史研究》,期3(1996年),页99—107。

李瀅婷,《颜元学术思想研究》,台北:台湾大学中国文学学系硕士学位论文,2002。

刘玉敏,《二程对"孝悌其为仁之本"的解读及其伦理意义》,《兰州学刊》,期4(2007年),页15—16、110。

刘志琴,《晚明城市风尚初探》,收入上海复旦大学编,《中国文化研究集刊》,辑1。上海:复旦大学出版社,1984,页190—208。

刘述先、郑宗义,《从道德形上

学到达情遂欲——清初儒学新典范论析》，收入刘述先、梁元生编，《文化传统的延续与转化》。香港：香港中文大学出版社，1999，页81—105。

刘勇，《晚明士人的讲学活动与学派建构：以李材（1529—1607）为中心的研究》，香港：香港中文大学历史学系博士学位论文，2008。

刘学智，《关学及二十世纪大陆关学研究的辨析与前瞻》，《中国哲学史》，2005年第4期，页110—117。

刘耘华，《依天立义：许三礼敬天思想再探》，《汉语基督教学术论评》，期8（2009年12月），页113—145。

刘耘华，《天主教东传与清初文人的思想重构——以"敬天"思潮为中心》，《北京行政学院学报》，2014年第1期，页113—119。

林庆彰，《明末清初经学研究的回归原典运动》，《孔子研究》，1989年第2期，页100—110。

林存阳，《汪绂与江永之书信往还》，《徽学》，2010年第6期，页266—280。

林丽月，《晚明"崇奢"思想隅论》，《台湾师范大学历史学报》，期19（1991年6月），页215—234。

林丽月，《衣裳与风教——晚明的服饰风尚与"服妖"议论》，《新史学》，卷10期3（1999年9月），页111—157。

连玲玲，《科技世界中的性别关系——评介Francesca Bray：Technology and Gender》，《近代中国妇女史研究》，期6（1998年8月），页259—270。

吕妙芬，《晚明〈孝经〉论述的宗教性意涵：虞淳熙的孝论及其文化脉络》，《"中研院"近代史研究所集刊》，期48（2005年6月），页1—46。

吕妙芬，《晚明士人论〈孝经〉与政治教化》，《台大文史哲学报》，期61（2004年11月），页223—260。

吕妙芬，《晚明到清初〈孝经〉诠释的变化》，收入林维杰、邱黄海编，《理解、诠释与儒家传统：

中国观点》。台北:"中研院"中国文哲研究所,2010,页137—191。

吕妙芬,《〈西铭〉为〈孝经〉之正传?——论晚明仁孝关系的新意涵谈》,《"中研院"中国文哲研究集刊》,期33(2008年9月),页139—172。

吕妙芬,《王嗣槐〈太极图说论〉研究》,《台大文史哲学报》,期79(2013年11月),页1—34。

吕妙芬,《儒释交融的圣人观:从晚明儒家圣人与菩萨形象相似处及对生死议题的关注谈起》,《"中研院"近代史研究所集刊》,期32(1999年12月),页165—207。

吕妙芬,《清初河南的理学复兴与孝弟礼法教育》,收入高明士编,《东亚传统教育与学礼学规》。台北:台大出版中心,2005,页177—223。

吕妙芬,《妇女与明代理学的性命追求》,收入罗久蓉主编,《无声之声:近代中国妇女与文化,1600—1950》,册III。台北:"中研院"近代史研究所,2003,页133—172。

吕妙芬,《明清之际的关学与张载思想的复兴:地域与跨地域因素的省思》,收入刘笑敢主编,《中国哲学与文化》,辑7。桂林:广西师范大学出版社,2010,页25—58。

吕妙芬,《耶稣是孝子吗?明末至民初汉语基督宗教文献论孝的变化》,《"中研院"近代史研究所集刊》,期99(2018年3月),页1—46。

吕妙芬,《杨屾〈知本提纲〉研究:十八世纪儒学与外来宗教融合之例》,《中国文哲研究集刊》,40期(2012年3月),页83—127。

吕妙芬,《阳明学讲会》,《新史学》,卷9期2(1998年6月),页45—87。

吕妙芬,《阳明学者的讲会与友论》,《汉学研究》,卷17期1(1999年6月),页79—104。

吕妙芬,《做为仪式性文本的〈孝经〉:明清士人〈孝经〉实践的个案研究》,《"中研院"近代史研究所集刊》,期60(2000年6

月），頁1—42。

吕妙芬，《颜元生命思想中的家礼实践与"家庭"的意涵》，收入高明士编，《东亚传统家礼、教育与国法》，台北：台大出版中心，2005，页143—196。

倪清华，《汪绂及其学术地位考辨》，《黄山学院学报》，2011年第4期，页10—12。

巫仁恕，《明代平民服饰的流行风尚与士大夫的反应》，《新史学》，卷10期3（1999年9月），页55—109。

廖肇亨，《诗法即其兵法：明代中后期武将诗学义蕴探诠》，《明代研究》，期16（2011年6月），页29—56。

廖肇亨，《药地愚者诗学源流与旨要论考》，《台大佛学中心学报》，期7（2002年7月），页257—293。

廖本圣，《颜李学的形成（1898—1937）》，台中：东海大学历史学系硕士学位论文，1997。

彭国翔，《王心斋后人的思想与实践》，收入袁行霈主编，《国学研究》，卷14。北京：北京大学出版社，2004，页75—114。

蔡仁厚，《张子西铭开示的理境》，《鹅湖》，卷1期3（1975年9月），页24—28。

Bell, Catherine. "Performance." In Mark Taylor, ed., *Critical Terms for Religious Studies*. Chicago: University of Chicago Press, 1998, pp. 205—224.

Bol, Peter. "The 'Localist Turn' and 'Local Identity' in Later Imperial China." *Late Imperial China*, 24.2 (2003), pp.1—50.

Grant, Beata. "Who Is This I? Who Is That Other the Poetry of an Eighteenth Century Buddhist Laywoman." *Late Imperial China*, 15：1（1994），pp. 47—86.

Hauf, Kandice. "The Jiangyou Group: Culture and Society in Sixteenth-Century China." Ph. D. dissertation, Yale University, 1987.

Hsiung, Ping-chen. "Constructed Emotions: The Bond Between Mothers and Sons in Late Imperial China." *Late Imperial China*, 15：1

(1994), pp. 87—117.

Ko, Dorothy. "The Written Word and the Bound Foot: A History of the Courtesan's Aura." In Ellen Widmer and Kang-I Sun Chang, eds., *Writing Women in Late Imperial China*. Stanford: Stanford University Press, 1997, pp. 74—100.

Le, Wei-yee. "The Late Ming Courtesan: Invention of a Cultural Ideal." In Ellen Widmer and Kang-I Sun Chang, eds., *Writing Women in Late Imperial China*. Stanford: Stanford University Press, 1997, pp. 46—73.

Li, Yih-yuan. "On Conflicting Interpretations of Chinese Family Rituals." In Jih-chang Hsieh and Ying-chang Chuang, eds., *The Chinese Family and Its Ritual Behavior*. Taipei: Institute of Ethonology, Academia Sinica, 1985, pp. 265—283.

Ong, Chang Woei. "Zhang Zai's Legacy and the Construction of Guanxuein Ming China." *Ming Studies*, 51—52 (2006), pp. 58—93.

Seaman, Gary. "Mu-lien Dramas in Puli, Taiwan." In David Johnson, ed., *Ritual Opera, Operatic Ritual: "Mu-lien Rescues His Mother" in Chinese Popular Culture*. Berkeley: University of California, 1989, pp.155—190.

Slote, Walter H. "Psychocultural Dynamics within the Confucian Family." In Walter H. Slote and George A. DeVos, eds., *Confucianism and the Family*. Albany: State University of New York Press, 1998, pp. 37—51.

Tu, Wei-ming. "Probing the 'Three Bonds' and 'Five Relationships' in Confucian Humanism." In Walter H. Slote and George A. DeVos, eds., *Confucianism and the Family*. Albany: State University of New York Press, 1998, pp. 121—136.

Waltner, Ann. "Tan-Yang-Tzu and Wang Shih-Chen: Visionary and Bureaucrat in the Late Ming." *Late Imperial China*, 8: 1 (1987), pp. 105—131.

Wolf, Arthur. "Gods, Ghosts, and Ancestors." In Arthur Wolf, ed., *Religion and Ritual in Chinese Society*. Stanford: Stanford University Press, 1974, pp.131—182.

Wu, Pei-yi. "An Ambivalent Pilgrim to T'ai Shan in the Seventeenth Century." In Susan Naquin and Chün-Fang Yü, eds., *Pilgrims and Sacred Sites in China*. Berkeley: University of California Press, 1992, pp. 65—88.

Wu, Pei-yi. "Self-Examination and Confession of Sins in Traditional China." *Harvard Journal of Asiatic Studies*, 39: 1 (1979), pp. 5—38.

Yang, Jui-sung. "Betwixt Politics, and Scholarship: The Sun Ch'i-Feng Circle in Seventeenth-Century of North China." 《辅仁历史学报》。期15（2004年7月），页1—42。

Yang, Jui-sung. "From Chu Pang-liang to Yen Yuan: A Psychohistorical Interpretation of Yen Yuan's Violent Rebellion against Chu His." 收入熊秉真主编,《欲掩弥彰：中国历史文化中的"私"与"情"，私情篇》。台北：汉学研究中心，2003，页411—462。

图书在版编目（CIP）数据

多元视域中的明清理学 : 吕妙芬著. -- 成都 : 四川人民出版社, 2023.4
ISBN 978-7-220-12771-7

Ⅰ.①多… Ⅱ.①吕… Ⅲ.①理学—研究—中国—明清时代 Ⅳ.①B244.05

中国版本图书馆CIP数据核字（2022）第128396号

DUOYUAN SHIYU ZHONG DE MINGQING LIXUE

多 元 视 域 中 的 明 清 理 学

吕妙芬　著

出版人	黄立新
策划统筹	封　龙
责任编辑	冯　珺
责任校对	申婷婷　舒晓利
版式设计	戴雨虹
装帧设计	周伟伟
责任印制	周　奇
出版发行	四川人民出版社（成都三色路238号）
网　址	http://www.scpph.com
E-mail	scrmcbs@sina.com
新浪微博	@四川人民出版社
微信公众号	四川人民出版社
发行部业务电话	（028）86361653　86361656
防盗版举报电话	（028）86361653
照　排	四川胜翔数码印务设计有限公司
印　刷	成都东江印务有限公司
成品尺寸	145mm×210mm
印　张	17.25
字　数	400千
版　次	2023年4月第1版
印　次	2023年4月第1次印刷
书　号	ISBN 978-7-220-12771-7
定　价	98.00元

■版权所有·侵权必究

本书若出现印装质量问题，请与我社发行部联系调换
电话：（028）86361656

壹卷
YE BOOK

让 思 想 流 动 起 来

官方微博：@壹卷YeBook
官方豆瓣：壹卷YeBook
微信公众号：壹卷YeBook
媒体联系：yebook2019@163.com

壹卷工作室
微信公众号